ある演劇研究集団の試み

演劇
を問う、
批評

平井正子 編

論創社

斎藤（楠原）偕子教授傘寿記念出版に際して

毛利三彌

かつて、一九七〇年代から八〇年代にかけて、〈ＡＭＤ〉という、若い演劇研究者のグループが東京にあった。このグループは、毎月のように集まって研究発表や海外の演劇事情の報告などを行っていたが、同時に、研究同人誌『あ・えむ・で』を一年に一回発行し、メンバーの自由な執筆による論文、翻訳、また、評判の舞台の合評やシンポジウム、ときに、いわば文士劇まがいのパフォーマンスを企画実行し、その記録などを掲載した。この機関誌は一九七五年から八五年まで十号つづいて、いささか「制度疲労」をきたし、三年後の一九八八年に〈ＡＭＤ〉は発展解消して、日本演劇学会の分科会、西洋比較演劇研究会として再出発した。この研究会も毎年六，七回の例会をもち、その会報もまた、ささやかながら、論文、合評、シンポジウム記録などを載せた。だが、これもまた、約十年つづいた後に、学会紀要の体裁をとるジャーナルの発行に座を譲って今日に至っている。

〈ＡＭＤ〉の当初から西洋比較演劇研究会へとつづく研究活動を、常に主導し、精神的にも物理的にも、グループの支えとなってきたのは、斎藤（楠原）偕子慶應義塾大学名誉教授であった。斎藤さんの下で、西洋比較演劇研究会は四回にわたって、国際演劇研究コロキウムも開催しているが、これは若い研究者の国際的視野を広げるのに、どれほど寄与したことか。斎藤さんの古希の祝いとして二〇〇七年に催した第四回目のコロキウムには、欧米の著名な演劇研究者たちが馳せ参じ、その発表論文は、『演劇論の変貌』の標題の下に翻訳され出版された（論創社、二〇〇七年）。

そしてこのたび、斎藤さんはめでたく傘寿を迎えられた。傘寿といっても、まだまだ平均寿命には達していないわけだし、いまだに若ものに劣らぬ活躍をされているから、ことさらお祝いするというのも失礼なのではないかとも思うが、一つの節目の記念として、上記の研究同人誌『あ・えむ・で』と西洋比較演劇研究会会報から、舞台評、シンポジウム、パフォーマンス記録などを集め、斎藤さんの傘寿記念として一冊の本が編纂されることは大変喜ばしい。それらの多くに斎藤さんが深くかかわり、主導していたことから、記念として集め出版することが相応しいと考えられたのだろう。もちろん、それらが、今日でも読んで大いに面白いだけでなく、史料的にも、研究の面でも意味があり、ほとんど世に知られていない研究誌『あ・えむ・で』を再認識させるだけの意義もあると思われたことも大きな理由になっているに違いない。

断るまでもなく、演劇上演が集団による創作であることはだれもが認めるし、その集団の中に、舞台側の人間だけでなく、客席にいる人間も含まれることも大方が認めている。そして舞台上で演じている俳優は、観客との間に、たえず心的交流があると、これまただれもが言う。だが、実際には、客の笑いとかすすり泣きのような明らかな外的表現以外に、観客の無言の思いを俳優が感じることは、どれくらいあるものであろうか。いわゆるしわがくるというような客席全体の反応がときにあることを、歌舞伎ではしばしば口にされるが、上演中は客席を暗くするのが常態となってきた現代演劇の場合にこの言い方は普通されない。歌舞伎と同じく客席を暗くしない能楽の上演では、世阿弥の能楽論で見所の反応を重視することが上演の基本であるとされるにもかかわらず、少なくとも現在の上演では、舞台上の能役者の多くは客の存在に一切注意を向けていないかのように見える。（だからと言って、もちろん、離見の見が軽視されているわけではないだろうが。）もっとも、上演中の客席の明るさに関しては、西洋も日本も、同じような状況にあった。野外あるいは半野外劇場で上演していた近代以前、あるいはルネサンス期には、通常、人工的な舞台照明は必要なかったが、野外から屋内劇場に変わったときは、俳優をどのように効果的に示すかが常に問題であった。基本的には、屋内に入っても、舞台と客席の明るさには、さほどの差がなかった、というより、差をつけようがなかったと言うべきだろう。舞台照明の問題は、近代の電気照明の発明、工夫に始まることで、これによって舞台を特別に照らし出すことができるようになり、同時に、客席を暗くすることも可能となった。このことによって、西洋演劇の場合は、十八世紀以来の舞台の現実描写への傾斜が、観客の存在を無視する方向に近づいていくことになる。それはとりもなおさず、観客の反応を無視することにもつながっただろう。客席を暗くしない日本の伝統演劇の場合は、電気照明が使われ出しても、舞台と客席の明るさに大きな差をつけないできたが、そしてそれが、俳優と観客の交流を重んじていることの証左のように言われるが、歌舞伎でさえ、ときに客席を暗くすることが、いまや好まれる傾向にある。

もし、上演中の客席が暗くなることで、観客の存在自体が無になるとすれば、これは、舞台〈作品〉というものが、美術や文学同様に、送り手の制作品として自立することを意味するだろう。しかしながら、舞台と客席の間の交流を感じようと感じまいと、観客の存在なしに演劇が成立しないことは事実である。これは舞台芸術（上演芸術）すべての問題であるが、音楽演奏やダンスコンサートの場合は、かなりの程度、聴衆／観衆の存在を無視しても舞台表現が成り立つところがある。むしろ現代美術の方が、従来の美術概念からはみ出すようなパフォーマンスを伴った制作もみられ、そこでは観衆の参加が不可欠であって、演劇上演との区別がつけにくくなってもいる。

こういう問題が曖昧なまま、演劇研究がつづけられていることは、演劇上演の成立に観客が不可欠要素であると言いながら、その観客の関与を具体的に示すことなく、あるいは、示す試みもせずに、演劇批評が書かれていることにも起因するのではないか。世に行われている演劇批評では、集合的な観客の反応／批評が具体的に示されることは稀で、それが批評家の意識に登ることさえ滅多にない。舞台に対する複数観客の集合的批評は、通常の、一人の批評家の反応を記す演劇批評とはまったく異なるものとなるに違いないが、たとえば、観客間で対立する反応がされたとき、それを上演後の批評として公にするにはどうすればいいか。戦後しばらくの間は、どの芸術分野でも公の論争がしばしばみられ、演劇界では、少なくとも、合評形式の舞台批評が演劇雑誌に掲載されることはかなり頻繁にあった。（現在は、演劇雑誌『悲劇喜劇』が上演の対談批評を毎月掲載しているが、これは、単にふたりの批評家がそれぞれの意見を述べるだけで、意見を異にして論争することは、先ずないようである。）

合評形式の上演批評が、上に述べた観客の上演関与の内実をいくらかでも示しているかどうかには、疑問をもつ向きもあるだろう。第一、合評といってもせいぜい数人の批評家によることで、それで多数の観客の反応を示しているとは、到底いえないからである。それでも、何人かによる批評が、舞台に対するまったく異なる反応、あるいは異なる評価を示し、互いに議論することで、観客の間の舞台へのいくつかの異なる見方を明らかにする手立てとなるとは言えないか。今日、新聞、雑誌に見られる演劇時評が、あまりに単一的で、同じ舞台を見ている読者には、物足りないだけでなく、まったく評価が違っていると思われることも少なくないが、おそらく後世においては、これらの批評が、歴史的な史料として残ることを考えると、演劇上演の歴史的評価についても疑問が増大してくる。

少なくとも、この問題は、上記の〈ＡＭＤ〉および西洋比較演劇研究会では、常に意識されていた。演劇批評の問題は、しばしば議論の対象とされ、舞台と客席の関係は、例会における発表者と出席者の関係に近いということで、発表の際は、発表者と出席者の間だけでなく、出席者同士の間でも、忌憚のない討論のなされるのが通例であった。発表時間より討論時間の方を大幅に多くするわれわれの方式は、先述の国際コロキウムでも実行され、海外の研究者をいまさらながら感心させた。そのせいで、とわれわれは考えたいが、この方式は、いまや海外にもかなり広がっている。また、この方式の延長として、〈ＡＭＤ〉や西洋比較演劇研究会の例会では、舞台合評や、特別な主題による討論会をしばしば開催したが、そこでは沸騰した議論の見られるのが常であった。そして、それをいつも先導していたのは斎藤さんで、彼女が、特に演劇批評のあり方に関心をもっていたのは、演劇研究者として大学で教える傍ら、著名な演劇批評家として健筆をふるっていたことから、当然であるとも言えるだろう。演劇批評は、大学を定年退職されてからもつづけられている。

最後に、蛇足に等しいが、斎藤さんが創立メンバーの一人となってできた〈ＡＭＤ〉設立の概略を述べておく。

〈AMD〉には、実は前身があって、それは、俳優座の千田是也氏が、一九六五年だか六六年だかに、東ドイツの会議に出かけられ、ドイツ語の上演台本を山ほどもらって帰国したことに始まる。千田さんは、それらを一人で読むのは大変だからと、ドイツ演劇研究者の内垣啓一、岩淵達治の両氏に相談され、周りにいる若いドイツ演劇研究者を集めて、それらを手分けして読んで内容をまとめるという作業を行なうことになった。わたしはちょうどアメリカから戻ったときで、ドイツ演劇を専門にしているのではなかったが、ドイツ語が読めるなら参加しないかと、俳優座に入っていた大学時代の友人である加村赳雄に誘われて、その集まりに加わった。集まった二十代後半から三十代の若いドイツ演劇を志す研究者には、思い出すままに記すと、宮下啓三、越部暹、大久保寛二、藏原惟治、尾崎賢治といった面々がいた。この集まりに名前をつけようということで、それを〈AMDD〉(Arbeidekreis des modernes deutsches Drama)とした。だが一年くらいで、この作業が終わると、あとはすることがなくなって、なんとなく一年に二、三回集まって、取り留めない話をするだけのグループになってしまった。それで、若手のメンバーが語らい、これをより広い演劇領域の研究者の集まりに拡大して、研究会の形で活動しようということになり、ここに、西洋各国の演劇を専門とする若い研究者の参加を募った。あるいは、俳優座内にすでに、そういう集まりのようなものがあり、合流したということだったかもしれない。ともあれ、斎藤さんは最初からこの新しいグループのメンバーだった。この集まりの名称は、〈AMDD〉から、〈ドイツ〉(deutsches)を省いて、〈AMD〉とすることにした。つまり〈モダン・ドラマの会〉である。したがって、〈AMD〉の発足は、一九七〇年前後だったと思うが、斎藤さん、藏原さんは、すでに演劇雑誌に舞台批評を書いていた。他にも、戯曲の翻訳、評論で演劇界とのつながりを持つものが少なくなかったが、大方はあくまで演劇研究を自らの課題とすることで、いわゆる職業的な批評家とは一線を画していた。その点は、すでに触れたように、斎藤さんの場合、もっとも顕著であった。また、そのころは、いわゆるアングラ演劇が台頭し始めたときであったが、もともとが俳優座とのつながりから始まったグループであったから、演劇界の新しい動きに当然関心は寄せながらも、従来の〈新劇〉の、ドラマ中心の演劇観を捨てようとはせず、〈アングラ〉系の批評家、研究者からは、なんとなく距離を保っている感じがあった。それが、〈AMD〉を目立たない存在にしていた理由だろうが、それによって、このグループの研究が長くつづいてきたことも事実だろう。

だれでも一度顔をだせば会員になり、会費はなしということであったから、メンバーの入れ替えはかなり頻繁にあった。俳優座の女性演出家宮城玖女与さんをはじめ、新劇団の若い演出家や俳優もときには顔を出した。それらメンバーの名前は、本書収録の記録からわかるだろう。しかし、〈AMD〉の中心には、常に斎藤さんがおり、西洋比較演劇研究会となってからも、それは変わらなかった。西洋比較演劇研究会は、いまは、より若い世代の研究者たちが運営しているが、斎藤さんが会の支柱となっていることに違いはない。おそらくこれからも、それはつづくだろう。

（もうり・みつや）

収録したものは、大きく三つの範疇に分けられている。舞台合評、座談的シンポジウム、会員によるパフォーマンスの記録である。それぞれの範疇では、基本的に発表された年代の順に並べた。舞台合評、シンポジウムは、ときに、発言者の名前をそのまま出すのではなく、A、B、Cなどの符号にした場合もある。意見の違いや対立を鮮明にするために一種の編集をほどこしたからである。最後のパフォーマンス記録の対象となったものは、かなりユニークな試みで外にあまり例がないだろうが、その意図、方法などは、そのつど、まえがきとして記されている。

演劇を問う、批評を問う——ある演劇研究集団の試み　目次

第二部　座談的シンポジウム

第三部　あ・えむ・で実験劇

第一部　舞台合評

1　イプセン劇の可能性

――俳優座〈六本木小劇場〉イプセン連続公演（一九七八年）

AMDメンバー

司会　合評会にあたりまして、舞台や俳優座に対してばかりでなく、お互いに対しても忌憚のない意見を述べるように心がけていただきたいと思います。討論は舞台の良し悪しといったことが中心になるのが当然ですが、それだけでなく俳優座自体の、あるいは〝新劇〟そのもの、ひいては今日の演劇ということの、より本質的な話に持ってゆきたい。『人形の家』『ヘッダ・ガブラー』『野鴨』と順番に取りあげるのでなくて、全体を通じて、いろいろの要素や角度から取りあげようということです。

連続上演の意義

まずイプセンを今、日本で取りあげる意義、それを連続公演として行なった意味、また各作品の解釈、俳優座が取りあげてどのように表わされたかといった全般的な問題を考えたいと思います。

D　今日の連続公演合評ということで、もう一度イプセンの作品を読んでみたんです。翻訳のことについては何も言えないけど、毛利氏の新訳を創作年代順に読んで、これまでイプセンはいわゆるリアリズムだという感じがあったのですが、リアリズムよりもロマンティシズムのほうを感じたのですね。もちろんロマンチックな詩人として出発したということもあるのでしょうが、ロマンチックな要素が強いということを改めて考えた。それと『野鴨』などに一番強いことですが、象徴的な要素があるということですね。印象批評的に言うと、単にリアリズムというのでない、もっと広い大きなものを持っているということです。それで今、イプセンを再発見をするということになれば、ひとつには完全なリアリズムの立場からではなくて、もっとロマンチックなものとして読み直すということはやっていいことじゃないかな。その意味で上演を考えるのは、ひとつの立場で期待していいことでないかと、これは上演を観たあと読み直して、後からふり返って考えたわけです。

司会　それが俳優座の今度の場合は必ずしも期待通りでなかったと……。

D　ええ、少々記憶が薄れてきたことはありますが、やはり、その面ではあまり出てなかったと思うんです。

司会　まあ、普段からイプセンのこれらの作品は演りたいと思ってはいたのでしょうが、たまたま生誕百五十年の記念行事として演ったことも事実で、思い出したように演るという批判もあるわけですね。日本でもしばらく上演されてませんし。そこで今、日本で取りあげるという問題がある。取りあげる価値があるか、その場合今日性ということはどう考えるか、などですね。象徴主義的な意味でのロマンチシズムという問題が出ましたが……。

G　そもそも自分なんかの演劇体験の始まりはゴーリキー、チェーホフ、イプセンの線なんです。近代主義を乗り越えるってことは今の大きな課題でいいのだけど、六〇年代後半以来そういうものに否定的になって、それがイプセンやチェーホフの持つ本質的なものにまで否定的になってきた。それは演劇を貧しくしたひとつの原因だと思うし、その反動が日本だけでなく世界的に出てきたと言える。それで、近代劇の代表的な特徴のある作家、イプセン、チェーホフ、ストリンドベリなど考えて、イプセンをチェーホフなどと較べてみた場合、やはりチェーホフは開かれているのにイプセンは閉ざされた作家という印象を持っていた。それが、最近読み直したり、改めて連続上演など通して考えているうちに、とても開かれた部分が見えてきた。そこがイプセンの持つ現代性じゃないか。そこで俳優座が上演する場合も、かつてイプセンの時代性やその問題性をリアルに表現したような仕方ではなく、それを越えて、現代に開かれた部分の表現を舞台の課題にしなければいけない。そこがやはり、うまくいかなかったと思うんです。作品によって構造は異なっているわけだけど、根底にあるもの、それは人間を捉える眼だと思う。時代的な制約の中からリアルに開かれた部分を見つめている眼がある。それは表現の形として様式化するとか象徴化するとかロマンチックにするといったことでなくて、リアルな眼のなかにそれを表現していくということ、それがイプセンを演る場合にはやっぱり大事じゃないかな。

司会　従来のイプセンの場合には思想・社会問題として捉えるか、あるいは近代劇の典形的効果としては人物形象のうまさという点で捉えるわけですけど、そういう思想面でか、人物に対する人間理解の面で開かれているとするのか、その辺はどうです。

G　たしかに時代の思想という点、イプセンは真剣に考えていたと思うんです。しかし大真面目に時代の思想に犯されていたがゆえに逆にそれが深いところに刺さっていたという気もする。同時に、技巧的にもフランスなどのウェルメイド・プレイの技巧をつきつめてドラマを凝縮することになっている。技巧的な面が目立つ点がないとは言えないけど、やはり技巧だけに終わってない。開かれているというのは、そういうなかで捉えられた人間なり人間の状況が深いということだと思う。そこから時代を超えているものをイプセンの中に発見出来ると思う。

司会　たとえばヨーロッパなどで新しくイプセンを評価し直そうというと、これが開かれていることになるかは問題だけど、イプセンが技巧の面では優れているけど必ずしも詩人ではないという意見に対して、言葉＝セリフまわしなどのすぐれている点をあげることがある。また一見日常性をリアルに写しているようで実は民話や神話の要素があったりして、その世界の次元を高めているという解釈もある。これがフランス象徴主義や二十世紀演劇の流れとの関係で開かれたイプセン像というものをつくっているのではないかと思うんです。でもいまの話だと、そういう視点というよりは、従来的なイプセンの捉え方自体に、もっと開かれた捉え方が出来るんじゃないかということですね。

G　あまりイプセンのことは専門でないからよくわからないけど、そういうことかもしれない。しかし、もちろん神話などということは、無意識のなかに押しやられているかもしれないけど、やはり民族の現実だと思う。そういうものを含めて人間を捉えていると感じる。ピンとこない面ももちろんありますけど。イプセンの中にはいろんなものがあるということですね。

司会　イプセンに限らず、近代劇自体の再評価ということ……どうですか。

B　個人的にはイプセンよりもチェーホフが好きなんですよね。イプセンの戯曲読んでると、すごく計算がゆきとどいていて面白いとは思うけど、そういう点だけで読んでると嫌んなっちゃう。（笑）出来すぎてる。リアリズムという点で、リアルな世界を構築するためには緻密な計算がいるんだろうな。現実ではないけど現実のように見せなくちゃなんない。それが嫌んなっちゃうとこだけど、さっきのロマンチックな面が救いになっているんだろうね。

それで話は飛ぶけど、シェイクスピアが演られる場合と、近代古典になっているイプセンが演られる場合と、だいぶ違うような気がする。シェイクスピアだと汲めども尽きぬという感じがある。何度でも演られる可能性がある。だけどイプセンの場合、ある程度演られると尽きてしまうんじゃないか。それが閉じられてるってことになるのかな。パンフレットにイプセンは「わたしは社会哲学者より詩人だ」と言ってると書いてあるけど、詩人というのは言葉だけというより、もう少し人間を洞察しているということもある。

G　観念の言葉というよりイメージの言葉というもので人間を捉えるってことですね。

司会　詩人というのは、向こうの言葉で芸術家ってことですね。

D　さっき言ったことも、リアリズム作家とか問題劇作家といったレッテルを貼られてしまうってことで、それが社会哲学者ということなんでしょう。それは自分でも不本意でしょうね。

B　だいたい社会問題ってことから言うと、例えば『人形の家』にしろ、『ヘッダ』にしろ、女性解放ってことが出てきてしまう。その線を現代に持ってこようとすると、かなりずれができちゃうと思う。

C　そういうレッテルを貼らなくても、やはりイプセンの劇はリアリズムや社会問題を背負って人間が描かれている、その意味で詩人だと言えないか。今度の連続上演で一番期待したのは、最近言われるリアリズム再見ということなんだけど。なぜスーパー・リアリズムで演られるかということを考えていて、もっと微妙な心理劇というか、舞台の上でセリフのない空間があって、心理が火花を散らすようなドラマを見たかった。それが実際はストック演技によるリアリズムしか感じなかったんです。疑似リアリズムじゃないかって。しかも、そういう心理的ぶつかりがあるけど背後に大きく社会問題を背負った人間がいるということ。女性問題とかレッテルでなくて、一人の人間に押しかぶさっている社会状況、その中で人間がどうあがいているかって手ざわりを、心理的な火花を散らすなかから得たいと期待した。そのきめ細かさですかされて……。それでいながらイプセンの人間のもつ大きな社会の影、それがまた、社会ということを問題にしそうな俳優座だと思うのに、逆にどこかに消えて全くなくなってたということもある。

G　イプセンの場合は、もともと人物の数が少ない。社会的思想や問題、神話や伝説もその少ない人物の背後に隠されている。だがそれがなければ成り立たない。ギリシア劇のコーラスのような大勢の人間は隠れているけど厳然としてあるってことがそれだと思う。だからイプセンの場合は心理は大事だけど心理劇では絶対ない。人間と人間が対話しているときに裏にあるものが透けて見えてこなきゃいけない。二人の人間の対立もそれあって生きてくる。

C　イプセンが詩人ということだけど、やはり悲しいばかりに伝えたい、訴えたいという切実さの感じられる詩人であるってこと。もちろん視点は人間に置いてるんだけど、人間の置かれている状況を痛切に受けとめて、それは人間を通して出てくるんだけど、行間にあふれて訴えてくるってことがあるなあ。

司会　劇詩人というと、シェイクスピアなんですけど、まず言葉の姿勢ということが問題になってくる。イプセンの場合、詩人であるとか詩的要素があると見ようとすることは、コクトーのいう〝演劇における詩人〟でなくて〝演劇の詩人〟つまり poésie de théâtre ということで、演劇を使った詩人ということで評価される。しかしもう一方で日常的な言葉自体の見事さの詩人性ということを評価する人もいる。シェイクスピアとは違うとは誰でも言うわけですが、四世紀も前のルネッサンス的作家と近代劇の百年ばかり前の作家との違いということで云々出来るか。例えばシェイクスピアは今日では自由奔放といってよいような上演の仕方も出来る。ラシーヌでもフランスなどではかなり自由に演られる。そういうときは必ずしもテキストに忠実でなく変えられるかたちもあるけど、イプセンの場合あまりにも身近でそうは出来ないということなのか、もう少し経てば出来るということなのか、あるいは本質的にそういうことを許さない作家なのか、その点どうでしょう。

D　今日、日本で、上演ということを考えたときは、シェイクスピアなんかと同じようにむしろ扱って欲しいという気はあった。その意味でのロマンチシズム性、つまり情念を噴出させてゆく人間のぶつかりあいというもの、それがシェイクスピアの読み直しなどという場合にはあるけど、イプセンの中にもあるんじゃないかと感じたわけです。だからシェイクスピアの上演とある程度同じ態度で取りあげることは可能だと思うし、それが今日的な意味があるんじゃないかと思うんです。

演出について

司会 問題は、開かれたイプセンにしろ、ロマンティックなイプセンにしろ、シェイクスピアとの対比でのイプセンにしろ、具体的なこととなると演出ということと関わってくる。作品のテキストに忠実でなくてもよいということもあるだろうし、ヨーロッパではそうなりつつあるんだけど、つまりテキスト通り演るということはかなり無理になっている状況がある。第一に克明なト書きはほとんど真先に無視されてますね。ところで俳優座はかなりオーソドックスに演ってましたが。

E さっきイプセンの劇は緻密に計算されていて硬い、閉じられた感じがあるという話があったのですけど、舞台を観ていて確かに計算されていて、その点ではすっきりするという感じがする。けれども『野鴨』の場合なんか、やはり血のつながりというか遺伝ということが非常に大きく重苦しく出てる。『ヘッダ』の場合も結婚して異なる環境に入ったヘッダが何か言おうとしてうまく行かないということで閉鎖されて打ち出すものがないという感じが濃い。ドイツなどでは、例えばベデキントの『ルル』のような演出、つまりもっと開けっ拡げたエローティシュな働きがあるというように、固定しながら何かがあるような演出があるけど、今度の『ヘッダ』などとくに、どうしようもないじめじめしたところで演ってる。そういうところでやりきれなさを感じた。ただ、『野鴨』の加藤剛のヤルマールなんかは、閉鎖された状況を突破しようという喜劇的な所作などがあって、あのようなところをもっと突き出していったら面白い。

B 反論が出やすいように一刀両断に言うと、まず『ヘッダ』の島田演出は解説的演出、「野鴨」の阿部演出はパロディ的演出である。『人形の家』の千田・内田演出というのは、あまり適当でないんだけど、言いようがないので、再現的演出としておきたい。番外として俳優座の今回の連続公演じゃないけど、『ペールギュント』の千田演出（都助成新劇合同公演・二月）は戯曲の構造を明確にした演出である。多少補足すると、『ヘッダ』の島田演出は、伏線とか見るべき要点を教えてくれる。全部ね（笑）。その点よく本を読み込んでる。だけど、演出は解釈には違いないんだけど、やはり舞台の表現には解釈を、解説ではなく、小説で言う説明ではなく、描写でなくちゃいけないという点がある。『ヘッダ』のあの舞台に関する限り、解説になってしまって、演出としての表現まで至ってないような感じがした。『野鴨』の阿部演出の場合ですと、この芝居のもつ喜劇性をよく出している。ドイツなんかでも古典を演るときはパロディ的な演出がなされる場合が多い。その方向にのっていたと言える。『人形の家』の千田・内田演出は、特にとり立てて感じられるものがないんです（笑）。かと言ってミスがあったとも言えない。何を強調したいのかわからないわけ。だから従来通り社会的な関係で見ちゃう。そういう方向で見ると全然ずれてる。今の女性とノーラをダブらせるとね。だから最初の問題に戻ると、イプセンを今演ろうという場合、何か姿勢を示さなくちゃ。演出として何を舞台に表現したいのか、やはり何か強調して欲しい気がした。

G　それぞれ演出の力点が違うから、今言ったような傾向はあったと思う。そのなかで登場人物を生かしているものは何かという問題に関して、三本すべてそこに演出が向かっていなかった。だから説明的だったり観念的になった。『ヘッダ』など特に技巧に出発してそれに終わって、人間が生きてこない。

司会　具体的に演出でどうやったらいいだろう？　さっきからチェーホフのほうが人気があるようだけど、同じ俳優座でも対照的な両方の作家が上演されたということ。それに演出家にしても、いま明快な定義づけがされたけど、やはりそれぞれ考えはあったと思う。それが感じられないとすれば、現在演出的表現としてどうすればよいか。破格的な演出が要求されているのか。従来の方向は必ずしも否定されなくてもよいという線で何かが出来ることなのか。どうですか。

C　具体的にイプセンで何が出来るか、と考えると、自由に出来るのは装置だと思う。徹底的にいわゆる従来のリアリズムと離れて象徴的なものだけをパッと出してしまう。つまり装置や照明で細部を削りとって、その一方で人間を心理的にリアリスティックに描いてゆくって方法。それがロマンチシズムというのか象徴主義というのかはわからないけど、単に外面的リアリズムでない人間の内的リアリズムを表わす方法という意味で、装置は象徴的に、とかいうふうにやりようがあると思う。

G　今度の三本の舞台に共通して言えることは、装置で空間を閉じてしまったということ。これは悪い例だと思う。以前俳優座が上演した『人形の家』の舞台は、限界はあったけど室内の壁の彼方に別の世界が見えた。それが今度は閉じられた意図が分からない。退歩してると思う。演技のことで人間の内的リアリズムという点も、たしかに自然らしく心理的に対話してたことは事実だけど、心理の解説やリアルという形骸になってた。これは俳優座の演技の体質の問題でしょうが。とにかくイプセンの人間に対するイメージと演出家のそれがもっと衝突しなければ。その点後者がそれほど強くなくて戯曲に引きずり廻されてたと思うんです。

司会　装置が閉じられてたというけれど、それはイプセンが意図してたことで、そういう閉じられた世界に閉じ込められた人物の動きという点は彼の意図だった。その意図を閉じた装置が示せばよかったんだろうけど。そういう人間のいる閉塞社会を示すものは、装置自体で出すか、装置に対する俳優なり演出の処理の仕方で出せるものなのか。

G　それは演出家がどうイメージするかで変わってくる。こうしなければいけないってことはないんじゃないですかね。閉じた装置でも出せるし、人物関係でも出せるし……。

C　具体的に二重構造が見えてなきゃあという意味だったのだけど。室内を舞台一ぱいにつくれば外見は一重世界にみえる。だから壁など取っ払って象徴的なものだけをリアルそのものにデンと据える。例えば象徴的作品といわれる『野鴨』。ドアだとか壁だとか何もかもあるから後ろにある野鴨のいる場所が死んでる。日常性そのものの持つ二重性が見えないと……。

B　装置というのも演出家の空間感覚から出てこなくちゃいけない。

D　そうね。思いきって抽象的な装置をしてもよかったんじゃないかというのには賛成ですね。ただ象徴するというだけでなくてもいい。閉じられた装置や人物の数が少ないということで閉じられた室内での葛藤を表わそうとした意図はあったと思うけど、右手にドア云々というかたちでしか表わせないんじゃないと思う。『野鴨』の例が出たけど、あの部屋は屋根裏部屋でしょうけど、少なくともリアルに意識して屋根裏部屋をつくったのなら、そうと分からせて欲しかった。それが感じられない。それでいて奥のほうに鳥を飼ってる兎を飼ってるってことでしょ。なにか空間として閉じられてもいない、だがリアルであるってこと。装置にひっかけて演出の意図でしょうけど、不満だったわけです。思いきって開かれた空間で屋根裏が出せるんじゃないかって気がした。

B　屋根裏はどんづまりだけど、外には空があるってこと……。

D　それとあのみすぼらしい屋根裏に金持息子のグレーゲルスがやって来て、ここにこそ理想の世界をつくろうと考えることが問題なのでね。小っぽけな世界に一見平和な三人の家族があるってことが……。

司会　俳優座一般の演出の質について、どう評価しますか？　イプセンはこれまでの俳優座の延長であったのか、何かイプセンを取りあげて特別な意味があったか。

C　あまりパッとしない意味での延長以外の何ものでもない、かなあ。

B　だれだか、退歩だって。

G　それは装置に関して言ったんだけど。

E　しかし、装置をガラッと変えて抽象的にしてみても、どういうことになりますかね。装置は詩的になるって意味なら分かりますけど、それを通してイプセンの問題がどう出てきてわれわれに働きかけてくれるか……。

G　舞台に空間は大事だという意味で装置の例が出たけど、問題は本当にリアルというのでなくて、日常らしいものがあるという発想にこだわったということだと思う。イプセンの場合はそうじゃない。

司会　シェイクスピアなどはプロセニアム・アーチが邪魔になるということで取り外される試みがなされる。イプセンは装置云々以前にすでに閉じられた舞台を想定して書いてる。チェーホフもそうだけど、彼は、プロセニアム・アーチ以外の空間の舞台上演の可能性も考えられてる。イプセンの場合はどうですかね。

G　プロセニアムである必要はないと思う。しかしプロセニアムにしたところで、説明的に装置をごちゃごちゃする必要はない。

F　日常性というけれど、それほどこだわりすぎたようには取らない。逆ですね。もっと日常性にとらわれたらよかった。第一、それがイプセンの時代の発想からすると、ああいうふうになるだろうと言われるけど、イプセンの時代だったら、もっと違ったと思う。風俗としての違いではなくて。ひどく日常性に徹していると見えるところも、逆にひどくあいまいに、イージーにしてしまった気がする。

G　それは時代考証とか、そういうこと?
F　そう。それもある。
C　いや、現代とらえている日常的な感覚であの空間を発想したということよ。そう言う傾向が強かった。
F　日常的ということにこだわらなくてもいいと思うけれど、むしろ風俗的な扱い方じゃなかったか、と思うわけ。つまり、西欧の近代古典の、というところでイメージをつくってる。
C　装置なんかとっぱらったうえでの本当に細かい所で、ものと人間との関係というものが実体として出るような、そういう粒の細かさみたいなものが欲しかった。しかし、さっきおっしゃったような、あの作品を、例えば三方から客が観る、あるいは四方でもいいけど、そういう舞台でやるのは間違ってるだろうと思う。やはり一つの側から観る作品じゃないかと言う気がする。ギリシア劇やシェイクスピアはいいけど。だいたい主題が、人間というものに対する描く角度が近代劇は違うから、そこはやっぱり、リアリズムっていうのかな、一つの方向からの空間がつくられる世界でないか。
G　どっちがいいかという問題だとも思わないですね。例えばワシントンのアリーナ・ステージ、あれはもう完全な円形劇場ですね、あそこでちゃんとイプセンを演っている。ただ実際観てないからそれがどうだったかまでは言えないけど。そこで演っててちゃんとお客が入ってる。空間で規定されるものが大きいから、プロセニアムの場合とオープン・シアターの場合とは、演出の方法は当然違ってくるし、演技にはもっときびしいものが要求されてくるとは思うけれども。
B　イプセンの芝居は、この三つの劇に限って言えば舞台の世界の外に、またもっと大きな世界があるという感じが常にあるのね。
F　しないでしょう、観ててその感じは。
B　いや、戯曲についてですよ。シェイクスピアの場合だと、そこにある世界が全てだという感じだけど。そこで、イプセンのその外の世界、舞台の内側を包む世界、それをどこに観てる側として持つか、それをこのイプセンの当時の社会に持つのか、それとも自分のいま現在いる社会に持つのか、それによってずいぶん違ってくる。
C　今度の場合も一種の時代考証のようなものが、まず第一義的になるわけですよ。西洋の十九世紀だからなおさらだけれども、その時の服装から、動きから、という人間関係。やっぱり他所のことにしかすぎないということになっちゃう。

F　十九世紀の西洋でも、いいと思う。それで外側にある、つまりこの劇の世界と社会とのつながりが当然ある。だからこそその中で生きてる人間が、そこでしゃべっていることを通じてその裏のこととかその他いろんなことが、見えてきたり、感じられたりするように、そんなところまで見せて欲しかった。十九世紀でもいい、それとして、そういうものが見えればね、観てる方は自分なりに現在におきかえて観ることも出来るとおもう。そこが中途半端だった。

上演の現代的視点

司会　結局やっていることを自分自身の切実な問題として感じて上演してるか、どうかということなんでしょう。イプセンの世界というのは、十九世紀には、当時の観客はものすごい力でそれを感じた筈なのね。非常にアクチュアルな問題、時事的な問題をとりあげていたから。そういうショックがなくなって、例えば具体的に『人形の家』や『ヘッダ』や『野鴨』がどういう問題を提出した時に、こっちへひびいてくるのか。

B　外の世界があるってことが、イプセンの特徴でもあるんだけど、そこがまた弱点なんだ。例えばチェーホフなんかは、外の世界がいらない芝居ですよね。つまりあすこの芝居のなかにある世界があれば。

E　外の世界が中に入り込んで来ているから？

B　立体化してる、ってことかな。ところが、イプセンの場合はやっぱり外が気になる。

司会　例えば雪が降ってるとか、そういう具体的な日常生活の外の世界ということ、それとも抽象的な意味での……？

B　なんてったらいいのかな。

C　でもチェーホフの世界だって、外と内を見せてる上演ありますよ。ストレーラーの本を読んでたら、『桜の園』の演出で空間は壁が全然ない。時代背景が見え、片や子供部屋におもちゃまである。それで日生のシェルバン演出を観た。全く真似だと思うし、それに全く図式的なぐらい外の世界と内の世界というのをバーっと出してるけど、面白いなと思った。

G　最終的に作品の構造をどうやって血肉化するかってことは、結局俳優の問題でしかないように思うんです。そして、そこへ演出家がはっきりその作品についてもっているイメージが必要だということになる。

D　演技の問題にも当然行くんですけど、その前に、どんな古典であろうと、演る時には現代劇でしかないから、われわれ観客にどれだけ響いてくるかの問題になる。チェーホフの場合はかなりムード劇的なやり方が出来るし、人物のなにかそこはかとない関係が、切実に感じられ、そこですんでしまうような所があるんですよ。

ところがイプセンの場合は、セリフのつくり方が、とても緻密で、計算高いだけに、彼の人物の人間関係とか、舞台上のセリフの心理のやりとりだけではすまない、どうしてもそこになんか持って来ないと面白くないようなつくり方になってる。『人形の家』の場合には女性解放だとか、『野鴨』の場合には社会改造とか、外と内との葛藤だとか、本質的には十九世紀に持っていた問題と、十九世紀にショックを与えたような与え方と同じになってしまう。その問題は決して古くはないと思うけれど、提出の仕方が、今日的な提出の仕方にならないのが、チェーホフとの違いでないか。じゃあ、果して、そういった提出の仕方で今日に成功するやり方が出来るかというと、『野鴨』のようなパロディー的か、あるいは、悲劇的にやる時には、われわれはある程度、ウンという。ところが、『ヘッダ・ガブラー』が要求してるような、人間の生き方をある意味でギリギリ押えた葛藤、緊張というのは、それだけではすまなくなっちゃう。果してそういうものを、われわれはやれるかどうか、やって来たかどうか、やってきて成功したかどうか、それは日本だけの問題じゃないと思う。古典劇をやる場合、喜劇的にやった場合には成功するけど、悲劇ではたして成功した場合があるだろうか。イプセンの場合なんか絶望的になるような難かしさがあって、それをどうやってのりこえればいいかって……。

G　まあ『野鴨』がある程度成功したのは、パロディー化するということでの今日性というか、あるウケを狙った。それによって逆に悲劇性が薄れたんじゃないかという気がしないでもないな。だからどうしても最後は浪花節にならざるを得なかった。

F　実際の舞台が、つまり上演が、余りにも少ないでしょう、イプセンの場合ね。演る方にしたって、観る方にしたって、なんどもなんども、上演されることで、今まで出てたような問題を自然に考えるような状況になってない。わが国の演劇界というものがそこまで行ってないという気がする。

C　でもイプセンの『人形の家』っていうのは、日本の一般の人が近代劇の中で、一番よく知ってる作品ですね。

F　それは、知識として知ってるんで。

D　舞台じゃないしね。

F　例えばシェイクスピアだと俳優座だけでもかなりやっているし、近頃は渋谷のジャン・ジャンのようなやり方もあって、それにはピーター・ブルックなんかの影響も大きかったと思う。それと基本的な問題として、近代古典とちがって、どういうふうにでもやれるという要素が強い。近代劇をプロセニアムのそとでやるというのは、これからだという気がする。

C　それに、演出家も現代人で、本当に現代的に生きてると、それが当らないからじゃなくて、やっぱりパロディになるんだと思う。

E　喜劇的な面を強調すると悲劇性が薄れるという話があったけど、喜劇的にやればやるほど、悲劇に見えるという見方もできる。

F　十九世紀じゃないけど『ミザントロープ』なんて、そういう所がある。

D　『人形の家』でも、ノーラがなぜ家出するのか、本当に観客分かったかな。その理由づけ、こっちを納得させてくれるものが舞台に全然なかった。そして脚本読みなおしてみても分かんないんです。つまり、現代人としてみるとね。『野鴨』の場合だと、グレーゲルスがなぜああいうことをするのか、というのが分からないんですよ。

G　グレーゲルスの問題は、今の日本の社会でも、道徳だとか、あるいは精神修養だとか、ウソをついちゃいけないとかいうモラルがあって、そういうことをふりかざす人も一杯いる。だから、グレーゲルスはとらえにくいとも思わない。

F　ノーラも、今は女房や亭主の蒸発がいっぱいある、その原因もひどくつまらないことでね。しかし出てゆく、つまり動くことは現状を変えようとする何かではあるわけで、現代の蒸発の大部分は逃避かもしれないが、男でも女でも人間というものが目覚めていく過程の原型として捉えれば判るんじゃないか。

C　イプセンの場合、十九世紀に持っていた衝撃性を今日も持てるかどうかという問題が必ず出てくる。そうすると、今日もアクチュアリティがあるんだという一種の弁護論としてしか出せない。そういう弁護論である限りは、もっとつまらん今日の問題を扱った商業演劇よりも今日性を持たない。『人形の家』と同じ問題を日本に設定して商業劇場でよくやってる。その方がずっとよくみんなの話題になっているわけですよ。そうすると、そんな分かり切った話を風俗を越えて見せるのは、つまり役者の演技ということにもなってしまう。早く言ってしまえば、役者が面白ければ、芝居は面白くなる。

D　それとこの三本を通して、ポイントになる人物っていうのが、つまり現代的、今日的見方からしてのポイントになる人物てのが、一人ずついると思うんですよ。『人形の家』ではクログスタをポイントにしてみたら逆に面白い形、もっと違う印象の舞台になるんじゃないか。『ヘッダ』の場合だったら、ブラック判事の存在。それから『野鴨』の場合だったら、医者レリングの存在——つまりその辺に、もっとポイントをおいていい演出ってのが、可能だという気がする。

G　もう一つ大事なことは序幕を大事にしてほしいという気持がある。ドラマの大きい意味での世界をはっきりと設定するためには、序幕の演出がとっても大切だと思う。

D　イプセンの場合、序幕でまず喜びの場がある。そこへ、それまでの状況を全然知らない人物がでてきて、がらっと変わって行くという劇構成でしょう。その最初、喜びの場、例えば『人形の家』だったら、就職が決まった喜び、『野鴨』の場合だとパーティでしょう。その表現の仕方は、今度の舞台ではそんなに悪くはなかったような気がする。

C　序幕は一番難かしい、イプセンの場合どの作品でも。なにも起きない。一つの状況設定だからね。それを面白くするにはどうするか。

G　大きい意味での世界、イプセンの世界をそこではっきりとらえる。機械的に後のための伏線という形でやられ勝ちだけれども、そこで当時の社会状況からもっと深い意味での人間の深層心理のあり方みたいなものまで、ぱーっと浮かび上ってくるぐらい序幕を大事にしてやってもらいたい。『野鴨』なんか幕明きの会話なんて、全然生きないですね。

C　演出家が現代の演出家としてその作品と当ると同時に、俳優もそうでなきゃならない。それに、翻訳も確かに言葉は平明になってるけど、自分の日常感覚からするとお行儀よすぎるという気がする。翻訳というのは一回毎に演出家と翻訳家が一緒に練って行くのですか。

G　翻訳する人ってのは、テキストを読みこんだうえでやってるから、もとのイプセンの言語感覚にひっぱられてしまう。しかし演出家も役者も戯曲と出会うのは日本語を通してでしょう。だから稽古の第一段階でもっと沢山の作業が行なわれないと。日本の翻訳劇一般に通ずる問題としてね。

B　パンフレットの座談会で、大塚さんも言ってますね。

D　読み合わせに入る段階でそういうことをやったと。

司会　『ヘッダ』の場合、二、三年前からまずは台本を作るというんで演出家と役者と翻訳者で、読み合わせしながら、まずいとか、言いにくいとか、意味が通じにくいというところを検討するというつくり方をした。かなり違ったことは事実です。『人形の家』は千田さんの意向で十年前の翻訳をそのまゝ使いました。『野鴨』の場合にはほとんど新訳のように変えた。

F　演出の基本の方針というものとかかわると思う。

D　翻訳は毎回変わったっていい。

F　円形でやるとか、壁もなにもとっぱらうというやり方になると、当然言葉使いは違ってくると思う。その辺の演出上の計算とか見通しが充分に生きていないと。

C　あの演出だったら、あいまいだから、翻訳家は、今悲劇は可能かといって絶望的になるんじゃない。(笑)

司会　福田恆存が『ヘッダ』の翻訳をめちゃめちゃに貶してる。ただ『野鴨』の場合だと翻訳がまずいと思っても舞台では別に気にならない。ところが『ヘッダ』の場合は、一つ一つ言い方が気になっちゃう。本読みの段階でも翻訳家のほうで、まずいのかと気にして。

C　俳優のほうの感覚かな。固定した表現のし方でしたね。

G　俳優座の俳優の言語感覚をもっとみがく作業が行なわれない限り、あんまり翻訳をいじったってかえって悪くなるんじゃないか。

演技について

司会　演技の問題に入りましょう。具体的な話になるけど。

F　言葉の感覚というのは、翻訳のこともあるかもしれないが、やっぱり役者の問題が大きいと思う。どうしたってそれぞれが普段使ってる日常語の感覚が大きい筈だけれど、そこは役者は商売なんだから、どういう言葉が出て来てもそれをちゃんと言えなきゃいけないんじゃないかと思う。

G　イプセンだけにこだわらず俳優座の演技の問題を考えるとき、三つの時期に分けてみます。創立メンバーから養成所初期のメンバーを第一期として、養成所の中期から後期にかけてのメンバーを加えたのを第二期として、そして桐朋学園以後というのを第三期とする。

それぞれの時期の特徴を言えば、第一期は、千田俳優術の上り坂時期だった。一言で言えば、演技の近代主義、肉体主義と心理主義というのを折衷しただけで、近代の唯物論的、科学的なアプローチからする演技論、つまり精神と肉体に関する近代の理論から生まれているものである。千田俳優術の上り坂の時期は、今で言えば限界のある方法論をとりながらも、現実に生身の作業をして行くなかで、プラス・アルファーの部分が一番重要だった。

第二期というのは、ブレヒトの輸入の仕方に問題がある。そこで大事なものをデフォルメし、失なって行ったという気がしている。

それ以後第三期というのは、いわゆる六〇年代後半の前衛的というか、アンダー・グラウンドというか、要するに一言で言えば近代主義に対する極端な反動の渦の中で方向を失ってしまって今に来ている。ひるがえって、これからの課題は、近代主義をどうのりこえて行くかということが問題になってくる。近代主義とはこころとからだを二元論的に考えて行く行き方だ。しかし人間は統一してとらえて行かなきゃいけない。つまり、こころのない肉体訓練とか、内面を無視した肉体訓練とか、あるいは、肉体的なものがともなわない心理訓練、感情表現のパターン化とかは、やはりのりこえ否定しなきゃいけない。

大体新劇をはじめる役者って二十歳前後ですよね。そうなると固まっている部分がいっぱいできているのだからそれを解きほぐすという作業はもっとやって行かねばならない。つまり緊張を解かない限り、いろんな外界から受けとるものを受けとれないし、あるいは外界へ、自分の外へ与えて行くこともできない。その人が本来持っているはずのものが、いろんな意味でなくなって来ているから、それをもっととりかえす作業をやって行く。そのなかではじめて集中ということが問題になる。自己を発見し、それを強めるということが、リラクセーションと集中の課題だと思う。そのうえではじめてイメージの世界が開けてくると思う。それが外へ向っての表現というものになって行くのだけれど、日常的なものよりももっとデリケートなものでなければいけない。千田俳優術で育てられた俳優たちの傾向を見ていると、技術訓練と心理訓練が離れちゃってるという気がする。だから心理主義におち入ったり、パターン芝居になったり、極端な外面芝居になったりするもとがそこにある。

司会　今度の場合に具体的に言うと？

G　全般的にそういう問題があるのね。もっとリアルに、もっと人間関係がからみ合うようにやるべきということも、そういう感性が死んでしまってるからでしょう。極端な例でいえば『ヘッダ・ガブラー』ですね。ロボットみたいにみんな動いている。頭ではよく分かる、でも感じられないということ、これは最大の弊害じゃないですか。中野誠也の演技なんかはそうでもない。『野鴨』でも、娘の中村美苗、それからお袋さんの中村たつ、医者の小笠原良智、それから、『人形の家』でもノーラの演技（もっともこれは腰くだけになって、いささかパターンとなってるきらいもあるけれど）多少そういう芽が出ていた、いい面がね。

最近、俳優座の芝居がつまらないとジャーナリズムで言われていて、確かに現状はそんなにいいと思わない。ただ、少なくとも近代俳優術というものが、日本で果たした役割というのはとても大きいと思うんですよ。それを俳優座としては、のりこえて行く、捨てちゃうんじゃなくてね。その作業をやって行くためには、イプセンとかチェーホフとかをやって行くということは、手がかりになると思う。

B　ノーラの岩崎加根子の場合、年令のこともあるんでしょうが、演技の方でなんか可愛く見せようということに努力しているような、それがすごく無理してるなって見えた。ノーラの場合、可愛らしくというのは武器なわけでしょう。彼女が夫に対して用いる、夫をあやつるための武器なわけだ。だから本当に可愛らしいのじゃない。表面にみえてる可愛らしさと、可愛らしさというのが使われているということ。その二重性の深みみたいなものが見えてこないと、ノーラっていうのが外の世界を知るために最後に出ていかなきゃなんないことが分かんなくなる。ノーラというのが、本当に主婦であれば、（ところが全然一家の主婦に見えない）あの場にいて外の世界も知れるはずなんだ。知れるというか、外の世界も自分のものということ。だからノーラの場合はやっぱり出て行かなきゃならない、それだけの人物なんだ。女性であるってこと。それが、岩崎さんの演技では全然出てなかった。

G　ノーラは本来可愛くないという意見には、ぼくは反対なんですよ。ノーラってのは無意識に可愛くなっちゃう。意識して、可愛くふるまっているというふうには、解釈しないんだけれど。

B　それが一番悪い。可愛らしさを無意識に使うってことはね、一番悪いのではないかということ。つまり女性にとって、その面で勝負してる、男との関わりがその面でしか関われないということ自体がね。

G　あの芝居はノーラを擁護してる芝居ではないでしょう。無意識に可愛い女が、どうしようもなくてああなっちゃったと書かれている。

B　だから、その批判が、演技に出てないと言いたいんだな。

F　無意識に可愛いい人なんだと見えないで、一生懸命に可愛いくしようとしてるとしか見えなかったところが不満なわけですか。

B　逆に言えばそういうことになりますね。

G　ノーラをいい女として演じてしまったからだと思う。嫌な面がもっと出ていい。

B　いやらしさがあるんですよね。

G　もっとエロチックな女だろうしね。

B　日本の『人形の家』の上演は、そういう面をノーラに求めたのはないんじゃないか。『オセロ』のデズデモーナもそうだけど、非常に小利口な女ですよね。デズデモーナが小利口に立ちまわるから、オセロが苦境におち入る。だけど本人は、非常に純粋な、女性らしい気持ちで無意識にやってる。同じようなところが、ノーラにもある気がする。だから最後に子供を捨てて家を出て行くという形になる。そこがノーラの女性としての欠陥のあらわれではないか、欠点ですね、女性としてのあり方の。だから、そこを持ち上げるというのは、非常におかしなことだと思う。世に言う絶賛するということは。

C　解釈はしてたんだけど彼女の演技力がともなわなかったのじゃないか。さっき言われた近代主義的な演技というのは、からだとこころの二元論と言うけれども、こころの方が中心だったんだろうと思う。そしてからだがともなわないんだと思う。微妙な違いでノーラのそういう二重性を出すということを、声の調子とからだの調子で現わせないんだな。『ヘッダ』の場合、規格通りに動いていたように見えると言うのも、やっぱり発声訓練とか肉体訓練が出来てないので、思ったことをそのまま外に現わす面が足りないんじゃないか。俳優座の場合、全部に通じるのじゃないかな。それとね、近代主義的な演技を克服しようとする時に近代劇でもって訓練するんだということろ、もう一つ分からなかったんですけど。

F 体がついて来ないってことは、全くその通りだと思う。例えば、ノーラが亭主から小遣いをひきだそうとする時可愛らしくする所と、クログスタとの所の違いなんかあれば、可愛いのが演技だということがちゃんと見えるからいい。それが出なかったというのは、やっぱり出来なかったんであってね。亭主とお客とどう違うかと、ちょっとした仕ぐさとか、言葉の表情とかで変わってくるわけですよ。それができれば、すごく小利口な嫌な女というところが見えてくる。そうするとその人物が十九世紀であれ、現代であれ、少なくとも劇の登場人物としての複雑性が出てくる。

C 千田さんなんか、あれだけ外面的な演技指導をやってるようにみえるんだけれど。

G 外面的なことと内面的なことを統一して開発して行くという方法論がとられてないからじゃないですか。動いてないわけじゃない、結構動いてる。

司会 同時に、もう一つ、例えば岩崎さんと大塚道子さんと加藤剛さんという三人の主役の演技の質は、かなり違うように見える。どこに可能性があるかというようなことについてはどうですか。

B 大塚さんの場合なんか独りで芝居してるような感じがしたね。ヘッダという女性は、男のなかに自分がいるという、だからつねに男を意識するということが、強いと思うんだ。結婚してからも、結婚する前も、ボーイフレンドがいっぱいいる、それをつづけてるわけ。そういう男に対する働きかけみたいなものが、大塚さんの演技にはあまり見られなかった。

F そういう意味では、千田さんの中期にはもっとデリケートな演技指導をし、それを求めて訓練したとおもう。それをうまくうけとめられた俳優は、びっくりするような芝居をしたわけですよ。それがこのごろ千田演出が少ないし、時代の要請で作品そのものの質も変わって来た。演技の体系なんかは、かつてあったというだけで、今や乱れ切ってる、ばらばらになってる……。

司会 では今の俳優座には、可能性のようなものは、全然ないですか。今回の三本のなかで、なにかそういうものが見えるとか。

E 『野鴨』の加藤剛の演技は、ぼくにはとても面白かった。ちょっとした言葉——「そういう非本質的なことを言うな」ってセリフなどを表現する仕方で、イプセンをパロディにする、とってもうまいですね。

G　『野鴨』がよかった一つの要素としてね、俳優たちが自分の感性でさぐって割合のびのびやってたという印象が強い。

F　加藤剛の持ち味ではないかな、その喜劇性というのは。……それを配役して引き出したといえば引き出した。

C　受け手がよかったということは言える、中村たつさんの受け方が。それがない最初の友人との場合は、なんとも……。

B　そうね、あの二人が出てくるところはよかった。中村たつの押えがないと浮いちゃう、あの演技だけじゃね。

F　可能性ってことでは、テスマンの袋さんいいじゃないですか、全体のなかでは……。

D　印象に残ってますね。それに対してノーラの御主人の武内享は、印象に残ってない。袋さんの方がその意味ではよかったのかもしれない。

G　ちょっと怒鳴ってるという風に聞こえちゃうところが、いささか不満なんだな。阿部百合子さんの芝居も――とっても熱演だけれども、余りにも怒鳴ってヒステリックすぎて拒否反応が起きてしまう。

D　ヘッダとエルヴステード夫人の対立っていうのは、もっと違う形で出て来てよかったと思う。憎いと思って髪の毛をどうこうしたようなこともね。扮装みたいなことを細かく言えば、エルヴステード夫人はものすごい金髪のきれいな婦人にして、ヘッダのほうは、ちぢれっ毛に近いような短かい髪というだけでももっと出せたと思う。わざとそういう対照っていうのは出さないよう演出してたとなると、演技の問題ってことになって来る。「わたしはあなたが憎くて、髪の毛が多くて」というようなことをヘッダが言うでしょう。全然その感じがない、舞台をみてね。

G　ヘッダというのは、そんなに美人ではなかったんですよね。

D　それが一つのポイントでもあるでしょう。その辺が舞台じゃ出てこない。

G　エルヴステード夫人というのも、昔の面影通り美しいままというのではないでしょう。あるいは、ヘッダの方が今はきれいに見えるかもしれない。そういうふうにしたってかまわない。

C　魅力のあるのは、ヘッダのほうが昔も今もはるかに魅力がある。だからこそ、他人はなんとも思わないような、髪の毛のことで、彼女はすごく恥じてる。その辺を出すのにかつらがうまくゆかない。それとあのメーキャップとか衣裳とか、どうして日本人はいつまでも、ああ翻訳劇らしいやり方でやってるんだろうと思うんだけれど……どうしてなんだろうな。

F それにしてもこのヘッダは不満だった。肉体的にたくましくてヘッダらしくないことも含めてだが、ヘッダには誇り高さや高慢さの反面に、繊細さもあると思う。

C 演技論というもの自体について疑問を持つ。ある人たちは非常にいいと思ってもほかの人たちは貶すわけでしょう。どうしても先入観とか好き嫌いが、役者に対しても演技、演出に対してもある。その良し悪しをきめる規準というのはどこにあるか、どこから出てくるか、どうもいつも疑問なんだけれど。しかし個人的に言えば、岩崎さんよりはるかに大塚さんの方がいいと思う。大塚さんにしても岩崎さんにしても、体は動かない。一番よくないのは大塚さんの歩き方……。

F そう、彼女はあれで非常に損してる。

C ただ相手に対する非常に鋭敏な反応と、それから自我意識の強さと、一種の力の斗争というようなものはかなり読み込んだし、ある点では非常に出たと感じられたんです。それが説明的であるという批評が一般的なんだけれども疑問なんです。感じるのが不可能に近いくらいの微妙さ、それはもう……そもそも説明的に出せるようなものではない。結局説明的と感じられたってことは、そこまで深く表現出来なかったってことなんだと思う。

F 説明的ってことで言えば、滝田裕介の判事の方がむしろ説明的だ。あんなに押しつけがましい物言いは別に意図したものじゃなく、発声の欠点をカバーしようとする意識から生じるのだろうが、役を離れてうるさく感じる。ヘッダの場合、短いセリフで出だしが強くて終りが力が抜けて尻すぼみになるのは、今言われた表現にかかわる大事な点でただヒステリックな印象を受けてしまうな。

C おそらく俳優座だけじゃないと思うけど、稽古の過程で、きびしさが足りないんじゃないか。そのためかな。アンサンブルがないって気がする。『ヘッダ』なんかとくに、俳優一人一人が一城を成しているって感じがして、そのくせ、お互いがかみ合ってこない。

D それはだから、今度は演出の力かもしれない。そういうものをまとめるという……。

C しかし『ヘッダ』は、だれもが好きって感じの作品だから、観客がそれぞれのイメージで期待しすぎて損をしてるってこともあるかもしれない。『野鴨』は初演ってこともあって得してる。
D　大塚さんのヘッダってことで、やっぱりだめか、とか……。
C　賢すぎてやはり悪女にならない。魅力のある悪女で愚かな女には。一幕の長い衣裳だとぎこちない動きも目立たないけど、二幕からとたんに目立つ。
G　動きは足腰の問題でしょ。ダンサーや演奏家にくらべて、基本面でも俳優は怠けて、厳しさがないから。
F　例えば背すじをピンとのばすというような、いわゆる良い姿勢の基本形がね、そのためにその人の全体から例えば誇り高い人とかいう雰囲気を感じるのでなくて、いかにも〝背すじをのばして良い姿勢をとっています〟というふうなね、ムリを感じるんだな。やはり基本的な訓練の問題じゃないか。
C　どうしてみんなあんなに運動神経がにぶいのか、例えばノーラの踊りの場なんかがね、まずいなと思う。
F　そのまずさが問題でね、ノーラの恐怖と緊張による必死な感じがなくて、役者のまずい踊りになってしまった……。
G　俳優座は、稽古のやり方とか、あるいは日常訓練の問題とかを考え直さねばならない。今いろいろと演技に対する混乱とか、反省とか、意欲とか、自信喪失とか、自信過剰とか、いろんな現象が渦巻いてるけど、こういう状態であるからこそ、逆に今こそやって行けば、絶対なにか生まれてくるんではないか。そこに俳優座の可能性がある。混乱状態であるが故に可能性がね。（一同笑い）
D　その辺で、結論みたいなことが出て来たじゃない。
G　この六本木小劇場という、要するに俳優・演出家も含めて、ノーギャランティでやる公演で、この短かい期間で、これだけ三本まとめて舞台にのせられたということは、やっぱり俳優座の中にある可能性の現われだと思うし、よかったんじゃないか。
C　どれもみんなやりたくてやった人たちばかりだからね。しかし、またイプセンをやろうとか、またやって欲しいとかいう気分には、あまりならなかったかもしれない……。
D　いや、やって欲しいと思う。積み重ね、読みなおし、積み重ね、とやって行くことで。次は今回の経験をつみ重ねて行く形で読みなおしをもう一度して、もう一回やって欲しい。もう一回でも、何回でも。

＊劇団俳優座〈六本木小劇場〉イプセン生誕一五〇年記
念連続公演（全て一九七八年）
『人形の家』　五月二十二日～三十日
演出　千田是也・内田透
『ヘッダ・ガブラー』　六月一日～七日
演出　島田安行
『野鴨』　六月九日～十五日
演出　阿部広次

訳　毛利三彌
装置　垣内紀男（人形・野鴨）
嵯峨善衛（ヘッダ）

『あ・えむ・で』第四号　一九七八年

2　木下順二『子午線の祀り』をめぐって（一九七九年）

AMDメンバー

司会　今年の四月に国立劇場の小劇場で『子午線の祀り』が上演されました。戯曲はかなり前に発表されており、公演も、新劇界以外に歌舞伎役者や狂言師などの出演、その方面からの演出参加などもあって、いろいろ話題にされました。話題といっても、大方の批評は仲間ぼめに終っていた感が強く、ここにお集まりの方々の中には、あの舞台にむしろ批判的な方が少なくないかもしれません。ただ、あの作品が、近年稀なといってもいい〝労作〟の名に値するものであること、舞台も何となく進歩派文化人的〝行儀よさ〟はあったにせよ、それ故にでも批評の対象にはなるだろう、ということぐらいは皆さんお認めではないかと思います。

そこで、いつもは文句をいうことしか知らない〝けなし屋のE〟さん（笑い）が、この舞台を、珍らしく面白かったといっているので、まずEさんの批評をお聞きして、そのあとで問題点が出れば、議論していただこうと思います。なるべく、単なる作品評というものでなく、演劇論研究という我々の趣旨に合う内容にしたいと思いますが、それじゃ、Eさん、始めて下さい。

E　けなし屋だなんて、それは皆さんの方でしょう。（笑い）。面白いといったって、いろんな面白さがあるんでね、舞台を観ていて批評欲の掻き立てられるのを感じた、それを一種の昂奮をもって感じたということなんで、これはぼくにとってそれこそ近年稀な現象だったし、実はそういうことが、〝面白い〟ということなんだと思うんですね。舞台に対して、すぐれた点よりもむしろ批判点を見い出したことが多いんですが、単にけなす喜びではなくて、それを見、考えることがぼくの演劇観なり演劇論をより一層明確にしてくれる、あるいは明確にせざるを得なくさせてくれる、そういう感じの昂奮だったと思っているんです。

司会　なんだかもってまわったいい方をされますが、あれを演劇作品として買うか買わないかということになれば、買うんでしょう？

E　そういう二者択一的に迫られれば仕方ありません。買うと答えます（笑い）。

司会　いや、ごめんなさい。

E　いいえ、このあと、誉めてるのかけなしてるのかわからないような話になると思いますので、基本的立場を前もってはっきり表明しておくのは必要かもしれません。ただね、さっきいわれたような、〝文化人サロン〟的雰囲気は劇場に入った途端、やはり感じましたね。ところが舞台を観ますと、この客席の雰囲気が劇にぴったりなんですね、それとも舞台の方が客席にぴったりといいますか。ぼくは当日券を買ったら、列は前でしたけど端の方でね、ちょっと体をひねれば舞台と客席の両方が視野に入るんですよ。あらかた満員の客席に坐る、楽しむためではなく、木下作品の話題の実験意欲作だからみなくちゃと無理にも考えたであろうような観客と、楽しくは全然ないがその実験性、アングラ的実験ではない大変正統的にみえる実験意欲によって、さっき述べたような興味を湧かせるという舞台、両方がうまくおさまってるんですね。ですから、第一幕が終って幕間になると、客の雰囲気が嫌いでもなんでも受け入れなくちゃこの芝居自体が成り立たない、つまりぼくの批評意欲も成り立たない、ということは、自分も正真正銘そういう客の一人に外ならない、といわざるを得なくなっている。木下批判はぼく自身への批判であって、昂奮の湧き出た所以もそこにあると思われるのです。

A　木下批判て、戯曲批判のこと、それとも舞台批判ですか？

E　ちょっと待って下さい。ぼくは今でもまだ戯曲は読んでないんです。『平家物語』を下敷きにしているということぐらいは前もって知っていましたけど、具体的なことは何も知らずに舞台を観たんです。ですからぼくの話は舞台批評ということになるわけですが、だからといって、木下順二の戯曲作品が問題にならないわけではない。劇の舞台から一つの文学作品といってもいい戯曲が浮び出てこないわけではないですからね。もちろん、劇の種類によってその度合いが違うことは当然でしょう。

今度の舞台は、この点で戯曲の形をかなり明確に把握させるものだったように思います。それも又、ぼくの気に入った理由です。その戯曲に批判的ということは、いうまでもなく別問題ですが。

B　そういう風にいうと、結局、演劇批評は戯曲批評と舞台批評（演技、演出その他の批評）に分れてしまって、統一的な劇というものをとらえられなくなるんじゃないかな。

E　その恐れはありますね。しかし今度のぼくのように、戯曲を読まずにいて戯曲について云々する場合は舞台上の形象と無縁に、いわばア・プリオリに成立している戯曲の論議とは、どうしたって違ってくると思うんですね。

たとえば劇冒頭のプロローグ（序詞）ですが、これは幕が上がる前に宇野重吉の朗読でスピーカーから聞こえてきた。この同じ文句が最後に、今度は舞台に一人残った山本安英の口から語られる。山本安英は劇の重要人物、殆ど唯一人の女性役といってもいい影身の内侍を演じたのですから、これは作者の指定なのか、演出のアイディアなのか知りませんが――。

C　あれは原作の指定ですね。影身の内侍を演じた女優がエピローグを語るとなってます。序詞には何の指定もありません。

E　ああ、そうですか。そうすると、木下順二は当然、影身役に山本安英を考えて書いたのでしょうから、あのエピローグの語り方そのものも、〝戯曲〟の範疇のものとしていいかもしれませんね。そこで、冒頭の宇野重吉の独特の語りですが、あの読み方が、あの内容、あのイメージを劇に適わしく湧き出させるものだったかというと、否定的になる。しかしそれは、幕が上がって劇が始まるとすぐにわかるように、つまり満天の星空の下での人間のあり方――歴史の流れ、というようなイメージは、舞台の奥のホリゾントに照明で星をちらばらせるくらいでは、所詮嘘ものになってしまうんです。じゃあ、もっと舞台いっぱいに、あるいは劇場いっぱいに、プラネタリウムみたいに星空を現出すべきだったということになるのか、それは、国立劇場では無理なら、別の場所を考えるべきだったということか、それとも、もともと、劇にそういう大自然の様相を写しとろうとすること自体が間違いだ、つまり戯曲の欠陥ということか、そして、もう一つ別に、あの戯曲にも、その舞台化にも、満天の星空のリアルなイメージ現出の意図はなくて、序詞の存在は、より抽象的な概念の表現のため、あるいは、単に大昔の事件の芝居でなく現代に関連させるためとか歴史そのものの把えかたを提示するためのものとしてみればよいということなのか。こういうことが宇野重吉の朗読と切り離しては問題にできない。これは戯曲の問題には違いないけれども、活字としての戯曲を読むときには必ずしも浮んでこないことではないでしょうか。文字言語のイメージは、いくらでも自由に広げたり色彩らせたりできますが、芝居の場合は、善かれ悪かれ、現に目の前に物理的なものとして示されているものから離れることができない。満天の星とか、天の子午線とかいう言葉から作り出す我々のイメージは、活字からと舞台からでは、基本的に異ならざるを得ないでしょう。

そこで思ったんですが、いったい過去のどういうすぐれた劇で、大自然のイメージを舞台上に具体的に示そうとしたものがあっただろうか。ぼくには考えつかないんですね。芝居は人間が中心、というより、人間しか出せない。自然も人間を離れては芝居の題材とならない。『マクベス』の〝森が動く〟というのに、このことが典型的に示されていると思うんです。シェイクスピアは確かに、客にバーナムの森、それを見たことのない人には、その人の知っている森を思い浮べさせるにしても、実際には舞台に登場する人間たちの変装としての森へと変形させることの上に劇を作り上げた。『あらし』の近代演出が冒頭の嵐の場になかなか成功しないのも、自然現象を物理的に出そうとしたり、出さなくても、客にそれをまざまざと想像させようとするからで、シェイクスピアはその嵐の具体的イメージを要求してはいないと思うんですね。

実は、この点は、『子午線の祀り』に対するぼくの批判の根源といってもいいことなのです。もちろん作者も演出家も、満天の星空そのものを人間から切り離して呈示しようとしたのではなくて、だからこそ、序詞の中に〝あなた〟という、客に向かってか誰に向かってか、呼びかけの言葉が入っているし、最後には、影身を演じた山本安英にこの文句を云わせて、その中立的な語り方から、〝あなた〟を、客だけでなく、知盛あるいは歴史に生きるすべての人間に向かっての言葉にしている、というかもしれません。でもその中立性がまさしく〝天の子午線〟というものの中立性になって、劇中人物から切り離されてしまう。その間をつなぐはずの舞台上の星空は嘘ものになるために、関係は一層断たれてしまう、という結果になっていたと思うのです。

C　なるほどね。ぼくは戯曲を先に読んで、非常に感心して、というか、非常にイメージ豊かな世界を想起させられて、期待して舞台をみたんだけど、全くがっかりしたんです。それは、文学的イメージを演劇的イメージに変移させるだけの様式を欠いているからだと思ったんですが――。

B　そうかな。おれは逆に、舞台をみてから戯曲を読んだら、戯曲の作り方の欠陥が目についちゃったね、あのプロローグは、いってみれば、久保栄の『火山灰地』の焼き直しだろう。

C　いや、『火山灰地』のプロローグとは全然違うでしょう。あっちは、劇の舞台背景になる土地の地理的指定のようなもので、『子午線の祀り』は地理的でなくて、宇宙的な広がりを示唆する序詞ですから。だから劇の最後にもう一度くり返されるんじゃないですか。

B　そんなことはないね。久保栄は単に地理的説明としてプロローグをおいたんじゃないよ。北海道のある町を基点としての、日本及びアジアの経済的広がりを示唆するものだよ。横に、水平に広がる面を、木下順二は天に向かって垂直に伸びる線に変えただけだ。

E　でもそのことが重要なんじゃないでしょうか。久保栄に歴史の流れについての意識がないわけじゃありませんが、『火山灰地』の中心はやはり現代の経済機構、その中で生きている人間の横のつながりの問題ですね。現代に焦点をあてれば、どうしても時間より空間の意識が強調される。木下順二の場合は、今度の劇ですが、直線的な時間意識、つまり歴史そのものが中心になっています。ここに広がりがないわけではないのに、実際に合戦の様子や、渦潮のありさまや、月の運行から出てくる満天の空間のイメージがないわけではないのに、不思議と、舞台の印象は直線的ですね。これは、木下順二の新しい試みではないかと思うんです。それが序詞で示唆されているとはいえる。彼はどちらかというと、今まで、歴史性を支えとする劇を書いていたようでいながら、こういう明確な時間性、歴史性に眼を据えたものは書けなかったんじゃないでしょうか。

B　そりゃあ、大昔の歴史的事件を扱ってるわけだからね。しかし、それだけ、久保栄の現実性は失なってるとおれには思える。

C　現実性ということの意味ですね、問題は。木下順二はこれは〝現代劇〟として書いたつもりらしいですから。

B　それなんだよ、おれが嫌なのは。劇内容から、諸々の現代的意味合いをとり出したり、人物に現代的心情解釈をほどこせば、すべて〝現代劇〟ってわけじゃない。歴史劇にも、現在上演する以上、現代的意味がなくちゃならんのは当然だよ。しかし、昔のことを扱って現代性を出すのと、今現在のことを扱って出すのとははっきり違う。

司会 ちょっとね。もう議論にしちゃってもいいんですか。話は終ったんですか。

E いいえ、まだ始まってもいないんで（笑い）。すみません。もっと単刀直入に話の中心へ入るべきなんでしょうが、今度の舞台はいわば演劇の方法論というところがあって、批評に対してもその方法論を問うという姿勢をぼくは感じたもので。それに誉めるにせよけなすにせよ、この作品及び舞台化に費した作者とスタッフ・キャストの労力・精神力の大きさはやはり認めなければいけないんで、単純な印象批評で済ますわけにいかない気もしているんです。

ところでぼくのいちばんの関心は、この劇の表現形式にあります。叙事形式と劇形式の混合。その叙事部分は『平家物語』からの引用、あるいはそれに近い。それを多人数でしゃべる、つまり群読と称している形式ですね、これが劇的にどう機能していたかという点で、いろいろ考えさせられた。『平家物語』は〈語りもの〉として一人の法師が琵琶に合わせて語る、というより今日の我々には〝詠う〟と聞こえるものですね。それを木下順二は〝読ませた〟。しかも群読として。だが、その中で、能のように、地謡の中からシテが突出してくるように――今日はシテが地謡と一緒に謡うことはしなくなってますが、昔はあったようですね――人物が自分に関する件りを一人でしゃべる、または第三者的に叙述する。この群読は訓練の行き届いたものだったし、詞章は古文だからすらすらとは伝わってきませんが、それがかえって一種の雰囲気と格式を作っていたことは作者の意図通りだったと思います。

しかし、これが能の地謡と決定的に異なるとぼくに思えたのは、地謡が、まさにその名の通り〝地〟――そのいろんな意味を含んでの――というもので、地謡の謡い出しのところの、聞こえるか聞こえないくらいの低い太い、多くは同一文句のくり返しを耳にすると、ぼくはいつもその〝地〟性とでもいうものに圧倒されるんですが、シテを支える大地というか、〝図〟を浮き出させる〝地〟というか、そういう底辺の厚味と広がりを感じて、だからこそ、シテとの関係で、シテが地謡の中に嵌め絵のように自由に姿を没したり突き出たりするんだと思うんですね。これはしかし、基本的には叙事詩の形式ではなくて、むしろ抒情詩に近いものではないでしょうか。修羅物の多くを『平家物語』に依拠しているとしても、その中の一武将の生涯を語るのではなく、彼の生涯の一場面について回顧的に抒情するわけですね。それだから、シテを亡き人の霊として出すわけなんでしょう。その抒情詩の時間についての演劇的構造は能独自のものであって、多くの人が云々しているところです。木下順二は、ことさら謡曲的方法をふまえるつもりはなかったのでしょうが、それでも『子午線の祀り』のどの人物も、対話からなるというより、各々の心情吐露の羅列からなるといった感じがあることは事実ですね。

それなら、この群読は、地謡もよく比較されるギリシア悲劇のコロスに近いものか、というと、いうまでもなくコロスは舞唱団であったという点、全く異なる役割を果すものです。しかし、コロスが叙事的要素を濃くになっているのは否定できませんから、類似した劇機能をもつともいえるでしょう。もっとも、ギリシア悲劇のコロスといっても三人の詩人でずいぶん違います。この群読からまず思い浮かぶのはアイスキュロスの『アガメムノン』の初めのコロスの歌ですね。十年間にわたったトロイヤ遠征の模様、その途上のイピゲネイア犠牲の有様や、トロイヤ滅亡後の廃跡のさまを、コロスの長老たちは実際みたわけではないはずなのに、いわば叙事的語り手となって蜒々と歌う。その中に、ゼウスへの讃め歌、人間のあり方などが折り込まれるわけです。

『子午線の祀り』の群読は、事件の客観的叙述に終始していますし、人物たちが、その中に入ったり出たりしますから、コロスと違うことはいうまでもありません。それにもかかわらず、似たような印象を受けるのは、イギリスのエリス＝ファモアという批評家がいっていることなんですが、『アガメムノン』のコロスの歌は、人物の感情でも作者の感情表現でもないけれども、言葉で表わせない思想の表現、つまり一つのムードの表現だという、そういうものになっているからではないでしょうか。そのムードとは、人物もコロスをも包み込んだ精神の一つの気象といってもいい。ただ、ぼくには、ギリシア悲劇の場合、そういう精神気象を形づくるのに、舞唱ということが大きく仂いていたはずだと思うんですね。木下順二は、前々からこの群読の試みをしていたといいますから、初めから歌い踊ることは考えていなかったのでしょう。また、そういう性質のものにされていないことも事実です。それでも、ぼくはギリシア悲劇のことを思い浮べさせられて、これを歌い踊るコロスにするのだったら、どのようにすればいいか、と観ていて思わざるを得ませんでしたね。様式の欠如とさっきいわれたのも、だからわかるんです。

C　読んだとき受けた群読のもつ凝集した力、歴史の背景をなすような迫力を舞台では感じさせないんですね。大勢で読んでいるのに、――読み方自体はうまいにしても――それが読んでいること以上に出ていると思わせないんです。

D　それから途中で失礼なんですがEさんは本を読んでいないといわれたから。木下順二は本の後記の中で、この劇を書くとき、能とギリシア悲劇を念頭においたことについて書いているんですよ。渡辺保が冥の会の『オイディプース王』公演パンフレットに書いていたことで、能楽師が舞台上で、ときに語り手、ときに運命そのもの、ときに自然そのものとなる変身の見事さ、つまり人物の心理・性格を越えて世界の本質にいたる技の見事さ。そして『オイディプース王』も又、単に人物内面だけでなく、彼に業罰を与えた神の側からも、その人物をとらえる描写が要求されるのではないかというようなことに、非常な示唆を受けたとかいうんです。

E　そうですか。群読の問題から少しはずれるかもしれませんが、関連することでもありますね、そのことは。その点では、確かに『子午線の祀り』の人物形象はそういう変身の技を要求するものだといえると思います。しかし、能はよくいわれるようにシテ一人主義の劇でしてね。もちろんこのこともいろいろ論議されることでしょうけれど、少なくともシテが自分と同次元の原理というかイデーというか、そういうものとしての対立人物をもたない作品が圧倒的に多いことは事実です。このいわば一人主義の故に、彼は何ものにでもすばやく身を変えてゆくことができるのではないでしょうか。つまり舞台上のものはすべて彼なんですから、つきつめるところ。ワキの僧でさえ、この夢幻の見者だとすれば、結局、シテそのものでもあるわけですね。

ところが、『オイディプース王』はそうではないでしょう。オイディプースははっきりとした対立者をもちます。その対立者をなんととるかで、作品解釈のみならず、悲劇観が定まるといっていい。オイディプースと彼に業罰を与える〝神〟との対立という見方は、『子午線の祀り』で、神を天の子午線という〝自然現象〟といい換えれば、そっくり引き継がれているともみられるでしょう。それは舞台を観ただけでも明白です。そしてぼくの木下順二の演劇観に対する根本的な疑念もここにあるんです。〝神〟とか〝祀り〟とかいうのは演劇以前のことであって、劇は知的な判断の要求されるものだというのがぼくの持論ですが——いうまでもなく、知性に感性が伴うのは当然です——しかし、なにも演劇を狭く境界づけねばならぬ理由はどこにもないでしょう。問題は、結局木下順二の悲劇観が、そういう『オイディプース王』論によってある分裂をきたしてしまうことにあります。端的にいえば、知盛に対する義経の関係。二人はこの劇で他にみられない自己の欲するままに行動することのできる自我の所有者として出されていますが、その立脚点は正反対といってもいい。知盛は己れ（の運命）を知る人間、義経は知らない人間、この両極にありながら、二人はその行動意志によって対立する。しかし、対立するのはあくまで人物像でしかなく、劇的には二人の行動は平行を辿って、大詰の、壇の浦の合戦でようやく、相い交わるということになります。ところが二人の行為は、ぶつかるというより、渦にまき込まれるといった方がよく、その渦を左右している天の子午線を通る月の運行が、二人の勝敗を決したかのように示されるわけですね。すなわちすべては神の祀り。あるいはこの世界の、歴史の、自然の非情。それなら、知盛と義経という対立者の対立点、己れを知る、知らないということは結局意味をなさなくなる。悲劇の分裂、あるいは解消です。だから、この二人の間を渡り歩く阿波の民部という男、また、知盛と民部の間で圧し殺される影身という女の存在が劇の構成の中では、おさまり悪るい印象を与えるわけです。

B　悪いけどね、話が別の方へ行く前に一言はさませてもらうよ。さっきの、渦潮の流れを左右する月の運行ということね、この点も、あとで戯曲を読むと欠陥としてわかってくることの一つでね。舞台をみている限りでは、劇の筋が次第にこの渦潮の流れに向かって集約されてゆくものだから、いよいよ合戦が始まり、群読でもって戦さの様子を語られると、「——祇園精舎の鐘の声——」で始まる『平家物語』の諸々の様相、話全体が、ここの場面に集約されてくるような印象をもつんだよ。それで、突然、「やや！　潮が変った！」と知盛が叫ぶと、そこで歴史そのものが、一つくるりと反転した、というドキッとしたものを感じさせる。

ところが、あとで戯曲を読んでみるとね、この渦潮の流れの変化については、知盛も義経同様熟知していて、だからこそ流れが自分側に有利なうちに勝敗を決してしまおうと目論んでいたことを、この変化の瞬間にだって忘れるわけにはゆかない。だって知盛が、流れの変る半刻ほどの間に勝利を手にするといいながら出来なかったのは、潮のせいとか、天の運行のせいとかにはなっていないからね。「潮が変った！」という叫びは、力及ばずに、制限時間内に勝ちを得られなかったことの嘆きにしか聞こえない。しかし、それなら、知盛がどれだけ力を尽したか、というと、実際に知盛の自信が盲信でしかなかったということか、あるいは、またもや義経の戦上手にしてやられたのか、ということもはっきりしない。そして、舞台でみたときの、〝天〟の作用の印象は、確かに戯曲でも意図されていることだから、結局、読むと、観たときよりも戯曲のあらが目に立つというだけになってしまうんだよ。
E　そうですか。ぼくは、それは舞台を観ていても感じましたけどね。そしてこれもやはり、自然の現象を舞台上で現出させようとすることの危険を示していると思うんですね。ぼくは海育ちじゃありませんが、疎開で漁村に住んでいたし、潮流というものを少しは見てもいます。でも、知盛が、舞台の床を見ながら「流れが変った！」といっても、そこに逆まく泡立ちをみるわけにはゆかなかった。もちろん、これは人によってで、より近似した経験のある人は具体的にイメージを呼び起されるかもしれません。問題は、どちらにせよ、そこに潮流をみることの上に依存する劇作法は、さっきいったように危険だと思うのです。古くから、劇はこういう状況を描写するときは、叙事的手法を使っていますよね。いわゆる報告の形です。イメージ喚起力は、その叙事詩性に依るわけでしょう。眼前に進行するのは、そういう描写による、又は描写を通しての人間関係、というのが悲劇の型ですね。
しかし、木下順二は、ここで叙事詩形式をむしろ棄てて、水主楫取り殺しを義経が命じたり、いるかの大群が押し寄せたり、というような現在の描写の上に知盛の言葉をもってくる。そして、そこで、場面をストップさせて、最初の序詞のくり返しとも思われる、月の運行を述べる〝天文学〟風の語りを挿入させるわけです。この挿入は劇の次元を一瞬変えて、超時代的な平面にこの海戦を重ね合せるだけでなく、今、ここで演じられていることが、歴史的事件であると同時に、今、ここでの事件（劇）であることをも意識させる、いわば、異化作用をもっていて、その点では見事な効果だったように思いますが、しかし、さきほどいわれたような戯曲の欠陥が、それによって解消されはしなかった。

今いわれたことで、もう一つ、ちょうど話そうと思ってたことなんですが、問題にしたいのは、この劇と『平家物語』とのつながりです。ぼくはずっと昔に、殆ど義務で通読しただけですから、なにも憶えていないといってもいいんですが、それでもね、幕の前に黒子姿の人が出てきて、本を広げながら、「平家物語、巻なんとか」とやると、この劇の世界背景が、つまり、源氏と平氏の葛藤、ということは日本の歴史上の重要転機の背景が漠然と感じられて、それがこの劇全体を支えるんですね。我々は少なくとも、話の結末は知っているし、重要人物の行く末も知ってる。そのことを作者はうまく利用していたと思います。特に義経の人物像は、いわゆる判官贔屓の心情をくすぐるような人間じゃなくて、知力にすぐれているが我の強い、冷酷な面もある人間にされていても、とどのつまりは自己破滅に到ることがわかっていますから、彼のアイロニカルな状況、性質のあらわれが非常に面白く感じられる。この辺の木下順二の劇作法はさすがと思わせるもので、全く過不足のない筆だと思いました。

この点では、やはり『子午線の祀り』は、世阿弥が本説を曲げるなといっている能とは違って、むしろギリシア悲劇の方法に近いといえるでしょうね。ギリシア悲劇は現存作品でみる限り、アイスキュロスの『ペルシアの人々』を除いてすべて神話伝説から題材をとっているわけですが、――『ペルシアの人々』も皆が知っている事柄という点では同じです――しかし、だからといって、当時の観客の大方が、神話伝説の内容を詳しく知っていたというのではないようですからね。丁度、我々が、源平合戦のことを常識的に知っている程度と、似たようなものだったのではないでしょうか。そして、そのことを、詩人たちは明らかに利用していますね。

D　義経が出て、ギリシア悲劇が出てきたんで、もう一度口をはさませてほしいんですが、今の論ね、義経は兄の頼朝に断わらずに、海賊どもを御家人にとり立てたりして、家来にいましめられると、なんといっても兄弟なんだから、わかってくれるとあしらって、壇の浦の戦いに勝つことで兄の意に添うんだと全力を上げる。しかし我々は彼のこの後の運命を知っているから、これは非常にアイロニカルな響きをもつわけです。こうみると、この義経像は、オイディプースに、とっても似ているんじゃないでしょうか。自己の運命を知らずに、自らがよしとすることに盲進する。しかし自らの勝つことがすべて自らの破滅の原因になる。だったら、もし木下順二がギリシア悲劇的な悲劇を書きたかったのなら、義経を主人公とせず、知盛を正面にもってきたのはなぜだろう。木下順二は、知盛のような己れを知っている人物こそが悲劇の主人公になれると思ってるらしいけれど、義経のアイロニーにはまだ悲劇的アイロニーにするには何かが欠けていると考えているんだろうか、と思うんです。

E　それはぼくもひっかかった点です。さっきもいいましたように、この劇には基本線として知盛と義経の対照があると思うし、劇内に占める分量としては両者とも同じ重要度を与えられているんですが、作者の思い入れが知盛にあることは容易にみてとれますね。知盛という人物は、『平家物語』の中でそれほど詳しく扱われてはいないにもかかわらず、恐らくは彼の最後を描写する詞章「見るべき程の事は見つ、いまは自害せん」云々に依拠してでしょうが、日本の歴史上例外的な、自己の矛盾した運命を知っていた人物、西欧的な悲劇の人物たることのできる〝自己〟の存立をなしている人物として、木下順二は前々から口にしていたように記憶します。その知盛を中心に据えることで、歴史の弁証法といいますか、木下順二がずっと前の『ドラマの世界』の中で『マクベス』に関して述べたとき大変に印象的でしたが、歴史の矛盾した進歩のあり方というものをなんとかとらえようとしたのだと思いますね。

ところが、義経という人物が、ここでこういう形で出てきた。それは知盛を際立たせるためだったかもしれないけれど、いま指摘されたような面白い人物像になっている。作者がどう思って書いたかはわかりませんし、穿鑿しても仕方のないことですが、ぼくが興味を覚えたのは、対照的な二人の描き方が、基本として、知盛は群読に混じるか独白——影身との対話も独白の変形ですね——によるのに対し、義経は家来たちとの会話によっている点、従って、知盛側を描く第一幕の叙事的型と義経側を描く第二幕の劇的型がかなり明確に対照されていること、だからコミック・リリーフ風なやりとりがあることもあって、後者になると、観ていて、いくらかほっとするようなところがある。しかしながら、劇全体としては、劇的型をなしていない部分の方が遥かに劇的で、少なくともあとで思い返すときに浮んでくるのは知盛の方なんですね。

B　読むと、もっとそうだよ。初めの方が面白くて、第二幕以降、義経になってくるとだんだん月並な感じになってくる。

E　しかし義経像も面白い人物になっていることは事実です。ところがその面白さは知盛を凌駕するものではない。これは叙事形式と劇形式に由来することでもあるでしょうが、人物としても、この義経のような自己に対する無知、そこから生じるアイロニーは、悲劇的というよりむしろ喜劇的なものなんじゃないかと思うんです。もちろん、作者は喜劇に意図してはいません。しかし、つきつめるとそうなる。なぜかというと、義経の無知は彼個人についてのことだからです。己れを知るか知らないか、ということは、実は自分をとりまく、あるいは自分を成り立たせているまわりとの関係を理解しているかどうかということですね。運命といってもいいし、木下流に歴史といってもいいですが、それは自分自身がどうなるかということとは違います。自分がどうなるかという個人的なことは、所詮、誰れだってわかりはしないし、わかったからとて、別に何の意味もありません。だから個人的無知は、それを知っている人から優越感をもって眺められるだけで、眺める人も、自分の個人的なことには明日のこともわからないでいるのだということは問題にもならない。

しかし、もしこの無知が、まわりとのかかわりに関するものであれば、当然それは我々自身をも引き込むものになるわけですね。義経が、自分のやがての破滅を全く予想しないで、単に逆効果でしかない勝利のために全力を上げるのは、彼自身と歴史とのかかわりとして出されているのでない故に、少し距離をおいてみれば滑稽にみえてくるのだろうと思います。義経の側にコミック・リリーフを入れることができるのもそれ故ではないでしょうか。こういうことを作者はよく承知しておりますね。だから、知盛が中心であるにもかかわらず、義経にこんなに比重をかけてもかまわないと考えたのかもしれません。あの舞台で、義経を演じた野村万作は、やや疳高い声を出して、喜劇の一歩手前のところを上手くあらわしていたように思います。

ギリシア悲劇の主人公はエウリーピデースになるとか

なり悲喜劇的になりますが、それでも、こういう個人的次元にある人物はまずいないですね。オイディプースが無知だったのは、自己の出生と結婚の秘密だったといっても、ソポクレースの劇は先王殺しという公けの出来事に端を発していることを明確にしています。これはシェイクスピア悲劇でもそうで、『オセロー』を除いた代表的悲劇はいずれも王位にまつわる問題ですね。

実のところシェイクスピアにとって、王位をめぐっての攻防は、悲劇以前の歴史劇の主題だったわけですが、歴史劇は逆に主人公というものが中心にはならない。リチャード三世でさえ、いわば歴史の歯車の一つです。ですから、彼自身の話はこれ又、彼個人のことになってしまう。義経も、だから、歴史の歯車なんだともいえます。

それじゃ知盛の方はどうかというと、もう一度劇の始まりに戻って、筋を辿りながらみてみますが、冒頭の序詞につづく黒子の口上、そして幕があがって、知盛の一の谷の合戦での振る舞いが、群読と知盛、阿波の民部のやりとりで示される。ここは両人とも、殆ど客席の方に顔をむけてしゃべってましたから、現実の場面でないことは感じますが、演じ方は現実的です。すると、人々は闇に消えて、知盛唯一人残り、星空の下で、彼ともう一人、影身の内侍が浮び出てくる。劇内の現実時間はこの場に始まるわけで、知盛と影身が、この劇の枠作りの役割を担っているわけですね。それなのに、場面の作り方はこちらの方が超現実な感じにされています。この一種の時間の〝入れこ〟構造は面白い。それまでの進行は、知盛の内的対話（記憶）であり、影身への問いかけの内実を観客に具体的にわからせるためのものなんですから。影身という人物は、唯一、作者が創造した人物らしいですから、彼女だけが意図的に他の人物と異なるように書かれていると思うんですが、そうすると、彼女と対話するときの知盛も、そのときだけ、他の場面での彼と異なるように、どうしても感じられる。かといって、影身が知盛の〝影〟あるいは内面独白の外化というような、非実在の人物にされているわけではないでしょう。民部が彼女を殺したことは現実なのですから。しかし彼女は知盛にしか現われない。彼としか言葉を交さない。彼女について一種のミスティフィケーションが意図されていることは事実ですね。ところがこの謎は知盛自身についての謎、不可解さを助長するものにもなるわけです。なぜなら、影身の知盛に対する劇的機能の最も重要な点は、彼が彼女に私的使者として京都へ行かせようとすることにあるのではなく、この初めの場面の最後にやっと知盛が口にする問い、それを投げかけることができる人物であるということにある。だのに、その問いがなかなか答えられない。なぜ知盛は彼女にだけ自己の内部をさらすか、その問題は深く追求されません。だから、彼女を何か象徴的な人物に解釈しようとすることにもなるのでしょうが、そうだとしても、知盛の問い自体が、他の場面と合わない、つまり、作者の〝作り出したもの〟という印象は初めからあって、これが、悲劇的人物知盛の核だと思わせることは否定できない。これまでの負け戦とか、我が子を見殺しにしたこととか、馬を敵に渡してしまったこととか、そういう過去の流れが、すべて、そうなるはずのことだったと今思われるのはなぜか？　この問いは、知盛が歴史、運命を知っている人物であると我々に思わせるものですが、それにしても、なんだかもってまわった、内面吐露ですね。しかも、影身はすぐに答えない。というより彼女が答えを与えるまでの過程が、この劇全体だといってもいい。とすると、劇全体が知盛の問いへの答えであり、彼の内面吐露そのものといえるわけです。

従ってこのあと、知盛は、運命を知りながら、その運命（歴史）に逆らおうとする人物とみられるのですが、しかし、そういう彼の行動を押し進めているのは何なのか、という疑問が湧いてくる。彼は源氏と和平を結ぼうと欲して京都に調停を頼みたいと考えますが、それは何故なのか。使者にしようとした影身を殺され、和平が絶望的になると最後の海戦に全力をあげる。かといって、勝つといいながら、勝つと心底信じながら、勝つことのないことを知っているようにも我々には感じられる。勝ったあとの平家一門、いや日本国の行動設計は何ら立てられていないのですから。無益な人殺しはしたくないようなことを云いもしますが、彼を壇の浦の合戦に駆り立てているのは何か。その解答はどうも観客一人一人の出すべきもののようですね。

これが、知盛が人物像としてはハムレットに近いにもかかわらず、この劇と『ハムレット』の決定的に違う点ではないかと思うんです。ハムレットにはまず亡霊が現われて復讐を命じた。それ以前にすでに彼は叔父王に胡散臭い感じをもっていて、たしかに今日いうエディプス・コンプレックスをもってもいる。しかし、亡霊が現われなければ、彼の行動は始まりませんね。亡霊とは先王であり、現在の王を殺せと命じ、この命令に対してハムレットは、ときには疑いを抱き、ときには畏怖を感じたりすることによって、彼の行動そのものの意味が問われるわけでしょう。オイディプースだって、先王殺しの犯人、すなわち自分自身を追究するのは、彼個人の心情ではなく、国を疫病から救うためのアポロンの命令によることです。そしてその神托への疑問が、彼の行動の意味を、明白にさせる点ではハムレットと同じです。

知盛の場合は、そういった〝命令〟はない。最後の勝敗が、天の子午線の祀りとして説得させてくれないのも、もともとの行動が天の命ずることとして明示されていないからで、もしそうなっていれば、『マクベス』のような、歴史のアイロニーが出ることにもなったと思います。

D　影身を『マクベス』の魔女にあたるものだとするのはどうですか。つまり、歴史の矛盾を描く中での〝反歴史的なものの象徴〟としての魔女ですね。

E　なるほどね、木下順二の念頭にはあったかもしれませんね。現実の時間に縛られない、歴史の流れ、あるいは秩序というものとは別の次元にいる『マクベス』の魔女について彼は云々していますから。しかしそういう人物像の共通点はあっても、劇的機能は異なるんじゃないですか。影身は知盛が、歴史（過去から現在に到る流れ）について問いかける人物、『マクベス』の魔女は、マクベスに未来を予言する人物ですね。その予言内容の展開が劇内容を構成していて、我々は過去としての歴史ではなく、未来へ向うものとしての歴史の矛盾を眼のあたりにする。いうまでもなく、これは当時のイギリスの歴史状況と密接に重なっているわけで、その点は『オイディプース王』なんかも、アテナイの現状と直接だぶってる内容をもっています。

それから影身と魔女の相違は、それぞれ、問いが答えられたときと予言が成就したときの劇的位相にいちばん明らかですね。魔女の予言は、マクベスの不死身を証しているようにみえたのに、その予言の成就がまさに歴史の逆説性を象徴する。それはマクベスと同時に我々にとっても劇のアナグノリシス（認知、発見）を形づくっています。このバーナムの森が現実に動いてくることを眼前にする直前に、現実の歴史（劇）の推進者であったマクベス夫人の訃報があり、マクベスの有名な「明日、明日、明日――」の科白があることは、歴史は〝過去〟でなく〝未来〟志向であるというシェイクスピアの思想を明らかにしているのではないでしょうか。しかし、影身の答えは、大自然の動きの非情に眼を据えよ、というものですね――この〝非情〟をぼくの耳は〝非常〟ととったものですから、しばらく何のことかわからなかったんですが（笑い）――、この大自然は、人の世の動きとも云い換えられています。つまり歴史ということでしょう。しかし、この答えは、劇のアナグノリシスを形成するものではありませんね。知盛は教えられはしても、発見するわけではない。我々とて同じです。それは、答えが筋によってではなく、影身の科白として出されるからで、このあと、その意味内容を筋が展開してみせても、やはり発見にはなりません。ここには何ら逆説性は含まれていないといえます。いやむしろ、このすぐあとで、知盛は、民部の裏切りを予感し、たしかにその通りになりさえするわけです。劇的にもっとも効果的なアナグノリシスはペリペテイア（反転）を伴うときだとアリストテレスは云って、その典型例として『オイディプース王』を出しているのは御存知の通りですが、影身の答えは、何らペリペテイアを作らない。ですから、ここではまぎれもない幻影としての彼女は、劇の展開に関与する人物とはされていないんですね。

C　ちょっとね、アナグノリシスを云うんだったら、やはり、さっき出てた、潮流の変化に気づくところじゃないですか。

E　でも、それは、何か思いがけないこととか、知らなかったことが初めて明るみに出てきたというのとは違うでしょう。知盛は、早く勝敗を決しないと潮流が変化することを熟知していたんですから。発見というより、これはむしろ観察ですね。

A　そんなことといえば、マクベスの森が動くのを見るんだって、観察には違いないわけでしょう。それが発見になるかどうかは、筋の展開の中での利用の仕方によると思うんですね。確かに、潮の流れのことを知盛は知っていたし、我々も知らされていた。だけど、あそこで、戦いの描写の中に、突然、知盛役の役者が群読を離れて舞台前方の床を見つめ、「やや！　潮が変った！」と叫ぶと観客もやっぱり「やや！」という具合になる（笑い）。それは、観客の錯覚というんじゃなくて、知盛にとっても、熟知していたことであるにもかかわらず〝発見〟なんだと思わせられるということなんですよ。それを支えるのが、これによって、源平の一大決戦が運命づけられる、つまり日本の歴史の流れが反転したという、もっと広い意味でのペリペテイアを伴っているものと受けとられるからじゃありませんか。

B　おれが不満なのは、劇の枠を越えた日本の歴史全体という広がりを木下順二は意識し、作品化しようとしたのだとしても、いや、それだからこそ、知盛自身の歴史観とでもいうか、日本人の生の営みに対する視点がはっきりしていなかったことなんだね。たしかに大自然の非情さ、人の世の非情を云々する影身に知盛も目を開かせられる。そこで、具体的に今流れつつある歴史に対して自らをどう対置させようとするのか。それがあいまいだと思うんだ。その最大因は源平の戦いの中核に据えられている天皇及び、天皇位を保証する三種の神器について知盛はどう考えているかが示されていないことにある。民部ははっきり、三種の神器あるところ日本国なりと割り切って、それをもって逃げるかぎり負けということはないと主張している。知盛はそれを聞くと、思ってもみなかったと凝然とするけど、木下順二はここで知盛をして民部に対立させせないんだな。知盛の天皇観すなわち日本国観をつきつめないで、影身の幻影へと逃げるわけだよ。〝逃げ〟ではないというかもしれないけれど、この大自然云々への移行は、歴史の領域を広げることじゃなくて、抽象化すること、つまり現実からの逃げとおれには思われる。これはどうも、劇作家木下順二の昔からの体質、思考型《パターン》のようにもみえるんだがね。

C　そうですかね。ぼくは本を読んでいて、この民部の偏狭さと、影身の大自然に目を据える姿勢とが対置されて、知盛は明らかに後者によって目から鱗が落ちるという具合に書かれているととったんですがね。思いがけなかった民部の言葉より、答を求めていて答えを得た、予想していた答えかどうかわからないけど、さっきいわれたような典型的な〝発見〟というのじゃないことはそうだと思いますが、その答えの方が知盛の心を根底からゆり動かすし、また我々の心をも動かす。だから、このあとの合戦の結果、民部は逃げ口をふさがれたと知るや、三種の神器もろとも海の底深く沈もうか、と思案して、その仂き、「成るか成らぬか、成るか成らぬか」とうめきながらくり返す、と、次の場面で、彼はもう義経の前にうずくまって、足蹴にされながらも寝返ってしまってる。このあたりのあざやかさは、読んでいて、大変感心したんです。だから知盛の日本国観は？と疑問をもたせるというより、民部のそれへの批判が意図されているんで、それは実際は今日まで続く日本国の根幹への批判といえませんか。知盛の役割は、自己主張ではなく、そういった諸々の動きを含みこんだ歴史の流れ、それを司どっている大自然の非情さをみきわめることだと思うんです。それは我々のみきわめることでもある。だから、彼は、というより作者は彼に、最後、群読に混っている形で、「見るべき程のことは見つ」といわせて、自害させるんじゃないでしょうか。

D　その科白ね、舞台を観ていても大変印象的で、ここだけ、『平家物語』はどうなっているか調べてみたんですがね、この知盛の言葉は、段の最後におかれているんじゃなくて、壇の浦の合戦が終結したあとの義経の京都帰還の場面、「内侍所都入」の段の冒頭におかれてるんですね。この段の前半はまだ合戦のあと始末というか、知盛が入水したあと、侍どもも続き、他に生捕りにされたのはだれかれと名がつらねられる。ところが、木下順二はその前段の「能登殿最期」に、知盛らの入水をつけ加えた形にしたわけです。もうちょっと厳密に云いますと、『平家物語』では知盛は自分で鎧を着るんじゃなくて伊賀平内左衛門家長というのが着せて、家長も「我身も鎧二領きて、手をとりく（ン）で海へぞ入にける」となっている。木下順二は中間を略して、この詞章を知盛の言葉につづけ、知盛が自分で鎧をつけて一人で身を投げたように変えた。

この変更によって知盛の言葉の意味合いが大きく変ったことは明らかですね。岩波体系本の注釈では、「見るべき程の事」とは、〈見届けなければならなかったこと、即ち平家一門の最後〉となっていますが、木下順二はこの〝見る〟にはるかに重い意味を込めたかったんでしょう。今いわれたように、大自然、歴史の非情、子午線の祀りを見きわめるということ。

E　しかし、その最後の知盛は、オイディプースやマクベスのような、発見と反転をへたあとの一つの態度選択というものを示すとはみられないでしょう。なぜかというと、オイディプースやマクベスのそれは、さっきもいったように、個人的な次元でだけの選択ではなくてね、オイディプースの盲目と放浪というのがテーバイの国にとってはっきりした意味をもつ、そのことの選択です。ですから、オイディプースの選択というより、劇の選択、つまり作者のそれ、従って、観客のそれを要請するものですね。マクベスだってそうだと思うんです。彼は魔女の予言の詐術を知って諦めるんじゃない。しかし最後まで戦うことは単に彼個人の問題ではないから、そのあとに、国の秩序回復なったことの宣言がくる。

D　だから、木下順二は知盛の科白のあとに、山本安英によるエピローグ——序詞と同じ文句のくり返し——をつけたんでしょう。〝影身役の女優が読む〟と台本に指定されていますから、この文句を、影身の言葉としてでなく、かといって影身と無関係のものとしてでもなく、出そうというんだと思いますが、山本安英の、宇野重吉に劣らない癖のある、奇妙な抑揚のある読み方は、朗読として上手いのではないのに、作者の意図をはっきりあらわしていたように思います。

E　あのエピローグはむしろギリシア悲劇のコロスの退場歌にあたるものとした方がいいですよ。劇は終っているんで、役者、観客を合わせての、非現実の劇世界次元から我々の生活する現実世界へ戻る橋渡しのようなもの。それは戻ると同時に、劇世界を我々の世界のものに現実化する心理過程といってもいいでしょう。ですが、ギリシア悲劇の場合は、退場歌の前に劇自体が、劇世界を一応おさめているわけです。

　ところが木下順二は、劇世界を、知盛の入水ではなくて、そのあとの「影身よ！」という叫びで結ぶんですね。つまり、知盛の心情表出です。嵐圭史はこの舞台で全く瞠目させる演技をみせたと思うんですが、この「影身よ！」をベッタリしたいい方でなくやったのは救いでした。しかし、この叫びによってせっかく知盛の「見るべき程のことは見つ、今は自害せん」という言葉が、語りの叙事形式の中にはめ込まれて心情吐露ではなくなっていたことが崩されてしまう。劇は自己完結したかにみえて、宙ぶらりんにされるんですね。少なくとも西洋の古典悲劇には、こういう終り方は絶対ないといってもいいんじゃないかと思います。大変日本的というか、どうしても抒情性を払拭できない。曰く云い難い思いの表出を最後にもってくる。

B　木下順二の一種の妥協だよ。

A　妥協って、何との妥協ですか。

B　最終的な態度決定を回避するという妥協。

A　それは作者の態度決定ということですか。

B　そう。

A　しかし、劇とは、作者の態度決定を示すべきものなんでしょうか。というより、人物同士の科白のやりとり、つまり対話からなる劇という表現形式の場合、作者というものは直接顔を出さないんですから、人物の態度はあっても作者の態度は問題になるでしょうか。

B　なにも作者が顔を出してある主張をせよというんじゃない。もちろんそういう類の演劇もあるし、そういうのがいけないわけでもないと思うけどね。しかし作者が一つの世界を作ろうとする場合――これまた世界を形成しない劇もあるだろうが、『子午線の祀り』はやはり世界形成を意図した劇とみていいだろう――そこには必然的に何らかの態度決定が要求される。世界観なしで世界は形づくられないからね。世界観といったって、一つのイデオロギーである必要はないし、主張である必要もない。しかし、例えば叙事形式をとるというのだって、その劇世界に対する態度なしでは出てこないはずだよ。その態度は形式も内容も支えてるはずで、両者を支える態度がくい違っていると、劇世界は分裂する。

A　そういうことなら『子午線の祀り』はそれこそ近年稀といってもいい一つの世界を形成した劇ではないでしょうか。叙事詩形式と劇形式の混合という独自の形も、作者の明確な劇意識によって作られたものだとわかりますし、知盛を介しての作者の歴史意識も、さっきから論議されているように明らかだと思います。そういった世界が、最後の知盛の絶叫によって崩されてしまったとお考えなんですか。

E　ううん……崩されたというより、あいまいにされた、というかね、もちろん作者にそのつもりはなくても、この「影身よ！」という万感込めた絶叫は、これまでが叙事的客観性を保ってきただけに、劇全体を知盛の内的表出へ還元してしまうものだという気がしたんです。あるいは、大自然の非情に眼を据えても、なおかつ彼女の名を呼ばざるを得ない知盛の不安定さ。それをこの、何とでも意味解釈出来る個人的叫びであらわそうとした。ぼくは、さっきもいったように、群読の面白さは、叙事詩形式というだけでなくて、劇世界を客観視するといいますかね、人物の内面さえ、叙事の対象とすることで、つまり群読に入ったり出たりすることで、人物に対して作者も我々も距離を保っている、そこのところですね。だから、知盛と影身の場面さえ、ある客観性を感じさせた。

ところが第二幕になると義経の対話形式になって、この距離が少し失なわれるわけですよ。普通は劇形式こそ人物への距離を出すものなのに、群読形式には立ち打ち出来ないんですかね。このあたり、大変面白い問題で、まだ考えはつかないんですが、一つは対話の性質にもよるでしょう。義経と家来たちとの対話、特に義経なしの家来だけの対話は、対話というより、仲間同士のなあなあという感じがありますから。しかし、これが最後に、合戦の叙事形式をとるとみえて、さっきいった現在進行形にすり変ったりするものだから、次第に心情吐露の印象を強めてゆく、それをかろうじて、「見るべき程のことは見つ」とおさめたのに、もう一度、「影身よ！」で、世界のあり方を心情化してしまった。そういう気がするんです。

B　結局、作者の、現在の我々の状況へのかかわり方が決定されていないということなんじゃないか。影身の背後には百姓人民が控えているようにもみえる。しかしそれに対しても知盛はなんの態度も決めない。ここにある歴史観はいったいどういう史観かね。

C　そういうと、教条主義的になっちゃって――。

B　教条主義じゃないよ。我々は現に、いまだ天皇と三種の神器をイタダイてるんだからね。影身よ！　で終ってもらったってどうにもならないじゃないか。

C　だから、終ってませんよ。エピローグがついて、劇の次元を現実化し、我々一人一人の問題としてとらえ直させようとしているんじゃありませんか。

B　それだったら尚のこと、すっくとあなたは立っているといわれても、立ってなんかいないよ。立つことなんか出来ないよ。しかも国立劇場でね、交通渋滞に囲まれていながら、治外法権のお城を目の前にしながらね。

A　そういう議論は次元が違うでしょう。劇はあくまで、想像力の世界なんですから、

B　いや違わないよ。想像力の世界なのはあたりまえだ。しかし想像世界だって我々の意識の世界だよ。我々は現実の中に生きていて意識を形成するんだよ。想像力だって現実から全く遊離して存在したりはしない。もちろん、だから一刻の現実忘却のための想像世界を作ろうという態度だってあるだろう。しかし木下順二は少なくともそうじゃない。彼は現実とのつながりをこそ問題にしているはずだろ。だったら、この劇がどこで演じられるかも大いに問題だということぐらいわかってるはずだよ。演劇は小説なんかと違って、不特定の場所で不特定の人間を相手にするもんじゃないことぐらい知ってるだろう。非常に現実的なものであって、そういう現実条件を捨象できないのに出来るつもりになるから演劇の衰退が始まる。

A　それじゃ劇と、例えば演説会なんかとどう区別するんですか。劇はあくまで虚構ですよ。むしろ想像世界にあることによって現実に対する批判力をもつんじゃないですか。当然それは演説のような直接の主張じゃなくて、もっと根源的な批判ですよ。国立劇場から出てきたとき、

目の前に宮城をみるけれど、だからどうなんでしょう。天皇反対！　を叫べというんでしょうか。

B　叫んでもいい、叫ばなくてもいい。しかし、きみは本当に、劇場を出たとき、堀の向こうの真黒い石垣を見たかね。帰りの劇場バスに急いて乗り込んで、バスがぐるりと大回りしなくちゃならんのも、あそこに治外法権区域があるからだということさえ考えもしなかったんじゃないかね。そんなことと全然無縁の芝居だったというんならいいよ。しかしそういうことにいささかでもかかわりのある芝居に意図されていたんなら、失敗だったといわざるを得ないだろ。

D　ですけどね、かかわりはありますが、そういう、劇場を出たらお堀りを眺めて云々というようなかかわりじゃないんじゃありませんか。天皇反対を叫べばいいってもんじゃないことはおわかりでしょう。あるいは叫ぶだけなら、こんな手のこんだ芝居をすることはないわけでしてね。たしかに劇場バスへ急いだかもしれないし、すぐに現実の生活の喧騒に入ってしまったかもしれない。でもこうやってあの劇について議論すること自体、現実にかかわっている証拠ではありませんか。全く議論の対象にもならない、あるいは、こうして云い合ったことの内容が、全く意味をなさないというんだったら、あの劇は我々にとって無意味であるだけでなく、我々自身の演劇観、現実観が無意味だということになるわけですね。

司会　もしかしたらそうかもしれません。そうだとしたら、いや、これはもう、さっさとやめにしなくちゃいけませんね。

まあ、俳優の演技についてや、演出その他の具体的な批評はまだなんにもやられていないんですが、長くなりましたから改めて機会をもつということにしましょう。今日は木下順二の作品評に終ってしまいました。

そこで終りに際して、私に一言だけ云わせて下さい。Eさんの批評は、劇作品の新しい批評方法を求めていながらどうもまだそれを探しあぐねているところがある感じがしました。批評とは、どんなものも結局、作品という客体と自己という主体のからみ合いの記述であり、又、その記述を支える主・客体のからみの反映ですから、当世風にメタ言語といったところで何の答にもなりませんが、特に演劇の場合は客体が記憶の領域にしか存在しない以上、主体優勢の中での客体の作用を明確に見据える難しさがあるだろうと思います。だから、Eさんは、現代劇作品を云々するのに、ギリシア悲劇とか能とかシェイクスピアとかいう、いわば客観的尺度のようなものを引き合いに出して論じたのでしょう。でもそれらは所詮尺度にしかすぎないのでして、その間尺に合わないものが現代劇として拙いということにはちっともならない、いや、古典の間尺に合う方がおかしいわけですね。そんなことは百も承知だといわれるかもしれませんが、実はその上で、確かに現代の我々にも意味をもっているところの、ということは現に舞台上で我々の感性と知性を大いに刺戟するところの、そしてそれにもかかわらず現代作家の誰も、もう直接にはそういう作法では書こうとしないところの、ギリシア悲劇や謡曲やシェイクスピアの劇の原理を、現代劇を云々する際にどのように引き合いに出すべきかが、大いに問題になるのだと思うのです。

そういう問題意識なしにする場合は、単なる擬古典主義者、悪くいえば懐古趣味の保守派とされるだけでしょう。例えば自然は舞台で表現できないということなども、過去のすぐれた劇に例がないということで決めつけることはできない。むしろ演劇の構造自体を明白にすることでそれが古典劇に使われなかったことを証明すべきでしょう。あるいは、それは一般的にいえることでなく、この木下作品の場合にそうであることを、客観的に納得できるように示すべきでしょう。そもそも、批評のためにはこういう座談会の形式が、よかったかどうかも疑問になるかもしれません。しかし、批評が、今いったような主体・客体のディアレクティークだとすれば、対話(ディアローグ)の形で批評を行なうことは、少なくとも形式的にはふさわしいのではないかというのが、司会としての私の考えでした。もし異論があれば、それはあとで、どこかでやることにしましょう。とにかく、今日はこれで一応おひらき。どうもありがとうございました。

(文責　毛利三彌)

＊山本安英の会(国立劇場小劇場)
『子午線の祀り』一九七九年　四月十三日〜二十二日
作　木下順二
演出　宇野重吉他

『あ・えむ・で』第五号　一九七九年

3　演劇時評――チェーホフ舞台など（一九八〇年）

中本信幸／利光哲夫／毛利三彌（司会）

毛利　『あ・えむ・で』では演劇批評の問題が一貫した関心事の一つです。これまで合評をやったり、あるいは合評形式の芝居をやったりしてきましたが、今回は大勢でしゃべり合うのではなく、現在、演劇雑誌で時評をやっている中本さんと利光さんに、いわば時評のあり方の問題提起をも含めた話をきこうというわけです。まあ、そんなに大げさに考えることはないんですが、近頃の新劇の舞台について、『あ・えむ・で』的に忌憚ない意見を出してもらえれば、と思います。

今年の話題というと、何といってもチェーホフということになりますが、いろんな試みの中で『かもめ』を四季と芸術座が同時に舞台にのせたことは一つの事件でしたね。

『かもめ』競演のこと

中本　ひとつは、チェーホフが、とくに『かもめ』上演が話題になったということ、しかも同時期に同じ演目を競演の形で演るということ、――これは日本の演劇界では或る意味では画期的じゃないかと思う。こういうことはこれからも大いにやってもらいたい。――ソ連の演劇界を見ると、ひとつの演目を同時期に競演するということ、二つの劇団、二人の演出が競い合うとか、それだけではなく三つ、四つ、同時に演ってるわけです。こういうのは大いに結構なことで、演劇というのはそういう意味で俗っぽいものですよ。ひとつの流行《はやり》であり、何か興味があったら、もしどこかでやったら、よし俺はこうだぞという形でやる。それでお客を集める力がほんとにあるとすればいゝのではないか。

毛利　たゞ普通だったら外国の演出家を呼ぶ場合、その国のものをやるからその国の人をよぶ。シェイクスピアをやるからイギリスの演出家をよぶとか。今度の場合はチェーホフでありながらイギリスの演出家とアメリカの演出家、まア東欧出身かもしれないが、全然ちがう国の演出家をわざわざよんでる。なんでチェーホフの場合はそういうことができるのか、あるいはたまたまそうだったのか。その点はどうですか？

中本　弁護するわけではないけれど、チェーホフが「二十世紀のシェイクスピア」といわれるくらい、現実の問題として世界各国でやられている。本国のソ連でもいろいろな演出があり、また日本でもあると思う。たまたまアメリカとかイギリスで、ある意味で今までとは違った目でチェーホフをみるというかそういう動きが現われている。そのひとつの反映でしょう。ポーランドにハヌシユケーヴィッチというのがいるんですが、彼は今、チェーホフではなく他の演出でたいへん騒がれている演出家ですよね。それでソ連ではむしろソ連の演出家よりハヌシュケーヴィッチのチェーホフの方がいいと、チェーホフの読みを彼が変えたとまでいうくらいです。そういう横の広がりがあります。芸術座と日生での競演は、それだけの新しい〝読み〟なりひとつの舞台成果をもたらしたかどうか？　ということになると、これが問題になってしまう。そこまでの目くばりはなかった、と、ぼくはみるんです。

利光　ぼくはむしろアメリカの前衛劇の動向というものが、たまたま日本の商業主義と結びついた現象だと思う。これは国内的にも例えば、現代人劇場や桜社をやっていた蜷川幸雄が東宝に迎えられてシェイクスピアを演出するといったような、七〇年代後半の前衛派が商業資本に取り込まれる現象と一致しているところが面白いですが、それが国外的にも現われた結果なんだな。

一方ではアメリカの前衛派のリアリズムへの回帰現象ということがある。リンカーン・センターのリチャード・フォアマンの『三文オペラ』や、ポーランドで『不思議な国のアリス』なんかやって評判になったグレゴリイなんて人が、リアリズム的なものをやり出す。オープンシアターの演出家で、ヨーロッパでは、ピーター・ブルックなんかと並び称せられたジョセフ・チャイキーンもチェーホフなんかやり出した。シェルバンという人は、もともとギリシア劇三部作をやってヨーロッパで評価された人なのに、何故か日本でスラブ系の『桜の園』をやったりする。シェルバン自身の中に、おまけに日本の新劇に対するあるエキゾチシズムに似た思い入れがあったのではないかというのが、一つあるんだが、これは後で述べましょう。

そうしたアメリカ、イギリスなどの前衛劇の動向が、たまたま日本の商業演劇に一種買われた結果になったというのが今度の『かもめ』競演であって、そこにチェーホフを芸術的に再評価する必然性の動機はなかったように思う。

シェルバンのギリシア劇三部作は、ぼくは見ていないんですが、七〇年代にはルカ・ロンコーニの舞台と並び称せられたくらいの舞台成果だったことは確かなんだけど、面白いのは、『トロイア』なんかで、黒人のカッサンドラーが本物の蛇を首にまいて予言などをするわけね。その時しゃべるのが、ギリシア語なんで、俳優にとってはまるきり日常性とは切り離された抽象的な演技を要求されるわけでしょう。ところが、チェーホフとなると、ルーマニア生まれのシェルバンにとっては、感覚的に身近なリアリズムとして受けとれる芝居になった。それを無理に飛躍させようとしたのが今回のチェーホフで、シェルバンにとっても、古代ギリシア劇を演出する時のようなナイーブなイメージの飛躍が見られなかったんじゃないか？　そんな気がしないでもない。だから、いわゆる六〇年代不条理劇をいやという程経験して七〇年代にたどりついたアメリカ前衛派と、いわゆる新劇リアリズムから脱し切れない日本の商業演劇とがチェーホフを接点とすることははたして有効だったのかどうか、おおいに疑問に思う。

日生とか東宝の商業主義が偶々、前衛派のリアリズム回帰の現象に目をつけたとしか思えないんだけど……。

毛利　今年はチェーホフの生誕百二十周年といって騒いでるけどこれは日本だけ？

中本　いや日本だけではないが、いちばん熱心にやってるのは日本です。

利光　俳優座が連続で上演したのは？

毛利　あれは没後七十周年。

中本　ヨーロッパ流だと百単位で二つに割れば五十、それを割れば二十五で、二十五が単位になってるのが常識なわけです。

利光　俳優座が数年前にやったときは、これほど騒がなかった。つまり中村雄二郎がベケットと比肩して言ったように前衛とは考えなかったでしょ。
中本　中村さんの意見は、五〇年代に出てきた新しいアプローチですね。
利光　でもそれでなければシェルバンの起用というのは考えられない。
中本　ですからね、シェルバンのは決して新しいんじゃないのでね。
利光　まアそれは結果としてはね。
中本　ということは、ぼくに言わせればあれは俗流社会学的アプローチなんですよ。つまり、テキストがあり、ある意味で始めて接するようにチェーホフを見るわけでしょう。ところがそれは絵解きに過ぎないんだ。
利光　それはわかるが、中本さんのはソ連の事情でしょ？　俳優座の連続上演のときは近代劇の視点でやってたとおもう。それが数年たって急にチェーホフの現代性とか言って変ったのは、どこにポイントがあったのか。俳優座の連続上演のときは別に朝日新聞が特集記事になんかしなかったんだから。
中本　そこはね、ある意味でチェーホフがベケットなりなんなりの先駆者だということね。
利光　それだって六〇年代から言われてるでしょ。それがなぜ急に日本の商業主義と結びついたのか……。
中本　日本の場合はその点おそかりし……なわけですよ。だからこんど劇団東演が呼ぶエーフロスという演出家は、二十年位前に画期的なことをやってるわけで、全然違うチェーホフをやってるっていうことね。
毛利　商業主義とチェーホフが今みごとに結びついて、両方とも客の入りはよかったね。
利光　相乗作用だということは言えるね。

『かもめ』の舞台

中本　ぼくは芸術座の『かもめ』を見ていて一番面白かったのは、最後にカーテンコールがあって花束がおくられたのです。あの芝居の作りは、舞台裏をみせるやり方で、それがまるで主役になっている。工事監督らしき人が「出来上ったか」なんていって受けてる、拍手されてる。それが印象に残ってる。
利光　裏方が出てきて拍手される芝居ってのはぼくは生れてはじめてだ。
中本　しかし彼らがそれじゃ立体性をもってやってるかというと、どうもそうではないということが最後に曝露される、というのは花束持って来た人がカーテンコールに取り残されてオロオロしてる。舞台監督兼工事監督がその場の状況に反応していない。つまり、決められた事だけをたゞやってるからだ。芸術座と日生劇場の二つを通じて云えることは、装置とか仕かけで勝負しようとしている。それはそれで結構なんだが、そういう傾向が見られたとおもう。

利光 六〇年七〇年代の肉体の演劇全盛の時代には、役者の肉体で勝負しようというのが世界的流行だったでしょ。逆に芝居がリアリズムに戻りそうになってきたとき、かえって装飾物の方がのさばって来たということになるわけ。だから日生なんか本水を張ったというのが売り物なんだ。

中本 それが、あれは枯山水のイメージの面白味をねらってるわけなんだね。ただし、水を張って……、それが芝居なのかということになるとね……。

毛利 今、言われたように、リアリズムに戻ったから装置その他が正面に出て来たんだけど、それはほんとはもっと役者の方の訓練が要求されることなんだ。こんどの決定的な失敗は、演出家のほんとの意図をくんで役者が動けなかったということなんじゃないかと思う。ああいう水を張った舞台装置に役者の動きが全然ついていけなかった。舞台装置を装置としてしか見せられない演技が決定的な失敗だとぼくは思う。だから何のためにあんなことやったのか判らなくなってしまう。

芸術座の方もその点じゃ同じだ。あの芝居見てて、何であんなことやらなくちゃならないか、全然出てこない。いくらなんでも、演出家は何か考えはあった筈よね。

利光 だから、近代産業が自然を破壊するという状況をチェーホフを通じて出すとすれば、たしかに社会環境とすれば現実だし、しかしそれは現代の視点からの解釈でしょ。だったら俳優の演技の中に同時に、同じ視点が入ってこなければ、何のために取り入れたかわからない。だから芸術座に関して言えば、俳優の演技は十九世紀の視点でやられていて、なんで装置だけ二十世紀の今の視点でやらなければならないのか、これが少くとも結びついていない。

中本 でもね、あれは、自然破壊という意味はあまりないような気がした。

利光 しかし、だんだん鉄骨の本数が多くなっていく……。

中本 つまり片方では都市化というか、うむをいわさず我々の生活に強いられている、画一化され近代化されというものがね、その中にもひそんでいる、人間のどうしようもない逃げ場のないような何かというものとのコントラスト、そこに演出家の狙いがあったとみるわけね。というのはチェーホフの芝居そのものに関しては芸術座に関する限り、非常に風俗も再現しようとしているわけだし、十九世紀をね。あんなにやらなくてもいいのにやってるわけですよ。ごていねいに。あれは演出意図でやってるんでね。だから見てる方も演ってる方もそのままに見ていいということで、そこはシャレてると思うんですよ。シェルバンの方は非常に短絡的な解釈があるわけ。ボグダーノフはそんなことはどうでもいいんで、ただイメージとして出してあるんでそこは勝手に解釈しろと。その点はぼくはちょっと買ったんだけどね。

利光　変な小細工はしてないね。

中本　してない。

毛利　意図としては面白いとおもったけど、おそらく日本の商業演劇というのはどういうものかを知らずに来たんじゃないのかね。役者のことも、あるいは稽古なんて出来ないなんてことも……。

利光　やっぱり役づくりの問題ね、商業演劇の役づくりがどういうものかっていうことが知られてないから……。どんな商業演劇だって、一応、内から作られるもんだと思うから外側にあゝいうものを対比させて、それの触発による内面の演技を期待したとおもう。それが役者も外側で作ってるんだから全然そこがコントラストにならないんだ。

毛利　四季に関しては、シェルバンが二度目なのに、二度目だという積み重ねは全くなかったとおもう。

利光　ない。

中本　ない。

利光　むしろ、『桜の園』よりはっきりおちるね。

毛利　『桜の園』の時、彼らはかなり今までと違ったものを強いられたのに、それが何らプラスとして次の通常の公演に出てこない。だから今回もうひとつ上に行くとかなにか違った面を出すというのか、ひとつのものをやる時の、ぶつかる火花というか、そういうテンションが全くなかったな。

中本　舞台というのは生きてなきゃね、生きものだとおもう。生きものであるためには俳優は燃えてなくちゃ。燃えてないから、救いようがない感じね。見てていちばんつらいね。間違ってようと何だろうと、何か出してくれなきゃ。芝居づくりからして問題があったとおもうね。

とくに芸術座の方はひどいよ。

毛利　それは日本の商業演劇が、もう少し商業演劇としての水準を作り上げていれば、新劇の方ももうちょっとよくなるんじゃないかっていう気がする。そういう二重構造的発想はよくないっていわれるかもしれないけど、伝統演劇でない商業演劇がキチンとした水準を全然作ってないでしょう。

中本　ない。だからむしろ商業演劇が新劇に頼るっていう傾向がある。

毛利　それは新劇にとっても決していい傾向ではない。

外国人演出家と日本人演出家

毛利　ぼくはね、シェルバンたちの今回の仕事の唯一のメリットはとにかく日本の演出家だったら出来なかったようなことをやったということじゃないかと思う。外国人に対するコンプレックスだろうと何だろうとね。伝統をふまえてということももちろん必要かもしれないが、日本の場合どうしても今までのイメージから抜け切れない面がある。それを抜けたのはいわゆる新劇界じゃ蜷川だけね。彼は突飛なことをやった。読みとか何か関係なくたゞ突飛なんだが、そうでなくて新しい読みでもってそこから抜けてるってことを最初に我々に示したのはピーター・ブルックの『真夏の夜の夢』でしょ。あれによって日本のシェイクスピアが非常に自由になったのは明らかだ。今度のチェーホフで、そういうことが起こる程のいい舞台であればよかったけれど、そうではないにしてもね、姿勢そのものは、あゝもうこういうふうにやってもいいのかというように、演出家ならね。

中本　今年のチェーホフを見ると、シェイクスピア・シアターの『三人姉妹』には、出口典雄の演出意図が鮮明に出ていた。しかも強引に突っ走った演出で面白かった。つまり『三人姉妹』を、出口のない部屋の中に、閉じ込められた空間と、外へ出られない状況にみんなが追いこめられているというふうに見るわけね。最後の名台詞も後を向いて「モスクワへモスクワへ」と言うんですが、やっぱり部屋の中なんです。そういう意味でひとつの意図もみえるし、読みも出てるんです。この劇団の場合、演技力というかそれに応えるだけのものが残念ながら出てなかったけれど、それなりに思い切ったことをやったと思う。日生と芸術座の『かもめ』も刺激にはなったとおもう。

利光　どうなんだろう。外国人演出家だからできた部分と、外国人演出家だからやむをえずいうことを聞いたっていう部分とあるね。だから逆にいうと、そういうことがあったから日本の演出家の方は、外国人演出家のようにもっと大たんに自分の発想もするし、演る方は逆に外国人演出家だろうと、これはちょっとおかしい、私には出来ませんという風にならなければ対等にならない。そのところは今回、ちょっと疑問のところがあるとおもう。例えばシェルバンのやったことをそのまゝ仮りに日本人の演出家があれを要求して演らせたら、果して役者が納得してあの通り動いたかどうか、それがいい部分と悪い部分とあって、つまりあの通り演れっていっても、恐らく四季の役者といえど言うことききかなかったとおもう。

中本　日本の演出家じゃ今のところダメでしょう。

利光　というのは日本人の演出家だったらまず要求させなかったろうし、また逆に役者だって何か言えただろうと思う。だって、上手と下手にドアがあって、何で俳優は真ん中突っ切って庭へ行くのか。日本の演出家がもし言ったら、役者はおかしいって言うだろう。外国人崇拝なのかどうか、この演出家の言うことは変ってるけどマアやってみようということであって、やっぱりあれはちょっとどうもね。ラストシーンにしたって、いくら飛躍にしたってピストルで即死した筈のものが、血みどろになって出て来て水に落ちるなんてのはね。ぼくが役者だったら絶対やらないね。

中本　ぼくは日本の演出家が、ある意味で自分の思うままにチェーホフその他に挑戦してやってもらいたい。それだけの力を持っていると思う。何人かの日本の演出家はすでに外国に出て活躍したり、外国で話題になったと称してやってきたりしてる。それが現代だと思う。それから劇団をひきいて外国へ行くとか、やってマスコミの話題になる。しかし果してそれがほんとうに面白いものかどうか、その辺の所は、我々は目覚めるべき時に来てるんじゃないか、というふうに思うんです。そういう意味で今回シェルバンらがほんとに新しいものを我々に見せてくれたかっていうことになると否定的だ。ただ今の段階ではたしかに日本の演出家には出来ないことをやってくれたとは思う。

チェーホフ論議

中本　実はもう一度、ほんとの意味のチェーホフの、彼のテキスト、言おうとしたことを、尊重してやることが一番なんだ。但し、その場合に、なんでも今日の目といわずに、やっぱりぼくは自分だとおもう。自分のところにくる見方ね。何ものにも捉われない何か、ね。ぼくは自分も演劇に関わってるから言うんだけどそれを期待したいわけですよ。つまり、研究とかいうのはほんとのこといって、演出家のあとを追っていくもんじゃないかと思う。つまり研究は、チェーホフにたいする新しい見方は、演出家の新しい意欲を触発する面があるけど、むしろ本来的に言ったらそうじゃなくて、演劇をやってる現場の人間が、今の新しい面を探り出してくるというのが常道だとおもう。そういうものがないかと思って、ぼくはチェーホフに限らず芝居を見てるわけなんだけど、それがないと面白くない。

チェーホフにも、一見すると何ら意味のないようなセリフがいっぱいあるわけですよ。ところがそれは、ちゃんとひとつのドラマがあってその中で使われている。しかもひとつひとつのセリフはよく考えてみれば、みんなそれなりの作者の思いがこもっている。たとえば、『ワーニャ伯父さん』のアーストロフの有名な台詞「いまごろアフリカは暑いだろうな」にしても、チェーホフ自身がニュースからアフリカに行きたかったという切実な思いがこもっている。それが全体の中で必然性がある。

自分をつきはなし、複眼で対象を見る必要があるのではないか。

毛利　この間の紀伊國屋ホールでのシンポジウムでも、チェーホフのことをいろいろ言いながら、チェーホフのセリフ、言葉のことは誰も議論しようとしない。何のための劇作家のシンポジウムか。ベケットに似てるかシェイクスピアに似てるかしれないけれど、セリフについてどういう種類のことばなのか、あるいは我々はそれをどういうふうに受けとめるべきなのかというようなことはちっとも話されてこない。それからチェーホフは『プラトーノフ』という多幕物で劇作を始めながら、それを完成させられず、一幕物をずっと書くわけでしょう。だからどちらかというと一幕物作家のようにみられながら、また『イワーノフ』から多幕物に転ずる。だけどなんで四幕でなければいけないのか。ベケットだったら四幕になる筈がないんだ。その辺の捉え方がないから、たとえば『かもめ』の第三幕と第四幕の間に二年位あるというのがどうも処理できないのね。むづかしい芝居だよね。女優にしても、前半がいい女優とか後半がいい女優とかはいても、両方いいというのはなかなかいない。あの変化を五分位の休憩で出すっていうのがうまくいかない。

中本　たしかにね、「今日の演劇」なんていうの見てみると、二十世紀は演出家の時代だなんていわれるでしょ。それはたしかに変ってないように思うんだ。それはそれでもう一度劇作家の時代が来てもいいように思うんだ。ロシア・フォルマリズム——構造主義がやっているように、真の意味でのテクストそのもの、作家主体から独立したテクストそのものとして解読する立場があります。そこから新しい発見がある。しかし、その作品を作り出した作家の主体的情熱や、作家の地声を問題にし、作品成立の時代背景との関係を問い、作品を今日のものとして見る必要があるのではないだろうか。

ぼくはこう思うんですね、演劇の方がおくれてると思うんです。昔はやったけれども、作家なり演劇人なりの、何かをやろうとする主体性が根付いてないんですよ。根付いてないところへ今度は客観主義になってる。それでコンピューターの時代だからいろいろとやるわけですよ、分析してね。そうするとどうしても記号としてみていくことになる。これは新しい発見なんだ。つまりひとつの新しいものの見方の場合でね。縦軸と横軸でいうと、縦軸なんか問題にしないで横軸だけ問題にする。なおかつ、その中での主体を問題にしなきゃならない。そこで我々はあらためて作者の地声なり、その時やろうとした何かを発見し、なおかつ等価物として表現するということがないと、迫力は出てこない。だから単に新しい発見だなんだといって面白がってる時代じゃないわけなんだ。

ただ仕かけとしてのチェーホフ劇の見方はこうだなんていってみたってね、はじめはそれで面白くても、それじゃ人は納得させられない。そうじゃなくて、そこでの作者＝作品の主張を見たりしなければならない。それは言葉での主張じゃなく、いわゆる感性の主張を我々は発見しなきゃいけない。それを我々はやろうとしているんだが、なかなかお目にかゝれないわけだ。淋しいことになる。

利光　それにもうひとつ言いたいのは、チェーホフは築地小劇場が出来た年、大正十三年のレパートリーに挙がっている。これはフランスより早いんだ、日本の方が。この築地のチェーホフがどうだったかは知らないけど、少くともこの間の俳優座のチェーホフをふまえて今回のそれがあればいいけど、そこの接点はゼロなんだ。そこはフランスの場合でいうと、ピトエフがはじめてやって、バローが『桜の園』やった頃と、今の若手がやってるのとは段階的なつながりがあって、前にこうやってるから今度はこうやってみようというのが明らかにある。日本の場合はそういう視点がないね。

中本　そういうものが、将来どうなるかは判らないけど、たとえば、日本の演劇の上演の歴史とか、そういう資料なんかもちゃんとしたものが無いでしょ。いちばんびっくりしたのは、今、これだけカメラが発達してるのに、八ミリなんかの記録をとってないことね。

利光　ヴィデオなんかもあるのにね。

中本　とってないんだ。それと、演出助手なんかが、ソ連では必ず二・三人で、メモとってるんですよ。逐一、その時問題になった稽古での俳優との応答が記録されて残ってる。それが劇団の記録にもなり、共有財産になり、将来の上演に役立つんですよ。

利光　フランスなんかそれがシリーズで「演出ノート」としてジャック・コポーなんか出版されてる……。

中本　ソ連の場合、ある芝居をやるとき、演劇博物館なりなんなりに行って、その作品の上演の記録に当って研究し、それをふまえてその上に自分の新しい解釈なり読みなり出てくるわけでね、そういうものがなきゃどうしようもない。

十年一日

利光　最近、古い演劇雑誌みていて気が付いたんだが、新劇界のトップクラスが、俳優も演出家も含めて、この十年間に全く変っていないのにおどろいた。それが大劇団のみならず、いわゆるアングラにしたって、天井桟敷にしろ、早稲田小劇場にしろ、状況劇場にしろ、変ってない。メンバーは多少変ったにしろ……。たとえば各劇団の女優陣を考えたって、俳優座の栗原小巻、文学座の太地喜和子、みんな十年前のまゝだ。

毛利　新しいスターが出ないことはたしかだ。

利光　白石加代子だって、李礼仙だって……。それでどこの劇団へ行ったたって女の子がふえてるのはたしかなんだ。演る人口はふえてて……。これはどういう現象なんだろう。

毛利　日本の団体というのはいっぺん親玉になるとそいつが死ぬまでずうっとつづけるからね。生きてるうちに交替するってことはまずないから。

中本　終身雇用制というか……。そういう弊害が出てるんだな。

毛利　それと、この間、「築地小劇場」のことを見て思ったのは、築地小劇場では殆ど一年中芝居してて、年間二十本ぐらいやってるわけですよ、大小合せて。今の外国の劇団はそれが普通なわけで、アントワーヌだっていってみれば六・七年が花でそれが終ったわけでしょう、自由劇場は。でも一年に二十本ぐらいやればそれは一つの勢力になるわけよ。日本の今の劇団の十年分を、三年か四年でやっちゃうわけだからね。だからアングラなんかが、五・六年つづけばいい筈のところ十年やってて、それでそれだけの社会的な力を持つかというと疑問になる。公演回数と作品の数が圧倒的に少い。何で芝居をやりつづけないのかとおもうね。

中本 芝居にしたって自分の書いたものを、自分の演出でやるっていうふうに決まっちゃってる。他人のものだってやればいい。

毛利 テントにあれだけ人が集るのに、どうして人が来なくなるまでやらないのか。もし唐十郎が百回、二百回連続に公演をやればこれは絶対、社会的な力を持つようになるとおもう。外国では普通の知識人まで話題作を観てるのは、続いてるからみに行けるのよね。ところが、あそうか、じゃ観に行こう！　と思った時にはもうやってないんじゃ、これはもう通の人だけがたゞ知識をため込んでる感じで、あとの人は何にも言えない。だからいつまでも小グループのものでしかないということになる。

中本 いつまでも仲間うちだけのものでね。

毛利 日本の演劇界で社会的な事件になったっていう舞台があったかね。

利光 それは戦後のごく初期よ。

毛利 例えばヨーロッパで『神の代理人』をやったとき、これはもうごうごうたる社会的な議論をひき起したわけでしょ。アルビーの『ヴァージニア・ウルフ』でさえ、アメリカじゃ、普通、芝居なんかみない人までみにいってカンカンガクガクやったわけよ。まあ『ベル・バラ』がちょっと話題にはなったかも知れないけど……。

中本 だから当りそうなら徹底してやるとか、競演もするとか、そういうことがないね。

利光 こんどの『かもめ』なんかも、片方が例えば俳座っていうんなら四季と競演という感じになるが、それが東宝じゃはっきり言って競っても余り意味がない気がするね。

最近の舞台状況

毛利 最近みた舞台で印象に残ったものがありますか。

中本　ぼくが注目してるのは、若い人たちは歌って踊ってというのに強いでしょ。そういうところで言えば、音楽座なんかを評価するんです。これは注目していいと思います。はじめブレヒトのものをずっとやってて、今は横山由和という人の書いたものやってるんですが、意外に持続力があって一貫して落ちてないんです。どんどんよくなってます。スターが出て来てるってことね、男の子も女の子も。これはちょっと嬉しいですね。それでいまのところ音楽座がトップを切ってるけど、必ずしも音楽座だけじゃなくてそういう集団がいくつか出てきてると思う。そこで少し性格は違うけれど、力をつけて来てるのが、いずみ・たくのフォー・リーブス、ここもわりといい素材に恵まれてきてる。それと夢の遊眠社とか……。夢の遊眠社は学生を母体にして、東大で公演してるけど、実際にやってるのは各大学とか、ある意味でインターナショナルというかやるわけです。それが果してプロになるかどうかは問題があるけれど、ひとつの新しい感性をつかんでいる集団だとおもう。

利光　その点については、二つのことが言えると思う。音楽座は一回しかみてないのでアレだが、今の若い人はたしかに音感とかリズム感に関してはうまいよ。そこらの大劇団よりはよっぽど上手ですよ。しかしそれをドラマの基準にするとね、日本でいちばんすぐれているのは何かというと宝塚ということになっちゃう。大体宝塚に対しては、劇評家は甘いわけ。何故かというともかく宝塚は先生がムチ持って足の挙がらないのをなくすって具合で古くから肉体教育を教練みたいにやってるんだから上手なのは当り前で、それから夢の遊眠社なんていうのは踊りの場面は実にうまいですよ。みんなそれが魅力で見に行くわけ。行くんだけど、じゃドラマとしてはどうかっていうと、これは我々の世代から言えば、ドラマの枠を外れてる。外れてるけども踊りはうまい、これが若い人に受けてるんだろうということで点が甘くなるとすると、さっきの、日本でいちばんすぐれてるのは宝塚ってことになり、音楽座は一応中本さんの言うのがもっともであるとして、どうも今の若い人が、そういう歌や踊りで判断すると一応みんな水準に達してる。達しているけれどもそれは果して演劇であろうかということになるとね、大分、ぼくは点がからくなる。お前の持ち歌なんだって言われても何も出て来ない我々の世代からは、今の若い人はみんなすぐれているように見えちゃう、だからよっぽど心しないと宝塚には弱くなる。そうするとこれは『かもめ』に宝塚出身の人が出ても文句がいえなくなる……。それはやはりドラマという視点から言えば、歌えて踊れるのが演劇だと思うのは早計だし、若い人自身、そう思ってる傾向が多い。一、二、三で揃って足あげたり歌ったりすればたしかにやる方は気持がいいし、お客も納得するし、みてて楽しいけれど、だから若い人がみんなミュージカル志向になるでしょ。

毛利　ぼくもそれは同感だな。新劇の古い世代が余りにも動けなさ過ぎるのもたしかなんだけど、四季の『コーラスライン』なんかをみても今言われた通りのことを思うよ。あれは劇としてはくだらんよ。日本人が集まって足揚げてやったということで皆ほめるけれど、あれはもともと通俗劇だよ。それをふまえた上でほめるならいいけど……。

利光　だからそれを言いたいんだ。だから若い劇団に対してもね、若い人が歌や踊りを狙らって行くんだから木戸銭は安いし、そうすると皆わんさと押しかけるから、古い世代はア、これが若い人の好みで、これがいいのかってなっちゃって、全然ドラマとしての観点からは論じられてないいんだ。

毛利　その点でぼくは第七病棟がやった唐十郎の『二人の女』には感心した。あれは昨年最高の舞台じゃなかろうか。役者たちが非常に訓練されていたんだが、今言われたような、見た目ばかりの演り方ではない。意気込みの真摯さが感じられ、明らかにアングラなんだけども、ちゃんとドラマをふまえてみごとにでき上ってた。あの劇を全く自分のものとして消化し切っていたね。少なくとも、ぼくはその感覚とリズムが過不足なく出来上っていたと感じるとともに、あのドラマの本質を鋭く感得させられた。理屈ではないドラマ性として。たとえば、何でもないアヤトリなんかのやりとりが即興めいているくせに即興ではない。大した力だ。劇作品自体が唐十郎の従来のものとは大分違うけどね、唐があゝいう方向に行くんなら、劇作家として古典になり得る。つまり普遍性をもつということ。それをいやがる人もいるかもしれないけど。

利光　だから劇作家として論じると、唐十郎は現場性というのは段々うすれて、今、古典的なのかどうか知らないけど、ドラマトゥルギーとしては完成度にいってるよね。

毛利　ほかには今の日本の劇作家の中で、作品を書くということの核みたいなものを持っているのは、別役実だけじゃないか。宮本研なんてひどすぎる。

中本　特に別役実のスケッチ風の小さいものはいいね。普遍性をもっています。

毛利　彼は一幕物の作家であって、長いものは書けないというのは、外国でいうとストリンドベリに似てるのよ。いくら長いものを書いても脚本が一幕物なんだ。それは意外と日本の伝統的なものなんじゃないかとおもう。場面の面白さでね。筋展開で思想を出すっていう芝居はなかなか出てこない。歌舞伎なんかもスケールが大きいようでいて、実際は場面の組合せでしょう。

中本　清水邦夫もこのところ低迷しているのではないか。

利光　さっきの話じゃないけど、劇作家も十年前と顔ぶれが同じなんだよ。十年前にいなかったのは、つかこうへいだけといってもいい。

毛利　もう一つ、つけ加えると、批評家の顔ぶれも同じってことになるんじゃないの（笑）。

批評の基準

利光　批評といえば、最近憤激したことがある。ある高名なOという映画批評家のことなんだけど、彼は『カリギュラ』というポルノチックな商業映画のパンフレットに（実をいうとぼくはこの映画を観たわけではなく、生徒がプログラムを持っているのを読んだだけだが）「この映画をけなすのも、とに角観てから物を言え」と書いているんだよ。これだけでは必ずしも、この映画の価値を肯定したことにはならないが、別の週刊誌では何と、「この映画は芸術的価値など毛程もない愚作で、観る者はバカだ」というような口調なんだ。雑誌の性格によって多少論調を変えるのは、ぼくにも覚えがあるから、多少大目に見るとしても、これ程正反対な結論は許されない。

　批評というものは、ある一定の価値規準があって成立するもので、すべて伸縮自在の巻き尺で計れば全部価値があることになってしまうし、辛辣に批評しようとすれば、全部あらさがしの対象になるわけだ。

毛利　で、その価値基準をどう定めるかが問題なんだ。それは普遍的なものなのか、個人的、主観的なものでしかないのか。

利光　ぼくは観客の一員であるから、勿論観客の目というものを大切にしたい。しかし、観客というものも、実に曖昧模糊としているので、そこに価値基準を求めると、非常に解りにくいものになってしまう。そこで私が観客の代表だと考えて、一応自分の感性を通じて、受けた印象などを大切に考える。

中本　ぼくは舞台の成果に即して、演劇を論じていきたいと思っている。演劇独自の歴史＝演劇学的視点に立って、その芝居の今日的意味を問う。たしかに、演劇は時代を写す鏡なんでね。いや、時代思潮、時代感覚、流行を先取りするのが芝居ではないか、と思う。科学的認識の最先端と拮抗し、競い合っているのが、芝居の構造だろう。ぼくらの感性と認識にゆさぶりをかけてくれる芝居をぼくはよしとするね。とは言っても、今日の人間である俳優が演ずる以上、上演形式、装置、衣裳にかかわりなく、芝居は今日のもの、この一瞬のものだ。生きの悪い芝居、つまり、生動感のない芝居は買えない。

利光　具体的にぼくは、成るべく作る側に身を置くことにしている。だからもし私がこの芝居を演出したら？という架空の状況を考える。その時感服したことがあれば、たとえ部分的であっても、その部分はいさぎよく認めるよ。

中本　ぼくはね、演劇は人類の生存のための享楽である、と思うんだ。呑みやすい、魅力的な良薬でなければなるまい。楽しくない芝居は御免こうむりたい。別の意味で、ビニール本、ストリップショー以上の魅力がほしい。

利光　しかし、最近の傾向として、作る側がひどく物分かりがよすぎてるのではないか？　と思うことがある。一人よがりといわれても、これがお前たちに解るか？とつきつけられた舞台がほとんどないのだ。

そして平和な世の中なのか、作る側も観客も予定調和とマゾヒズムの混合ではないかと疑わせる光景にしばしばぶつかる。この傾向はむしろ若い劇団に顕著なので、今日お客が何回笑ったか？などに一喜一憂する様を見ていると、これは論外なのだ。芝居を何のためにやるのか？という反省はあまりなく、いかにやるか？か、芝居でもやるかのどちらかなんだよ。

批評にもいろいろな基準があっていいと思う。だからあまり物分りのいい批評をしたくないのだが、日本の現状で芝居を作る側がいかに困難か？ということを知りつくすとつい物分かりがよくなってしまうのがぼくの反省だ。

毛利　新聞なんかの時評にはほんとにひどいのがあって、誰のために、何のために書いているのかわからない、自分の演劇観もない根なし草の批評があいかわらず横行している。だいたい、ジャーナリズムが演劇にさくスペースが少なすぎるから無理ないところもあるけど、演劇は

TVなどに比べて、どういう社会的意義があるかということから考えるべきかもしれない。そして批評の社会的意義もね。

（一九八〇年九月五日）
＊劇団四季（日生劇場）
『かもめ』一九八〇年　七月六日〜二十四日
作　アントン・チェーホフ
演出　アンドレイ・シェルバン

＊芸術座（日比谷芸術座）
『かもめ』一九八〇年　七月四日〜八月二十九日
演出　マイケル・ボグダノフ

＊シェイクスピアシアター（東邦生命ホール）
『三人姉妹』一九八〇年　二月二十五日〜二十九日
作　アントン・チェーホフ
演出　出口典雄
＊第七病棟（荒川区町屋第七病棟）
『二人の女』一九七九年十一月〜八〇年二月
作　唐十郎
演出　石橋蓮司、第七病棟演出部

『あ・えむ・で』第六号　一九八〇年

4　ハロルド・ピンター——俳優座公演『バースディ・パーティ』をめぐって（一九八一年）

一ノ瀬一夫／島田安行／毛利三彌／清水豊子
宮城玖女与／蔵原惟治／小島康男

ピンターのこと

一ノ瀬　ピンターは今いくつですか。
島田　昨年五十歳。むこうでピンターのフェステヴァルのようなことをやったらしい。『管理人』の上演をしたり、今までに海外で上演されたピンター作品が紹介されたり。日本のは俳優座の『管理人』が載っていた。
毛利　ピンターは大分有名だから、もっとたくさん書いているのかと思ったけど、意外と書いてないのね。
島田　でも、かなりありますよ。
毛利　長篇作は『バースディ・パーティ』、それに『管理人』『帰郷』『昔の日々』でしょ。『誰もいない国』はどうかな、あれもかなり長いですか。
一ノ瀬　あと昔書いたもので最近上演されたのが、『温室』。
毛利　つまり六、七本。
島田　あと短いのがたくさんある。
毛利　まあ、ベケットの寡作ぶりに比べれば多いでしょうけどね。日本の作家なんかは毎年一作ずつ書いている。
島田　でも彼は映画のシナリオもずいぶん書いているからね。それで映画にもいろいろ出ていますよ。ぼくも三、四本見ましたけど、大柄で、どちらかというと芝居が粗《あら》いですね。そんな感じがする。
毛利　ピンターはゴールドバークの役を自分でやったんでしたね。ちょっと意外だった。
清水　つい最近では、ヴィクトリア朝時代のイギリスを舞台にした『フランス軍中尉の女』という映画の脚本を担当していますね。来春には公開されるようです。まあ、ウェスカーさんのように書いても売れなくなると困るから、ピンターはよく考えて書いている。（笑い）

毛利　それにしてもピンターの本は売れてないでしょうね。

島田　でも『バースディ・パーティ』なんかずいぶんいろいろな版がでていますよ。ぼくが見ただけでも五、六種類あったんではないですか。それから高校の教科書に使っているようなものまである。それには地名の解説がのっていたりして、ずいぶん演出の参考になりました。それからもう一つ、演出台本もでています。それはこの間やったのと装置などがまるっきり違うんです。それはピンターが演出しているんですけどね。最後に、ピーティに五ポンド出すところがあったでしょ。あれはぼくの発想ではなく、その演出台本に書いてあったものです。だけど今回ぼくの使った、一番最後に出版された台本にはそれは書いていない。

毛利　ぼくの読んだのにも書いてなかった。それに途中で女の子が夜中に出てくるのも書いてなかった。

島田　あれは書いてないですよ。あれはぼくの演出だから。（笑い）あそこは二幕と三幕を続けてしまうつもりなんですよ。ただ暗転して次に行くと時間的経過があまりにもはやすぎるから、ちょっと遊びを入れたんです。（笑い）

毛利　なるほどね。あれがないということは、三幕を見ている観客は二人のことがわからないっていうことですね。だとすると、原作では作者はやはり意外性をもたせようと思ったのかな。二人が関係をむすんだということは女の子がでてきてはじめてわかるということでしょ。島田さんの場合は、それを前もって知らせておくというやり方なんでしょうか。

島田　そんな深い意味はないんですよ。

ピンターの台詞

毛利　女の子を出しただけで台詞をつけ加えてはいないからいいですが、ピンターの台詞は、簡単そうで、翻訳するのが非常に難しいんじゃないですか。

島田　今回も喜志さんの訳でやったわけですが、ピンターの英語をどう日本語の台詞に忠実に置き換えるか、俳優とそれを検討する作業をずいぶんやりました。『背信』の時もそうでしたが、例えば、二年ぶりに別れた男女がパブで会いますでしょ。そしてそこで女が「あなた、わたしのこと考えることある」と訊くと、男が「あんたのこと考えたりしない」と言う。ここで考える、(think of)といっても、ふっと思い出すことがある、というような意味合いだというわけなのね。それじゃ日本語にする時に、「ふっと」を入れるかというと、そうすると今度は説明になってしまうから、それはまずいということになるわけです。それなら「考える」でいいから、俳優は「ふっと思い出すことある」というそういう気持で「考えることある」という台詞を言ってくれというと、ある程度原文に近い感情で言うことができるということですね。そういう問題はピンターだけではなくて、外国の作品をやる場合にはいつでもつきまとうものでしょうけどね。

毛利　いつでもあるけど、ただそういうことの度合が強い作家とそうじゃないのはありますよね。今度ピンターの原作を読んで、やはり原文の通り訳すと日本語にならないんだけれども、しかし普通の日本語にするとやはりまずいなあというところが、簡単な表現であればあるほどでてくると思いましたね。

島田　言葉が厳密なんですよ。

毛利　ええ、かなり厳密に選ばれている、とは思いました。

島田　だからぼくなんかわからないところがあると、知っている外人に細かくいろいろ訊いてくるわけよ。ここはどんな感じなのかと訊くと、いろいろ説明してくれるが、説明されればされるほど日本語に訳せないなあという感じが強まりますね。他の作者のように、作品がひとつの物語性とか、あるいはある因果関係でもって、言葉がでてくるというような作劇法であれば、いかにも日常的にしゃべっているようにしながら、その作品内容をいかに巧妙に観客に伝えるかということでごまかせるんでしょうがね。ピンターの場合ですと、筋をどうのこうのというよりも、その時の状況なり、あるいはその時の人物の本能ですぱっとしゃべるものですから、そこの面白さを説明してしまうとごくごく平凡なものになってしまうだけに、言葉の選び方に他の作家以上に神経使いましたね。

毛利　女の子(ルールー)がどこかへ行こうという時に、「どこ」と訊くとスタンリーが「どこでもない」と答えてますよね。どこかへ行こうと話しているのに「どこでもない」と二度、三度繰り返していますけど、'Where'

に対して'Nowhere'と答える台詞のパターンを日本語でどう表現するかといっても、英語のようにうまい語呂合せはでてこないんでしょうね。「どこでもない」という台詞は日本語としてはちょっとおかしいなという感じがするけど、おそらくひっかかる感じの方がいいと考えて、そう訳したんだろうと思います。冒頭の一言、二言のやり取りなんかも、名前呼んでも最初は答えないでしょ。

島田　日本だと「あなたなの」という台詞の繰り返しですよね。だけどむこうでは名前を呼ぶでしょ。ああいうところがやはり日本と外国の違いで、名前で呼ぶと日本の生活からちょっとずれてしまうんですよね。その点が翻訳劇の場合はどうしようもないですね。

清水　日常の繰り返しの多い、退屈きわまる会話をだらだらと書いているようにみえて、実はそういう日常性の描写に余分なもの、むだなものは全くないくらい台詞は推敲されていますね。ある意味で日常性が抽象化されていると感じるくらい効果的に響きます。『バースディ・パーティ』の場合でも、冒頭で、無理矢理引き出すようにしてようやく成り立つ老夫婦の日常会話が「反復」やら「間」をうまく使って描かれていますね。そこには不気味なくらい何も起こらない平穏で単調な日常性が抽出されているといってもいいくらいです。それでやがて、スタンリーの誕生パーティで、外からの侵入者二人の暴力的な詰問、尋問へ移っていく。いわば脅威に満ち満ちた言葉のスペクタクルが展開され、騒動が頂点に達する間に、スタンリーのなかで何かが大きく変化してしまう。変化というよりは退行といった方がいいかもしれない。そして一夜明けてスタンリーが連れ去られた後でも、事の次第を知らぬ老妻の方が冒頭のような日常会話をリードして、最後をしめくくっている。この芝居はスタンリーの命運の大きな変化を何の変哲もない日常性という枠に入れて描写するという構造になっていて、現代人が誰しも抱いている漠とした恐怖感を効果的にかきたてると思いますね。『バースディ・パーティ』の不可解な恐怖はまさに現代なのだといえると思います。ベケットと質は全く違いますけど、些細な日常の具体性を失わずにいかに会話の様式度というか、普遍度を高めるかという作業でピンターもベケットに劣らず苦労しているのではないかと思います。そういう意味でよく考えている……。

ピンターのわからなさ

島田　ところで毛利さんは俳優座の機関誌である『コメ

ディアン』にこの舞台をみてわからなかったと書いてましたね。

毛利　『バースディ・パーティ』は不思議なわからなさの感じのする芝居ですよ。わけがわからんとか、これ一体何してるんだろうといったわからなさではなく、わからないということにこだわるわからなさなわけです。『コメディアン』にも書いたけど『帰郷』の場合には、いま少しわからないということが、わからない面白さということになるんですね。ところが『バースディ・パーティ』は、わからないから面白いかというと、そのままストレートにはそうこなかったんです。

島田　毛利さんは、現代詩を読んだような印象と書いていたでしょう。実はあの作品の前に『パーティの光景』という詩があるんですよ。それはいわゆる現代詩風で『バースディ・パーティ』のパーティ光景を詩に書いたものです。非常に断片的なものですが、ピンターはあの作品（『バースディ・パーティ』）の場合、そういう試み（わからなさを面白さに直結しないということ）をしたともとれる要素がありますね。

毛利　それは知らなかったけど、じゃあんまりぼくの見方もはずれていなかったかな。（笑い）

蔵原　それじゃあの作品は詩を書くようにというような気持で書いた劇作でしょうか。

島田　だから断片を中に詰め込んでいくという感じですね。作品そのものは非常に三一致の法則にかなっているわけですよね。同じ場所で、二十四時間以内に完結しているわけですから。そういう手法をとりながらあのような試みをしたのではないかなと思う。だからどの部分をとっても前後との関係がなく、独立しているということがあの作品の場合にはいえる。それに比べ『帰郷』などですとやはり、おやじさんの父としての権限とか、母への思慕とか、あるいは女というものに対する興味を引きながら、家という形態を保ちつつ書き上げている、ということははっきり言えます。そういう点では『バースディ・パーティ』というのは、いろいろな要素がぶち込まれているんじゃないかということですね。だから、ピンターをはじめて二十年近く前に読んだ時には、まだピンターの作品は他になかったので、あの作品は、ごく普通に「脅威の喜劇」とか「ブラック・コメディ」というレッテルが貼られて、そういう風に単純に読みとれてしまいましたけどね。後に『背信』とか他の作品『管理人』、『帰郷』を演出してみてから、彼が一番最初に書いたものを読み直してみると、確かに部分部分の集積ではあるけど、その一つ一つが後にテーマをもって大きくふくらんで、次々と新たな作品になっている、これはまた言えると思うのね。

毛利　ぼくはこれまでピンターをちゃんと読んだことはなかったんだけど、実は『バースディ・パーティ』の一場面をアメリカの大学で演技のクラスの課題として演じたことがあるんです。だけど、全然覚えていなかった。今回の舞台をみてぼくがやったのはこれだったんだなあと思ったのは、殺し屋の役。若い方のマキャンですよ。（笑い）立て、坐れというところ。ああここだったなあと思いましてね。それで今度四、五冊買って来て読んだんですが、そうすると今言われたように、ピンターがだんだん具体性をもってくるというのはどういうことなのか、果して評価できることなのかどうかわからなくなってきた。『背信』の時に島田さんにちょっと疑問点を申し上げたけど、ああいう方向に行くことは、普通の並の作家になるといったら言い過ぎでしょうが。

島田　そういう点では『背信』は非常に巧妙に書かれていますからね。

清水　私イギリスにいる時に『背信』を見まして、非常によくわかるという意味でウェルメイド・プレイだと思いました。時間的進行が逆になっているだけですから。だからピンターらしくないところも新しくできてきたということなのでしょうか。それがピンターの衰えなのか新しい発展なのか、ちょっと考えてしまいました。私は衰えのような気がして、いささかさびしく思いましたけどね。

島田　そういう議論がむこうの批評でもずいぶんありましたよね。

宮城　ピンターはわからない間はちゃんと受けると思うのね。ウェスカーの作品はどう読んでもすぐわかってしまうから、もうそれでおしまいということになる。やはりわからないところがあるから、もつんだし、ファンもいる、というようなこともあると思う。ユダヤ人とアイルランド人のことなども喜志さんの解説を読んだからといってわかるということじゃない。理屈としてはもちろんわかるけど、イギリス人がピンターをみて皮膚でわかるようなわかり方はないですね。

清水　アイルランド人に関する感覚はわかるでしょうけど、それ以外のことはイギリス人にもわからないんでしょう。そういうミスティフィケーションがピンターらしさですから。

島田　だから『バースディ・パーティ』の時は一週間で打ち切られたんですね。それでさんざんな酷評を被ったわけです。

清水　あの時にひとりだけ劇評家で褒めた人がいるんですね。サンデー・タイムズのハロルド・ホブソンという人です。打ち切りになった翌日の日曜日にその劇評が新聞にのったわけですが、時すでに遅しということだったようです。実は彼は、前の年の一九五七年に、ブリストルでおこなわれたサンデー・タイムズ主催の学生演劇大会で、ピンターの『部屋』を見ているんです。非常に印象が強かったらしく、その上演の記事を書いたんです。それがマイケル・コドゥロンという人の目にとまって、彼が『バースディ・パーティ』の上演権を買って、まもなくケンブリッジ、そしてロンドンで初演ということになったんですね。それにしてもその初演をひとりも褒めなかったらどうなったんでしょうね。

島田　そういう点では日本も外国も同じなんですよね。

宮城　ある日本の高名なる作家から、作品は絶対にわかるように書いちゃだめなんだ、という話を聞いたことがある。「あの作品拝見しましたけどよくわかりません」と私が言ったら、「そうだろう」と得意そうな顔して言われたことがある。ピンターがわからないというのとは、まあ、違うけどね。いかにわからないところを残すかということ……。

清水　まあ確かに、現代であるということを示すためには、わからないミスティフィケーションがあるというのが基本的なんでしょうが。不条理とか、メタシアターとか……。

毛利　世の中の名作ではじめから理解されたものなんかひとつもないですよ。誤解か、理解されなかったかでね。そうでなければ古典なんか今まで研究する価値がないわけだから。わからない、という要素がどこかにないとね。全部わかるということは自分がすでにもっていることでしかないということだから、それはもう面白くないですよ。

島田　ヘッダ・ガブラーだって、あんな矛盾したデタラメナ女いやしない。（笑い）

毛利　だから、何か発見するか、あるいは発見の途上に置いてくれるかしないと、面白いということはあり得ない。

島田　シェイクスピアにしても、チェーホフにしても、後年の作品にはそういう要素が非常に顕著にでているんじゃないですかね。

毛利　チェーホフはどうかしらないけれども、イプセンの場合、人物の奥深いところを少ない言葉で表現しようとしている。そういう言葉の範囲で奥を、奥を、と探らなければいけないような芝居をずっと書いてきたわけですね。だけど最後にはだんだんそうではなくなってきて、奥を探らなくても言葉の組み合わせだけで何か一つの世界なり、感覚なりを表現しようという方へいったような気もするわけでね。イプセンの最後の作品は皆がわからないと言ったし、今でも辻褄が合わない作品ということになっているけど、いわば、すべてが表面に並んでいる。やはり絵みたいに。だけど、ピンターがそのイプセンの到達点から始めて、そしてだんだん逆にわかるようになってくるということはどういうことなんだろうと思うわけですよ。『背信』なんかよくわかるじゃないですか。わかる芝居としてはぼくはあんまりうまい芝居ではないと思う。

島田　でも、あの人間関係は不可解ですよ。

毛利　不可解でも辻褄が合わないわけじゃないでしょ。そういう意味では登場人物がどういう人間であったかということを云々できるわけですね。過去にどういう経過があったか、ということはすべてわかる。

島田　でも、あの人間関係はわからないですね。本当に好きだったのか、好きじゃなかったのか、またあの夫婦がうまくいっているのか、破滅の方に向かっているのか、その点はやっぱりわからないですね。

毛利　でもそういう人間関係のわからなさはあらゆるところにあるでしょう。だけど論理的に辻褄が合わないとか、人物の過去を探ろうと思うとわけがわからなくなるという、ピンターが意図的にやっているのかどうかわからないんだけど、長篇の第一作がなんであああいう形で、その後はだんだん人物を過去で明かすようにしてきたというのはどういうことなんだろう。

島田　それだけじゃなくて、あの芝居の場合、一人一人が過去のことしゃべりますよね。昔と現在との対比をなぜああいう風に提示したのかというところがひっかかるんですね。一人一人に皆、昔の方がよかったといわせているわけですよ。だからその……。

毛利　昔ということは、自分の現在があって、そこを通って昔に戻るわけだから、普通は「昔」を使う場合、昔でもって今の人物を照らしだすということになりますね。

この人物を理解しようとして昔にさかのぼっていくとか、あるいは本人自身も知らないようなところまで理解するための手がかりとして、昔を使うということになる。しかし例えば『昔の日々』は文字通り昔だけで、現在はほとんどないみたいものでしょ。だから現在を理解するための昔というんじゃないようなところがある。逆に『バースディ・パーティ』の場合に昔が話されはしても、あるのは現在だけであって、過去は現在に貼りついているようなものになる。『昔の日々』では現在が過去に貼りついているようなもののどちらにしても深味というよりは平面的な時間じゃないかとぼくは思ったんです。だから『バースディ・パーティ』であまり過去の話にひっかかってしまうと、この人物はどうだったとか、過去にどういう経歴できたということになってしまって、どんどん中に入っていかなければならなくなる。だけどゴールドバークなんかは、デタラメというと言い過ぎかもしれないけど……。

島田　まあ、デタラメですね。

毛利　デタラメでしょ。そういう風に思うと、迷路に入り込んだように、わけがわからなくなってしまう。スタンリーさえ言っていることがどこまで本当なのかわからないところがあるし……。

島田　過去に戻ったり、現在になったり、あるいは未来になったりするという、そういう揺れ動き方を彼は書いてみたかったんじゃないかなあ、ということが考えられますね。つまり、人間の生きているということの不安定さを表現したいという気持があった。別の言葉でいえば、アイデンティフィケーションの喪失ということになるんでしょうが。だれもが自分の置かれている場所に安住していないで何か揺れ動いているし、世の中そのものも不安定なかに時が過ぎてゆくということもあって、人間それ自体に内在する罪の意識とか罪悪感をかすかな規制力でもって平衡を保っているという現状を描こうとしている。個人も社会も共に不安定な場面に立たされているところを描くために、過去への郷愁とか、あるいは賛美がちらちらとでてくるんじゃないかと思うんですけど、どうですかねえ。

毛利　そうだとすると、あの芝居は何で辻褄のあわないような話にしなければいけないんですかね。辻褄が合ってもいいわけでしょ。

清水　徹底的に合わせていないんじゃないかしら。過去が貼りついているというより、スタンリー自身をみていると、過去の方が現在よりずっと気になる。過去はもちろん推理しても推理しきれないくらいのいろいろな矛盾があるけれども、単に過去が現在に貼りついているのではなくて、現在と共存しているのではないかと思う。スタンリーの謎の急変を見ると、過去の方が意味がある。つまり、スタンリーは、もう少し微妙な人物描写になりますと、『管理人』のアストンに発展していくわけですね。

島田 それはもう明らかにアストンですね。アストンはスタンリーの延長上の人物だと思いますよ。

毛利 だからスタンリーだけはどうも他の人物と違うととられかねないけど、でもどうなんだろうか。どうもスタンリーを演じた可知さんの演技だけひとり異質にみえたわけですよ。それは意図的なんですか。他の方たちは皆なめらかで出色の演技だと思ったけど彼の演技は他の人みたいにスルスルと流れないんですよね。

島田 それはやはり意図的ですね。

毛利 悪く言うと、ちょっとわざとらしい。それはどうしてかというと、ヘタなんじゃなくて、それこそ裏にあるものを出そうとするからじゃないかと思った。それはスタンリーだけを特別な人物と考えてそうしたのか、あるいはただ単に彼が……。

島田 それは彼の演技の質ということもありますね。確かに、裏にあるそういう気持なり何なりを説明してしまうとまずいんですね。

ピンターとシェイクスピア

蔵原 『バースディ・パーティ』の場合は、例えば『ハムレット』もそうだけど、演劇の根本的構造というか、原始的構造といってもいいけど、そういうものがある。つまり、ある人間関係があるところに、第三者が入ってくるという原始的構造をとっている。そういう点で両方とも演劇の根本に触れているようなところがあるんじゃないか。同じ構造を持っていながら『ハムレット』の方が奥が深い、といえるのかどうかはぼくにはわからないけど。時代も違うしね……。

小島 やはり、それは時代の違いですね。あのころにはまだ言葉に対する信頼感も強かったし、人生を考えるゆとりもずっとあったでしょうしね。今の時代は表面にすべてがあるという見方ですね。尺度が違うから、現代では奥深い方がインチキかもしれないという疑いはありますよね。

蔵原　ぼくもそういう気持なわけね。

毛利　現代においてシェイクスピアのような芝居を書こうと思ったらやはりシェイクスピアに太刀打ちできない。

清水　むしろ現代ではそういう芝居は書けないということですね。

蔵原　シェイクスピアの時代は王権などをかかわらせて書けたけど、チェーホフ以後はやはり日常生活のうしろに何か奥深い、世界と対決するものがあるはずだということで書くわけですね。そういう見方でいえば、ピンターは奥深い。

小島　ドイツ語圏のホフマンスタールは表面にこそすべてがあると言っていますが、そういう見方とからまるんでしょうか。

毛利　今や表面性ということが現代芸術の中心性格になったような言葉になった。表面的というのは昔はけなす言葉なんだけど、今や褒める言葉になった。（笑い）それにしても、時代が違うということは確かなんだけど、でも、現代にシェイクスピアのような、世界そのものを問題にせざるをえないような芝居がないことは確かですよ。

清水　現代ではその世界自体が分裂しているから。ああいう総合感のもてる世界はないと、それを描こうとしても描きえないということではないですか。現代ではシェイクスピア時代のような豊かな世界観、宇宙感は持ちえないですよ。宇宙のことにしても、わからないことが少なくなりましたから、シェイクスピア時代のような壮大なロマンは持ち得ないでしょう。今もってわからないのは、あるいは別の言い方をすれば、こういう現代世界でますますわからなくなったのは、人間存在のありようだけではないですか。人間の心理は、科学に毒されれば毒されるほど、所在なくなるばかりですから。地球上の到る所で、共同体意識が薄れ、今のような都市化が進む限り、人間はますます孤立化し、シェイクスピアの時代のような人間の多様なコミュニケーションや出会いは期待できなくなります。「プライバシー」がますます重要になる一方で、それをすべて掌握しようとする管理社会がある。この矛盾こそ、現代そのもので、個人と社会の緊迫感、対立感は強まるばかりなんです。この場合、社会というのは、いわば、内へ、内へと逃避して安定を求める現代人を脅やかす侵入者になりうるわけです。だからピンターは、おそらくこういう状況を本能的、直観的に読み取って、徹底して「部屋」にこだわり、部屋を脅かす第三者の侵入というテーマを追い続けたのではないかと思うんです。そういう意味で、ピンターの作品は現代そのものを映しとっている、現代の「鏡」だと思うのですが。だから、ピンターは現代にとってかけがえのない作家だといっていいのではないでしょうか。

毛利　現代という時代感覚をよくつかんでいるということですか。それは演劇がもともと持っている力ですよ。だからウェスカーも時事的なものが生きている間は面白かった。シェイクスピアには時事性があったと同時に、現代のぼくらにも面白いということがある。それが古典というものなんでしょうね。ピンターは時事的といえるんでしょうかね。

清水　もう少し時代の本質、人間の本質をシェイクスピアと同じようについているところがあるんではないでしょうか。もちろんウェスカーもある意味で人間の本質をついているけど、時代に密着しすぎているという気がします。

毛利　彼だってあのころには面白かったですよ。今もまだ面白いかもしれないけども、まあ、今では少しメロドラマのように見えてきてしまう。それに比べて、ピンターは単に時事的な作家ではなく、シェイクスピアのように時代を超越した深さを持っているとまでいっていいんでしょうか。

島田　それはまだわかりませんよ。やはり上演された時には、その時の時事的問題として受け取られたといえるんじゃないか。それでないと演劇が生息するということはあり得ない。

毛利　時事的問題ではなく、時事的感覚といった方がいいかもしれない。しかしピンターに時事的感覚があるとしたら、どうして初演の時、受け入れられなかったのか。まあ、批評家の感覚は遅れていますけどね。

島田　不評だったのも時代を越えたものを書いたからかもしれない。越えたといっても彼の時代感覚が先走っていたということだけではない。

清水　演劇史を書きかえるような芝居はすぐには受け入れられないもののようですね。『エルナニ』にしても、『ゴドーを待ちながら』にしても。だけどヨーロッパのインテリを困惑させた『ゴドー』はサンフランシスコの刑務所でどうしてあんなに理解されたんでしょうね。『バースディ・パーティ』が最初理解されなかったというのは、むしろピンターにとっては名誉なことなのではないですか。

島田　その後の『帰郷』もそうですね。女性運動の大反対をくって、上演禁止という反対運動が起きたんですよ。だから『バースディ・パーティ』だって、単に時事問題を扱ってはいないですよ。時事問題を直接取り扱わずに、時代感覚の大きなひろがりの中で観客に衝撃を与えたということですね。

毛利　だからその衝撃の質が問題ですよね。それが思想的な意味での超時代性ということなら、ピンターはシェイクスピアに比べて浅いということになると思いますね。そうではなくて、時代感覚の意味ということになれば、問題は全く別になります。ちょっと訊きたいんだけれど、シェイクスピアのような芝居は現代作家には書けない、それは世界が違うからだとすると、それじゃなんでシェイクスピアは面白いんだろう、ぼくらに。切実に響くものがあるんじゃないかなあ。どんな現代作家よりもシェイクスピアの方が面白いと思いますよ。根が深いんだよ。

島田　それはいろいろな要素を含んでいるからでしょ。作品にもよりますよ。

毛利　現代にもあるっていうことよりも、世界自体が深いということをシェイクスピアは示してくれますよ。現代とかシェイクスピア時代の比較を云々しているんじゃなくて、世界そのもの、人間存在そのものの深さを示してくれる。

島田　そういうことならピンターもそういう点では問題を投げかけていると思いますよ。

毛利　その問題は何かというとき、我々はあることを理解しているようで実は理解していないんじゃないかという問題だとしたら……。

島田　だから理解していないんじゃないかという問題を提起しているということ、そのことを考えてほしいということなんだな。

毛利　それが問題だとしたらシェイクスピアより浅いとぼくは思う。

島田　浅いというより、人間というのはそこのところでいつでも何かあるんではないかと、それを追い求めようとしているけども、ただそれは追い求めているだけで、それ以上のものは何もこの世の中にはないんだ、ということを提示しているのもひとつの思想だと思う。

毛利　具体的に言うと、ハムレットは第一幕の終りで「この世のたががはずれている」と言ってますが、このくらいは現在でも誰でもいうわけですよ。だけどその後に「おれがそれを直さなければならないとはなんというのろいだ」とも言っている。そういう台詞は現代作家の台詞にはでてこない。

島田　直さなきゃいけないと言ったけど、彼は直さなかった。直せなかったんだ。だからそこが面白いじゃないですか。

毛利　なんで現代の作家は主人公にそう言わせることができないんだろうか。時代が違うという理由なら、ハムレットがあんなこと言えばぼくたちは「何だ、ハムレットは甘っちょろい」と思うはずでしょ。でもそうは思わない。

島田　でもピンターはそういうことは書いてますよ。

清水　直そうとしても直し得なかった。そこが現代的ではないですか。

毛利　直し得なかったのではなくて、「たががはずれている」out of joint なんていうことがなかったということに気がついたんですよ。直す必要がなかったということですよ。五幕になると、もう独白もないし、言っていることも違うし、変身してしまっている。つまり「たががはずれている」なんてことがないと気がついたわけです。それにしても、「この世のたががはずれている、それを俺が直すんだ」という出発点から、やがて「たががはずれている」ということがどういうことなのか、というところに到達するような芝居は今の作家は書かない。つまり思想の深さ、浅さの問題ではないというところでしか現代作家は勝負できないということではないかと思う。

清水　言葉の文字通りの意味の思想ということではないわけでしょ。シェイクスピアにも思想はないです。ありとあらゆる要素はあるけど、イデオロギー的な思想はないですよ。

毛利　広義の思想性、深さということで、ぼくはどうしてもハムレットの方が意義があるような気がしてしまう。ピンターの場合、思想がないというより、思想の表現がないということでしょ。作品は枝葉なんです。枝葉だけどシェイクスピアは幹とか根っ子を我々に探らせるわけでしょ、それをはっきりとは見せはしないけれども。ピンターはそういう根を探らせるんじゃなくて、枝葉の次元で勝負する。でも、どうして現代作家はハムレットのような人物を描けないんだろうね。

蔵原　現代作家は、オフィーリアとか、ローゼンクランツとギルデンスターンしか書けないんだよ。（笑い）トム・ストッパードのようにね。

毛利 我々にはその方が面白いんだろうか。

清水 そういう人物の方が実在感があるようにみえるということでしょうか。

蔵原 そういう点でみると、ハムレットは本当にいやな奴だよ、(笑い) いきなりやってきて……。いやな奴がヒーローだったんだ、あの時代は。現代ではせいぜいオズボーンの描くジミー・ポーターのように、青白き不良インテリにしかなれないんだよ、ハムレットの末裔は……。

ピンターとユダヤ人

島田 ピンターは『バースディ・パーティ』をどうして書いたのかとよく聞かれると、彼は、役者だったころ地方回りしていて、たまたまそういう薄汚い安宿に泊って、おかみさんがいて、ただそこを舞台にしただけで、それ以上のことは何も言うことはない、と言っているんですけどね。よく作家は自分の分身を登場させるけども、あなたの作品の場合そういうものを登場させないのはどうしてか、という質問に対しては、そういうことをはっきり書けば作者が損をするから書かない、というようなことを言っているわけです。だけど、ぼくの感じでは、やはりスタンリーという人物にはピンターが書きたかった自分の分身的な要素が多少はちらつくなあ。

清水 そのものずばりとはアイデンティファイできなくても、到る所にピンターの男としての浮浪性というか、ある特殊な存在のありようが反映しているように思えますね。

島田 だから、子供のころにロンドンの町でよくいじめられたことがある、というような経験をしゃべってますでしょ。あのスタンリーの場合、ユダヤ人とはいってないけども、その種の精神的衝撃は受けているんじゃないかということははっきりさせておいていいんじゃないか。それじゃないと、二人の女の首を締めたりする行動は起きないと思うね。あれは意識下における彼の無意識的な行動だけども、そういう原体験ともいうべきものから芽ばえてきた行為じゃないか、とぼくはとります。

清水 やはり、スタンリーはある意味で『審判』のヨーゼフ・Kと似通った状況に置かれますから、因果関係の中では描けないんですね。しかし、変化はする、ということですね。

島田 だからやっぱり、ピンターの作品の中にはカフカの影響はずいぶんあるでしょうね。

蔵原　ぼくも見ていて、『審判』を思い出しましたね。あの主人公が逮捕されるのも、彼が三十歳になった誕生日なんです。ピンターがカフカの『審判』を意識していたかどうかはわかりませんが……。

清水　二人共にユダヤ人作家で、両者の作品に共通する雰囲気が感じられるというのはどういうことなんでしょうね。ユダヤ人の民族的不安が作品に反響しているようにも思えますが……。

毛利　確かにユダヤ人であることが作品にどう影響しているかという問題はあるね。それにしても、ユダヤ人は国もないし、放浪せざるを得ないような民族だから本当は日本人と正反対のような気がするんだけど、なぜか日本人と仲良くなりますね。

蔵原　やっぱり似たところがあるんだよ。精神構造が似ているところがある。血縁とか家を大切にするとか……。外国まで行ってすぐ寄り集まるのがユダヤ人と日本人なんだ。日本は多民族国家ではないし、自分たちの土地があるから、例えば出身地の同じ者同士が寄り集まるというようなことが生じる。だけどユダヤ人の場合は土地がないから逆に屈折してはいるが、グループを作るという点では同じなんですよ。そういう発想になるというのは同じだと思う。アイルランド人もすごく結束力が強いでしょ。

島田　知り合いのユダヤ人と話したりしていると、日本人の家というものに対してのこだわり方とユダヤ人の家族に対する思いに通じるものがあって、すごく話が合う。そういうことは両者が共通に話し合えるひとつの場ではないかと感じますね。

清水　家族というのはピンターの作品の中でも主要テーマのひとつでしょうね。例えば、『帰郷』という作品では、家とか家族のいうにいわれぬつながりといったテーマが複雑巧妙に展開されていて、最も成功しているように思います。もちろん人間一般に内在する外へ向かう精神的エネルギーの強さも認めますが、この作品をみていますと、結局人間というものは皆、すべからく自分の家へ回帰する、という思いを強くします。もっともこの作品では、家族間のコミュニケーションは言葉の上ではまことに無残な結果しか生まず、この男世帯は家族といっても名ばかりのようにもみえますが、だからといってこういう場合によくあるような家族分裂の危機は全体を通じてほとんど感じられませんし、むしろ家族がいつの間にか見えない糸で結ばれていかざるを得ないような不可解な凝集力を感じるくらいです。もちろん、そうした無意識下の家族のつながりの強さで、テディがなぜ決然とした態度をとらずに妻を残してアメリカへ帰れるのかとか、あるいは兄弟、それに父親がなぜあのように「嫁」を共有しうるのか、といった疑問まで合理的に説明できるとは思いませんが……。ただこの作品における不可解さのかなりの部分が合理的な説明を拒絶する微妙な家族関係（過去の母親の存在も含めて）に依存しているのではないかと思います。

『管理人』におけるアストンとミック兄弟も、二人だけだったら何の会話もないような関係にあるのに、第三者が侵入してくることによって兄弟のつながりが徐々に観客にみえてくるような仕組みになっています。最後の方では第三者が言葉を巧みに操って二人の間にどのようにくいこもうとしても決してくいこめないことがわかります。つまり、この作品では、言葉で成り立っている他人との関係よりは沈黙の兄弟関係の方がはるかに強いということが立証されている、といってもいいのではないかと思います。まあ、こういう兄弟関係の機微はなにもユダヤ人に限ったことではなく、人間一般に共通にみられる現象ともいえるでしょうが……。『夜遊び』という作品（最初にラジオドラマとして放送）では、逆に理不尽な言葉によってからめとられてしまう母と息子の関係を描いています。まあ、マザー・コンプレックスというようなことでも説明できるかもしれませんけど。それにしても、ピンターはなぜそうした家族の不可解な部分を非常に巧みに、かつ微妙に描けるのか、不思議に思います。特に日本人にはそうした家族の機微は、やはり、よくわかるような気がします。

島田　確かに、ユダヤ人が経験してきた長年の民族的受難、そこから生じる歴史的な屈折はピンターの世界に感じますねえ。

清水　やはりユダヤ人は、ふつうの人種では想像を絶するような苦労をしてきたからこそ、「無意識」という二十世紀の大発見をしたわけでしょう。さっき本能とおっしゃいましたけど、フロイトが「無意識」を発見したというのも、もちろん彼がユダヤ人であったということと切り離せないでしょうし、ピンターが感覚的というよりは本能に近いところで書くので変に解説しても伝わらないというのも、そうした民族的怨念というか深さというか、そういうものと関係があるような気がします。

島田　ピンターが演出した『ガラス箱の中の男』というアイヒマンを主題にした芝居があるんですが、それはアイヒマンが南米のどこかでつかまった事実をヒントにして、舞台をニューヨークにして、アイヒマンがそこで堂々と大事業をやっているが、何かのきっかけで元ナチ党員だということがわかって逮捕されてしまう、という芝居なんです。それで最後に、果して人が人を裁くことができるのかという問題が舞台に表現されているわけです。そこが二重構造になっている。確かにアイヒマンを連れだしたというところに彼は演出意欲をそそられたんでしょうが、ピンターは単にユダヤの世界だけを、そういう狭い地域社会のことだけを取り扱っているのではない、何かもう少し拡がりがあるところで現実をみているのではないかなあと感じましたね。それがなければピンターは自分たちの地域社会だけで生息しているということになる。だから確かにユダヤという人種を登場させてはいるけれども、ユダヤ人は何も地域社会だけで生きようとしているんではないんだ、という逆説的なことを言おうとしているのかも知れない。そのへんの把え方はもっと広いんじゃないでしょうか。

清水　そうでしょうね。ユダヤ人の怨念といっても、どこにぶつけることもできない、ある意味で非常にニュートラルになっているといいましょうか、そういうニュートラルな怨念を通して人間の奥をみつめるというような方向ですね。だから、そのアイヒマンの芝居も当然、ピンターがつまらない社会派の劇作家であれば、反ユダヤの総統として糾弾するというような単純な芝居になったでしょうけども。

島田　だから上演されている作品がいつでもそういう二重構造になっているというところが興味を引くと思うんですね。確かにピンターの作品はわからないという一言だけでやっつけられるようなものではないんでね。そういうことは経験しますけどね。もう少し日本人も、これだけ国際社会に出ていくならば、そういうところをもっとわかってほしいという願望を持っているんですけど、どうしても日本人はそういうところが単純ですね。

清水　どうしてでしょうね。翻訳劇だからというだけの理由ではないんでしょうね。わからないけど面白い、という気持が、私などの場合には読み始めた頃から今まで続いていますけれども。どうして面白いのか、学生に説明しようとしてもできないので、ほとんど何も説明しないでまず作品を読んでもらうんですね。するとだんだん興味を示してくる学生が必ず何人かいます、少人数ですけど。些細な日常性の描写のところで学生が突然笑ったりすると、学生がよく劇世界になじんで話の展開を追っているんだなあと感心したりします。自分で他の作品を読んでみようという学生もいるくらいです。

島田　そういえばピンターはヴィヴィアン・マーチャントと離婚して、三年位前に新しい奥さんをもらったでしょ。その方が日本びいきで、なかなかの才媛なんですよ。早川に何か翻訳があるそうです。そこでピンターを日本へ呼ぼうという話があるんです。ピンターも来たがっているとかで、やはり女房の影響なんですね。(笑)

(一九八一年十二月例会)

＊劇団俳優座(俳優座劇場)

『バースディ・パーティ』
一九八一年十一月二十日〜十二月二日
演出　島田安行

『背信』一九八〇年十一月二十日〜十二月四日
演出　島田安行

『帰郷』一九七五年九月十日〜十五日
演出　島田安行

『あ・えむ・で』第七号　一九八一年

5　第五次『子午線の祀り』について――十三年の変化と不変（一九九二年）

AMDメンバー

司会　今年（一九九二年）の一月から二月にかけて『子午線の祀り』の最終公演、少なくともこれまで上演されてきた形での最終公演として、第五次公演が銀座セゾン劇場で行われました。ご存知のように、この舞台の初演は十三年前の一九七九年四月ですが、そのとき、我々の研究会の前身ともいうべきAMDも機関誌『あ・えむ・で』（第五号　一九七九年）で、その批評の一端を担いました。そこに掲載した合評形式の『子午線の祀り』評は、雑誌の性格上、一般の目にはほとんど触れなかったと思われますが、しかし他の大方の批評が戯曲と舞台の賛辞に終始したものであったのに対し、我々は戯曲的、演劇的な問題点を指摘する真の意味のクリティークを目指したつもりでした。

そこで今回、これが最終公演になるのであれば、我々としても締めくくりの批評をするべきかもしれないと考え、あのときとった合評形式が適当だったかどうかには疑問もありますが、まあ、初めと終わりの平仄を合わせる意味でも、今度もこの形式でいこうと決めて、またあのときの五人が集まったわけです。

それでまず、先回同様、批評意欲を駆り立てられたらしいEさんから始めてもらって、それを土台に各々忌憚のない意見を述べていきたいと思いますが、どうでしょうか。

E　先回同様と言ったって、もう十三年前のことだからね（笑い）、批評意欲というのも、だいぶ違ったものですよ。初演のときは、褒めるにせよ貶すにせよ、木下順二と宇野重吉を中心とした舞台作りの真摯さに、こちらも真摯に対さなければならないという気持が湧いてきたんですが、今回は最終公演ということもあって、むしろこの十三年間の移り変わりについて考えさせられました。つまり、作る側の真剣さには変わりはないでしょうが、もはやそれに対峙する気持が湧いてこないというぼく自身の変化も含めた、この十三年間の日本の演劇状況の激しい移り変わりを、この舞台が良くも悪くも典型的に照らし出していたという印象をもったんですね。それはむしろ、作る側の台本も姿勢も基本的に変わっていないからこそ出てきたことだと思うんですが――。

A　変わらないつもりでも、変わってるよ。第一、山本安英や滝沢修を使ったってことが、最初と同じつもりで、実は根本的な変化だよ。だって、初演のときは二人に文句をつけたって年だからなんて言い方はしなかった。でも、今度はもう無理だったよ。演技以前の問題だよ。

B　年だってことは、やってる方だって先刻承知でしょ。それでもやったし、やらざるを得なかったってことが問題なんじゃないですか。

C　山本安英も滝沢修も、やっとこさ動くんでいいのよ。新劇の連中が「新劇」の名称に後ろめたさを感じ出してきたときに、これぞ新劇という顔を律義に見せてくれたことだけで意味があるのよ。

司会　まあまあ。我々も十三年前とちっとも変わらないね。（笑い）。Eさん、続けて――。

E　どうも。（笑い）。ぼくが最初に気になったのはこういうことなんです。

初演の批評でぼくらは、劇をみて国立劇場から外に出ると目の前に治外法権の宮城があることを問題にしました。そのことを作る側が意識していない、とあのとき文句を言われたわけですが、今度は見終わって外に出ても、京橋近辺の情景に全然意識が向かなかった。今見た劇が、この高度成長時代の典型的な風景に照り返されるどころか、そんなことを考えさえもしなかった。むしろ、劇場内の雰囲気が舞台にあまりにぴったりしていたことに驚いていて、そのことを帰り道ずっと考えていました。

C　あなたは初演のときだって、客席の「文化人サロン」的な雰囲気と、アングラ的でない「正統的実験」の舞台とが互いにうまくおさまってたって言ってたわよ。ほら、ここに書いてある――。

司会　いいから、いいから。（笑い）

E　そうか、どうも発想が変わらないな。（笑い）

でも今度は、銀座セゾン劇場でやるときいて、実は違和感を抱くのではないかと危惧していたんです。あの劇場は、TVドラマもどきのスター芝居で気取った客を集めているでしょう。劇場内の雰囲気からしてキザですからね。ところが見てみると、初演のときとは逆の形で、客席の雰囲気がまったくと言っていいほど舞台に溶け込んでいる。たしかに通常のセゾンの客とは違ったかもしれないけれど、「文化人サロン」の客で二カ月満員になるはずはないでしょう。普通の客にそれなりに面白がられたし、それを作る側も目論んでいた。これは、言ってみれば、劇が劇場内で自己完結していたということでしょう。初演のときのように外の世界に直接つながるものとしてではなく、それ自体で楽しめるものになった。これが十三年間の作用ですね。あのときの実験が今は娯楽になった。これは、客が舞台に追いついたということか、それとも表面上は変わらないようでいて、この舞台が客に合うように自己変質したということか。

ご存知のように、八〇年代に世界は大きな価値観の転換を経験しました。それが湾岸戦争とソ連の崩壊に集約される形で露になりました。ところが日本ではそれは、金あまり景気に浮かれる形の価値観の疑似転換だった。これでは、没落してゆく平家の運命を、子午線を巡る月の運行に合わせて、人間の歴史の営みを映し出そうとしても、簡単には現実に密着してこないでしょう。演劇界をあげての金追い、娯楽求めだったこの十年の間、山本安英の会だけが例外でいる、というわけには、もちろんいきません。しかしいわば「新劇」の砦みたいなところが、セゾン劇場でロングランを企画し、それを見事にやってのけたということにいささかの疑問も感じさせない舞台だったという事実をおいて、「時代状況に問いかけ」ることも、また始まらないのではないかと思うんですね。明らかに作る側には、初演にくらべてこの問いかけの真剣さが弱くなった。そのことが、この十三年間の基本的な変化ではないか——。

A　十年以上も同じ演出でやれば、それは当然だよ。というより、それを上演すること自体が、そんな問いかけはしないことを意味している。前衛劇団にもたくさん例はあるじゃないか。

C　でも初演のカットを復活して一時間も長くなったんだから、同じ舞台とは言えないんじゃないの。支柱だった宇野重吉がいなくなってもまだ上演しようとすれば、「なぞり」にしかならない。だから、新たな表現意欲を支えるものとして、もう一度全編上演に帰ろうとしたわけでしょう。それは分かる気がする。

A　それならなおのこと、新しい演出にのっとらなくちゃ創造にはならないよ。
B　でも、あそこまで出来上がっていた群読中心の様式を崩すのは、並大抵のことではないし、また、その気もなかったんじゃないですか。むしろあの様式の意義を主張しつづけようとしたんだと思うんですね。
E　そこですね、いちばんの問題は。
　新たな表現意欲を駆り立てるものが、この舞台の場合は、すでに出来上がっている様式の力を支え、それを一層前に推し進めるものでなくてはならないわけでしょう。それが、削除されていた部分を復活することだけでなされるのかどうかです。しかし、すでに出来上がっている様式を継承し、その力を一層高めて行くことは、実は伝統演劇がやってきた、またやっている（はずの）ことでしょう。『子午線の祀り』は最初からそのことを睨んでいたから、能楽や歌舞伎の役者を交えていたのかもしれません。そして初演で彼らが、新劇の役者には出来ない新たな様式創造への寄与をなしたことは事実です。

　ところが、その様式を推し進めてゆくには、それを作り上げてゆくのとは、また違った手掛かりをみつけなければならないと思うんです。そのことを意識的に追求して行かないかぎり、結局、無意識にも伝統演劇の方法に頼らざるを得ないことになる。つまり戯曲から遊離した、体による感情表現に傾くということ。初演で瞠目すべき演技を見せた嵐圭史が、今や完全な歌舞伎演技に堕してしまっていた、それが原因のようにぼくには思われるんですがね。
C　というより、単純に、あのときはまだ歌舞伎役者としてそれほど大きな役をやっていなかったのが、この十年間に前進座の中心俳優としてすっかり歌舞伎演技を身につけてしまったということじゃないの。だから、初演のときはあんなに見劣りした滝沢の演技が、今度は台詞が入っていないにもかかわらず嵐圭史と対等にわたりあってるようにみえた。皮肉ね。
司会　きついこと言うね。（笑い）。それじゃ、狂言の野村万作はどう。
C　そりゃあ、狂言役者の方が様式感覚はずっと強固ですからね。でも逆に、それを守るだけなら苦労はないから、野村万作は初演のときのエネルギーを感じさせなかったわね。なんだか安易にやってた感じで――。
E　多分、問題は個人の演技ではなくて、あの舞台全体の様式の意味が曖昧になったことにあるのではないでしょうか。初演のとき様式表現の基盤になったのは、良かれ悪かれ「群読形式」でした。それまでにラジオなどで実験していた試みを踏まえた表現意欲が、初演の群読には曲がりなりにもみなぎっていた。

ところが、今回はその力をほとんど感じなかったでしょう。初演のカットを戻して台詞の部分が増えたので、群読の比重が小さくなったこともあったかもしれません。そのために話はわかりやすくなった。でも、これはギリシア悲劇で言えば、コロスが、一般にそう言われるように、劇を支えるどころか、ほとんど蛇足的な存在になってしまったのに似る。群読を中心においた様式の劇的な力の出どころが何なのか、やってる方も分からなくなっていたという感じでしたね。
B　でもそれは演出の問題であって、様式ではないでしょう。様式表現と演出による表現とは違うわけで、様式は演出を越えたものですね。一つの様式の中でも、いろんな演出は可能です。たとえば、初演では、『平家物語』巻なんとか、という口上役は黒子風の衣裳で、群読の中から出てきましたね。それが今度は、着物姿の女性がソデから出てきて述べた。でも、これは演出の違いであって、様式を変えたわけじゃありません。だから、Eさんが言っている様式表現は、結局、演出のことなんじゃないかと――。
E　うーん、どうでしょうね。
そもそも演出とは、どういうところで要求されるか、ですね。一般に伝統演劇には演出家なるものはいませんが、明確な様式が定まっている演劇では、作品の新しい解釈を舞台表現に反映させるときの変化あるいは振幅の度合いが比較的小さいために、演出の概念が生じなかったんだと思います。それは俳優個人で処理できる範囲だからです。その振幅が大きくなるのは、ヨーロッパでも様式性が希薄になったとき、つまり近代リアリズム演劇からですね。だから専門の演出家が出てくるのは十九世紀後半になる。

ところが、二十世紀に入ると、反リアリズムの立場から、演出家が様式的演劇を作り出そうとしてくる。しかもそれは、一回かぎりの様式演劇であって、言葉の意味としてはおかしなわけですね。様式とは、複数のものに共通するものとして初めて云々できるのですから。そのものだけ、そのときだけのものは、本来スタイルと言えない。

そこで、さっきの問題に戻しますと、『子午線の祀り』

には、はじめから演出家がついていたわけですが、群読の中から口上役がでてくるのを、別の女性がソデからでてくるようにしたのは、演出というより、かなり様式の変化と言えるのではありませんか。それは人物の融通無碍という約束事をやめて、純粋な口上役にしてしまったわけですから。

C　ちょっと分からないわね。形式、様式、約束事、それに演出、それぞれどう使い分けてるの。

E　もう一つ別の例を考えてみましょうか。壇の浦の戦いに平氏側が負けて逃げ口をふさがれたとみえた後に、阿波の民部が寝返って義経に降伏する場面がありますね。三種の神器をもって海の底深く沈もうか、と思案して、その働き「成るか成らぬか、成るか成らぬか」とうめいた、次の瞬間、彼は義経の前にうずくまってしまっている。この場面の緊張は初演のとき大変印象的でしたが、今度はまったく弛緩していた。それは滝沢の演技のせいだけでなく、やはり今回の舞台の基本的な作り方が、人物表現のわかりやすさを狙うところにあったからではないかと思うんです。つまり狡い、あるいは弱い人間としての民部が正面にでて、彼の行為がもつ意味、思想に演出の目を向けなかったんじゃないかと思う。これは演出ですね。でもそのために、民部は海の上でどうやって義経の船に移ったのか、その船の大きさは？　といった行為の不合理さがあらわにみえてしまった。

同様に、潮が変わって戦いは有利になったというのに、なぜ義経は水主揖取を殺すのかという疑問も出てくる。こんなことは初演のときは、念頭にも浮かびませんでした。『平家物語』でも、念頭に浮かばないような記述になっています。それはこの舞台が、そういう時間空間のレヴェルを越えた表現をめざしているという約束事を、われわれが受け入れていたからでしょう。その約束事は、個々の演技の必ずしも写実的ではない型、形式が作り出していたもので、その中核に群読があるわけです。これらすべてによって、『子午線の祀り』の様式ができあがっていたと言えるのではないでしょうか。だから今回、演出の目の向け方が、つきつめれば、その基本様式を崩す働きをしてしまったことになる。今度の舞台では、群読という形式が弱くて、独自の様式の基にならなくなっていたとさっき言ったことに、繋がるわけです。

B　まだよく分からないけど、今度の舞台は、天の子午線といった歴史観でなく、人物の表現に中心点をおいたために、様式の喪失をきたしたということですか。それとも、それは別の様式を求めたことになるのか。後者なら、それは伝統演劇で言われる様式に並ぶものなんですか。

E　演劇における様式の力とは、日常あるいは現実の次元ではこんなことはしないと了解される振る舞い方やしゃべり方に、演劇的な現実性を与えるものだと思うんですね。その意味では、どんな演劇でも、それなりの様式をもつ。リアリズムも一つの様式と言えます。舞台上じゃ、すべて嘘なんですから。しかし、様式表現を基盤におこうとした『子午線の祀り』は、伝統演劇に並ぶものを少なくとも初演のときは目指したと言えるんじゃないでしょうか。

C　どうかしらね。初演のとき、知盛の部分と義経の部分の分裂を云々したわね。義経のほうは、かなりリアリズムだったから。少なくともこっちは、人物の面白さが勝っていた。それを今度は、一層強めただけじゃないの。今度の舞台では、義経の方が主人公みたいにみえた。Eさんのさっきの感想がでる所以でしょう。

A　ほんとに平氏方は影が薄くなっていたな。影身なんか影の影で。どういう人物かさっぱり分からなくなっていた。（笑い）

C　初演のとき文句は言ったけど、彼女は分からないということが、彼女の存在基盤なんだという意図は分かった。今度は、ただ分からなかったわね。

E　演技の問題として面白いと思ったのは、人物に目を向ければ向けるほど、実は、人物があいまいになるということでした。人物が分かるとは、他との関係が分かるということですから。義経方は、もともと人物本位で書かれていたから、それを中心にしていいわけですが、平氏方はそうではないのに、人物に焦点をあてようとすると、さっき言ったような歌舞伎調しかやり方がなくて、知盛の心情ではなく、嵐圭史の心情吐露になってしまう。そうすると客は感情が刺激されて、しんみりはするけれども、日本の歴史の転換という肝心なことは抜けてゆく。

司会　それじゃ、最初の宇野さんの録音朗読と、最後の山本さんの舞台上の朗読は、今回どう思いましたか。初演のとき、ずいぶん議論しましたけど。

C　「あなたはすっくと立っている」と言ったって立てないなんて、前は憎まれ口きいたけど、山本安英はやっぱり大したもんだと思ったわよ。いつもの変な色づけがなくなって、素直そのものという境地になってた。

A　そんなこと言ったら、伝統演劇と同じになっちゃうじゃないか。彼女は、ただ無心の境地を求めて俳優修行をしてきたっていうのかね。

B　結局そうなんでしょうね。あの年齢で若い女の役をやること自体、歌舞伎の約束事をふまえているからでしょう。客もそれを受け入れている。そのかぎりでは、最後の朗読は見事に客の心情を満足させる締めくくりになってたと、わたしも思います。

E　ぼくが興味を感じたのは、むしろ冒頭の宇野さんの朗読との対比でね、こっちはまた見事に初演から変わっていないわけでしょう。（笑い）

ところが、こちら側の受けとり方が変わってしまっている。この声の本人はもうこの世にいないんですから。彼があの世にいるということは、おおげさに言うと、彼はこの劇の人物たちと文字どおり同じ世界にいるということでしょう。非常に不思議な気持ちがしました。変わらぬ朗読が、われわれには響きと意味をまったく変えてしまっている。その変わったところは、初演のときはあんなに不満だったのに、実はこれだけがかろうじて『子午線の祀り』の大もとの意図を変わらず伝えようとしているということなんですね。

宇野さんの独特の抑揚で、「天の頂き、天頂」という、この二つの言葉のあいだの間が、天の一点にすべては収斂し、そこからすべては生じているという事実と、そうなのか、そうなのか、と問う人間の歴史観との矛盾、上下関係。あなたはすっくと立っているという、そこはどこだ、と問いかけるのは、国立劇場もセゾン劇場も宇野さんの声だけだという思いでしたね。

A　そんな個人的な心情に寄り掛かってていいのか。さっきからの批判はどうなっちゃうんだ。

E　個人的な心情かな。（笑い）

でも宇野さんが亡くなったことで、同じ声がどうしようもなく違って響くことは否定できませんね。これは、演劇的にはとても面白い問題を提出していると思うんです。映画では、亡くなったスターをスクリーン上に見ることは、珍しくもなんともありませんが、しかしスクリーン上のすべては本質的に過去ですから、五十歩百歩でしょう。しかし、本質的に現在である舞台の上に本当の過去が出てくると、現在が一瞬ゆらいでしまう。それは個人の映像だと生々しすぎるけれども、録音の声だと、明らかな過去としてもう少し客観的に受けとられる。ベケットがこの点に興味をもったのは当然だという気がします。ですが、『子午線の祀り』という歴史劇的現代劇

で、いちばん面白かったのが宇野さんの録音朗読だった
ということになると、これはどう考えればいいのか——。
司会　大変な皮肉だ、と言いたいんでしょ。（笑い）
（文責　毛利三彌）

＊山本安英の会（銀座セゾン劇場）
『子午線の祀り』一九九二年　一月九日～二月二〇日
作　木下順二
演出　観世栄夫

『西洋比較演劇』会報八号　一九九二年春

6　劇団第七病棟の現在（一九九二年）

斎藤偕子／一ノ瀬和夫／毛利三彌

『オルゴールの墓』の位相

斎藤　劇団第七病棟は一九七六年十二月に旗揚げ公演が行われていますが、その中心メンバーは六〇年代から七〇年代の初めにかけて、夜遅く、新宿アートシアターを中心に活躍した現代人劇場、桜社の中心メンバーであり、劇団第七病棟はそれらの精神を踏まえてつくられた劇団で、一九七〇年代後半に大学演劇などから生まれてきた新しい劇団とは少し世代が違うわけです。旗揚げから一九九二年の『オルゴールの墓』を上演するまで、十四、五年間活動を続けているわけですが、その間に行われた本公演としての演目は七本、その他、若手公演として一本ありますが、七本しかしていないというのは普通の劇団とは違う、異色の劇団です。それに、これらの公演の作家が唐十郎と山崎哲の二人に限られ、しかも彼らは劇団外の作家であるというのも異色な点です。しかも『オルゴールの墓』という作品はこの劇団がもはやここまで来てしまった、あるいはこれまでの活動に対する一つの終わり、今後、変わらざるをえない何かがあるのではないかと感じさせるものがありました。この点においても今ここで取り上げておきたいのです。

一ノ瀬　第七病棟というとぼくは、どうしても劇団結成時の〈浮上宣言〉の影響か、舞台内容を劇団の運命と重ねてみてしまうんですが、今回の『オルゴールの墓』は八五年の『ビニールの城』の続編として読めるわけですね。腹話術師の朝顔が、かつてマネージャーをしていた女と出会うという設定から始まるので物語としては『ビニールの城』とは切れていますが、朝顔という人物が常に他とビニール一枚隔てて、関わることが出来ないという設定、今回のものも廃屋となった浴場の中に住んでいて、外界とは切れているという設定ですから、これはテーマを引き継いだものであると考えられるでしょう。その中で、印象的な場面であるラストシーンで、朝顔はこの浴場の中から屋根の方に登って行く。そこで見えているのは夕陽、その夕陽の中で出発して行くという意味とは、この劇団が最初から持ってきたテーマ〈どこかに出かけて行く〉ではないかと思います。それは、桜社解散の前に上演された清水邦夫の『われらが非情の大河をくだる時』と『泣かないのか、泣かないのか一九七三年のために』で担おうとしたテーマで、それまでの作品で、内部に一度戻った中での試行錯誤を経て、もう一度外に出て行くというイメージが強く感じられました。ただし、出て行く世界は夕陽の中であるわけです。これが、この劇団がある程度、この作品において来るところまできた、行き着いた地点、その劇団としての足跡というものを象徴的に描いた場面になっていると思います。

毛利　お二人とも、今度の舞台が一つの区切りだということですね。しかし、それはあの舞台がいままでの集大成ということなのか、それとも行き詰まりの意味なんですか。

一ノ瀬　物語が持っているテーマの点では朝顔の抱えてきた問題が内部に沈潜していき、他者との関係がビニール一枚で閉ざされているために内向して行くような〈内部への旅〉が終わらざるをえない。この点では、テーマ的には、その後何が出て来るか分からないが、一つの区切りに到達してしまった。その意味では最高地点というよりも、行き着いた果てということでしょうか。

毛利　それは唐十郎の作品の上でですか。

一ノ瀬　ええ、それは、もちろん唐十郎の作品が持っているテーマですが、彼が自分の劇団に書く時と違って、第七病棟に書く時には、劇団設立以来持ち続けている演劇に対する姿勢、実人生における存在をどう意味づけるかを意識して、それを時には挑発し、時には慰撫することを考えて書いてきたのではないか。今度の場合には、作家の側から言えば、テーマとして行き着いた果てであると同時に、劇団側にもある結論を追っていくような、そんな構造があったと読んだわけです。

毛利　つまり、内部に閉じ込もっていたものが外に出て行かざるをえなくなるというのは、第七病棟という劇団自体がそういう状況にきているということかな。

一ノ瀬　舞台からはそう思います。

斎藤　私の意見もそれに近いですが、社会的にも一つの時代が終わりを告げつつあると強く感じました。それはあの舞台を若い評論家達が全然認めなくなったという事に表れている。あの劇団の人たちはどういう形であれ、六〇年代にこだわり、社会の中で取り残された人間を描いた舞台内容でもあったし、また取り壊される寸前の廃屋みたいなものにこだわってきた。しかし、九二年の今日、もはやその廃屋すらなくなりつつある。彼らは時代に逆行することに意味を求め、評判を呼ぶことでその時代に組み込まれてしまう事に対してさえも抵抗してきたのに、もはやそういうことではない新しい何か、彼ら自身の新しい生き方を見つけない限り、あるいは役者として別な形で再出発しない限り道は開かれないようなところに来たように思われます。

毛利　ぼくも実はお二人とほとんど同じ感想なんです。ですからくり返すこともないんですが、取り残されたものに無理にも固執しようとする力がもはや持続できない状況にきたという感じですね。ある意味では周りの状況はすでに前から始まっていたわけですが、彼らはそうゆうものを体内に取り込みながらも、まだ何とかエネルギーを持っていたと思うのに、今回はそのエネルギーが今までの舞台ほど感じられなかった。彼らも多分それを分かっていると思うのです。その一つの典型的な表れはあの風呂屋を使ったことじゃないかと思う。前から非常にユニークな場所を使っていた第七病棟の舞台の中でも特にユニークな使い方なんですが、このユニークさには落し穴がある。彼らはいわば虚構の世界で現実を撃つということでやってきたわけでしょう。虚構の世界を作り上げるための最も適切な場所として、廃業するけれども、もとはそういう場所だった映画館、芝居小屋を見つけてきた。それを今回は虚構を作り上げる前に現実として出来上がっていた風呂場を選んでしまった。アイデアとしてすごく面白いし、観客にはものすごく期待させるんですが、これまでの第七病棟のやり方とは全く違った方向であることを前もって気が付いていたかどうか。少なくとも結果的には誤算だったと思うんですよ。

一ノ瀬　かつての宣言の中で、〈忘れられた存在〉、〈取りこぼした存在〉を拾い上げると言っていたわけですから、それは、場の選定にも関わってきたわけです。浅草の常盤座を使った時、その常盤座の現在の姿ではなく、劇というものを上演することによって、もう一つの常盤座を蘇らせるエネルギーがあった。ところが今回の場合は、風呂屋は風呂屋であり、廃屋は廃屋です。風呂屋という意味を演劇行為によってある別のもう一つの風呂屋という意味に変革して行く方向では使用されていなかった。むしろ風呂屋の歴史の中に何か芝居自体が身をすり寄せていって、歴史の力を借りて演劇を成立させる方向になっていた。歴史を強引にねじ曲げようとするエネルギーになってはいなかったかもしれません。

斎藤　私もあれは誤算だと思います。風呂屋というイメーシが廃屋、墓場だということですが、もはや街の風景の中には彼らの描くイメージはない。住宅街以外の何物でもなく、あの中に風呂屋があっても、それは廃屋をイメージさせる状況でもないし、風景でもない。風呂屋は、もはや整然とした住宅地で、その中にいることの異物としての意味を失いつつある。確かに彼らもエネルギーを失って、いつの間にか風景の中に組み込まれてしまっている。

毛利　虚構の場だからこそ、その中に彼らなりの別な舞台を組み立てることができたわけです。『湯気の中のナウシカ』のように風呂屋でない所を風呂屋とするから風呂屋になるので、今回のように風呂屋で風呂屋とすると風呂屋にはならない。なぜ今回このようにしてしまったかを考えると、彼らにちょっとすきがあったといえるかもしれないと思う。あるいは今までと違う場所を選ばざるをえなかった状況が内部にあったのかもしれない。それは今回の唐十郎の作品にも感じましたね。

斎藤　私もそうだと思います。

作者・演出・演技

毛利　今回の作品はこれまで唐十郎が第七病棟に書いていたものと比べてかなり凝縮性を失っていたと思われます。最後、バッーと外を見せるのはテントの時にいつもやっていたことでしょう。『ふたりの女』以来、唐十郎は自分のテントでは出来ないことを第七病棟でやっていた、あるいはやってくれていた。唐十郎は本質的に、外に広がるタイプの作家だけど、第七病棟は中へ凝縮するタイプの劇団ですね。そこへ彼が書くということで面白さを生じていたと思うんです。唐十郎の広がる世界の中での一つの核、あるいは凝縮性を持っている部分を第七病棟はやってくれていた。その辺に一種の緊張があって、それを第七病棟は彼ら独自のやり方で唐十郎を料理していた面白さがあった。ところが今回は唐十郎が自分のテントでやるような作品とやり方に第七病棟が乗っかったということは、一ノ瀬さんが言うように乗っからざるをえない状況があるのも確かだろうし、彼ら自身、ある意味でそちらの方向を目指したことがあったのかもしれない。しかし、それは第七病棟ではなくなってしまう危険性もあるんですね。

一ノ瀬　そこはかなり難しいところですね。唐十郎の作家としての必然的なところから出来てくる芝居というのは、当然自分の劇団で主にやってきている。第七病棟に提供してきた作品は、例えば第一作の『ハーメルンの鼠』にしても、唐十郎の世界というよりも、第七病棟が現代人劇場、桜社というものの澱を抱えたまま活動する時に、これからどこに行くのかという政治的な面も含めて、突きつけて来るわけですね。そこから始まった仕事というものは唐十郎の内部に沸き上がって来るテーマだけではなくて、常に第七病棟の現代劇における位置なり、方向を視野に入れながらの作品であったと思います。ですから『ハーメルンの鼠』で始まり、『ふたりの女』においても政治的なところを抱えながらも他者という問題を男と女という存在に置き換えて、内部にテーマを向けて行き、そして『ビニールの城』でいかに孤立していくか、孤立せざるをえない、あるいは孤立した内部から外部へ・他者へという方向の不可能さ、難しさみたいなものを描いてきた。その結果として、自分の内部だけで世界を創っていた男の結末を書かざるをえなくなってくる必然というのも当然あったと思います。確かに最後の場面は、唐十郎が自分の劇団でやるような外へ向かうロマンティシズムというものとかなり近いものかもしれませんけど、ぼくは、最後に階段を登って風呂屋の屋根の上に出て行く場面では唐十郎の紅テントで見たラストシーンよりも、清水邦夫の『われらが非情の大河をくだる時』のイメージを、当然ずれを含んだものですが、感じてしまいますね。

斎藤　私達は、唐十郎以降は作家と演出家とが一つみたいにして作品を見るでしょう、作品と舞台が別と見るより。だから唐十郎作品が第七病棟にやってきたという事は、第七病棟の舞台だったということ。それにしても、唐十郎も現実に対してエネルギーがなくなってしまっていることはどうなんだろうね。

毛利　演出の方でいうと、第七病棟は今まで、その他大勢が非常に面白かった。でも今回は八百屋、米屋などが単に出入りするだけの存在になっていたでしょう。

斎藤　そこが結局、二、三人の孤立した存在に対して外部から侵入する者が悪意にならない。対立しない、緊張関係が出来ないということ。作品として書けていないというばかりではなく、演出の問題かな。あるいは風呂場という設定自体が街から孤立していないことも問題ですね。

毛利　境目のない舞台空間の使い方もうまく計算されていない憾がありましたね。花道みたいな細いあぜ道がまん中にありましたが、これは行ったり来たりするだけの道で、あそこを虚構の場所には出来ていない。現実の風呂場の女湯と男湯の境目であり、お客はそこをうめつくしているわけです。その他大勢を面白くする余地がなかったところもある。ただ一つ、視点を変えて考えると緑魔子がちょっと違った感じの演技を今回はしたと思われますね。今回の彼女の演技は、かつてほどはニューロチックではない。彼女自身が演技の出し方として、オープンな感じを求めたのかもしれないと思う。ただ、それを求めたということは新しい境地を開拓していかなければならないわけですから、今までのものが一つ終わったということにもなるわけですが。その辺がちょっとあいまいだったかなという気はします。でも石橋蓮司とのからみ合いは今まではパターンがあったんですが、今回はそのパターンがちょっと崩れて、今までよりは自由になった気がした。演出も今までは、非常に細かく考えられている感じがしたのが、今回はよく言えば自由に、悪く言えばいいかげんになっていた。それは彼ら自身も新しい方向を模索しようとしたということかもしれません。

一ノ瀬　その点に関して、ぼくは九〇年の山崎哲の『羊たちの沈黙』、作家は違うのですが、あの時に今までとは違う印象を受けました。演技を緻密に作り上げるか、オープンにするかという事は演技そのものに対する考え方というよりも、観客と舞台とをどのような位置関係でとらえるかというところとつながっていますよね。だから観客の質という問題も変化の要素として考えなければいけない。『羊たちの沈黙』は内部に、内向的に収斂していき、ある意味では観客を拒否するような演出をしていたと思います。『ビニールの城』までにあった客席とのある種の目に見えない交感が拒否されているという感じです。あのとき、この劇団は観客との関係という点で、新しい方向を捜し始めたのかなと思ったのです。今回の場合も舞台の作り方においては、花道的なものをつくることは場所の構造からやむを得ないとしても、今までの客席と舞台の関係性を変えていかざるをえなかったということは当然言えるわけです。八〇年代の演劇が演劇のための演劇、演劇論の演劇になってくる状況の中では観客の問題は、当然出て来ざるをえませんから。

斎藤 それは唐十郎と山崎哲の世界は違うということではないかしら。

毛利 ぼくは、山崎哲は面白かったという印象はないんですよ。唐十郎は広がる作家なのに、中に持っているものを彼らがくみ取って表現したから、そこに一種の緊張関係が生まれたけど、山崎哲はもともと合いすぎる。それで、彼らは普通にやってしまえばいいというところがある。

斎藤 作家の質が違う、世界の広がり方も違う。第七病棟は唐十郎の作品の中で生きたというものがあったと言えるでしょう。『オルゴールの墓』では、彼らは気がついているかいないか分からないけど、逆行自体の意味が希薄になった時代性が彼らの中にも出てきている。これは意地をもう一度張り直すより、転身したほうがいいのかもしれない。これに気がついていたとしたら、思い切って違う方向に変わるということ。何か踏ん切りのなさが『オルゴールの墓』にはあります。

毛利 それは非常に重要なことで、このまま行くと唐十郎の状況劇場のようになってしまう危険がありますね。

歴史の中の第七病棟

斎藤 少し作品から離れて、この劇団の歴史、出発にあたって第七病棟の〈浮上宣言〉といったものもあり、その内容がどういうものであったかは察するしかなくて、あまりよく分からないのですが、いずれにしろ、劇団の特性が形として出てきたのはどの作品あたりなのか、この劇団の活動がある種の運動であるといった問題はどうですか。

一ノ瀬 結論から言えば、第七病棟が第七病棟としての性格を持ったのは七九年の『ふたりの女』からでしょう。『ハーメルンの鼠』は多くの劇評家が指摘したように寄せ集め集団であり、ある種の合同公演になっているイメージでした。それから三年間上演しなかった、あるいは出来なかったわけで、その間にかなりの討論、練り直しが行われたのでしょう。この劇団はアングラ系としてはめずらしくアクターズ・シアター、俳優達がやっていくという道を選びとったわけですから、どこでそれが出て来るかというとそれは演技形式、劇団としての演技の型、アンサンブルがどのような形で出て来るかが劇団の存在価値とつながってくる。その意味でいえば、旗揚げ公演の時は外部から主役級を呼んだということからも当然、型、スタイル、演技としての特徴というものは出てこなかった。対して『ふたりの女』は狭い空間に、砂を敷き、かなり暴力的なイメージも込めながら、非常に緊張感のある演技でした。時代が拡散していく中で、演技的に凝縮していこうとする、時代に反していこうする、という方向が演技の中に表れたという意味で、これが決定的でした。

毛利　そうですね。あの狭いアトリエで見た時には瞠目すべき舞台だと思いました。あの頃は、アングラ系は下火になりつつあり、あえて旧アングラ的なもので、なおかつあれだけ精度が高く、凝縮度を高めたのには驚かされました。彼らはアクターズ・シアターには違いはないけれど、旗揚げの時のメッセージに連名で書いている者のほとんどがそのまま残っている。さらに多くがスタッフなんですね。『ふたりの女』以来、あんな狭い空間の美術、照明、音響の使い方のうまさがアングラ離れしていたのもなるほどと思う。『おとことおんなの午后』の時もラストシーンの照明の使い方のうまさ、あんな狭いところでどうして澄み渡った空の照明ができたのか、驚かされました。そのように裏で支えている人達が今まで続いているという事、単にアクターだけでない集団ということが毎回の水準の高さを支えていたと思いますね。それが一種の同志的つながりとして、あの〈浮上宣言〉が彼らの中に持続していたわけでしょう。

斎藤　つまり専門家が、一つ一つ手作りで創ってきた。その意味では舞台を愛している人達の情熱とアイデアが創った質の高い舞台だと言うこと。

毛利　演出を外に頼まなくなったということが決定的なことで、石橋蓮司が試行錯誤しながら演出したというところが出発点であり、佐藤信が演出をしたのではあの宣言が具現化出来ないと身にしみて感じたのでしょうね。

一ノ瀬　俳優が演出を兼ねるという形は、演出家が登場する以前の形でもあるわけですよね。その点で新しくはないけれども、時代が演出家の時代になっていった。第七病棟の前史を見てみると、演出家蜷川が別れ、作家清水邦夫が別れるという状況があり、残ったのは役者とスタッフであったことは反時代的なものであったかもしれないけど、もともと演劇が持っていた土着的なエネルギーを出させるきっかけになったと言えますね。

斎藤　しかし、九二年のこの時点では、蜷川も清水も一つの終わりを迎えている。

一ノ瀬　その意味で、彼らが対立してきたものも消えた時代であるならば、彼らが次に情念をぶつけるような対象をどこに見つけるかということになりますが……。

毛利　新しい対象を見つけるのか、あるいはそういう姿勢を変えるのかということですね。八〇年代を将来、どういう風に見るかは分かりませんが、東京の演劇に関しては転形劇場が解散し、夢の遊眠社が解散し、第七病棟が区切りをつけたということは、八〇年代を代表してきた三つのあり方がそれぞれ違うだけに象徴的でしょう。太田省吾の転形劇場はどんどん沈黙の方向にきた。これは時代には逆行していたわけで、逆行していたからこそ評価されていた。しかし、それはある意味で行きつくところまで行きついてしまったわけでしょう。野田秀樹はどうなるか知らないけど、彼は頭がいいから見事に変っていくと思うけど、夢の遊眠社はあれで終わりということでしょう。第七病棟の場合には、出来上り方が前の二つとは違う。彼らを支えていたものとは違ったものがこの第七病棟を支えてきたわけですから。それが今度は支えきれなくなったとすれば、別の支えを求めるか、それともここで止めるのか。

一ノ瀬　ぼくには、第一回の公演から今回の公演で一巡りしたというイメージはあります。彼らが担っていた問題に対する彼らの姿勢も一巡りした。ただし、彼らが志として持っていた〈忘れられた存在〉、あるいは〈取りこぼした存在〉というテーマは時代が変わろうとも常に時代から振り落とされる部分が残るわけですから、この志がどこまで持続されるかは別として、問題としては続いていく。ポイントは彼らが場をどこに選ぶか、場の選び方が重要になってくるように思います。

毛利　上演の場ということ？

一ノ瀬　ええ。戯曲もつながってはいますが。

斎藤　〈忘れられた存在〉とか、〈取りこぼした存在〉というものの、何に忘れられたか、何に取りこぼされたか。これが意識の問題として変わってくるのではないですか。前には桜社とか、時代とかに取りこぼされたが、こんどは何に取りこぼされた存在と自分達が感じるのか……。

一ノ瀬　ただ、取りこぼされたもの、忘れさられたものは、常に時代の中にはあるわけで、今で言えば、外国からの労働者の問題、そういう問題も含めて、現実というものはころがっているわけですから。彼らがどこの場で演劇をこれから展開していこうとしているのか。この点は興味があります。その意味で、一つの方向としては、彼らが今までやってきた方向とそれほど変わらない、志としては変わらない方向は残されていると思います。これは彼らが作家、演出家を持っていなかった点で、逆に対応しやすいかもしれない。作家だったり、演出家だったりした場合には常に方向を選び取りながらいっているわけですから、清水邦夫にしろ、蜷川幸雄にしろ、あの時、別れていかざるをえなかった。現実問題としても、八〇年代に多くの劇団が別れていく。それは、すべて演出家兼作家、ある時は主演俳優をも兼ねる劇団というものは、時代の中である役目を終えた時に解散せざるをえない。しかし、アクターズ・シアターというものの持つ持続性はそれらのグループとは違ったものでしょう。

斎藤　〈忘れられた存在〉、〈取りこぼした存在〉というものは、時代の中にあったとともに演劇運動の中にもあったわけですね。一つの時代が変化した時、去ってしまった人間から取り残されたというような。今度も取り残された存在、取りこぼした存在であるとしたら、何から忘れられたんだろう。あの時は商業演劇にいった蜷川幸雄であったり、過去にこだわり、センチメンタルに引っ込んでいった清水邦夫であったりしたけど、今度は？　後続世代かしら。

毛利　難しいのは、彼らが取り残されたというのは、最初は事実、現実的に取り残された意識があったのでしょうが、この十年間には彼らは陽のあたる場所にも出ていたわけですよね。だけど彼らはおそらく、彼らの内部に、自分自身の中で取り残された部分を抱えている。外ではスターになっても影の部分が自分達にあるという事実を強烈に意識して、二年か三年に一回、それを明確にせざるをえないような衝動が持続していたということがあると思う。それは、唐十郎も影の部分があって、それをここでやってくれるし、こういう風に取り上げてもらえたところがうまく合った。

　ところが、九〇年代に入ってくるともう表とか裏を区別する事自体が分からない状況でしょう。もう世界は一色に塗られてしまった、対立状況なんかないわけですよ。自分自身の中での取りこぼされた存在がなくなってしまう。それをどうやって持続するか。それをあくまで持続する方向で求めていくのか。あるいは世界が一色になってしまったということで見事に変身していく方向にいくのか。一ノ瀬さんが話されたように、俳優集団、裏方を含めた上演集団であるという強みは、上演集団自体が影の集団だからだよね。演出家、作家が表の存在として、近代演劇はきたわけですよ。本当は役者達は表なんだけど、彼らは裏にまわらせられていたんでしょう。確かにそういう強みは彼らにあると思う。そこをどういう風にバネとして、もう一回つかみ直せるかということで、これは石橋蓮司、緑魔子個人の問題になるかもしれないけど……。

斎藤　年齢があるでしょう。世代主張という中でしか、悔しいという思いはないのではないか。取り残されたこの存在は、もはや肉体的にも若くはない。このあたりをバネにしないと世代とは闘えない。

一ノ瀬　作品に引きつければ、今までやってきたロマンティシズムの色彩の濃いものからは抜けて行かなければいけないということですね。

斎藤　ロマンティシズムがセンチメンタリズムになりかける危険性があるのね。過去に対する何かがあるから。ノスタルジアとなって……。

一ノ瀬　そうすると、清水邦夫がかつて、直面せざるをえなかったあの問題に二十年近くを経て、第七病棟自体が組織として直面している。もちろん少しズレながらも同じところにいった。その意味では、もしかしたら〈忘れ去られた存在〉、〈取りこぼした存在〉というのが、今度は自分達が取りこぼしてしまっている。あるいは、自分達が忘れ去っているというようなものを生み出しているという可能性もあるわけですね。そこのところをどういう風に回収して……。

斎藤　そんなこと言ったら石橋蓮司に怒られる。清水邦夫と同じだなんて。

毛利　清水邦夫は自分の影の部分を日向に出したんですよ。だから変わってしまったんですよ。

一ノ瀬　資料を見ると、浮上宣言の時には、激しいものが出ているわけですが、最近のインタビューでは「清水邦夫だってやりますよ」と言っているわけで。なんとなく彼ら自身の最初の思い入れみたいなものと最近の、特に『ビニールの城』を経てからではないかと思うのですけれども、その時期の清水邦夫的なものに対する思い入れは違ってきているし、逆に言えば、清水邦夫が見えてきている。当時の清水邦夫が彼ら自身の問題として見えてきているというような事が言えると思う。

毛利　それはそうなんだろうね。ここまでこられるのは、最初期の浮上宣言的に、毎回毎回これではできない。世間的に客を集めるという事、彼らの宣伝文その他も、どこに影があるのということになるわけだけれども。なおかつ中にはある。それがだんだんあるつもりが、となる。これだけメディアが力をもつとメディアに対して迎合する姿勢は示さないと誰も来てくれませんよ。その迎合が内部まで入ってきてしまうということになったらたいへんだが。入らないという自信が彼らにあったからだろうと思うけど。だけど、彼らにはやっぱりあの宣言が続いているでしょうね。

斎藤　そして何年かに一度、心が欲してきて、あるいはよい作品に会った時にやっているということなんでしょうね。

一ノ瀬　その意味では集団としては面白い存在だと思う。二年か、三年に一度有志的に集まって、その場でまとまりをつけて、自分の影の部分と対立する。終わればまた現実の中に、ある一定期間戻って行くこの往復運動、これは今までの劇団組織ではありえなかったことだと思う。七〇年代前半のあの問題に決着をつける、あるいはあの問題と向き合っていく一つのやり方としては一つ評価できるものだと思う。でも運動にはなりえませんね。

毛利　広がるような運動にはなりえない。同調性を集めるというわけにはいかないから。

斎藤　でも、貴重な存在ね。去年から今年にかけて、太田省吾、鈴木忠志や黒テントも、次の段階を模索しなければならないところへきているし、ずっと後の世代の転位も、ここ二、三年内部の俳優達は抜けるし、遊眠社の解散、第三舞台の活動休止というようにいろんな意味で終わりがある。そういうものと呼応しながら、彼ら自身も次の何かに移行せざるをえない。時代もそうなった……。

一九九二年十月三日　成城大学に於いて

劇団第七病棟上演記録

＊旗揚げ公演（江東区砂町富士館）

『ハーメルンの鼠』一九七六年十二月

作　唐十郎

演出　佐藤信

＊第二回公演（荒川区町屋第七病棟）
『二人の女』一九七九年十一月～八〇年二月
作　唐十郎
演出　石橋蓮司と第七病棟演出部

＊第三回公演（荒川区町屋第七病棟）
『男と女の午后――『質屋』より』一九八三年十一月
作　山崎哲
演出　石橋蓮司

＊第四回公演（下北沢ザ・スズナリ）
『二人の女』一九八四年四月～五月
作　唐十郎
演出　石橋蓮司

＊第五回公演（浅草常盤館）
『ビニールの城』一九八五年十月
作　唐十郎
演出　石橋蓮司

＊第六回公演（阿佐ケ谷オデオン座）
『湯気の中のナウシカ』一九八七年十月
作　唐十郎
演出　石橋蓮司

＊第七回公演（三軒茶屋中央劇場）
『羊たちの沈黙』一九九〇年六月
作　山崎哲
演出　石橋蓮司

＊第八回公演（谷中・柏湯）
『オルゴールの墓』一九九二年六月
作　唐十郎
演出　石橋蓮司

＊若手公演（太陽神館）
『控室』一九七八年二月
作　佐藤信
演出　石橋蓮司ら第七病棟演出部

＊札幌公演（札幌市民会館）
『ビニールの城』一九八七年五月
作　唐十郎
演出　石橋蓮司

『西洋比較演劇』会報九号　一九九二年秋

7　『リチャード三世』をめぐって
――ロイヤル・シェイクスピア・カンパニー公演（グローブ座）（一九九三年）

斎藤偕子／狩野良規／小菅隼人／一ノ瀬和夫

「歴史劇」と「歴史」

斎藤　今日は、ロイヤル・シェイクスピア・カンパニーの来日公演、サム・メンデス演出、主役のリチャード三世は当初予定していたサイモン・ラッセル・ビールに替わってキーラン・ハインズという配役で上演された『リチャード三世』について考えてみたいと思います。外国の劇団であること、我々の発言は創造の側には届かないという前提がありますので、普通、我々が行う劇評とは少し違う面がありますが、来日のためのレパートリーの問題、或はそれを連れてくる行為、それがどういう意味を持っているかということは少し考えて見るべきことではないかと思います。特にグローブ座は五周年を迎え、イギリスを中心に、その他の国のシェイクスピアのプロダクションを精力的に上演してきたということ、こういうことを問題にしたいと思います。

しかし、それは後回しにして、まずこの『リチャード三世』そのものについて考えてみたいと思います。作品の選び方、シェイクスピアの専門家もいらっしゃいますし、その意味、魅力、それから演出について、時代との関わり、我々自身との関わり、舞台の処理の仕方、主人公の大きさから、主役俳優について、またアンサンブルについてといろいろな問題があると思います。

まず狩野さんが去年ロンドンにいらしていましたし、まあ、この作品は残念ながら観てはいないとのことですがいろんな劇評に接していらっしゃるし、ロンドンの芝居の状況からこの作品を向こうでどのようにとらえたのかという事を一言伺いたい。

狩野　今回来た『リチャード三世』はロイヤル・シェイクスピアの典型的な小・中劇場演出の舞台です。そういう意味で、この演目を選んだのは間違いじゃなかったと思います。向こうの劇評ではたいへん評判で、チケットの売行きも良く、実は今年度のストラットフォード、スワン劇場でのオープニングは、この『リチャード三世』で始まるんです。

斎藤　その評判の良さのポイントは？

狩野　サム・メンデス演出と、今回残念ながら来られなかった主役サイモン・ラッセル・ビールの演技です。

斎藤　そのことについては、後ほどお話することにして、この作品というのは、よく上演されますよね。『マクベス』と違う歴史劇で古い話ですけど。この作品の魅力とか、今取り上げる意味とかはどうなんでしょうか。

小菅　この作品には、上演と関わる批評史上の問題として、いわゆる歴史劇とみるか、悲劇とみるかという問題があります。シェイクスピアの全集版ファーストフォリオでは、これは歴史劇の部に収められているわけですが、クオート版のタイトルページには悲劇であると書いてある。そこからこれが悲劇であるか、歴史劇であるかという批評的な問題が出てくるわけです。それとともに上演上としては、一九六三年に、ピーター・ホールの演出、ジョン・バートンの脚本で、『ヘンリー五世』を除いた歴史劇七部作の通しとして上演されています。その連続上演の時に、ジョン・ラッセル・ブラウンがそれを批判しているんですが、それは一連の歴史劇として、具体的には『リチャード三世』を『ヘンリー六世』三部作とセットで上演してしまうと、『リチャード三世』の魅力、その主役の魅力というものがずいぶんそがれてしまうと批判しているわけです。今回の公演を観てみますと、マーガレットの扱い、リチャード三世というキャラクターの造形にも悲劇としての面が強く表れているように私は感じました。

一ノ瀬　数年前に、ナショナル・シアターの『リチャード三世』が日本に来ているわけですよね。ということはやはり『リチャード三世』の持っている歴史劇としての現代性、東欧の崩壊、ソビエトの崩壊など、かなり歴史が動いた時に、全く無関係に『リチャード三世』が何回も上演されることはありえないと思う。ある程度、歴史性というものに対する意識が演出家、あるいは劇団の中にあったと考えてもいいとぼくは思う。ただ、ナショナル・シアターの『リチャード三世』は、即ナチズムというようなイメージでリチャード三世をつくってきたわけです。つまり歴史とのアナロジーを意図的に強く前面に押しだしていた。

ところが今回のものは、いつの時代かは分からないような背景に設定していますし、衣裳も現代風ではありますけど、かならずしも現代とは限らない。だからその意味では、ある特定の歴史とのアナロジーとかをねらったのでなくて、むしろ歴史とは何か、歴史の質とはなにかというようなことをかなり広い視野で演出家は意図したのではないかというような印象を持ちました。それはマーガレットの配置と絡んでくると思うんですけど。

小菅 ただ、TLS（Times Literary Supplement）の劇評を読んでみても、前にロイヤル・シェイクスピア・カンパニーがやった、アントニー・シャーのものと比べているんですが、シャーの時は蜘蛛のイメージでやったが、ビールの場合は、ひき蛙のイメージで、素晴らしいコミカルな演技を披露したというふうにTLS（Times Literary Supplement）の劇評は言っている。つまり、リチャード三世の個性が強いわけで、彼個人の物語という面が強調されているのではないかと思う。マーガレットの役割にしても、『マクベス』の魔女をずいぶん意識しているんじゃないかという感じがあった。つまり、今回は、あまり歴史という面は薄いんじゃないかと私は思います。

狩野 シェイクスピアの歴史劇というのは、即バラ戦争の歴史劇なんですよね。つまり、マーガレットをどういうふうに芝居の中で位置づけるかを考えた場合、バラ戦争四部作と考えた時には、マーガレットの存在がきれいに浮かび上がってくる。ところが今回のように『リチャード三世』という芝居を単独で上演した場合には、マーガレットをリチャード三世と対峙するくらいの大役にするか、それとも歴史を説明するコーラス役にとどめるかというのは大きな問題なのです。シェイクスピア学者の間でも、それは歴史劇として扱うか、悲劇として扱うかという問題にも発展していく。サム・メンデスの演出で特徴的だったのは、戯曲に書かれていない場面にまでマーガレットを登場させて、彼女が呪いをかけるという場面をちりばめていること。マーガレットの台詞のある場面だけマーガレットにしゃべらせると、彼女の影が薄いわけです。けれども、『ヘンリー六世』との連続性を考えて、台詞のないシーンに登場させておいて、最後までしつこく彼女の存在を観客に意識させる。そういう演出で悲劇と歴史劇を結び付けている。
一ノ瀬　マーガレットの扱いで演出家は何をやったか。彼女は土をまくという不思議な行為をしますよね。ぼくにはあの土が時間のイメージとして映った。つまり〈呪い〉という個人レベルを超えた時間の問題がかなりあったんじゃないか。最後の決戦の場面で、なぜわざわざあの舞台の板をはがしてまで、土の中で争いをさせなければいけなかったのか。そこで初めて、最初からマーガレットが出てきた時に振りまいていた土っていうものと最後の土のイメージが結びつくような気がする。つまりリチャード三世自体の行為とか、あるいはねじ曲げた歴史が時間の中で清算されていってしまう。歴史が大きく動いた現代にあっては、この歴史そのものを飲み込む時間を表現することに意味があったのでは……。
斎藤　ここで歴史という意味がはっきりしてくると思うのですけど、いわゆるバラ戦争の中でとか、イギリスの歴史を何か知ってなきゃいけないという中でいう歴史じゃなくて、むしろ本当に、今一ノ瀬さんが言ったように、マーガレットを〈時の巫〉みたいな形にして出してきている。小菅さんもかなりその辺を含めて言っていたようですね。
小菅　私はマーガレットの〈呪い〉を強く感じましたね。で、その〈呪い〉とは何かと言うと、これはむしろ、彼女の恨みという面よりも予言という〈時の巫〉の面の方が強い。そこでリチャード三世個人に対する予言という意味で、これは『マクベス』の魔女とかなり共通する部分がある。つまり、悲劇性が強いと思うわけです。

「死」と「土」

斎藤　そういうところで演出は、一つ視点を作りながら、かなりリアルな心理描写が強かったと思う。では演出の方へ移りましょう。
一ノ瀬　今回の演出は、いい意味で、折衷的な演出だったですね。最初のクラレンス卿殺害の場面と、リチャード三世の死の場面はかなりリアルにやる。ところがその間にはさまる暗殺というのは、手を顔の前にかざして、照明の変化で死を描いているわけです。
狩野　リアルな死を描きながら、シンボリックな演出もやる。我々のイマジネーションをかきたてる演出、つまりヴィジュアルに全部見せてしまうとそれ以上見ている側のイマジネーションが働かない。文学は活字がイマジネーションをかきたてる。それと同じように舞台を見て、役者のセリフを聞きながら、我々もイマジネーションをかきたてるという部分があるのがイギリスの演劇だと思います。だから舞台装置も役者が出し入れできる最小限のものだけ、照明もほとんど無色で、ドアが開く時だけ赤い照明、それから衣裳もほとんど目立たない地味な服。あくまで役者が中心で見せる舞台です。

小菅　死の場面ですが、クラレンスの処刑、あるいはリチャード三世の死の場面はリアリスティックにやっています。それ以外のリバース、グレイ、バッキンガムの死などは象徴的にやっている。私が感じたのは、クラレンスの死の場面は非常に恐怖感を感じるのだけど、その恐怖感はいわば、リアリスティックな「テラー」といいますか、そういう恐怖感、それに対してリバース、グレイ、バッキンガムなどは、いわば歴史的事件として扱っている死、いわゆるひやりとするような恐怖感、つまり「ホラー」なんですけど、そのところで演出家の意図ははっきり見えたような気がした。ここでは死は歴史的事件として扱う、あるいはあそこの死は感情的な、情念のレベルの死なんだというふうにとっているんじゃないかと思いました。

一ノ瀬　リチャード三世の死はよく分かったのですが、最初のクラレンスの死を歴史的な死ではないと位置づけたのはどういう理由からですか？

小菅　あそこはクラレンスの場面ですから。つまり『リチャード三世』は圧倒的なリチャード三世の主役の芝居ではありますが、クラレンスはクラレンスで独立した個性を持っていると思う。

一ノ瀬　ただ芝居の流れとか、作りとして、クラレンスの死自体も、その前にリチャード三世が最初に出てきて、有名な台詞を言った後に、陰謀で王権を取ろうという決意の最初のきっかけですよね。だからその死の場面も、クラレンスの視点というよりも、リチャード三世の意志によって歴史の歯車がまわり始めたといった意味が強いのでは……。

狩野　ぼくはそんな大きな意図があるとは考えなかった。戯曲には大きなぶどう酒の樽の中に放り込まれて死ぬと書いてある。しかし大きなぶどう酒の樽は舞台に持って来られないから、たいていは舞台裏で死んだことにして、音だけでごまかしてしまう。今回はそれをひっくり返して、観客の目の前で小さな手桶の中に首を突っ込んで殺す。意外性をねらった演出の面白さかと思った。

小菅　私が独立した部分と考えるのは、あそこに二人の暗殺者が登場する。シェイクスピアの中では民衆の視点は多いけど、『リチャード三世』の中で民衆の視点といえるのは、あのクラレンスの場面の二人の暗殺者くらいじゃないかと思える。例えば、『ヘンリー四世』の中のフォルスタッフの場面みたいな意味がクラレンスの場面にはあると思う。

斎藤　でも効果としては、おっしゃっている事は同じだと思います。クラレンスは、その前に獄に引かれていく途中の短い場でしか出てこない。リチャード三世が裏切りをかくしているのにも気づかないで甘言に調子を合わせている青二才。あの時の、王子の自覚も自分自身の死の恐怖もないふわふわとした人間が、死を苦しむという場面を見せたことによって、それから起こる死というのがみんな政治の中で握られているけど、個人の大きな問題であるということを見せたという事。人間は歴史の中で苦しむことで意味を持つということはうまく出していましたね。

狩野　ちょい役ですけど味が出ていましたね。

斎藤　この辺で、リアルな場面とそうでない場面ということ、その意味で一ノ瀬さんが指摘された死の扱い方、こういうものが全体の中である一つの筋がとおっていたのではないか。土の上で死ぬというのは先ほどの説明でいいのか。一連の死がずっとある場面をどう処理したかということとマーガレットの扱い方、出し方との関係、これは大きな演出の全体を貫いている視点だと思います。で、土の上で死ぬのはなぜでしょう?

一ノ瀬　確認しますが、あれは時が作品の一つの主役になっていたと考えたんです。それが土という小さな象徴から、徐々に繰り返されることによって大きな象徴に膨れあがっていく。そして、その時の中でリチャード三世は、時を操作する。時の中で自分なりに歴史を変えていく行為をした人間として描かれている。ところが当然それは暗殺を含むという非常に暴君的なものになるわけですけれども。その最後に、そういった歴史をねじ曲げた人物でさえも、時という大きな存在の前で清算されていってしまう。小菅さんが言われたようなマクベスに見られる運命という言葉で置き換えてもいいんですけど、運命といってしまうと歴史性が薄れるような気がする。だからぼくは時とか時間といった方がいいように思うんです。

斎藤　解釈したら時なのかもしれないけど土は何だろう。大地?

一ノ瀬　土はピーター・ブルックが『カルメン』の時に使いましたよね。

斎藤　ピーター・ブルックの影響を受けていたのでは。

一ノ瀬　ある種の影響はあると思います。ただ、彼の影響があったとしても、違うと思うのは『カルメン』の場合には大地の母、大地の神として、土から生まれて最後に土に戻っていくイメージで芝居が創られていたと思う。今回の場合には全体に敷き詰めていないという視覚的な問題かもしれませんけど、大地に戻るというようなイメージで土が使われていたとは思えません。

斎藤　そうだけど、例えば占いの時に土を使う。この土は何を意味するのか？　最初にマーガレットが土を撒きながら、ぐるぐると回ったでしょう。あの時二人だけ輪の外側にいたの。それがリチャードとバッキンガム。リチャードもバッキンガムも自分のやった行為で死ぬ。他の人はほとんど犠牲者であることのほうが大きい。

小菅　私は前から三番目の席に座っていて、あの土で円を描いているって分からなかったんです。しかも舞台の平台を開けたのも分からなかった。撒いていたのは分かりましたけど。撒いた土は片付けませんから、暴れる場面でもうもうと土煙がたったので、これはこういう効果だったのかと思った。非常に激しくアクションを起こす時に観客が肌で感じるような効果を出すんじゃないか。

斎藤　それは一つあると思う。確かにピーター・ブルックのように大地からものは上がってこないけど、結局、大地、塵に帰っていく。時でもいいんですよ。時の中へ戻っていくということで。

一ノ瀬　大地の中に戻っていくというイメージにしてしまうとリチャード三世に対する追悼になってしまう。だがそうじゃなくて、怪奇な人間が地球上にいつの時代にも生まれてくるわけです。ところが、そういうものが生まれてきても、時というものがそういう人物でさえも清算していく。これは人の意志だけでなく、ある意味で人の意志を越えたものが歴史というものになっているというような演出家の感覚と重なってくる。

斎藤　大地に戻ってくるなんていうレクイエムじゃなくて、色々行われていることはみんな大地が吸収し、処理するという感じなんです。おそらくマーガレットのあの土だって、なぜ土をいつも持っているかって。土をかきむしって苦しんでいる。こういうことを予想するのね。だからその土を撒く。こういう悲しみは出ていましたよ。女達には。

一ノ瀬　マーガレットの描かれ方としては、他の人物が生身だとすれば、彼女は出てきた最初からほとんど亡霊的な動きしかしないし、コンタクトも亡霊的コンタクトですね。ですから演出家がマーガレットというのは別格の存在であり、生身の苦しみというより、その上の段階にいってしまった存在として考えていたような気がしますが。

斎藤　だから実際、土をかきむしって苦しんでいるのは見せないけど、そのすくいとった土を撒いている。だから時と言われた時はどきっとした。本当にこの土も時という意味に止揚されているのね。時はうつるけど、時は永遠である。時は共時性と同時性を含んでいる。

一ノ瀬　動くけど止まっているものとしては、土の使い方はうまくできています。

斎藤　そういう意味で歴史劇と言えるのじゃないか。つまりリチャードだけにドラマをしぼっていいか。時は彼も含んで流れてる。

狩野　土を使った演出の効果を今言われたけど、地図を使った演出もかなりよかったですね。イギリスの地図が出てきて、その上に役者が立って、台詞をしゃべる。つまり戦闘の場面を見ずに戦いがあるんだということを象徴的に暗示している。

斎藤　最初、それを拡げた時には戦略の相談をやるのかと思ったら、そのままその上をズカズカと歩いていた。

「俳優」と「演技」

斎藤　では、演出の事を含みながら役者の方に移りましょう。リチャード三世とはどんな人物かというのではなく、その役者がやることによってこういう人物として出来てきたとか、あるいは前の役者との比較において、前の方が良かったとか、こういう視点が入ってくると思うのですけど。ハインズの演技の本質は、ある程度、そんなグロテスクにやるとか、奇形を強調するとか、そういう事よりも、ある意味では普通の人間が特殊な身体的な何かを持っているために、何か独特なイメージで一つの政治に関わってきた。これはおそらくロンドンで出ているビールですか、彼のやり方をほとんど踏襲していたのではないかと思う。その辺はどうでしょう。

小菅　『リチャード三世』の上演史を読むと、一つの分水嶺とよく言われるのはオリビエの映画の『リチャード三世』です。それまで非常に醜いリチャード三世としてやっていたのに、美男の俳優がそれをやったことは、一つのエポックメイキングな上演になった。シャーの『リチャード三世』は、蜘蛛のイメージで、あれはほとんど四つんばいですね。今度のビールの方はひき蛙のイメージでやったと劇評に書いてあった。で、こういうリチャード三世像があるよという明確なものを示してくれるのが『リチャード三世』を観に行く楽しみであるのに対して、キーラン・ハインズという役者は非常にうまかったとは思います。おっしゃるような意味でよく劇が見えたようなところがあると思いますけど、今一つ印象的演技とは言えなかったのではないか。

狩野　ビールという役者はうまい役者だけど、派手とか、目立つ役者ではない。地味な演技で味を出す役者です。キーラン・ハインズの方は急遽の代役だから……へたな役者じゃないし、無難にこなしていたんだけど、やはりリチャードの陽気さとか生き生きとやるっていうところまではいっていないと思う。

斎藤　私は代役とは気がつかなかったのだけど、私はこの人に感心した。きちっと役づくりが出来ているし、心理的なものを、しかも突出した気味の悪さ、悪の権化にならないで、人間的な面を出しながらある種のオブセッションでこういうことをしていく人物。

狩野　役者さんの演技力よりもサム・メンデスの力だと思う。きっちりアンサンブルをつくっている。サム・メンデスは二十八歳の若造なのですが、いい役者さんを使ってテキストをきちっと読み込んだ芝居をつくる人です。演出自体は地味なのですが。

斎藤　あちらの批評にも書いてある。細かいところに目配りのある押さえられた演出で、物語が明瞭に語られていく。そういうものが最近だんだんと評価されてきているらしい。

狩野　マーガレットもそうだけど、戯曲にない部分を挿入しているわけですよね。挿入して改変しているんだけど、「戯曲の精神」をそっくりそのまま活かしている。ロンドンの劇評は、戯曲の本質と関係のない遊びを入れると酷評します。こんなのは『リチャード三世』の芝居ではないと。ところが戯曲と違う要素を入れているのに原作の本質を照らしている時は、テキストを読み込んだ舞台演出という。

斎藤　見方として、人間の本質にふれるものを見せてくれたと言える。でも私は、やっぱりこの役者はうまいと思う。ロイヤル・シェイクスピア劇団の芝居に出る俳優はサーカスみたいなことも出来るけど、リアルなものをきちっと踏まえながらも出来る。

一ノ瀬　そうですね。そこが一番大切なところでしょう。それは日本でこの公演を観る意味に絡んできますよね。やはり、リアルな演技を踏まえていて、初めてリアルでない、誇張した演技も出来るという典型が彼らを見ているとよく分かってくる。

斎藤　本当は大嫌いな子供がパーと背中に飛び乗った時のあの一瞬、パッと表情が変わって出てくるなんて、日本の俳優では出来ない。日本の俳優はグロテスクな事をしたり、悪の権現だったりは出来るかもしれないけど、ああいう洞察力のあるリアリズムは出来ないと思う。

狩野　つまり芝居は役者の顔の表情まで見える小劇場でやらなければいけない。

斎藤　小・中劇場向きだということは分かるけど、非常に興味深いと思ったのは、抱かれる方は長男じゃなくて次男でしょう。リチャードも三男か四男でしょう。そのやるせなさみたいなものでここに子供との共通感覚を出した。クラウン的なリチャード三世の要素まで出していた気がしていた。リチャード三世が時々悪の強さだけじゃない複雑なアイロニカルな目で自分自身を見ている。自分自身を世間の目に置いて見ている。こういうものと一脈通じると思う。心理的なものがかなりうまく表現できていたなあと思う。

小菅　俳優の演技について言うと、その昔はシェイクスピアの台詞は有名ですから朗々と唱い上げる調子でしたね。それに対する批判として、もっと自然にやろうじゃないかというんで、その果ては台詞なんかどっちでもいい、あるいは英語でやらなくても別にいいというところで、ぐっとまた反対側にゆらいだ気がした。今回の公演を観ていると、ちょうどいいところに落ち着いた感じです。最初の有名なリチャード三世の台詞にしても、朗々と唱い上げる調子でもなく、かといってあんまりナチュラリスティックにやるわけでもない。

シェイクスピア劇の受容

斎藤　では、全般的なことを見渡して、結局はこの作品の主題として浮かび上がってきたことが何だったかを要約してもらいながら、この外国の劇団をどう受け止めたか、我々の問題に戻りましょう。

小菅　私は一言で言って、歴史の中の個人の役割という事だと思います。歴史の中の個人の役割というのは、個人が歴史をある程度作っていくけれども、結局は歴史の中に取り組まれていくということです。その過程で個人の面が強調され悲劇性が強くなった舞台だと思います。

一ノ瀬　ぼくの場合は、個人というより、もっと大きな歴史というものの方に演出の意図が向いていたように思います。もう一つ、テーマうんぬんでなくて、このプロダクション全体としてスペクタクル性に対するアンチとして、言葉の演劇というものを考えるきっかけになりましたね。

狩野　くり返しになりますが、アンチ・スペクタクル、台詞を媒体として、観客のイマジネーションをかき立てるような芝居が今のロイヤル・シェイクスピアの主流なのです。初めてですよね、こういう演出のロイヤル・シェイクスピアが日本に来たのは。

斎藤　で、どうでしょう、外国の劇団が来た。私達はこういうレパートリーを持ってくる事に対して、どうやって受けていくのか。こういったことについて一言。

小菅　シェイクスピアの受容は四期に分かれていると云われています。第一期にあたる明治時代は折衷時代、歌舞伎とシェイクスピアとの折衷をしようという時代です。第二期の大正から昭和初期の新劇運動の時代は西洋をそのまま取り入れようじゃないかという時代で、第三期の昭和三〇年代になると西洋を取り入れるんだけども、西洋の自然主義というのは西洋のごく一部だった。むしろ西洋の本質的なものに戻っていこうという時代、福田恆存の『ハムレット』の時代です。第四期は昭和四十年からのアングラ時代ですが古典としてのシェイクスピアはもう古い、シェイクスピアをやるんじゃなくて、小田島訳をやろうじゃないかとなる。鈴木忠志、寺山、唐にしてもそうなんですね。その次の時代として、私は、今、二つの大きな傾向があると思います。一つはブランドとしてのシェイクスピア時代。もう一つはブランドと同時に本物思考の時代。来日公演で英語でやっているのにもかかわらずかなりの客が入る。そういうものを好んで見に行く層が、グローブ座開場をきっかけにできたというふうに思っているんですが。その意味で『ハムレット』とか『リア王』とかじゃなくて、こういう歴史劇を持ってきたという事は一つの大きな出来事だったと思う。

斎藤　それを我々のものとしてとらえられたという事？

小菅　ええ、そうです。

狩野　それだったらぼくは、オープンした時のイングリッシュ・シェイクスピア・カンパニーの『バラ戦争』はすばらしかったと思う。

斎藤　啓蒙的な意味で？
狩野　いや、芝居として。
一ノ瀬　シェイクスピア劇の日本への導入については、小菅さんが言われた事で良く分かる。ただ、もう一つは、演劇として、シェイクスピアはちょっとはずして、外国のこういう演出の演劇を日本でやる意味、今回のものがどういうような意味があったかという問題になってくると思うのですけども。
　台詞に重きを置いた芝居で思い出すのは、昨年の朝日新聞の十二月、一九九二年度の演劇回顧で扇田昭彦さんが書いているのですが、リアルな芝居が回帰しつつある、今までのようにSF的空間に突き抜けていくようなものではなくて、日常的な設定、それから演技としても若手劇団で非常にリアルな演技をするところが出てきていると。これが一つの傾向だということを言っていた。
　で、それとダブルのですが、ここで演劇も転換期にあるという気がします。つまり、アンチ・テアトロからイメージの演劇などのスペクタクルなものへと移行する中で、ダンスなどの他のジャンルとの境界が曖昧になった。そこで当然演劇に何ができるかが問われるわけですけど、今度の公演で見えたのは演出として正確な読みと、演出家そのものの世界観や意図をテキストに重ねてしまう方向ではなくて、テキストを正確に読む中で一つの演出家の意図を伝えて行こうという方向と、演技として様式的なところは当然やるわけですけど、その背後にリアルな感情表現ができる基礎を持っている。言ってみれば、演劇の歴史が大きく転換してきて、どこかに戻った感覚、そこから次にどこへ行くかがこれから問題にはなるでしょうが、そのきっかけとして今回のロイヤル・シェイクスピアの『リチャード三世』を読み込んで行く方向はあったのではないかと思います。
斎藤　スペクタクルというのでなくて、むしろ台詞に戻る。それをきちっとやるというのは西洋の正統的な伝統なのね。だから、日本の伝統とか、東洋の伝統とかアフリカの伝統というのとはやはり違う。近代劇の伝統を含めて長い西洋の歴史が培ってきたものをもう一度問い直して、人間の生きることのドラマとしての本質にせまろうとする。でも、あれは単なるイギリスとは言えない。我々も十分自分たちのものとして受けとめ、また作りうる。残念ながら我々が作ったのではなくて、伝統の国で作ったものだけど我々の中に活かしてくれたという意味で意義がある。

で、グローブ座は今年で五周年、色々な人が書いていますし、高橋康也さんは〈質より量〉、たくさんあったほうがいいと。磯崎新さんは劇場の形態のことだけを言っていますけど、それに対して扇田さんは〈量より質〉と逆な事を言っている。グローブ座がこれだけ色々やってきて、シェイクスピアをかなり身近にしてくれたことはあると思う。今、普通の観客だったら、シェイクスピアを見てグローブ座の功罪みたいなものとかねて、どう思われるか。

小菅　今の時代というのは、後世からみれば〈来日公演時代〉といわれるものじゃないかと思う。

斎藤　でも日本のものもけっこうやっていますよね。

小菅　今までのシェイクスピアの受容というものは翻訳形態を通じてやってきた。福田恆存訳とか小田島訳とかで。今度は実際のものをよんで、それを見て、啓蒙を受ける時代。そういう意味では〈来日公演時代〉。演劇的な意味でも啓蒙時代といえる。ですからグローブ座に期待することは、グローブ座はこけら落としから来日公演を中心にやってきたと思うので、この方向は崩さないでほしいと思う。グローブ座カンパニーができて日本人の公演もありますけど、むしろグローブ座は来日公演がいい。それに期待します。

狩野　バブル時代に企業が応援してくれて、他の劇場と比べてもかなり安い値段で芝居が見られた。バブルが弾けた後も企業にがんばってもらっていい芝居を海外からどんどん呼んで欲しい。

一ノ瀬　アンジェイ・ワイダの『ハムレット』、ベルイマンの『ハムレット』が見られたのは、グローブ座のおかげだし、グローブ座の舞台構造がなければ、彼らの演劇がどこまで活きたか疑問ですよね。あの劇場空間で色々な外国のシェイクスピアが観られたということは、かなり大きな窓口であったのは事実だと思います。

狩野　それと額縁舞台ではなくて、突き出し舞台だということも大きいと思う。欲を言えば、もう少し舞台が小さければいいのですが。突き出し舞台、裸舞台で、台詞を重視するとやっぱり最後は、役者さんのうまさが勝負どころとなるわけです。

一九九三年三月七日　立教大学に於て

＊ロイヤル・シェイクスピア・カンパニー
（パナソニック・グローヴ座）
『リチャード三世』一九九三年　二月二十五日〜三月六日
作　ウィリアム・シェイクスピア
演出　サム・メンデス

『西洋比較演劇』会報十号　一九九三年春

8　横内謙介と善人会議＝扉座の演劇――『うたかたの城』をめぐって（一九九三年）

斎藤偕子／一ノ瀬和夫／坂原眞里／岩原武則

斎藤　私が初めて劇評のために『ゼンニン会議』を観てくれって頼まれたとき、名前は全人格とか全人間の全人だと思った。でもそれは善人会議だった。それが英語になるとベビー・フェイス・シアターとなる。おかしな名前だなと思っていたけど、その後横内謙介の作品を観ていくと、なんとなく名前と劇団の活動とがしっくりしてきた。この名前で劇団は一九八二年にでき九二年まで活動して、そして九三年から扉座になった。扉座というかロックのグループの一つ、ザ・ドアーズのイメージを想像していたら、オープン・ザ・ドアだと言う。いつも名前の付け方が人を戸惑わさせる。でもそのうちに慣れてくるかも知れないですけど。いずれにしろ、ここで一つの区切りを自分達でつけたいということが劇団の改名につながったと思う。それで今回取り上げてみたわけです。

横内さん自身は、自分は小劇場系統の劇団であると言っていますが、すでに改革とか革命とか、新しいことを開拓していく上で激越な形でやっていくという時代は済んで、そういう時代が終わったのが自分達の世代であると言っていますね。小劇場系第一世代、第二世代があり、第三世代以降は私にはよく分かりませんけど、八〇年代になって急に増え、八一・二年の第三舞台、第三エロチカ、ブリキの自発団とかいった劇団、その直後の一つ後の世代の劇団という意味で八二年には善人会議、燐光群あるいは劇団ショーマなどが結成されている。これがやがて東京壱組、花組芝居、その後の新宿梁山泊、キャラメルボックス、THE・ガジラへとつながってくるのだろうと思う。世代にほとんど違いはないが、前の第三舞台、第三エロチカがやってきたこととちょっと違う。むしろリアリスティクな傾向が強くなる。彼自身が物語性と言っているような傾向を深めている。

このように小劇場の風景の中で八〇年代の後半になって、六〇年代から始まった小劇場運動の多くがもはや新劇にとって代わった主流の現代劇になっているなかで、善人会議も一つの仕事をしてきた。第三舞台や夢の遊眠社など一つ前の世代は、昨年からその活動を一時中止していることをうけてかどうか分からないが、横内さん自身が、また劇団自身が、今変わらなきゃならないということを考えているのではないか。それにしてもこの劇団も作家が演出家と劇団主催者を兼ねていること、そしてその作家の作品をやってきたということがある。同時に横内謙介自身は善人会議以外の所でも活動しているのも事実です。それはともかく、この善人会議を中心に、去年までの善人会議時代の活動、そして今どういう風に変わろうとしているのかなどを考えてみようと思います。始めに善人会議時代について、一ノ瀬さんに話してもらいます。

善人会議のドラマトゥルギー

一ノ瀬　まず、善人会議の位置づけですけれども、先ほど斎藤さんが言われた小劇場間の関係は成り立つと思う。と同時にもう一つ注目したいのは、横内謙介が高校演劇から出発していて、演劇に入ったきっかけはつかこうへいの演劇だったということです。そうしますと第一世代の寺山とか唐の系統を継ぐグループとつかの存在を土台にしてつながっているグループがある。例えば、第三エロチカは唐の方にいくでしょうし、同世代の第三舞台はつかの方にいく可能性があり、少しここの所は入り組んでしまうわけですけども。

斎藤　高校演劇から出てきたということは大きなことかもしれないですね。高校演劇が小劇場系の演劇を受けて創作するようになったということは。

一ノ瀬　それについてはある雑誌に面白い記事がありまず。高校演劇の体験者の対談なんですが、善人会議と自転車キンクリートなんですよね。どちらも似たような世界を、正確には違いますが、どちらかと言うと当り障りのない、非常に口当りのいい舞台をつくる劇団であるという特徴があるのではないか。

斎藤　あるいはキャラメルボックスみたいなものもそうかも知れない。成井豊は高校の先生ですか。

一ノ瀬　それから大学に入って、彼の言によると、高校演劇はこれでおしまいだ、大学演劇では血がドヴァーと出て、何だかよく分からないというような前衛をやらなきゃならないということでやったのが模様劇場。しかしそれは自分達の体質に合わない。そこで自分達の身の丈に合ったところから始めようということで善人会議が始まっているわけです。

坂原　模様劇場を止めたのは、組んでいた女性との意見の対立があった。彼女の方がアングラ志向だったと横内が言っているようです。

斎藤　そして自分達の平和な時代、何もかも革新も革命も終わった時代に、今やることをしっかりと見極めようとしている。

一ノ瀬　その辺りから作品の特徴が出てきている。一般に観客の注目をあびるのは八六年の『夜曲（ノクターン）』という作品からでしょう。この中に出て来るツトム少年、彼は他の二つの作品にも登場して来るということで、作家横内謙介を考えるうえでは大切なキャラクターになると思います。先ほどの革命も何もかも終わってしまったという後に自分達は何を書くのかということですけど、ツトムはオタクと呼べるものですよね。外へ出て行くエネルギーみたいなものは持ち得ない。どんどん内側に自分の思考が籠ってくる。『夜曲』という作品の幻想の世界、何百年前の武士達が登場して来るという設定はかなりSF的に見えるかも知れませんが、もっと内的なものに、すなわちツトム少年が見た幻影、心の中の模様という風に考えていいわけですね。そこで、内部で自分を見つめ直そうとする時に、色々な対立項を持って来るわけですが、横内謙介という劇作家の場合には、引用としての過去の時代、おとぎ話とかを用いる。そういった原点を持ってきて、その中で自己の内面を検証していく作業ですね。これがかなり特徴的に善人会議のころは出ていた。ただ、それだけではなくて、『新羅生門』、あるいは『ジプシー』、このあたりが善人会議としての前期から中期にかけての代表作になるわけですけど、いわゆる「ツトム」というようなタイプの登場人物が出てくるのではなくて、世代論、時代論を絡ませるタイプの作品も、彼は書き始める。

斎藤　広い意味で、やはり彼の中にも社会意識ははっきりとあるのね。

一ノ瀬　ただ、それが批評家達に言わせると甘いとなる。対立項自体がそれほど恐怖の対象となって迫ってこない。やさしい対立項になっているということが、横内謙介の特徴でしょうか。

斎藤　もはや血を流して闘う相手という形ではあり得ないという彼の世代感覚は、甘いと先輩の批評家は言うことね。

一ノ瀬　内側に籠って自己を見つめていこうとする、そして幻想的な物語をつくりだすという形と、現実の社会への目というもの、この二つがどういう形で切り結んでいったのかというのが善人会議の軌跡とぼくは考えています。それが一つの結論にたどり着いたのが、おそらく、『愚者には見えないラ・マンチャの王様の裸』という作品ではないか。これはかなり複雑な構造を持っているわけで、夢のまた夢のそのまた夢で実態がどこにあるか最後になるまで分からない。しかし、最後になってみると、非常に生々しい校内暴力、それを止めようとした教師の犯してしまった罪。それをきっかけにして精神的に退行していってしまい、狂人となってしか生きられない人物が浮かび上がってくるわけで、ここなんかをみてみますと、今までの、内部へ私小説的に沈潜していこうとする方向と社会的な問題がうまくつながったかどうかは難しいところですが、この二つをつなげようとする意図、ないし意志は感じられます。

斎藤　そうですね。彼の言葉を引用すると、「小劇場運動が一つの革命であったとすると、私はその革命を支持するけど、今、明らかに嵐の時代は過ぎた。問題はこの革命の後に、どんな美しい国をつくるのか。つまり、剣や銃を持って暴れている方がかっこ良いけど、そういうかっこ良い時代に生まれなかったことは限りなく悔しいけど、でもこれが今、私達の生まれた世代、時代に正しく向き合っていく方法だ」ということかしら。

一ノ瀬　そうですね。彼は多くの場所でそれと同じことを繰り返していますから、彼自身の真実に近い発言にとっていいのではないでしょうか。

斎藤　善人会議の時に、もう一つ、いろんなものを、過去の事を持ち出してくるということは、ある一つの物語の枠を現実の中に持ち込んでくるわけですね。だからそれが分かりやすいとか、言われることであったけど。彼はそういう意味で物語と言っていますけど、ある種の物語性が持っている一つの内容、あるいは世界観、宇宙観、こういうものをかなり現代の中に持ち込んで使っている。

そういうところで、風景がまとまりのない世界に一つのまとまりを、形をつくった世界観というものをつくろうとすることはあったと思います。

一ノ瀬　引用の問題とも絡むと思うのですが、もう一つ彼が「新しい物語作家として」というエッセイの中で、「問題は、新しい物語作家である私が、なぜ物語を語り続けようとしているかということである。その答えは簡単だ。それは物語を語り続けなければ殺されてしまうからである」と言っている。かなり韜晦《とうかい》な言い方にはなってますけれども、やはり、革命の時代が終わってしまった時に、自分という者を対峙させる世界というものの形がまったく見えなくなってしまった。そうすると、自分をどこに位置づけるかという時に、自分が語る物語の中でしか自分というものがありえないという意識が強烈にあるのではないか。

斎藤　物語ということについては、そのエッセイが載った雑誌の「物語」特集の時にものすごく不満だった。物語とはなんぞやという本当の意味での芸術批評的な見方が全く与えられていない。私は英米系ですけど、ノースロップ・フライなんかが言っている一つの構造と考えています。構造というものの中には人間の生き方、行動が語られている。物語はその行動の原型を映したもので、人間の行動パターンが百あれば、物語の構造も百あるということだと思う。現代の風景というものはベケット以降、人間は行動しない。世界に人間の行動がなくなった時に物語が失せていくわけでしょう。現代だって、そういうものは同じかも知れない。だけど横内さんの作品などは、枠は現代だけど、その現代の中に、ある断層をつくって、そこに物語のある、構成できる世界を絡ませてくる。これはやはり唐十郎以降の人がやったことだと思う。それは横内謙介の強みでもある。現代の日常的リアリズム風景だけで描いていると描けないことができてくる。これはその後の作家達も、やっぱり使うのですよね。ガジラなんかもそうですし、新宿梁山泊のものもそうですし。やっぱり下敷がどこかにあって物語を再生しようとしている。『ジプシー』だって、あきらかな下敷はないけど、物語の構造だし、『ラ・マンチャ』は二重にも、三重にもなっているし、『女殺し』だってそうだし。

一ノ瀬　登場人物を包み込む、登場人物が生きるべき環境としての物語はつむぎだされてくるわけですけれども、ただ、演劇のアクションとしてのプロットとは必ずしもつながらない可能性がありますよね。ですから、西洋演劇的なアクションがあって、それが発展していってというような意味での劇構造は骨抜きにされる。どこかでブツブツ切られて、それがある人に言わせれば、メタシアター的構造ということにもつながっていると思う。

斎藤　日本の演劇というのは伝統的にメタ的です。歌舞伎にしろ、あるいは他のもの、物語の系譜のものが。そういう意味では西欧的なリアリズムのドラマチックな物語を構想しているというよりも、もっと語り物的な構造の、ドラマチックなものを構成していると思う。

一ノ瀬　その辺のところで、善人会議の活動の後半で、劇団の仕事だけではなくて、例えば市川猿之助と組んで歌舞伎風の脚本を書くとか、『きらら浮世伝』、いわゆるプロデュース公演の形で商業演劇に入っていくということにつながっていくのでしょう。

斎藤　歌舞伎の俳優とやっているのが面白いですね。

坂原　『きらら浮世伝』は京都では俳優も関西の人たちだったと思います。そういうことも関係あったのでしょうか、『雪之丞変化』もそうですが、面白くなかった。

斎藤　『女殺し桜地獄』を観た人が、ほんとうにつまらなかった、あんなくだらないことをやっている横内は、と言っていた。俳優の質の違いかしら。確かに大衆演劇的うまさとか、見せ場はあるけど、商業演劇では必ずしも評判はよくない。

坂原　台詞が、すでに台詞としてあるものをカタログ的に使っている感じ。時代劇では、特に露骨にそれが出るようです。

一ノ瀬　これは商業演劇に向けた戯曲についてだけではなく、全体にわたることなのですが、横内謙介の一つの問題として、台詞は書けるのだけど、アクション全体で一つのテーマを伝えようとしないで、台詞の中である一部分を謳い上げて、メッセージとして伝えるところがある。それがあまりにも目立つと生の言葉として浮いてしまうことが時々ある。それをどういうふうに劇の必然性の中に組み込むかというところで、作品によって落差が出てくるということですね。

扉座と『うたかたの城』

斎藤　では、今度はいよいよ扉座ですけど、今回の扉座に変えたこと、善人会議の時に裏の話とか何かあるのでしょうか。

岩原　裏の話と言えるかどうか分かりませんが、劇団の成長とともに東京だけでなく地方に出るようになっていった時に、作家・演出家の横内謙介がその旅に参加しなくなるとグループ全体もまとまりに欠けるという事態が生まれてきた。つまり旅慣れていないということになるのかもしれませんが。例えば、俳優座とか、青年座とか旅公演に慣れている人達は、たとえ演出家・指導者がいなくても同じものをつくっていける部分があるのだけれど、善人会議は横内謙介がいないという状況の中では劇団内部である種のまとまりに欠けるという部分がみられ、そうすると芝居の出来が若干変わってくるという事態が生じてくるということがあったのではないかと思うんです。

斎藤　じゃ、扉座に変えたのは、制作の面だけですか。なぜ扉なの？

岩原　劇団の流れでみると、外部的には善人会議から扉座へという流れにはなるのですが、内部を含めてみて見ると和気あいあい型の劇団ベビーフェイス（善人会議）から制作会社ダブルフェイスの設立をへて、今回のオープン・ザ・ドア（扉座）という流れがある。つまりソフトもハードも横内謙介を中心に機能していた劇団の一輪車的体質をソフトはダブルフェイスに、ハードは扉座にというように両輪構造に組織替えした結果ではないでしょうか。その背景には、横内謙介自身がこのままの体質、一輪車的組織では劇団の解散の危機をむかえる可能性を感じたということがあるのではないか。例えば夢の遊眠社を含めていろんな劇団が活動を停止しているという流れの中で、善人会議もこのままの体制ではそういう事態になりかねない。その前に何か手を打たなければならないという意識。さらに高校演劇出身者で固めている劇団という意識、あるいは和気あいあい型の仲間意識だけでは劇団を支えきれないほど大きくなってきた活動。そして年齢的にも、またプロとしてやっていくにも組織の強化とともに役者達の意識の強化をも必要となってきた。家の中で育ったベビーフェイスが扉を開いて外に飛び出し、他の家の扉を開きたい。もっと社会に出てみたい、ダブルフェイスの顔を持つ一人前の劇団として、トレンドではなく、文化としての演劇を根付かせるという意識があるのではないでしょうか。

斎藤　言い忘れたのですが、最近、高校以下、中学や高校で新しい作家の作品を上演するのに、一発ものとして大橋さんの『ゴジラ』があるのですが、それ以外は横内謙介のものはよく使われている。つかこうへいのものもたまには見られるのですが。彼が高校で賞をもらった作家の出であるという事を含めて、今回、別の方向で何かをしようということがあるのかも知れない。でもこのままではやってはいけない。

では『うたかたの城』ですけれど、今度の作品は今のところ出版はないみたいですので、話の筋から入りましょう。

坂原　バブルの崩壊で、債権者の手に渡ったディスコが舞台。バブルの帝王と呼ばれた古橋という人物（岡林）の、いわば夢の廃虚としてのバブルの塔です。古橋はどこかに少年の純粋さを残した人物に造形されていて、ディスコの屋上には、宇宙船発着用の施設を設けていた。そこに、別の星から未来の日本人がタイムトリップしてくる。最初は過去の観光だという話だった。やがて、拝金思想が人にまで値をつけるに到った未来から逃げだしてきた奴隷たちの一行だとわかる。古橋がタイの女性ジャルワンと話す場面で、ジャルワンが訴える外国人労働者の姿が、未来の日本人の姿に重なるように描かれています。

アトランティスに楽園があるというユートピアを夢みて旅する一行に、古橋も同行を願う。しかし、ユートピアは幻想に過ぎず、一行は追って来た警察隊に処分される。宇宙船に密航して来た若者が最後に殺されようとする時、古橋は隠していた金で彼を買い戻す。結局金の力を借りるのだが、金を追い求めてではなく、ひとりの人間を救うために金を使うのです。

最後に、ディスコの床で古橋がふっと我に返り、見回すと誰もいないという場面になる。全ては古橋の夢だったらしい。その時、高校生の男女が現れて、将来のことなど語り合い、ファーストキッスを交わし、この場所を覚えていようと誓う。すると、ディスコの頂上からさまざまな服装の人々が降りて来る、蜃気楼のようなシーンになる。ジャルワンが故郷の空と海を描いたと言って大きなブルーの布を見せる場面と対になった、強いノスタルジー（将来に向かうノスタルジー）を感じさせるイメージです。

日本人の拝金思想・健忘症批判、外国人労働者問題を踏まえて、同じ場所をさまざまな時代にさまざまな人々が通過して行く人間の営みを喚起して、バブルの夢よりも日常の一瞬一瞬の記憶の大切さを伝える舞台でした。

斎藤　基本構造としては、これまでの作品と同じように、一つの現実世界が非常に今日的な形であって、そこにある人物達の夢があり、現実というものからの突破口とするという構造はあまり変わっていないと思う。現実の日常次元から別の世界へ通じている何かというものもあると思う。ただ、以前のように過去に戻っている話、あるいは現実世界で失われた世界が現れるというパターンに対して、今回はSF他宇宙世界が入ってきている。見た目にもかなりにぎやかになっている。その意味で何が変わったと感じたかを、世代が近い方に伺いたい。

一ノ瀬　今回のものは確かにSF的ですけど、現実があって扉を開ければそこに異次元空間があったというとらえ方でSFが使われているわけではないですね。現実の中で敗北した主人公がみる夢の世界としてのSF。漂流して来る未来人が日本人であること、そしてタイからやってきたジャルワンという女性に大きな役割を与えたこと、つまり主人公古橋の意識の中における他者と外部に存在する他者を提示して、その関係性の中から古橋の救済という方向にドラマを進めていく。言わば、『ラマンチャの王様の裸』の中で王様と道化という一人の人間が二つに分裂した裏と表のような人物を出してきましたが、今回はそこで描いた他者の問題を更に一歩進めたかたちで展開したのではないかと思います。

斎藤　『ラマンチャの王様の裸』の時の道化と王様は一つの対ですよね。今回も対に感じました？

一ノ瀬　対じゃないと思います。対と云うのは他者という言い方をしてはいけないものなのかも知れない。異質なものとしての他者でなければいけない。

斎藤　私はSFと言いましたけど、いわゆる地球以外の世界を使ったという意味で使ったにすぎないのですけど、それが過去の日本人であるか、未来の日本人であるか分からないけど、彼が夢をかけた違う世界から来たものが、現実と同じように矛盾を含んでいて、けっしてバラ色のものではない。それが夢のステーション自体の非常にアイロニカルな点ですね。

一ノ瀬　そうですね。かつての横内の戯曲の中では夢の世界の中に入って、そこでツトム少年にしてもある程度救済されていくという構造はあった。今回は、主人公がどこで救済されるかというと夢の世界ではない。取り残された少年カイを、金を使って最後に買い戻すという行為のみで自己を証明するわけで、あれは夢の世界に出て来る人達によって救済されるのではなく、現実で出来ることを夢の中でもう一度学びなおしているということですよね。そのような形でしか夢は作用していないですね。

斎藤　しかも、救済しようとすることも弾けたバブルのお金ででしょう。こういうことに対して何を感じました。

坂原　観客としては、舞台端の床で目立たない登場人物の内面よりも、舞台全体の意見のレベルが働きかけてくるので、古橋の救済とかよりも最後のシーンの希望を含んだノスタルジーを強く感じました。

斎藤　かなりアイロニカルに？

一ノ瀬　あの場面は芝居の前半でジャルワンが自分の思い出として語る海辺のシーンの再現ですよね。「浜辺を見ていると非常になつかしい人が思い思いにそこで休んでいる。何も変わらないのだけれど心の中で何かが変わったと私は思った。」というのがちょうど芝居の3分の1位のところで出てきて、その台詞が最後のシーンとして実現される。つまり古橋という人物の中でそのシーンが甦えるわけで、彼の救済になっているということです。

斎藤　まあアイロニカルに感じないという意見は私のとちょっと違ったのですけど。なつかしい何か、そこにこそ本物思考があるということなんですね。

坂原　ただ、ジャルワンは古橋にとっては他者でしょうが、観客としては、他者性を感じなかったのですが。

一ノ瀬　横内謙介の中における今までの対立項というのは、対立する方が主人公側に対して脅威となるような異質性を持っているかというとそうではない。むしろやさしい他者という感じで、常に主人公をやさしく包み込みながら違う世界があることをみせていく。

斎藤　違う視点みたいなものですね。

一ノ瀬　今回のジャルワンという人物にしても、そういったタイプのやさしい他者だったと言えるかもしれません。ただ、タイからの女性という設定の中に、これまでとは違うもう一つ突き離した他者性をこめたとも考えられます。

岩原　ジャルワンも日本に来る時には大きな夢を抱いていた。しかし日本では裸を売りものに仕事をしている。ある意味で夢が破れてしまった。古橋はバブルで四十五億の借金で夢が破れた。夢という視点では両方とも同じ境遇にある。しかし、ジャルワンは先に夢が破れているから、つまりそれだけ苦悩を経験しているということで古橋に対して彼の破れた夢を持ち上げようとしている。この場合の他者というのは、相反するというような横の関係の対立での他者というのではなく、先に夢が破れた人が古橋のように今まさに夢を破られてどん底に落ちようとしている人を助けようという縦の関係での他者になっている。それがやさしい他者と言われる意味での〈やさしさ〉のイメージを抱かせるものではないでしょうか。
斎藤　そう言われると『ラ・マンチャ』の道化と王様の他者性に似てくるような気がしないでもないですね。ディスコの夢は破れているかも知れませんが、自分自身の夢は破れませんよね。夢の本質は捨てていない。だから逆に批判的になれるし、非常に現実的にものを見る。そうだとすると王様とアホの関係はありうる。
一ノ瀬　夢みる力という言葉が以前から横内謙介のキーワードとしてよく出てきていましたね。
斎藤　しつこく伺いますが、扉座になって新しく変わったと思われるものが何かありますか。
坂原　パンフレットの説明では、ある小説の文章にヒントを得て、自分たちの舞台は、扉を開けてやってくる人たちに夢を提供するものだという意味で、扉座とつけたみたいです。「夢みる力」って、コリン・ウィルソンですか。夢を提供することが観客の「夢みる力」を駆動させることになるとは限らないと思う。でも『うたかたの城』は、テーマや構成に「夢を提供する扉座」がずいぶん意識されていました。
斎藤　舞台装置の点ではどうでしょう。最初に舞台を見て、あれは何だろう、あの構造は、と思った。ディスコとは思いつきもしなくて。
一ノ瀬　イメージとしては神殿。
斎藤　宇宙船に通じている扉が中央上方のものですね。そのほか小さな扉、隠しトビラもありますよね。装置は良かったと思う。どうでしょうか、そのあたりは？
一ノ瀬　いろんな部分がうまく使われたということでは、演出の力は感じました。非常に意図的に祭壇の上に扉を付けている。観客の我々としてはどうしても扉座の芝居ということで扉に目がいってしまい、この扉から何か出て来るのか、あるいは何が出て行くのかと思ってしまう。よく言えば、最初からテーマに観客の注意や関心を集中させるような求心力が装置の中にはあったということでしょうか。
斎藤　中心の扉の向こうには宇宙があるということと、もう一つ、ジャルワンの描く絵がこちら側の斜めの部分に広げてあるでしょう。あれは面白いですね。
一ノ瀬　古橋という人物はこちら側の世界で生きている。向こう側の世界に逃げてはいかない。
斎藤　こちら側の世界で行われ、あの絵がこちら側の世界に広げられたということは、舞台が現実をピタッと押し止めようとすること。どこかへ逃げないということかな。唐十郎の作品などでは最後に向こうしかないという点で出てくる。だけど、こっちしかないという形でやっているのは……。

坂原　逃げるところがないという問題を意識化した舞台は、いくつかあったのではないでしょうか。例えば、評判になった第三舞台とか。その点で『うたかたの城』に演劇としての新たな発見はない。自覚して教養娯楽を実践しているのだと思います。

斎藤　だからといって現実をそのまま受け取るのではない。肯定し得ない現実を見せて、やっぱりここしかないというのをきちっと表現している。

一ノ瀬　横内謙介の場合には、分かりやすい、楽しい、見やすいという三本柱。その三つの柱で全部見えてしまうということはあったと思う。でも今回のものと前の『ラマンチャの王様の裸』あたりから、単純に解釈しようとすると足をすくわれるような二重構造、三重構造的なものは出そうとしていますよね。

斎藤　楽天的じゃない、決して。何重構造で見えるどの現実部分を切っても、楽天的になれるところは何もないとそう思いながら、なおかつ、いいものはここで捜さなきゃならない決意みたいなものを描いているのかしら。

俳優と劇団そして――

斎藤　それでは俳優達の演技はどうでしょう。岡森さんなんかはバブルが弾けた帝王だったかどうか疑問ね。

一ノ瀬　ちょっと善人すぎるのでしょうね。

斎藤　善人会議の俳優達はみんな善人なのね。

坂原　その辺のバブル王じゃないという台詞があるから……。

（笑）

斎藤　六角精児もいつものやり方で笑わしているわね。だから変わらない。これも危険な事の一つ。でも、脇役の人達がすごく良くなってきたということは言える。そうなってくると逆に中心俳優達が扉座になって変わったかということは問題になってきますね。

岩原　スター俳優というか、中心俳優を作らないという意識があったのではないでしょうか。横内謙介が劇団の中で割り振りをしながら書いている。

斎藤　あてて書いているんですよね。劇団の中でやっていると、作家は一人ですから、ある種の傾向の人物というのは出てくる。いつも同じ俳優がそれをやるでしょう。そのことにおける弊害があるのじゃないかな。特に出ずっぱりの中心俳優という人達は、目立ってきてしまう。

岡森さんなんかはどうですか。彼はそんなに絶叫型ではなかったのに、今度は、帝王だからか、SF的なイメージが入るからかは分からないが絶叫型で詠っている。岡森さんの演技はこうやって見るとアングラの演技なのよね。

一ノ瀬　例えば、THE・カジラの役者達の演技と比べてみると本質的に違っているんですよね。

斎藤　新劇はリアリズムといっているが、とんでもない、肉体はもっと激しく動いていると、ガジラの鐘下さんなんかはすごいことを俳優にやらせているけど、同時に情緒が出てくる何かもある。岡森さんは、それがすごく湿っぽくなる危険な瀬戸際じゃないかしら。

一ノ瀬　別の側面から言うと、役者が自立した役者というよりも、作者の本のテーマを伝えるための道具という関係がいつまでたっても抜けない危険性もあると思う。

斎藤　ここの俳優の外部出演は以外に少ないね。

一ノ瀬　横内謙介自身としては、外部出演はおおいに結構ということらしいですけど。

斎藤　そういうことをしないと役者自身が息詰まってくる。

一ノ瀬　もう一つは、新しい組織の中で、作・演出横内謙介という制作形態がどうなっていくのか。

斎藤　演出家と作者が一緒、主演俳優も同じ顔ぶれということは小劇場の特徴ですよね。作品だけで読んで、劇団を知らないとまったく違うイメージを持ってしまうでしょう。同時に演出が他の人にいってしまうと必ずしも作品はうまく生きない。こういう問題はある。

岩原　多分、それは作家として書いている時に、完全に演出を考えて書いているから。

坂原　今回の場合だったら、ジャルワンが描いている絵なんかは脚本ではどういう風に書かれているのですか。

一ノ瀬　何も書いていない。

坂原　最後に階段を降りて来るというのは？

一ノ瀬　あれはかなり書いてあります。ただし、お立台ギャルが出てきて踊るところは、脚本の中にはなくて演出の中で膨らましてある。

斎藤　やはり現代の風俗をきちっと捕まえて、ステージングして、舞台がかなり弾んでくるという要素は、観客の観ている身近な雰囲気とか風景とか、そういうものをいっぱい取り込むということ、それがあの劇団を、より観客に扉が開かれたものにしているのかも知れない。

坂原　多くの批評に、オーソドックスという言葉が出てきますよね。演劇そのものを考えさせるというより、演劇で何をするかというところが強いということだと思います。

一ノ瀬　横内謙介の戯曲はまさにそのタイプのものですね。彼は最初から形式を変えようとか、実験をしようとかを考えないということを、あえて宣言してから芝居を書くわけです。だからテーマはAならA、BならBと分かっているけど、むしろその過程をいかに埋めて行くかというところで芝居を作っていこうというところがあった。だから、演出も兼ねるということになるんだろうけど、新しい組織の中で、演出を別にまかせてやってみるというのもおもしろいと思うけど。

斎藤　全体の作り方なんですけど、今までのステージングの仕方ではなく、方向を変えようということがあるのかしら。今回は笑い方がこれまでと違う気がしたの。どうしてこんなに笑うのだろうと。観客のうけ方が違っていた。

岩原　芝居の終わった後、「今日は伝染して笑っちゃった」という言葉を観客の中で聞いた。これは笑いの場面を台本と照らし合わせてみて分かったことですが、作品の全体の流れの中での笑いというよりは、アドリブ的な動き、しぐさのところでの笑いが圧倒的に多い。その動きだとか、しぐさ、さらに言い逃れ的なものが若い観客が普段使っているものに近いんで、思わず引き込まれて笑ってしまう。

斎藤　二人の恋人が出てきて何かを言うたびに笑うのね。台詞がおかしいわけでもないが、多分、しぐさに笑っているのではないかなということがすごくあった。きっと漫画とかテレビとかいろいろなところにあるものがどんどん入ってきたのだと思う。

岩原　確かに、若い人たちが笑っているところをチェックしていくと、漫画とか劇画的な部分とか、普段自分達で使っている身近な言葉だとかに敏感に反応しているのが分かる。イメージという点からすると遠くにあるイメージではなくて、身近にある手の届くようなところのイメージをつかもうとしている。そう考えると、いままでの善人会議時代の主流であったお客さんは年を取ってくる。そういう人たちも完全にキープしておきたい。そしてまた新しい人も呼び込みたい。さらには若い人にも来ていただきたい。そういう人たちすべてにドアをオープンさせたい、あるいはドアをオープンするんだという戦略というふうにも考えられます。

一ノ瀬　プレヴュー公演で高校生を無料招待していますよね。

斎藤　野田秀樹あたりから、キャラメルボックスとか、制作がものすごく良い。だから何万という観客を動員するようにやる。そういうことを考えると扉座もスズナリでやることはなくなってくるでしょうね。大きいところでやるということ。こういう姿勢を打ち出してきたと言えるでしょうね。多くの人に見せるという姿勢を。

では、最後に一言づつ、今後どういうふうにということを。

一ノ瀬　今回の作品は、構想とかテーマ的にはかつてのものを、よく言えば継承、悪く言えば、引きずるという形ではあったけど、「個」のテーマを社会というひろがりを持ったコンテクストの中でとらえていく方向は、以前に増して出てきたと思います。今まで甘いとか、器用すぎると言われた彼がどのようにこの方向を展開し得るのか、興味があります。もう一つ、彼らは〈新劇〉をやるつもりはないでしょうし、横内謙介自身は演劇という形式にこだわりを持っている人だと思いますから、劇団として新しいアイデンティティをどこに置こうとしているのか。今回の公演では、規模の面以外はもう一つはっきりしなかったので、そこのところを見せてほしいですね。

坂原　答えのあるテーマを解説するのではない何かがある舞台を、私は見たいのです。

岩原　この劇団の新しい試みとして、レパートリー・システムという再演活動があります。この活動には彼の作品をより多くの世代、また地方の観客に観てもらいたいという目的と同時に、小劇場という小さな集団からメジャーへの成長を、そのために必要な劇団としてのハード的な財産にしたいというような意図が感じられる。この場合、重要になってくるのは制作の力だと思う。その意味ではダブルフェイスと扉座との二人三脚がうまく行くことを期待する。さらにこれは夢を含んだ私の期待ですが、世界の観客に開いた扉＝扉座であってほしい。

斎藤　皆さんの話をまとめると、今の小劇場には二つの傾向がありますよね。一つはリアリズムをしっかりしようとすること。これは、これまでの横内謙介もかなり共通してきたこと。その中には中劇場なり大劇場でもやれるものと、平田オリザとか宮沢章夫とかの小津調のくそリアリズムで、百人位入る空間でなきゃ出来ないものがある。それに対して、一方で横内謙介はリアリズムと言いながら、今回、むしろ一世代戻ってしまった気がしたことに関係するのだけど、セリフを謳い上げる調子でやる。ああいう調子のものがかなり長い間あったということ。これらがどういうふうに次に定着するのか、これからだということね。それと世界に出ていきたいとおっしゃったけど、彼やほかの新しい時代の作家は多弁な言葉の作家だと思うから、それは難しいでしょうね。野田秀樹なんて外国では受けませんよね。

岩原　確かに、野田秀樹の作品は翻訳不可能でしょうね。

斎藤　日本人は合理的じゃない言葉を持つ上に、さらに舞台では独特な時間や空間の飛躍がある作家が多いですからね。しかし、日本の現代劇は世界でかなり通用している。寺山とか鈴木とかを勉強しに来ている人もいる。でも、野田の作品とか横内謙介のはどうなるかは難しい問題ね。

一九九三年八月六日　立教大学に於て

善人会議とその前後の上演記録（再演は省く）

作・演出はすべて横内謙介

＊厚木高校演劇部

『山椒魚だぞ！』一九七八年

＊模様劇場

『切符のくらし』一九八一年

『東京マネキン』一九八二年

＊善人会議（下北沢ザ・スズナリ）

『優しいと言えば、僕らはいつも分かり合えた』

一九八二年九月十一日〜十二日

『冬のコンサート——優しさを持て余した、僕たちは。』

一九八三年一月九日、十一日、十三日、十六日、十八日

（東芸劇場）

『The Story of Hard Boiled THE PAROTT（鸚鵡）』

一九八三年十月七日〜十日

（下北沢ザ・スズナリ）
『例えばオアシスに降る雪のように』
一九八四年四月三日～八日
（タイニイアリス）
『ノータリーンベイビース、ノータリーン
――1984年のイージーライダー運送記』
一九八四年十二月十二日～十八日
（下北沢ザ・スズナリ）
『家庭の悲劇』一九八五年五月三日～七日
『四谷怪談――鶴谷南北より』
一九八五年九月十二日～十七日
『夜曲――放火魔ツトムの優しい夜』
一九八六年四月十六日～二十日
『魔法使いのでし』一九八六年十月九日～十四日
『鸚鵡とカナリア』
一九八七年六月二十一日～二十八日
『曲がり角の悲劇』
一九八七年十月十四日～二十一日

『新羅生門』一九八八年五月十九日～三十一日
『ヨークシャーたちの空飛ぶ会議』
一九八九年一月二十六日～二月五日
（下北沢本多劇場）
『ジプシー――千の輪の切り株の上の物語』
一九八九年六月二十一日～七月二日
（紀伊國屋ホール）
『フォーティンブラス』
一九九〇年三月十七日～二十二日
（下北沢ザ・スズナリ）
『愚者には見えないラ・マンチャの王様の裸』
一九九一年三月一日～十三日
（俳優座劇場）
『女殺し桜地獄』一九九一年三月一日～十三日
＊扉座（下北沢本多劇場）
『うたかたの城』

一九九三年七月二十八日〜八月八日

『西洋比較演劇』会報十一号　一九九三年秋

第二部　座談的シンポジウム

1　今日の我々にとってブレヒトは有効か
——俳優座『ジャンヌ』上演をきっかけとして（一九八二年）

岩渕達治／岡田恒雄／蔵原惟治／小島康男
斎藤偕子／利光哲夫／毛利三彌

毛利　〝今日の我々にとってブレヒトは有効か〟という表題自体にすでに問題が含まれていると思うのです。第一に〝今日〟とはどういうものかということ、そこには我々日本人ということが当然あるわけで、現在の日本をどう捉えるかがはっきりしなければ、議論はすれ違うかもしれない。また、〝ブレヒト〟というとき、ブレヒトにもいろいろのものがある。だからブレヒトのどこを取り上げるのかが問題になるでしょう。そしてまた〝有効〟とはどういうことか、何をもって有効とするかも大きな問題になるのではないかと思います。それでまず、岩渕先生から問題提起の意味を含めて、ブレヒトの今日性についてのお考えをお話ししていただけたらと思うのですが。

関連システム

岩渕　ぼくが考えているブレヒトのアクチュアリティとは、ブレヒトのパラーベル（寓意）という方式ですね。ブレヒトは、亡命時代にアクチュアルなものを書きながら、書いてもすぐ上演されるという可能性は全然なかったという事情がある。だから今アクチュアルなことを書いても、将来上演するときはアクチュアルでなくなっているおそれがあった。そこでアクチュアルなことを直接書かず寓意劇の形式にした。寓意になっていれば将来の観客はそれを将来のアクチュアルな問題につなげる可能性がでてくるわけです。たとえばアルトゥロ・ウィはヒトラーのことを寓意にしてるわけですが、書かれた時点ではヒトラーはまだ権力の座にいた。ところが初演は一九六〇年ですから、ヒトラーはとっくに破滅している。だから、ヒトラーの本質を暴き、ヒトラーを攻撃するという直接のアクチュアリティはなくなっているが、寓意劇だから、ヒトラーでなくても、ファシズムが政治権力を奪取するひとつの形の寓意としてのアクチュアリティは残りえたということでしょう。ブレヒトの亡命中の作品は書いてすぐ上演されるということは考えられなかったので、何十年たった後でも観客が別のアクチュアリティと結びつけるような仕掛けをしておいた。それが寓意ということですね。最近ではそれを古典性といってしまう人もいるわけだ。そこで古典とは何かという問題になるが、ぼくはブレヒティアンのつもりですから、人間の不変のプロトタイプというものが存在し、いつの時代にも人間は変らないから、それで何千年前の芝居を見ても感動するというパターンはとらないし、ブレヒトはそういう古典ではないと思う。大抵の古典劇というのはメルヒンガーの説では、書かれた時はすごいアクチュアルな作品だったといいますね。しかしそれは、書かれた時点のアクチュアリティが今もアクチュアルだから古典だということではないと思う。古典とはいつの時代にも通用する普遍的な作品ではない。逆に時代に縛られたアクチュアルな問題性があるのだが、後世になると、それとは全く違うアクチュアリティが、それぞれの時代に対応した形で出てくる、そういう含みをもったものこそ古典ではないかと思う。ブレヒトがある問題を考えさせようとして書いた作品が、その部分はもうアクチュアルでなくなってしまっていても、ブレヒトが考えなかった別の部分で現代にかかわってくるものがあるかもしれない。それを仮に「関連システム」と名付けてみます。ある古典作品がその時代にもっていたアクチュアリティは一応おいて、その芝居の中で寓意化されてでてくるいろいろな問題のどれかのなかで、とくにわれわれの上演する時代の問題との関連をもたせ、そこに重心を移すということなのですがね。自分との関連でもいい。ブレヒトのアクチュアリティとはそういうものではないかと思うわけです。その関連システムを押さえないで、ただ大作家ブレヒトだからやるというブレヒトは、アクチュアリティがないと思う。

ただ関連システムが「有効」であるかどうかについては、ぼくは正直いうと最近疑問に思っていることもあるわけです。これについて非常に挑発的なことを言っているのは東独の劇作家ハイナー・ミュラーだと思う。ブレヒトが現在もまだアクチュアルだという人たちの中にも教育劇以外はみんなもう有効でないと主張するグループがある。たしかにブレヒトの作品で完全に今までの演劇形態つまりお金をとる劇場を否定しているのは教育劇だけです。教育劇は観る人間と演る人間との間に区別がなくいっしょに演劇という場で何かを考えるということなのだから、これは一種の共同体の演劇という発想だと思う。ある問題を討議するという目的で、やる人間みる人間の区別なく討議の資料に劇をやってみるという形は、演劇の商業行為を否定しなきゃ成り立たないわけです。教育劇だけが良いと言ってるグループは、工場へ行ってティーチ・インみたいに芝居をやっている。ハイナー・ミュラーは教育劇からしかブレヒトの発展は出来ないと考えて、『処置』の延長線上に『マウザー』を書いたりしていたわけですが、その彼が一九七七年には教育劇決別宣言をしてしまった。シュタインベルクというのが例の教育劇グループの指導者ですが、彼が教育劇の現代の意味を扱う本を出すときミュラーにも寄稿を頼んだのですが、ミュラーはもうその頃には教育劇に絶望してきたのですね、そこで彼は「次の大地震がくるまでしばらく教育劇と別れる」と言う簡単なコメントを送っただけだったのです。彼は、その前後から不条理的なもの（ベケット）、シュールレアリスム的なもの（ロートレアモン）やアルトーに関心を示すようになった。そのミュラーの発言のなかで気になるのは、ブレヒトとカフカという問題でこう言っていることです。デンマーク亡命中のブレヒトがベンヤミンとカフカについて話していたとき、ブレヒトがカフカについて忌避しているところがあったというんですね、そしてミュラーは「譬え」のやり方がブレヒトとカフカでは基本的に違うんじゃないかと指摘しているんです。つまりブレヒトのやり方はパラーベルですから、さっき言った関連システムも別の言葉でいえばパラーベル（寓意）もしくはアレゴリー（比喩）になるわけです。ブレヒトの作品の世界はパラーベル構造、つまり譬えだけれどもこの場合この譬えは必ずそれと関連するものがはっきり作家ブレヒトの中で意識されてるわけです。ところがカフカの作品にあるものはメタファー（暗喩）だというんですね。暗喩の場合作家自身には、この譬えをこの問題と関連させるという意識はない、その代りメタファーの方が関連させうる問題性は広汎なわけです。ブレヒトの場合でもブレヒト自身の意図してない関連システムが生まれることはあり得ると思うが、ブレヒト自身が特定の関連をはっきりつけているから、暗喩の場合より範囲が狭まるわけです。

カフカの場合、あれだけ多様な解釈の可能性があるのは、譬えの過程を読む人に預けてしまうからだともいえるのです。カフカはたしかに読者がいくらでも自分勝手な解釈ができるような多義性がある。そこでミュラーは、〝作者は比喩より賢こい、暗喩は作者より賢い〟というのです。比喩を使う作者は比喩をどう関連させるか承知しているが、暗喩は作家の意図しない所にまで潜在的に衝撃力をもちうるといっているんですね。ミュラーが教育劇と決別したのはこの図式で言うと、比喩を放棄し、暗喩に移ったともいえるのではないか。だいたい日本に適応する形式として果して比喩がいいのか、暗喩がいいのかがぼくにはよくわからない。ただぼくはブレヒトの関連システムは現在でも有効ではないかと考えているので、その場合、ブレヒトのこの比喩は自分でこういう現在のアクチュアリティにつなげて使っているということをはっきりコンセプトとして打ち出す形をとってきたわけです。その結果としてどうも手応えがない、という感じがあって、疑問をもちだしてきているわけです。今のぼくのやり方を具体的にいうと、ブレヒトの会で『イエスマン』をやったとき、共同体と個人というテーマをあまり大上段にではなく、もっと日常的な卑近な例でつなげようとしてみた。例えばある演劇サークルの決定というのはどんな風にやられているか、自分たちにも、『イエスマン』的なところがないか、個を捨てて集団につくのはどういう場合か、などという日常の団体生活の比喩として作品を討論してみたわけです。ぼく自身も反省として、昔ブレヒトを演る時に余り高い所から図式的な政治問題としてとらえすぎたような気がしたので、自分の具体的な問題との関連を考えたわけです。もちろんその場合、自分というものを社会的存在と規定しなければいけないと思うけど。そしてこの討議は結論を出す問題ではないと思う。教育劇は日常の行動の解決を与えるものではない。ただ、自分のある時点での行動を考えるときの刺激になればいいと思う。『イエスマン』は個を捨てて集団に従えといっているわけでもなく、集団は無視して個人主義になれというわけでもない。どちらにすべき場合かをケースバイケースで考えろといっているわけです。例えば『コーカサス』の序景でも、各コルホーズが全体のために、個々の利己的な関心を捨てろということとはいっているが、どんな全体の場合でもそうしろとはいっていない。「公益を利欲より優先しろ」ということだけならナチスでもそう言っている。問題はその公共とか共同体のなかみの問題です。ぼくは今のように、すべての国民の権益を代表してくれていない日本国という公共のためには、おのれを捨てる気はないのです。公益など考えていない国家に限って、「公益のために私欲を捨てろ」などと説教するんですからね。しかしケース・バイ・ケースで考える指針を与えるというのもやっぱり教訓でしょうか。今は関連システムということ自体にも、ブレヒト上演の際のディレンマがある。たとえば『セチュアンの善人』の幕切れは、観客に疑問をなげかけてその解答を観客に預けてしまう形ですね、あの作品の上演された時点ではとても新鮮な形だったと思う。しかしそれがパターン化してしまうと挑発力がなくなってしまう。社会を変えなければいけないという解答も、わかってしまえばああそうかということで終ってしまう。だから『セチュアン』のアクチュアリティは別の関連システムで探さなければならない。一方暗喩を使った場合、今の観客はそれぞれ自分で何かに関連づけてくれているのだろうかということも気になる。アングラの客の帰りの会話を聞いていると〝面白かったけど判らなかった〟というのが多い。暗喩はまるで有効でなく、ただ表面的な面白さだけに観客が満足しているということでいいのだろうか。比喩が直喩に近いほど明快で分りやすいと啓蒙的といわれるが、アクチュアルに設定した部分というのは、やはり分ってもらわなければ生きてこないと思う。「有効性」とは「何がアクチュアルか」を前提としてきまると思う。娯楽としての有効性というのはノンセンスだ。暗喩と比喩とどちらが有効かというのはその次の問題です。こんなところで一応問題提起になるでしょうか？

日本の場合

蔵原　判らないのは関連システムという場合、元があるわけですね。その元を日本にもってくる時、また関連システムができるわけですね。

岩渕　イヤそうじゃなくて、さっき言ったようにブレヒトがなにに関連させようとしたかという元のほうは場合によっては無視しても、我々が現在の自分の立場で関連システムを探せばいいということだと思う。つまりブレヒトの考えた比喩⟷現実の関連システムを、形だけはスライドさせるけれども、対応させる現実の部分はわれわれがブレヒトから離れて勝手に探してもいいということです。ブレヒトの関連させようとした元のシステムは、現在もまだアクチュアルなものもあるけれど、もはやアクチュアルといえないところもあると思う。元のシステムは一応おさえておく必要があるだけだと思う。

毛利　そうするとブレヒトの、特にドイツでの今日性と、我々とのそれはある程度つながるとお考えですか、別の形で求めるべきだとお考えですか。

岩渕　一般状況からいうと東欧ブロック諸国より西ドイツの方がわれわれの今日性と似たところが多いと思う。ただ、有効性という場合受けとる方にも有効性に対する期待があると仮定しないと話は進まない。日本では今、演劇からエンターテインメントしか期待しないという観客層が圧倒的に多いわけです。そういう客には関連システムも今日性もどうでもいいわけだ。それでもターゲットをひろげるためには、戦術として娯楽性という糖衣錠をかぶせながら、アクチュアルな問題を含ませていくという方法論も考えなきゃならない。でも最終的には、エンターテインメントだけでいいという観客は、問題にしても仕方がない。全ての観客が楽しめる演劇という民衆演劇の発想はもう何十年も前に挫折しているわけですからね。

毛利　例えば俳優座の場合は、労演とか都民劇場があっても一般の観客がくるわけですね、ブレヒトというある先入観はあるにしても。黒テントとか東京演劇アンサンブルの場合は一種のシンパみたいなのが来るということもあるでしょうが。有効性をではなくある意味では娯楽性を求めて来ている観客にも有効たらしめることはお考えじゃないのか？

岩渕　さっき糖衣錠といったのはそのことなんです。だから娯楽的に喜んでもらう観客にも満足するように芝居を創りながら、分る人には関連システムも分ってもらうという形。少し思いあがっているようだけど、実は関連システムをかなり単純に出したつもりでいて、意外とそれが理解されてないいんですね。いい例が、『三文オペラ』だ。あの幕切れの逆転構造だって大部分の客に判ってもらえない。青年座のやっている『三文オペラ』なんかは驚いたことに逆転構造をやめてしまっている。逆転構造、あの簡単なパロディーでも、観客にはわかりにくい、という知恵かもしれないが、それはもうブレヒトとはいうべきでないと思う。あそこまで娯楽性だけにおもねったら、ブレヒトの基本構造を広げるということにはならない。ぼくはハッピーエンドのパロディーという攻撃性は、どんな大衆にもわかってもらえる攻撃性をそなえていると思う。あの改作は観客の理解度を軽視しすぎていると思う。

毛利　しかしブレヒトのいわゆる寓意劇でジャンヌにしろ、ウイにしろ、結局ヒトラーとかそれに類した大資本家は日本にもいるにはいるが、我々はドイツ人ほどにそれらとの関連性を直接的な力として受けとられるかどうか。東西ドイツで持つほどの力を日本では持ち得ないということになってしまうのか……。

岩渕　今度の『ジャンヌ』について、千田さんの上演意図のひとつは、こういう点だと思います。マルクス主義の景気変動論か経済恐慌論は、一九二九年の大恐慌で立証されたという考えがある。そして現在の経済状況が、大恐慌時代に似ているという説もある。最後の幻灯で示される、一九三〇年前後と現在の経済状況の対比は、そういう類似を提示されていると思うのです。現在のアメリカで失業者が増えたりして、不況の回復に軍需産業を増強するというような問題を経済史的に結びつけてくれる。ジャンヌは世紀初めの物語でブレヒトは執筆時の一九三〇年ごろと関連させているのだから、それを一九八二年と関連させてもいいわけです。あの作品はもともと国際経済という大きなスケールをドラマに収めるのはどうしたらいいか、という形式の模索から出発したのだから、こういう大枠は必要だと思う。しかしもちろん、経済的テーマのほかの関連性というのも出てくると思う。

毛利　たとえばあの作品ならどの点で関連性をもたせようと考えられますか。

岩渕　『ジャンヌ』の場合、さっきいった個人的なかかわりというような関連性のもたせ方は、現在のぼくにはむずかしい。六〇年代に上演した時は、自分なりの思い入れがあったのです。それはプチブル出身のジャンヌが、結局は暴力という言葉に尻ごみして、革命的な行動にふみきれなかった、という関連だったのです。

だけどその後の自分の行動とか、暴力のとらえ方の複雑さとかで、今やるんだと六〇年代にやった時の関連システムをぼく自身がそのまま使えなくなっているんです。今ならぼくは、最後にジャンヌがある認識に到達したけれども、それを公表されてはまずいので、全員が彼女の口を塞いでしまう。ああいう巧妙な言論圧殺みたいなところにポイントをおくかもしれない。

ブレヒトの挑発力

利光　さっきカフカの話が出ましたが、ダダやシュールレアリストたちの運動はカフカの影響を受けているといっていいと思うのですが。そうなるとシュールレアリストも文学での意識の変革を狙ったのは間違いないが、五〇年代のイヨネスコやベケットをその流れとして捉えると、観客を挑発したりスキャンダルを起したりする事が、演劇の手法と考えられたことがある。ブレヒトの場合にもあったんでしょうか。

岩渕　二〇年代のブレヒトはスキャンダルばかりですよ。

利光　その場合ブレヒト自身意図的にスキャンダルを狙ったんですか?

岩渕　既成のオペラに反撃するという意図はとても強かったと思います。

利光　トリスタン・ツアラなどのダダイストや、アルトー、ヴィトラックなどのシュールレアリストは戯曲そのものの中にプロヴォカシオン（挑発）をひとつの手段として使ってますね。そういうことはブレヒトは初期にはあったということですか。

岩渕　そうでしょうね。ただ初期の作品のプロヴォカシオンは現代ではもうちっとも挑発にならない。『マハゴニー』は「美食的」にもやれますからね。『バール』などには文体の挑発もあります。『バール』は初稿のまゝじゃ出版社が結果を恐れて出版を渋ったのです。現行のものはあれでも大分穏やかになっているはずです。

利光　その現象は二〇年代共通と捉えていいのか。

岩渕　ただブレヒトの場合は単なる方法論としてだけの挑発じゃなく、その社会的な意義、芸術の社会機能を変革するという意識ははじめからかなり強かったのではないでしょうか。ブレヒトの初期作品は難解だと言われているが、ぼくには割と入り易い。初期作品でも、関連システムを探せばみつけられる。後期の寓意性に通じるものはあるんですね。

利光　イヨネスコがブレヒトをおちょくるというか『渇きと飢え』の中では、ブレヒトールなんて人物を登場させて芝居の中で揶揄してますね。余りにも世界を割り切りすぎると。そういう非難は当っていますか。

岩渕　ブレヒトはちっとも割り切ってないと思う。割り切れない所が魅力だしイヨネスコが『渇きと飢え』で揶揄したようなブレヒト像は浅薄だと思う。またエスリンみたいにブレヒトにおける教義と演劇芸術の対立をふりかざすのも違うと思います。ブレヒトは割り切れないところをフェアに提示しているから面白いんだと思う。世界を割り切る啓蒙家というブレヒト像はずいぶん歪められたものだと思う。ドラマに結末をつけずオープンな形で提起するという形は、初めて登場したときはずいぶん新しかったんだと思います。ただブレヒトはその方向ずけはしていた。今のようにブレヒトに慣れてしまうと、それだけでも啓蒙的に見えてしまうんですね。

利光　もうひとつアレゴリーのことですが、ジャンヌ・ダルクの場合は対宗教問題はアレゴリーと取っていいんですか？

岩渕　殆どなってないんじゃないですか。『ガリレイ』でもそう。ブレヒトは繰り返しこれは宗教対科学という芝居ではない。宗教はただある権力をあらわしているだけだと言っています。『ジャンヌ』の救世軍も、ひとつの組織、社会の矛盾を結果としては隠してしまう組織とした方がアレゴリカルだと思います。

斎藤　救世軍と与太者が結びつくということは種本とか何かがあるんですか。

岩渕　二〇年代には救世軍は風俗的にも興味ある現象じゃなかったんでしょうか、文学作品などでもよく出てきますね。

毛利　G・B・ショウに『メイジャー・バーバラ』がある。

斎藤　アメリカでも『野郎どもと女たち』というミュージカルがありますけど、やはり救世軍と与太者の話でしょう。『ハッピーエンド』を見て始めて読んだんですが、影響が逆に向うへ入っているのかと——。

岩渕　エスリンが『野郎どもと女たち』に似てると指摘していますね。最初はブレヒトはドロシー・レーンという架空の女流作家の名前で発表したんですが、ネタはなかったと思います。カイザーの『朝から夜中まで』にも救世軍が出てきますが、カイザーの場合は純真無垢な救世軍の娘というイメージを出しておいて、あとでひっくり返す使い方ですね。映画『ルル』では最後の救いを暗示している。要するにストレートにガムシャラに布教を行なうという点で、戦闘的で妥協しない新しいキリスト教集団で、そのために世俗化したキリスト教の警鐘になったところもあると思う。ジャンヌは救世軍から追い出されるけれど、彼女の行為こそ救世軍の正道でしょ。妥協を許さない線だから、『処置』の若い同志が理想主義的な党員で、党の現実路線と衝突するのに似ているところがある。共産党だったらそれが党批判になるわけだし、タテマエとホンネの矛盾とか粛清というテーマなども隠されているんじゃないでしょうか。

小島　『バール』を書いた頃のブレヒトには勿論イヨネスコの言うような批判は全然当らないと思いますが、ジャンヌを書いた頃のブレヒトは社会主義社会という確固とした目標に支えられていたのではないでしょうか。

岩渕　それはあるでしょうね。

小島　そういう意味では割り切ったイデオロギーにのっとって、イヨネスコの批判を浴びる結果になった。

岩渕　ただ二九年以後の状況ではナチズムに抵抗するには社会主義的な立場をとらなければどうしようもなかったと思います。ブレヒトが共産党にかなり強くコミットするのは、左翼シンパだった知識人がむしろどんどん脱落してゆく時期だったといわれています。

今日性

小島　ぼくはジャンヌには余りアクチュアリティを感じませんが、モーラーの方はとぼけたような所があって、一方では人間的な面もあり、プンチラにちょっと似た所がありますね、ダンピンクの所など。あゝいう動き方というのは非常にアクチュアリティがあると思う。

岩渕　人間の二重性みたいなことで言えば『セチュアン』なんかとも似て来ますね。問題はその二重性が人間につねに内在しているんじゃなく、社会に規定されたものとみるかどうかですね。

小島　それと韻文を使うのはどういう意図なのでしょうか、一般の観客にはちっとも分らなかったという人がいましたが……。

岩渕　千田さんが手を入れられる前のぼくのテキストはもっと韻文を使っていたからもっと分りにくかったかもしれないが。でも韻文は内容の強調のためで「囲み」で言ってるということじゃないでしょうか。単純にわからなかった原因には、作曲部分が多すぎたこともあったんじゃないでしょうか。

小島　つまり一種の異化効果みたいな――。すると関連システムからは離れるわけですね。

岩渕　そう思います。あれは異化の方法論ですから。ただ関連システムがその方法論ではっきりしたかどうかを考えるべきです。

小島　つまりそういう人物を少し変った角度からみて、少しおかしいなという印象を与えることが狙いなわけですか。

岩渕　そうですね、ひとつの意味としては今古典はまともに上演できないけれど、パロディーならできるわけで、その方が古典としてはずっとやりいいと思います。最終景は『ファウスト』二部のパロディーだと思う。しかし『ファウスト』二部は本当の救済の場で、ぼくは現代人としてあのオプティミズムにはどうしてもついていけない。ブレヒトの『ジャンヌ』の幕切れの「解決」はパロディーでしょう。あの形なら現代の上演に耐えられる。ブレヒトが古典化したといくらいっても、やはりブレヒトと「古典」ははっきりちがうのです。

毛利　関連性のことですが、モーラーみたいな人物は現在でも我々にある程度の今日性を感じさせるというのは、つまり二面性があるからですよね。セチュアンはそれを寓意にしたわけですけども。すると、あゝいう人物は我々の知っている資本家にも確かにいるとか、天皇だって人間としては好い人だとかいう人もいるわけで、だから関連はさせられるわけですね。そしてそれは関連させておしまいなのか、ブレヒトの場合は関連させてヒトラーを否定するわけでしょ。だから関連というのは一種の批判とか否定への過程ですね。それを、あゝいうのは自分も知ってるというだけではあゝそうかというだけで……。

岩渕　だからあゝいう人間がいる（しかし俺はちがう）というだけでは駄目なんで、ほんとは自分もあの二面性をもって生きてるっていう痛みがなければいけないんじゃないか。そうなってはじめて自己の意識の変革が起こるわけでしょう。モーラーをみていて、あゝいうのがいるなと他人ごとで考えていては駄目だと思う。プンチラをぼくが演った時にパンフレットに何も関係ない新聞記事を二つのせたんですが、一つは田中角栄の運転手が自殺した記事と、大正時代に伯爵夫人が運転手と心中した記事なんです。日本はタテマエは平等だけど、主人と使用人という関係は昔とちっとも変っていない。奥様との不義の恋を死でお詫びする運転手と、角さんに忠義立てして死ぬ運転手は、ちっとも意識が変っていない。とすれば自分のなかにもこういう潜在的な二面性がありやしないか、と考えたわけです。ぼくはマッティが最後に出て行くのは、階級意識をもって格好よく出て行くんじゃなくて、自分の中にボスに対する忠実なところ、主人への情に、負けそうになるところがあり、それをふりきって逃げるんだというふうに考えたほうがいいと思う。自分の中にもあゝいう要素があると受けとめるのがアクチュアルだと思う。タテマエでは主従関係はないことになっているが、自分の会社のために身を粉にして働くというローヤリティはいまだに存在していますからね。しかし自分のあまり見たくない部分と対決するという芝居は本来娯楽性とは完全に背馳しちゃうわけですよ。自分がそうだと自覚することは不愉快になるはずですからね。だからほんとは不愉快になる芝居なわけですねブレヒトの芝居は。

だけど演劇運動というのはそういうものだと思う。例えば『人形の家』だって『幽霊』だって当時の娯楽常識から言えば見る人にとって不愉快な芝居なわけでしょう。それをあえて見る人がいたから運動として成り立ったはずです。ところがいつのまにかそういうところはなしくずしに風化されて、それも娯楽性になってしまった。演劇というものはそういう運動まで無害化して単なる娯楽にしてしまうしたたかさがある。ぼくは自然主義の新しさと近代劇としての意味は、写実という方法ではなく社会問題を提起したという点にあるんだと思う。教養的な宮廷劇場、国立劇場の劇でもなく、娯楽的な商業劇場の劇でもないのが近代劇だった。『人形の家』や『幽霊』は出発点は娯楽ではない。それでもこの芝居を会員組織まで使って上演したのは、娯楽じゃない芝居を見る積極的な観客がいたからです。ところがそういう不愉快な問題性はだんだん消されていって、普通の娯楽の演劇のレパに組み込まれてしまう。しかしまた娯楽演劇を否定する新しい運動がでてくる。これが演劇の歴史だと思う。新劇はもともとは運動であって娯楽じゃなかったはずだが、それが今はもうなりふり構わず娯楽にいっちゃってるわけです。けど娯楽ばかりにあきたりない運動の要求する層が出てくるんじゃないか、これはぼくが芝居に期待しすぎるのかな。

毛利　仰言ったように自分の問題として関連させるというのは何もブレヒトに限らず、古典劇は皆そうなのですね。しかし自分に関連してるという時の〝自分の領域〟というのがどこまで広がるかによって、あるいはそれがいつまで持続するかによって、自分も同じだなと思っても同じような奴がいるなと安心しちゃう場合もあるし、何となく心をえぐられるけど明日になると忘れているということもある。殆どの芸術の我々への迫り方は、結局は身につまされるというやり方なのでしょう。しかしその〝つまされたもの〟をどうするかが問題なんで、それをどうするかというところまで広げていかせる芝居といかせない芝居があると思う。ブレヒトの場合も関連システムには個人的なものと社会的なものとあると思うが、それが社会的な方へだけいくと自分とは関係なくなっちゃうし、逆に自分とのつながりだけでは社会的な力をもたないことにもなりかねない。

岩渕　今は個人的な関連性でブレヒトを見た方がいいと思う。少なくともアクチュアルな問題についてはね。観客、アリバイという言葉がありますね。おれはこの問題にはアリバイがあるという、指弾するだけの立場もアリバイです。芝居の上で指弾だけして自分はそれとは違うと思っているのと、芝居を見ていてあれは俺と関係ないと思うのとは全く同じ立場だと思います。むしろ作る方も見る方も上演されることとは無関係に安全なところにいる。娯楽劇というのはその方が成り立ちやすい。でもそれでは満足しない人々がいるから運動が起こるのでしょう。そして運動は、芝居のなかに個人が関連を探るということと関係がある。それが個人から社会的に広がっていけば社会性になるわけでしょう。

ブレヒトの人物関係

利光　プンチラのことでお伺いしたいんですが……。演出家のロジェ・プランションが来たとき、彼の講演の中で、プンチラとマッティの間に同性愛関係をみとめなければ全く今日有効ではないというようなことを言いましたが、あれをそのまゝ敷衍するとジャンヌとモーラーもどっちかが惚れてないと有効性がないみたいになるけど、その点いかがですか。

岩渕　マッティのプンチラという主人に抱いてしまう情というものを、同性愛におきかえた方が、はっきり見えるということなんですかね。モーラーとジャンヌの関係でいうと、モーラーが柄にもなく精神的になってジャンヌに無私の愛情をそゝぐという部分がある、肉体を求めないくらい崇高になってるという、彼は絶対そういう男ではないのに柄にもなくそうなっちゃってるというところね。この型は例えばセチュアンの床屋が一方では鬼みたいな業つく張りなのに、シェンテのことになると小切手に金額を入れないで渡してしまうのと同じだと思う。これは、今迄の芝居の意外性をとりいれていながら、類型的な悪人に人間味を加えるという結果になっている。

ブレヒトが有名になるにつれてブレヒトの異化もパターンになってしまった。本来の異化が、みんなに知られてしまったら、異化の衝撃力もなくなるわけだ。今はよほど突飛なことを考えないと異化にならないと思う。プランションの場合も行きすぎだと思うけど、マッティのなかなかプンチラから手を切れない理由をはっきりさせるために挑発的にそういうことを着想したという点はわかる。ブレヒトを異化する、という試みだと思います。

利光　そうするとプランションのように、プンチラとマッティの関係を同性愛とまでいっていいのかどうか？

岩渕　行きすぎだとは思うが、一方でいえば、なぜあれほど娘とマッティを結婚させたがるか、という原因などははっきりわかってくるという利点はありますね。同性愛というのは、実は一番純粋な愛情ともいえる。ブレヒトが初期の作品になぜ同性愛ばかり書いたかというと、男女の愛情の方が損得の計算が入るんですよ。同性愛はあの時代には絶対に社会的に損なことだからね。その危険を犯してまで行なう愛情の方が純粋なわけです。それで初期にはよく理由のつかない愛情が問題になってくるんですよ。一目惚れ、なんていうのは芝居の嘘かもしれないけど、不条理的な要素も入ってくる。ジャンヌとモーラーの関係にもそういう無私の精神的な愛の名残りみたいなところがあると思う。『ハッピーエンド』はもともと興行用に書いた台本ですけど、これは救世軍とギャングという異質の世界の二人が出あって愛しあう、一目惚れみたいな手段をわざとやってるわけです。

岡田　さっきの、マッティが自分に後めたい気持をもって出て行った方が現代にアクチュアリティがあるということですが、ジャンヌとモーラーの間にもそういうことがいえるでしょうか。モーラーはあまり改心したという感じじゃないんですが。それともう一つ、もしマッティに後めたい気持があるとしたら、それに対して我々の肯定できる人物、マッティに対置するものとしてスルッカラですが、その存在がブレヒト劇のなかで希薄というか、我々を行動にかり立てるように書いてない。ジャンヌ劇にしても組合の指導者がもっと表に出てくると、ぼくらの行動の指針がそこに見られると思うんですが。

岩渕　たとえばジャンヌを見る場合、自分と違うが肯定すべき人物だ、として見た方がいいと思う。たゞ今度見て、あの指導者の一場面はすごく印象に残った。つまり彼が自分を逮捕した兵士を説得しようとして、途中であきらめてやめちゃうでしょう。六〇年代には感じなかった痛みをぼくは今度はあの場面で痛切に感じた。あそこが今アクチュアルに感じられるのは悲しいことです。

ところでぼくは『コーカサス』のグルシェについて疑問があるんです。ぼくの感じではアツダクという男はグルシェを嫌いなんじゃないかと思う、人間としては。つまりアツダクのようないいかげんな男にとっては苦手なんじゃないだろうか。ストレートにまじめな女というのは肯定しなきゃならないがイヤな奴と思うわけだ。嫌っていながらしかも肯定しなきゃいけない人間だというこ とが頭で分っている。ぼくらにはみんなアツダク的ないい加減さがあるとしますね、するとグルシェにしろ、ジャンヌにしろぼくらからみれば煙ったい存在です。ほらぼくらのまわりによく居るでしょう、バカ真面目で本気で正論を通すという人がね。ぼくらの方も、その人の方が正しいことはよく分っているけど、忌避したり煙ったがったりする。それは自分のいい加減さをつきつけられるからですよ。それがモーラー性だと思う。ブレヒトの肯定的人物がわれわれを奮いたたせるとすれば、それはわれわれに自分の恥部をつきつけることによってだと思う。グルシェにしてもジャンヌにしても。もっと不愉快でイヤな女みたいに演った方がいいんじゃないかという気がする。ただ一〇〇パーセント嫌な女でも困るんだな。モーラーみたいに彼女に惚れながら、自分に都合が悪いときは逃げるという対し方。例えばエドワード二世の相手のおかまはこれがおかまかと思うような醜男の方が面白いと思う。その方が意外性とか不条理性があるわけでしょう。でも一方ではなにか納得性がいるしね。

『ジャンヌ』はテクニックとしては近代劇構造を犠牲にしてると思う。例えばヨハンナが夢の中でものすごい革命の闘士になって大いに意気あがった場面のあとで、ひどく寒かったりまわりの連中が意地悪かったりで、すっかり里心がついて黒表ワラ帽子隊が恋しくなるでしょ。あの場の間に株式市場が入ってくるわけですよ。あれは一般観客に対しては中断しない方がわかりいいですね。ブレヒトはあえてそうせずに志気盛んなジャンヌが、すっかり落ち込んでしまう過程の間に株式市場の場を挿入している。あゝいう構造は意識的にやっているんだと思う。そこで背景の動きというものがたえず個人の過程とかぶってくる。モーラーの態度も株式市場の状況と対応して、変ってゆきます。

でもこの構造には、今の観客でもまだ慣れていないと思う。

個人的次元と社会的次元

毛利　今までの議論に少し疑問があるのですが、そういう個人的次元での関連性とか身につまされたという形の衝撃性とかだったらイプセンの方がはるかにあると思うんですね。あるいはイプセンに限らず近代劇の方が。イプセンの核は仰言る通り問題性だと思いますが、それは個人的な次元で問題性に迫ろうということだと思います。ブレヒトはイプセンを否定したかどうか知りませんが、そういう次元だけではあきたらなかったんだと思うんです。個人的な次元で追求するのはまず同化があって、それで自分は一時変るかもしれないけれど、やはり同化した、つまり一種のなぐさめになってしまう危険がある。あるいはそうならなくても個人的感情はどこかで磨滅していく。プンチラとマッティだって個人的なレベルで押していくと、どんどん二人の人間心理とか、個人的な感情の方へいって、当然人間だから同性愛的つながりもある筈だとか、モーラーとジャンヌにも恋愛感情があるかないかの問題にいかざるを得ない。しかしこういう問題は答えがはっきりしないからさっきの云い方で直喩的ではなくて暗喩的ということになりますね。個人的な関連システムは所詮直喩ではなくなると思う。直喩というのは一義的に意味対象とつながるわけでしょう。個人的な次元では受けとる人が一人一人違っているわけですから、つながりは一義的ではない。ところが一義的につながっているものは仰言る通り余り面白くないわけですよ。どこかで自分の問題にならないと面白い気がしない。それがひとつの矛盾だと思うんですが、しかし、この問題を現在は個人の問題としてとった方がいいという形で解決するのは、ブレヒトをいわば近代劇にしてしまうことになるのではないでしょうか。ブレヒトが書いたのはジャンヌがモーラーをみつける時、そこで二人の間に恋愛感情が芽生えたかどうかということではなく、あそこで惹かれたという意味では個人的次元だし、モーラーに二重性があったという意味でもそうですが、実は、「あなたの手が血まみれだからすぐにわかった」というジャンヌによるモーラーの本質把握ですね。いかに偽善的にやっていても血まみれだということをジャンヌは見抜いたということでしょ。その後のジャンヌが、いかに彼はいい人だと繰返しても、彼女は初めに本質を見きわめてしまっていた。この点はやはりどちらかというと直喩的な意味だと思うんです。

岩渕　ただ、その本質を変えられるのじゃないかということが彼女の中でひとつの推進力になってるわけです。

毛利　それが彼女の錯覚だったわけですね。彼女自身は気がつかなくてもそれが錯覚だったという、しかしブレヒトとしてはそれこそ作者は賢いわけだから、最初から本質を出してしまってるわけでしょう。

岩渕　たしかにジャンヌは錯覚したわけです。でもブレヒトの場合変る人間と変らぬ人間がいる。ジャンヌは認識過程があって変っていきます。モーラーは何も認識しないから固定人物なわけです。それはノーラだってたしかに変りますが、イプセンと違うのはジャンヌが本当は身につまされる人物じゃないってことだと思う。ノーラには身につまされて同化できるけれども、ジャンヌはそうではない。この点ではジャンヌはむしろモーラーと同じで、矛盾像であり、両者とも観客の好感をもつところと嫌悪感をもつところと両面をもっている。ブレヒトのひとつの問題は、「身につまされる」「同化」を切ろうとしていながら切れなかったところだと思う。ジャンヌも『コーカサス』のグルシェも、肝っ玉も、観客が同情しないように演じなければならない部分があるのだが、それがむずかしいのです。いやになる部分こそ、観客が自分と関連させるべき欠点だと思うんだけれど、観客はいいところばかりみて同化してしまう。そこがむずかしいんですね。

劇の構成の仕方ですが、たしかにジャンヌ＝モーラーという個人レベルのエピソードは近代劇の線だと思う。それはおっしゃる通りだと思う、そういうストーリーと、教育劇のように、直喩的に経済問題を論ずるという形と両方まぜるということがあのドラマの複式構造だと思う。経済恐慌論のようなテーマは直喩かもしれない、しかし、経済機構を食肉市場という小さなブランチに極限して、模型みたいな形で複雑な経済を論じるというのはこれも寓意といえないことはない。毛利さんのことばを借りれば、直喩と暗喩をどうつなげるかというのがジャンヌの上演の問題点だと思う。

毛利　そこが、現在ブレヒトは有効かという時の問題点にもなる。岩渕先生も関連システムをもつことがブレヒトなんだと仰言って、それがない時はブレヒトではなくなっちゃうとしながら、個人の方へいくという時はどうしても……。

岩渕　ぼくが個人レベルといったのは日本のブレヒト受容があまりにも一義的、直喩的にとらえられすぎている気がするので相対的に、もっと個人的関連をというわけです。政治的な直喩というものも本当は個人的なものを媒介してあると思う。ただ直喩だけを徹底するのだったら教育劇がいいと思う。ただ教育劇は、普通の演劇の場にはむかない。ジャンヌの場合のような、普通の劇場用に書かれたスケールの大きい台本はみんな直喩と暗喩のはざまみたいことを試みてるんじゃないか。個人的な部分と、さっき例に出したカフカ風の暗喩というのはちょっと意味が違うように思うんだけど。

毛利　しかし一義的に関連がつながらないという意味で暗喩的ですね。

岩渕　自分にひきつけて見ますね、しかしそれをさらにきちんと整理しないと社会性にはひろがらないと思う。おのがじし見たことをたとえ身につまされてもいいから、どこで社会性につなげるかということが、問題だけど、作品のなかにそれは仕組まれていると思う。

毛利　そのことが今は難しいからブレヒトの上演が困難になっているのだとお考えですか。

岩渕　個人的なレベルからどう社会的なものへ開いていくかはたしかにむずかしい。それには個人がつねに特定の社会に規定されているということを考えにいれなければいけないと思う。でも教育劇みたいな直喩でもやはり個人レベルを通っていくから比喩になるんじゃないかな、違うかな。そうでなければ頭でわかる直喩にすぎない。それだったら芝居やらなくたっていいわけだ。

毛利　ぼくはブレヒトを全部読んだわけではないがぼくの理解した限りで大変すぐれた作家だと思っています。というのも、個人的な次元から社会的な方へいくのはイプセンなんですね。近代劇がそうだと思うんです。ブレヒトは社会的なものを個人的な方へいかせるようなところがあって、いかないと無味乾燥というかシラけてしまう。どこかで社会的なものが自分の方にくる時は面白いとなると思う。しかし、これは非常に難しいんですね、近代劇を通り抜けてきたものには。でもブレヒトの新しさは、やはり、そこにあったと思うのです。だけど、考えてみると、古典劇は殆どの場合、我々個人の問題としてとらえさせるのではなくて、いわば、人間のおかれた状況の社会構造のようなものをとらえさせるのではないでしょうか。その構造の中に、自分もはまっていることが、そこから出てくる。これをブレヒトは現代劇で試みた。だから『アルトゥロ・ウィ』や『ジャンヌ』なんかは書いた時点で上演しなければいけなかった芝居かもしれない。その時はアレゴリカルなというか一種のパターンはピッタリきたわけですね、現在の自分の問題にね。あゝいう作り方の場合、時間がたつとまさしくぼくらが議論してるように、問題は社会性なのか個人性なのかに分れちゃうんじゃないかと思う。

変革への志向

斎藤　私は俳優座の『ジャンヌ』もブレヒトの会の『ハッピー・エンド』もよかったと思っています。あれは明らかにアレゴリーだと思います。ジャンヌに関しては何人かの作家が書いているがあれははっきりブレヒトのジャンヌだと判るし、ジャンヌ物語がもってる社会構造を非常にはっきりさせてると思います。宗教問題かもしれないがやはり政治問題だと思う。ブレヒトは経済問題でやっていて、あの社会は経済だけが問題じゃないとは思うが、とにかく経済機構が非常にはっきり描かれてる。関連ということでいえば、一方でジャンヌ的な人間に対してイヤな人間だと思う気持がありながら、あゝいうふうにできる人間を羨む気持もなくはない。結局、そういうものがジャンヌが聖人にされるゆえんだろうと思う。私があの作品でいちばん近く感じるのは夫の肉を食べる人たちですが、ジャンヌがそこへ降りてくるのが結局嬉しい。ジャンヌがその状況におかれたら同じことをやってる、そういうみじめなジャンヌには、それでいてちゃんと夢がある。

ところが一方で株式市場などとからんで、社会は〈夢〉などとは関係なく動いている。モーラーが何をしても機構が動いていってしまう、ジャンヌがやったこともマスコミに利用されて聖人にまつり上げられ時事問題になってしまう。時事問題として取り上げられたからといって社会はひとつも変わらない。そういう社会機構。だから最後の結末の場面で、あのパロディーが利かないと困る。その点、パロディーとして観客が受けとるか疑問をもちました。今日の政治問題でも社会問題でも、個人が結局どう動いていいか判らないという戸惑いの中に追いやられてる状況でしょう。それを、あの舞台の中から寓意として実感させられながら、あの結末の場面へ来た時、このパロディーをそのまゝ観客は受け取るのではないか、パロディーでなくまともに取るのじゃないかという怖れを感じました。それというのも、ブレヒトはいつもセリフをちゃんと聞いていなければならないという難しさがありますよね。イメージだけパッパッと見せてくれるのでない、言葉による理屈をちゃんと追ってなければならない難しさがね。そういう意味で言葉を聞いて、自分の身近かな問題にもする。ジャンヌやモーラーの問題だってそれから夫の肉を自分も食べるかもしれないという問題とか、それぞれに言葉で考えて自分の問題にしながらいくわけですけど、だから最後になってブレヒトの難しさというか、パロディーも理解できる。結局社会が変らないということを突きつけている気がするんです。

岩渕　今は変らないという思いのほうがとても強いしね。

斎藤　そういう矛盾を抱えたまゝ、でも、ジャンヌは夢をもって突貫してるんですね。

岩渕　さっき言った、組合代表の袋さんが兵士をアジろうとして途中であきらめちゃうところでぐっときちゃうのも斎藤さんが言われたように諦めの方向が強いからでしょうね。

斎藤　だからそれを諦めないジャンヌだけが最後にパロディーとして浮かび上ってくる筈なんですけどね。ブレヒトはセリフを有機的につみ重ねてそこまでもってってますが、我々は新しい芝居なんかでセリフを刹那的にしかとらない傾向に慣れてきたでしょ。

岩渕　そう、ブレヒトの場合セリフが論理的に構成されているという意味では完全に近代劇なんだ。だけど今の演劇の流行はモンタージュでしょ、考えるひまもないほどセリフをどんどんぶつけて、勝手になにかアソシエーションしろということだからね。近代劇とちがうのは、モーラーの行動が心理的でなく経済的な動機でも解けるところだと思う。ブレヒトはそこではとぼけてるけど、モーラーがあの時こういう決断したのはジャンヌのためだというふうにも見えながら、ちゃんと市場の状況を計算しながら打ってる手だというふうにも取れるように書いている。たゞある動機があって行動するという考え方は基本的には因果律だからね、近代劇になじみのない今の若い人は行動と動機などという風に芝居を追わないで感じで受けとってしまうかもしれない。そうするとこういう仕掛けは意味がなくなってしまう。この作品をペシミスティックに、どうせ変革なんかしないと正直にとるというのも今様かもしれない。でもブレヒトの芝居というのはいつも反面教師的ですからね、芝居の結末と逆のものを観客に要求してるわけだ。今日のエンターテインメント好みの観客にはそういう効果を期待できるかな。エンターテインメントの客は、芝居を額面通り受け取るんじゃないか。そうするとブレヒトの仕掛けより、今までの単純な政治劇の方がいいのかなと思っちゃう。岡田さんが言われるような肯定的人物によって行動に立ちあがるというのはそういう意味かしら。

毛利　そうなると、さっきの有効とはどういうことをもって有効とするかという問題ですが、パロディーの方が面白いとか、同じ矛盾を自分も感じるとかいうだけで有効なのか、それとも世界を変えるという方向に我々の意識を変革しなければ有効とはいえないのか、或いは実際に行動にむかわせることを有効というのか云々ということですね。一般には芸術的な鑑賞というのはシラーじゃないけれど遊戯性というか無関心性というような所で云々するわけでしょ。つまり自分の問題としてとる時も結局は自分の領域内におさめている。それで自分が変るかというと変るわけではない。もしブレヒトが狙った有効性は何らかの意味で変革ということであったとすれば、あそこをあゝすれば、こうすればという形で云々することで自分が変ったといえるのかどうか……。

岩渕　シラーは遊戯性ともいっているけど、彼なりの観客を「変える」という考えもあるでしょう。シラーが例の〝悲劇を見ての快感について〟で言ってることは、悲劇では人が死んでなぜ嬉しいかというとその人が死んでも精神は残るからだというでしょ。例えば「自由」の精神。そうすると観客はやはり主人公の崇高な精神に感化されるわけだ。シラー風にいけば、観客はジャンヌに共感してジャンヌは破滅したが彼女の意志に感化される、という図式になる。ジャンヌの変革の意志を観客が継承すれば「有効」とはいえる。だがブレヒトはそういう「有効性」は狙わなかった。ジャンヌに共感しないで、彼女を批判することで学ぶという逆説構造でしょう。ところが現代はどうせ駄目だと諦めちゃう所で実感しちゃう危険もあるわけだ。

毛利　するとブレヒトが狙った変革とはどういうことになるんでしょう。

岩渕　変革に気づいたジャンヌは消されてしまったが、消されないようにしろというのが、前向きの教訓だと思う。ジャンヌの認識は消されたけど、それは観客の中に生き続けると考えれば古典構造にも似てきますね。要するに観客の意識の変革があればいい。

毛利　観客に期待したということですね。

岩渕　期待する構造にもできないかしら。

毛利　だけどもしあそこで観客に、俺も資本主義に向ってひとつ闘ってやろうという気になると期待するのは……。

岩渕　そういう直接効果と考えるのは安直すぎると思う。そんなにすぐはっきり効果が出るってものじゃないでしょう。

毛利　するとどういうことなんでしょう、我々の意識に対する影響力とかいうのは。

そもそも芝居が直接に社会を変えられるものか疑問をもったり、これまで変えたためしがないじゃないかという人もいて、実際ブレヒトをやってちっとも変らないじゃないかという反論があるわけですよね。

岩渕　意識を変えるということはあったと思う。

毛利　だけどその意識変革が、もし有効だったのだとしたらみな変わってる筈なのにやっぱり社会は変らないわけだから、人間は変ってなかったともいえますね。そうするとそもそも芝居というのはどういう力を発揮できて、ブレヒトは一体何を期待したのか、社会的な次元として。そういう問いを問わねばならないと思う。芸術とは自己目的的なものだという美の無関心性をいう立場なら最初から問題はない。しかし、そうではない社会性とか社会効用性を持つというのであればほんとうにどういう効用性を彼は信じていたのか。

岩渕　演劇には効用性という考えもたえずありましたよ。特に啓蒙時代なんて芝居の存在価値を効用性においている。市民にモラルを教えるという効用があるとみるわけです、シラーが無関心といったのは、そういう教訓臭に対する反省の意味もあったわけでしょう。昔は自分だって「道徳的施設としての舞台」なんて論文を書いてますからね。演劇はいつも楽しみにプラスアルファがついてくる、そのアルファは社会性でも宗教性でもかまわないけど、とにかく効用ですよ。じゃ宗教劇とはどういうものか、宗教劇とは観客がみんな敬虔な信者になる劇という意味じゃないと思う。政治劇みても社会は変らないから無効だというのはすこし短絡じゃないでしょうか。たしかに先にあげたミュラーなんて劇作家は、現在は歴史のペシミスムという立場に立っていると思います。彼がブレヒトから離れたひとつの原因はそうだと思う。これは歴史的にみて社会は全然変っていない、という立場をとるかとらないかという問題だと思う。

ぼくは人間の意識構造は歴史的にずいぶん変わってるんじゃないかと思う。たしかにイプセン見たって今でも変ってない部分もあるけれども、今だと想像もできない程古い考え方だってあるわけです。百年足らずの間に、とても変ってるとこもありますよ。それを変えてきたのは芝居じゃないかもしれないが。意識が変っていけば社会はよくなっていくという立場もあると思う。ぼくは、社会は変っていると思う。たとえばフォークランド事件が起こるとすると、国連の介入は無力といえばいえるけども、それでも昔の国際連盟よりは強力になってますよ。戦争はバカらしいという考え方は、昔とは比較にならないほど増えている。一朝一夕に資本主義社会が共産主義社会に変ればいいんだというのは単純な図式です。昔の社会主義社会の理想をこわしてしまうような実例がいっぱいあるわけですからね。芝居では、人間の意識が変るということだけでいいんじゃないのかね。

毛利　意識は歴史につれて当然変っていく。生活様式が変るという意味でも。しかし、そこでは良い方に変っているか悪い方に変っているかの問題は抜きなわけです。

岩渕　いやぼくははっきり良い方に変ってると思う。たとえば一九二〇年代のホルヴァートの小説で、地理の教師が教室で黒人が低級だと思うのは間違いだって教えたら、それだけで学校を追われたという話、つまり今の差別と逆の話が出てくるわけですよ。それだけみても社会の常識というものは良い方に動いている。だから社会も少しずつでもいい方に変ってると思いたいし、それは歴史のペシミスムに立たないということだと思う。一方で何やっても同じだという絶望感はあるけれどね。でもそれを認めちゃったらぼくはブレヒトなんかやらないな。

毛利　そういう意味でもし意識が変ってるんだとすると、演劇というもの、あるいはブレヒトがその変化にどうかかわっているかということが問題ですね。つまり我々が自然に変っていくのはいろいろの要素があって変っていくわけでしょうが、その一つとして芝居もあるだろう、しかし芝居にだって反動的な芝居もあればいろんな芝居もあるわけだ。にもかかわらず全体的に良い方に変ってるんだとしたら、別にブレヒトとは関係ないということですね。何したって良い方に変ってるわけだから。ブレヒトがいたからこの様に変って来たんだというのなら別ですけど。

斎藤　それはブレヒト一人ではない。だれでも作家には、現実では実現しがたい願いがあって、それが作品を書かせている。しかしその作品を書かせる衝動が、演劇なんて何千人にもならない観客相手かもしれないが、やはりひとつの力になっているんじゃないか。革命にはならないけれどそういう願いを何回も突きつけるというなかに、精神風土を作っていくというささやかな願いもあると思う。

毛利　それは、ブレヒト一人ではなくてブレヒトは多くの中の一人だということですね。しかしブレヒトはあの時代に彼特有の演劇を作り出したわけですよ。彼はそれ以前の〝劇的な劇〟を否定したわけです。にもかかわらずブレヒトは多くの中の一人だとすれば、もし彼が居なくても大勢としてはこう来ただろうということですか。

岩渕　それはそうです。それはブレヒトのガリレイの発想で、つまりガリレイは自分がいなかったら科学は進まなかったろうと考えることを否定していますよ。だからブレヒトが居なくてもそうなりますよ、それは。

斎藤　誰か違うブレヒトが出てくるわけです。

毛利　違うブレヒトというのは誰かがブレヒトと同じことをやるという意味じゃなく、ブレヒト的なものがなくていいということですね。

岩渕　なくたっていいというのは、ニュートンが居なくても物理学は今の段階に来ているというのと同じだ。

毛利　それはニュートンに代るニュートン力学を示す人が出てくるからですよ。

岩渕　そうですよ。だからといってニュートンは偉大じゃない、居なくてもいいということにはならない。でもいたからよかったというほうが正しい。

毛利　その意味ではニ、ュ、ー、ト、ン、が物理学を決定的に変えたわけです。ア、イ、ン、シ、ュ、タ、イ、ン、が決定的に変えたといっていい。彼らは大勢の中の一人なのではない。

岩渕　そういう意味でブレヒトは演劇を決定的に変えたと思う、ぼくは。

斎藤　私も変えたと思う。自分の経験から言って。

岩渕　ぼくが具体的にはっきりそういえるのは例えばツックマイヤーみたいな、古い感覚では実に職人的な巨匠といえる劇作家が、ノーマルな劇場でさえまともに上演されなくなったという事実ですよ。ツックマイヤーの筆力が衰えたせいではない。たゞ一般観客まで、彼の芝居のセンチメンタルな要素をうさん臭く思い出したわけです。ブレヒトが演劇観客の意識を変えたからだと思う。少くともドイツではね。ブレヒトの偉大さというのは現実に言えばそういう目にみえないところにもあらわれていると思う。観客の芝居の見方や面白がり方が変ってきたんだと思う。単純にベタベタ面白いよりは、ブレヒト的なやり方の方がぼくにははるかに面白いですね。

斎藤　音楽が入ったり、観客にしゃべったり、スライドが入ったりするのは以前にはなかったと思う。そこへブレヒトが入って来たからとても面白かった。だけど今度の舞台をみてても思うのは、作曲を、音楽を変えた方がいいんじゃないかと思う。新しい音楽で、今の若い者がふるえるようなものでやったらいいような気がします。

今日的有効性

毛利　ぼくもブレヒトは変革したと思う、決定的に。それはその通りです。だからブレヒト以降の芝居は変りましたよ。だけどもしそれだけならブレヒトの歴史的役割りは終ったということになってしまう。こんにち上演して、それがぼくらに何か変革的な力を持たないんだったら歴史的な役割りは終った、つまり彼は古典として今や有効ではないということになる。ブレヒト的手法を持つもろもろの劇が出てきて演劇が変った。だがブレヒトが今日有効かというのは、歴史的に大きな役割りを果したということではなく、今やってもまだ我々に変革を志向させるということ、手法としてかつて新しかったというだけでなく、現在までぼく自身の意識を良い方向に変えてくれるかどうかということです。そうでなければこんにち有効だとは言えないのではないですか。

岩渕　じゃ役割を終えた古典というのはすべてこんにち有効じゃないものなの。

毛利　古典として読んでいても、それを上演するとき、全然有効じゃない上演の仕方がある。

岩渕　もちろんそうだ。だけど古典を有効に上演できるわけでしょ。ブレヒトだって古典として有効に上演できるわけでしょ。

毛利　そうそう。だからそれが何かというのがぼくの問いなわけですよ。我々に有効なように見せてくれるのは何かという……。

利光　それじゃ有能な演出家が出ればいいというだけになる。我々は今受容の立場で言ってるわけだから、理想論からいえば世界的に有能な演出家さえ出ればブレヒトはいつまでたっても有効ですよ。そうじゃなくて今話してるのは受容する側にとって果して有効かということだから……。

斎藤　ブレヒトの世界変革とか何々主義とかいうことを抜きにして、単純に彼の作品そのものを読んでも、やはりほんとに一人の偉大な作家の作品だということを感じる。その意味で古典だと思う。

岩渕　たしかに有効な上演にめったにお目にかかれない

からイライラするということはあると思う。それは演り方が違うからだと思う。今有効というのは必ずしもブレヒトのやり方に忠実かどうかということでなくて、自分との関わり方がみえるかみえないかということだと思う。これまでぼく自身も社会性からの方からばかりブレヒトを見ていたような気がする。日本の大抵のブレヒト上演も社会的なことは大体きちんと抑えていると思います。だけど演出家個人がその作品とどう個人的に関わってるかがまるで見えない上演は面白くないいんだな。ブレヒトの場合、個人的にかかわっても、それは必然的に社会問題としてかかわることになると思う。それが社会的有効性だろうし、観客への働きかけより前に自分がどうかかわったかいうことがあればいいと思う、それで観客のうちで否定する人は否定するだろうし、肯定する人は肯定する。それが有効性だと思う。大体アレルギーを感じたり、否定したりする人がでてこなければおかしい。現状維持派は巷にあふれているわけだから。割合いからいったら賛成派の方が少いだろう。でもまず自分の関わりで関心があることをとらえていく。それが社会的になるんだと思ってる。

毛利　たとえばこの間の『ハッピー・エンド』は大変面白かった。しかしブレヒトの場合は面白かったということはプラスの場合もマイナスの場合もあるわけです。仰言ったようにブレヒトは面白いといった場合社会的に広がらなければいけないわけですね。或いは自分自身について何か考えさせられなければいけないわけですね。そういう方向にもっていってなおかつ面白いという。つまり我々は大体面白いということと考えるということを結びつけられないいんだが、ブレヒトの変革説はそれを結びつける。今日、我々にとってブレヒトをそういう形でアクチュアリティを持たせようというのは、どうすれば出来るのか、あるいはほんとにできるものなのかどうかという問題ですね。それはひとつはさっきから仰言ってるようにアレゴリーの形式でやるってことだけど、ミュラーはアレゴリーではそういうことはできないと考えたように仰言るわけでしょ。そういう考え方からいけばブレヒトをいくら面白くやっても、もうブレヒト本来の目的は達しないわけですね。

岩渕　ミュラーは今基本的にペシミストだからそういうんですよ。

毛利　それでも、そういう立場に立つ場合もあるわけですよね。そうするとオプチミストにしたってなおかつブレヒトを今日我々にとって面白くしようというときには、果してさっきからされていたような議論でいいのか、別な議論にしなくちゃいけないのではないかという問題なんです。

岩渕　ストレーラーが面白いことをいってます。ブレヒトは魅力と不愉快が共存してると。みてて嫌になるところが必ずあるがそれでいてしかも面白いという上演はどうやったら出来るかという設問です。

小島　見てて嫌になるということではイプセンも同じじゃないですかね。ブレヒトのどこに独自性があるかというと、パロディーを前面に押し出しているという点にあるわけですが、イプセンの場合にもパロディーということが問題になりますか。

毛利　個人的なレベルのパロディーはあっても全体の主題的な意味ではないですね。

小島　ブレヒトのパロディーは一種の異化効果を狙ってとり入れられたのだと思いますが、だとするとさっき出たジャンヌ劇の音楽なども、観客に違和感を抱かせるようなもっとくずれた音楽の方が訴える力があったのではないか。あんなに美しい音楽だとなんだかうっとり聞き惚れてしまって……。

毛利　訴えるというのは何を訴えるのか、或いはどう訴えたらいいのか……。

小島　やっぱり観客に意識の変革を促すような舞台であってほしい。ブレヒトがずっとやってるのは古典の改作で、昔の悲劇的なヒロインとしての神格化されたジャンヌ像を崩すために、社会性を、社会の構造をもってきてあゝいうジャンヌ劇を書いたはずです。『ガリレオ』にせよ『家庭教師』にせよ、古典の改作というときにはパロディーが関わってくる。人間のもってる固定観念というかイメージをくずしていくというか、別の角度から見てる所に非常に意味があると思う。その時に音楽が非常に有効な働きをしてるわけですが。

岩渕　パロディーと言わなくても逆説指向だけでもいい。だが逆説というのは日本では意外に通りにくいんですよ。

小島　イプセンと比較した場合、どう関わりますか。毛利さんはイプセンの方が有効ということですか……。

毛利　いままでの議論を聞いていると、普通のイプセン論と議論の仕方がかわらないのね。じゃブレヒト独自の変革性はどこにもないじゃないかと思ってしまう。そうじゃなくてぼくは……。

斎藤　イプセンでも変革性はあるわけでしょ。

毛利　そりゃそうです。
岩渕　イプセンは逆説を使わないからストレートに考えさせる、ブレヒトは逆説構造だから、ワンクッションおいて考えさせるというそれだけの違いじゃないのかしら。
斎藤　だから喜劇の系列ですね。時代によって悲劇が受ける時代と喜劇が受ける時代があるとすると、もしかしたらイプセンよりブレヒトの方が現代は有効かもしれない。そういう傾向はあり得るかもしれない。
岩渕　ジャンヌの場合、単純に言えば変らないと言うことによって観客を挑発し、いや変るんだと思わせようとしているわけだが、それは観客が挑発されなければどうしようもないですよ。

ブレヒトとマルクス主義

毛利　まだちょっと釈然としないのは、今、逆説と仰言ったけれど、イプセンは逆説ではなくてアイロニーなんです。アイロニーだと自分個人の問題なんです。自分がこうと思ってる事が全部裏目になってしまうとか、自分が良いと思ってる事が自己欺瞞だとかいう形で。だけど〝逆説〟はもう少し広い社会的な意味で言えるのだと思う。一種の図式化が成り立つ。だから意識の変革を云々しても、どう変革するかをはっきりさせずに意識の変革という抽象的な議論だけしていては、結局ブレヒトの芝居が何を求めているかが明確にならないんじゃないだろうか。
岩渕　意識の変革というより変革を志向する意志の問題でしょう。それに逆説ということではこうも言えると思う。逆説を出して反対のものを引き出すという構造をおさえていても、それをパターン的にやるとやっぱり一面的にすぎなくなる。大事なのは逆説を出すとき自分が逆説の立場にも半分居るということだと思う。ジャンヌの場合、勿論公式には逆説を出して変革という答を出させる。この芝居の通りじゃいけないという。でもブレヒトのなかにも、変らないんだという絶望感もあったと思う。ぼくらもそうなんだ結局。作品のなかで「変革」を求めているのは正確にいえばブレヒトじゃなく、ジャンヌやグルシェであり、ブレヒト自身は自分でもある状況に自分が安住してるという痛みがあるんだと思う。だから観客を挑発しているだけでなく、同時に自分のアリバイも暴露するという構造だと思う、その点ブレヒトはとてもフェアだと思います。大体、他人に「こうすべきだ」とわめくなんてそれだけじゃとてもうさん臭いものでしょう？　私的なものが全く欠落していますよ。自分が百％の完全人間でないかぎり他人にこうしろなんていうのは思い上がりだと思う。

毛利　ですが、マルクス主義者にはかなりそういう所があるでしょう。

岩渕　教条主義者はそうですよ。そして政治アジプロ劇はそういう構造だったと思う。

毛利　ブレヒトもかなりそうなんじゃないですか。悪い意味で言っているのではなく、むしろいい意味で言っているんですが、彼の芝居とか或いは言っている事で、マルクス主義の立場に立ってるという限りでは全く……。

岩渕　マルクス主義を逆に自分でも信じられない位ストレートにだすこともある。それも逆説かもしれないけどね。ブレヒトはつねにマルクス主義者であろうとしている。その苦闘の跡があるから面白いので、安住したマルクス主義者ではありません。マルクス主義がいいということをストレートに他人に強制するような方向はめったにないと思う。『おふくろ』の「共産主義賛歌」なんかはストレートですけど。

斎藤　ブレヒトが社会主義のことを直接言ってることは別にして、芝居や詩の作品から出てくる作家の像というものは信頼がおけるのです。矛盾してるところがあるからいいような気もするんです。

毛利　それはエスリンのブレヒト論ではないですか。

岩渕　意地悪くみればそうだが、エスリンの立場は卑劣だと思う。つまり自分がマルクス主義とは対決したことのない立場でキレイごとでブレヒトを批判している。誰にだってある矛盾をブレヒトのパテント戦術のように書いてるところがある。たしかにブレヒトにはインチキなところがあるが、自分のインチキ性をブレヒトぐらい強い痛みとして意識してた人もいないと思う。それが誠実なところだと思う。勿論隠そうともしているところもある。純粋に私的な文学への興味もないわけじゃないと思う。でもブレヒトには教条主義者特有の嘘というのは全然感じられない。

毛利　するとブレヒトの言うマルクス主義というのは、彼はかなり教条主義的なことを言ってる場合もあるが、彼自身は腹の底からそう言っているのではないということですか。

岩渕　「そうありたい」ということは腹の底から言っているとはいえませんか？　ブレヒトという人は好奇心からマルクス主義者なった人だと思う。信念のマルクス主義者じゃないと思うがそれだけにかえって強靱なのです。ブレヒトは二〇年代後半ごろから、社会的な矛盾の原因を探していたらマルクス主義に行きついたのですね。それで基本的にはマルクス主義を捨てないんだと思う。教条的なマルクス主義者とはそこが違うんです。彼の信条は、観念的でも情念的でもなく、理性的な判断の結果でしょう。

毛利　ぼくはブレヒトには、マルクス主義はゆるがずにあって、その枠中ではゆれ動いたりしても、最終的にはマルクス主義的な考え方をよしとする立場に強固に立っていると思う。だからマルクス主義的な考え方を否定する場合にはブレヒトの思想そのものは受け入れられなくなるし、彼の言葉を受け入れれば最終的にはマルクス主義を肯定しなくてはいけない立場にいかざるを得ないように思うんですが。

岩渕　マルクス主義だって固定したものじゃないと思う。少くともブレヒトのマルクス主義はね。それは経済学的に議論すれば、ブレヒトのマルクス主義は古いともいえるでしょう。ブレヒトのマルクス主義的立場というのは科学的な姿勢ともいえると思う。

小島　マルクスの『経哲手稿』には、抑圧された人間を救おうという意図がはっきりとにじみでていますが、その段階ではマルクスがブレヒトの思想と全く重なる。ところがそれが主義になってきていろんなことが絡んでくるとゆがんだものになってくる。そういう意味ではブレヒトは生涯、主義になる前の本来的なマルクスの信奉者であったと思う。

毛利　そう、その点でのゆるがなさがあった。その上での彼のゆれ動き、があるとすれば――。

岩渕　そのゆるがなさというのは、あることを頭からこれがいいときめて全然検討もしない、という態度とは違うと思う。盲信ではないと思います。

毛利　盲信じゃなくてね。まず彼のマルキシズムが何であるかを理解してそれを受け入れるというのが前提になる、つまり彼のいう手法としての実地教示はひとつの異化的な方法ですけど何を教示するかがどうしたってあるわけです。

蔵原　一番簡単にいうと矛盾の発見の仕方みたいな……、素朴に言えば。そういうものじゃないか。

毛利　教示というときはどうしても方向があるわけでしょ。

岩渕　でも方向づけがあるというのは作品自体の問題と、

ブレヒトの中の問題と違うと思う。セチュアンの幕切れで、水売りが出てきてこの問題を解決する方法はあるかと観客にたずねてから自分で「ムス」（なきゃならない、あるはずだ）って三回言うでしょ、ブレヒトは観客が社会変革の必然性を悟ってくれると予期しています。しかしムスと言われた観客が、でもやっぱり解決は無いと思ったっていいわけだ。ムスはわかるけど、変革しなきゃいけないと思って方法を考えてみても何もみつからないというのが今の一般状況じゃないかしら。たしかに抜本的にはいまだに変っていません。現実をみるとそう言いたくなる。余程突発的な事がなけりゃ抜本的な変革はないだろうって。だけど、変らなきゃいけないんだというメッセージだけは届くと思う。そのための日本に合うような有効性を考えるとき、意外に個人とのかかわりから入っていくと役に立つんじゃないかと思う。

（一九八二年五月二二日）

【付記一】

ブレヒト雑感

小島康男

ブレヒト劇については、今更論じ加えることもないくらい論じられているが、先般の座談会でも、その特性が寓意、「関連システム」、逆説構造、意識の変革の要請……といった観点からさらに明らかにされた。

ただ、イプセンをはじめとする近代劇とブレヒトとの相異点が今一歩明確でなかったので、ここでブレヒトの近代劇観を掲げてみる。曰く、「ブルジョア娯楽劇場では、戯曲『幽霊』が、サルバルサンの発明後、なおも楽しみの対象となっている。観客は人間の苦悩をアミューズメントにしてしまっている。」梅毒の特効薬が製造されたからには、『幽霊』のかかえる問題の悲劇性が緩和されたのに、観客はその問題を今度は娯楽の対象にしているという。また曰く、「イプセン、アントワーヌ、ブラーム、ハウプトマンの演劇は、断じて政治的事件なり、と感じられはした。ところが、これらの連中は社会の基盤を問題にせず、ひたすらさまざまの形をしたその外貌しか見なかったために、演劇の機能転換が深まらなかった。新しい階級であるプロレタリアートが、ヨーロッパのいくつかの国々で支配権を要求し、また、ひとつの国を制覇してやっと、実際に政治的施設と呼べる演劇が生まれた。」そしてさらに、『幽霊』やハウプトマンの『織工』などについて曰く、「主要人物たちの感情、洞察、衝動が押しつけられるため、われわれは、社会に関しては、〈環境〉が提供する範囲のものしか得られない。」いずれにせよ、イプセンやハウプトマンらは、社会の表面的現象しかとらえていず、その「基盤」を問うていないとみている。「基盤」とは、ブレヒトの場合、マルクス主義の下部構造理論に裏うちされたものであるということは彼の他の発言からも推断できる。

ブレヒト自身の作品はどうか。たとえば、『ジャンヌ』では、ただ食肉王モーラーと救世軍のジャンヌとの関係といった個人レベルのストーリーに照明が当てられるだけではない。その背景には、資本主義経済の循環的変動の各段階が反映されている。ことに俳優座の上演では、幕間に登場する新聞売り子の呼び声が、原作よりもいっそう効果的に際立たせられ、社会的背景の枠づけがより鮮明になった。

しかし、この「関連システム」が必要以上に強調されると問題が生じる。たとえば、俳優座のパンフにはこうあった。「この戯曲は半世紀前のアメリカをえがいた歴史劇であると同時に、日本の現状に対する鋭い警告となっている。」これはいいにしても、「五十年前にアメリカの恐慌が日本に波及したように、今、レーガン政権の矛盾が、日本への重圧となって転移しようとしているからだ」という論の立て方はどうか。この芝居はレーガン政権とどう結びつければよいのか。ニューヨークからの勧告を「無知な」レーガンからのものと読むべきなのか。そもそもこの芝居は政治的プロパガンダの手段なのか、といったような疑問が湧いてくる。たしかにブレヒトは、「資本主義の根」を探り当てることを要求はしている。そして資本家モーラーは、利潤獲得のために、労働者を路頭に迷わせる結果をうむように書かれてもいる。

とはいえ、モーラーは、貧しい人々を見て卒倒したり、すべての缶詰肉を買い上げる約束をしたりする場面などを見ると、けっして悪玉とは言い切れない。できればジャンヌみたいに純真になりたいのだが、「この世の仕組みがそうさせない」とも読める。このモーラーは、あまりに理想主義的なジャンヌに比べ、いっそうアクチュアリティを感じさせ、私などには身につまされる性格をもつ。

ただ、ブレヒトにおいて大切なのは、モーラー等にひそむ二重性が社会的にいかに規定されているか、を観客に読みとる努力をさせる意図があり、モーラーやジャンヌのストーリーを「運命」や「疎外」として絶対化せず、変革への意欲をよび覚ますのが狙いだということである。

それにしても、この複雑化した社会機構をリアリスティックな反映過程により、演劇で再現できるものだろうか、といった疑問が、デュレンマットならずとも、起きてくる。「関連システム」はあまりにも論理的に割り切りすぎていないか。ブレヒトは「多くのことを容赦なく考えることをしなかったために、容赦なく考えることができた」のではあるまいか。ブレヒトが、世界を直喩的に再現できるのは、階級闘争の理念にささえられ、世界の変革の可能性を信じたからであるが、今日の社会構造は、大局的な立場から、そんなに明澄に俯瞰できるものだろうか。資本主義社会が悪く、社会主義社会が正しいと断定できるものか。では、ハイナー・ミュラーらはなぜ、東独の現体制に鋭い批判の矢を放つのか。ひいては、資本家が労働者を搾取するという図式は不動の真理なのか、といった疑念も頭をもたげる。こうなると今日では、ブレヒト作品をブレヒト自身の「マルクス主義的」認識から切り離して考え直してみなければならぬ面もでてくる。

ブレヒトにおいてとりわけ重要なのは、劇作を試みる際、非アリストテレス演劇を志し、観客を共感のかわりに、認識へと導き、〝いかに〟にとどまらず、〝なぜ〟を問い、しかも、たんに楽観的な肯定的ヒーローではなく、くりかえし肝っ玉をはじめとする否定的な人物を生み出していき、けっして短絡思考を許さない点である。

だが、今日の世界を、大局的につかみ切れないわれわれ観客としては、モーラーのごとき人物ものっけから批判的につき離すことなく、〝モーラー性〟を認識した上、一度は共感し、それを批判していき、自らの内にして攻撃の矢をまず自らに向けることからはじめなければならないのではないか。また、その自己変革を促すバネとなるという点に、ブレヒト劇の今日における有効性を認めたいような気がする。

【付記二】

古典劇と現代劇、又は異化と同化

毛利三彌

ブレヒト晩年の論文「演劇の弁証法」の冒頭にある『コリオレーナス』第一場の研究（一九五四）の中に次のような討論の部分がある。

P　われわれはいつも人民のことばかり話すが、主人公の方はどうなんだろう？　君の紹介にしてからが、主人公から出発してはいなかった。

R　まず最初に内乱が示されるのよ、それを単に主人公の出現のための準備や背景と見做すには、この出来事は興味がありますからね。ある朝ケイヤス・マーシャスがその荘園を見回りに行こうとして、広場で民衆にあい、かれらと口論をはじめた云々、というふうに始めろというの？　そんなことより、アグリッパの話を効果的であると同時に効果的でなく表現するにはどうしたらいいか、ということを問題にしたら。

〔中略〕

P　しかし『コリオレーナス』という脚本は、主人公をたのしむために書かれたものですからね。

R　この脚本はリアリスティックに書かれていて、矛盾した性質の材料をたくさん一緒に引きずってます。マーシャスは人民と一緒に戦争をするが、人民はかれの立像の単なる台座ではない。

B　私は、こういう物語を問題にする以上、自分たちに反対する英雄をもった人民の悲劇をたのしむことを、はじめから君たちは土台にしているんだとばかり思っていたがね。なぜその点を押していかないんだ。

P　その点については、シェイクスピアはあんまり頼りにならんと思うんです。

B　それは疑問だな。しかしたのしくないものを強いて上演する義務はないわけだから。

（千田是也訳）

もう一つ、これも晩年のブレヒトの『オセロー』ノート（一九五三）から引いてみる。

オセローの嫉妬をとりあげてみよう。今日では、嫉妬をたとえば、悩みの種を躍起になって探しもとめる情熱（シュライエルマッハーのしゃれ）と定義するぐらいでは足りない。《永遠の》情熱なぞありはしないのだ。〔略〕かれはお傭いの将軍だ。現在の将軍の地位に、かれは、譜代の臣下のように、社会における自己の地位の結果やあらわれとしてついているのではない。つまりかれは、所有や地位を得るためにあくせくし、地位が所有物同然の扱いをうける世の中に暮しているのである。そういうわけで愛する妻に対するかれの関係も徐々に所有の関係にかわってゆく。

（小宮曠三訳）

ブレヒトがシェイクスピアを上演しようとするとき、主人公の性格や心理の分析よりも彼の性格や心理を作り出す人間関係の歴史的社会的構造にまず目をつけていたことは明らかだろう。その社会構造分析の視点が、マルクス主義的世界観を基盤にしていることもまた、明らかであると思われる。ここに引いた〝オセロー〟論のような視点を、ブルジョア批評家の誰が持ち得ようか。それどころかおそらく、彼らは、どこにシェイクスピアはそのようなオセロー像を描いているかと反問するに違いない。

しかし、例えば、『オセロー』をみた女性は、デスデモウナを羨望するであろう。自分が信じ愛している夫に、錯誤にもとづく嫉妬から殺されるなどということは、思っただけでもやりきれないし、誰もそうなることを望みはしないであろう。だが、それにもかかわらず、『オセロー』をみた女性は、たとえ殺されたとしても、デスデモウナがオセローに愛されたように愛されたいと思うであろう。また、『オセロー』をみた男性は、オセローのように嫉妬し行為することのできる男になりたいと思うであろう。たとえ、そのためにデスデモウナを殺し、自分も死なねばならなかったとしても。

というような見方に対しては、すぐさま反論は出されるはずである。愛するあまりの嫉妬から相手を殺してしまう話なら、今だってゴロゴロしている。現代劇、テレビ劇にもいくらだって出てくる。大昔のヴェネチアの黒人将軍にした方が、我々に与える愛の感動は強くなるとでも言うのか。シェイクスピアが性格劇を書いたのでないことは、それこそブルジョア批評家が認めている。しかし、少なくとも、十七世紀初めのロンドンの観客には、この黒人将軍は遠い距離をもって眺められる対象ではなかっただろう。彼の愛と嫉妬は、同時期に書かれているトマス・ヘイウッドの人気家庭劇『優しさで殺された女』に示される夫の苦しみと同次元のものとみられ得たに相違ない。つまり、身分の差、境遇の差は超えて、女房の不貞におびえる亭主や、亭主の嫉妬に悩まされる女房や、あるいは、そういうことに無縁な男女にも、我がことのように感じとられたに相違ないのである。

　しかし今日の我々は、『優しさで殺された女』でも、身につまされるにしては、あまりに拙劣だと感じてしまう。この劇がもし我々に面白くなるとすれば、それはやはり、ここにみられる夫婦・男女関係を規制する歴史的社会的条件がみい出されそれが我々にとっても無縁でないものと受けとられるときだろう。

　『ハムレット』にしたところで、主人公の躁鬱症状やエディプス・コンプレックスに興味をもつのなら、そんな人間は現代に沢山いるから我々の身近かな状況の中で彼らを描いた方がずっと面白いはずである。文学解釈の方法論としてではなく、上演作品として、誰れがハムレットのエディプス・コンプレックスに感動したりするだろう。『ハムレット』がくり返しくり返し上演されながら、真に我々の今日の生活にとって意味あるものとなる舞台が少ないのは、古典の新（奇）解釈の面でのみ関心がもたれているからではなかろうか。しかし、実際には、我々が躁鬱症のハムレットを云々するときも、そうならしめる状況にまで観察を進ませている、というのが本当である。


言い換えれば、我々の古典劇に対する対し方一般は、ブレヒトと方向は違っていても、歴史化、社会化にほかならない。古典劇は最初から我々から距離をもっている。いや、距離を否応なくもってしまっているもの、それが古典劇なのである。その距離が我々にとってもつ意味によって、古典劇の価値は決まってくると言ってもよい。まさしく意味の決定の仕方において、ブレヒトのシェイクスピア観は独創的であった。つまり、マルクス主義的であった。

　しかし現代劇は、まさに現在を扱うが故に我々から距離をもたない。距離がない故に我々は、逆に、自らへの身近かさによって価値を決めようとする。時代を経てみれば全く拙劣な作品と思われる現代劇が、そして、時代を経なくても作劇法も劇思想も月並だと冷静にみればみられる時事劇が我々の心を動かすのはそれ故である。そうでなかったら、統計的にみてもそんなに多くの傑作が同時期に出るはずがないにもかかわらず、毎晩のように、〝すぐれた〟劇が上演されるはずはない。誰れでもが傑作とみなす古典劇をさしおいて、月並な現代劇を好んで上演するはずもない。

　ここに載せた座談会で、私がイプセンに代表される近代劇は個人の次元から社会的次元に広がる問題を扱っていると言ったのも、近代劇が、いまだ我々の時代（モダーン）に属するとみるからにほかならない。『人形の家』の人物たちは、十分に我々に身近かである。しかし、同時に、すでに近代古典劇とも呼ばれているように、我々から、いくばくかの距離をおいてしまってもいる。百年前には、人々に殆ど冷静さを失なわせるほどに身近かであったイプセンの問題劇も、今は、身近かであるが故の感動をひき起すものではなくなっている。それは筋や話のせいではなく、作劇法のせいであると言う人もいるが、作劇法を変えれば、話の距離が変化するのは当然だろう。距離を作るのは、筋立て、すなわち劇作法なのであるから。それぞれの時代には、それぞれの作劇法がある。その時代枠の中での差は大したものではない。稀に時代をとび出すビュヒナーのような作家もいるが、だから、彼は当時は身近かではなく、二十世紀になってやっと負の距離を縮めて零の地点に到った。とまれ、イプセン劇は単に身近かであるというだけですまない以上、それを社会的、歴史的に広げねば価値を見い出せない。我々はノーラの不安と歓びの混合した気持に同化するようでありながら、この〝人形の家〟を成立させている基盤が、そもそも十九世紀資本主義によって助長された、金銭優先の思考にあること、ノーラの愛も又、金銭に支えられているものであることに気づく。そのとき、〝人形の家〟は我々に対し、新たな身近かさをもって蘇ってくるだろう。（少なくとも、当時の批評家で、ノーラの夫が銀行頭取に設定されていることの意味を理解したものはいなかった。何故、この女性解放劇が、妻の借金を話のきっかけにしているかの意味を探ったものはいなかった。妻が法律的に制限されていた領域は、何も借金だけではない。）

だが、ブレヒトは、現代劇、時事劇を書きながら、第一に、身近さではなく、距離をおく理解の仕方、つまり、古典劇に対するような対し方を我々に求めたと言えないか。しかしながら、歴史化、社会化を求めても、例えば『ジャンヌ』劇のように現に身近かな問題、身近な社会状況を描いている場合、その歴史化とは、現代化にほかならないだろう。だから、どんなに仏け心になろうと資本家は資本主義根性を失なっては資本家になれず、従って仏け心をもつことも不可能になるというモーラーの本質矛盾をこそ、現代の社会機構の中に明確に位置づけなければならないのである。その上で、仏け心を恋愛感情にまで押し進めてもかまわない。

しかしどうしてそんなことができるのか。おそらく、劇場内においてのみ、俳優によってのみそれが可能になるのだろう。すなわち実地教示の演技によってである。距離をおいた出来事を我々に生き生きと理解させるそれがブレヒトの考えた方法である。距離を失くすことによってではなく、むしろ、距離を距離としてみせることによって、俳優を身近に感じさせ、その分だけ、俳優が消えて、向こう側の出来事が正確に伝わってくる。今日の多くのブレヒト舞台のつまらなさは、むしろ、距離を鮮明にしてくれないからである。しかし鮮明とは実は〝身近か〟ということだから、矛盾した言い方だが、距離を身近かなものにしてくれないからと言ってもよい。この意味ではブレヒトの現代劇が、時事劇か、寓話劇か、あるいは教育劇かといった区別も、あまり重要ではなくなるのではなかろうか。

　しかし、言うまでもなく、ブレヒト逝ってすでに二十年以上たった今日においては、彼の現代劇も、いささか古典劇じみてくることも事実だろう。そうなると、もともと古典劇の手法をとっていたブレヒト現代劇の独自性は失なわれて、通常の古典劇と差のない平面でしか受けとられなくなる。今日のブレヒト劇についての疑問はここに原因があるとは言えないか。だから、シェイクスピアを面白おかしくみせると同様に、ブレヒトを面白おかしくみせようとする演出が出てきても不思議はない。いや、すでにブレヒトは、生前から、この自分の独自性の危なさに気づいていたのかもしれない。彼が東独に戻ってから、古典劇に対する対し方の模索に全力を注いだのも、あるいはそれ故ではないか、というのはあまりに門外漢の詭弁となろうか。しかし、ブレヒトたちの『コリオレーナス』の論議を読むと、私には、ブレヒト劇の上演にはこういう討議を経ることが不可欠だという思いがしてくる。ただ、彼が本当にもう古典になってしまったというには、まだ時間が近かすぎるのは事実である。かと言って、現代劇というにはもはや過去になっている。イプセン、チェーホフはようやく古典と呼ばれだしてきた。ブレヒトは今ちょうどつらいときにあるのだと言えるかもしれない。折しも、マルクス主義も、古典思想と現代思想のはざまにあってつらい時期に遭遇している。

　ところで、ここに載せた座談会の中で、中心問題としては論じられなかったが、やはりわかったようでわからない問題、従って、ここでも使われてはいるが、それぞれの意味するところが明確ではない、異化と同化について一言してみたい。逃げを打つようだが、私はブレヒト研究者ではないから、彼の言った〈異化〉がどういう意味内容をもつかを説き明かすことはできない。しかし、演劇の一般論として、次のように考えてはどうかと思っている。

演劇は、ある人間的出来事を、俳優の演技を表現手段として観客に伝えるものだ、という基本定義を認めるなら、観客の側からは、少なくとも理屈の上で、伝えられる出来事（人物の行動）に対する姿勢と、伝える媒介たる俳優の演技に対する姿勢を分けることができよう。このとき、人物に対して、我々が同化するという言い方は、かなり誤解を招く。劇中人物と自分が一体になって、同じように悲しんだり喜んだりするというのは、何も、その人物行動に同化したこと、つまり、その出来事が、自分の出来事になっているという美的距離の喪失を意味するわけではない。むしろ、我々は、距離をはっきり設定して、これが芝居であることを了解しているからこそ、安心して、人物と共に悲しんだり喜んだりできるのである。観客が同化的に芝居をみるというのは、実は、俳優が劇中人物と自分との間に距離をおかない演技をするときに、観客がまさしく、俳優を人物と同一人物とみるということであり、このとき、観客とこの俳優＝人物の間には、厳然たる距離がおかれている、ということにほかならない。私が、イプセンのような近代劇は観客を同化的観方にさせると言うとき、この意味で言っている。だからこそ、逆説的に響くかもしれないが、近代劇は、人物を我々に身近かなものと感じさせねばならない。我々と人物との間に距離があるからこそ、その距離を、その身近かによって相殺せねばならないのである。劇的イリュージョンとはこのことだろう。現実ではないという枠があってはじめて、このイリュージョンは成り立つ。額縁舞台はその枠以外のなにものでもない。

従って、この意味の同化的観かたが出来事の歴史的・社会的意味にまで意識を深めてゆけないわけはない。そして又、深めてゆくからといって、人物と俳優の間の距離がひらいたり、それと我々との間の距離が変わるわけでもないだろう。我々がノーラに同化しながら、彼女の行動の社会的構造基盤に思い到ると言える所以である。

これに反し、俳優が出来事（人物行動）との間に距離をおく演じ方もある。ブレヒトのいう実地教示のやり方である。だがこのとき、観客は俳優と人物とを同一視しないわけだから、観客に人物を示してみせる俳優は、観客と同次元の人間だということになる。俳優は観客と同一平面上に立って、あの出来事をさし示す。それが物語り的になるのは当然の理だろう。出来事を言葉に直すことが、すなわち距離をおくことだからである。もしこれを異化と言うなら、観客が人物を異化的にみるとは俳優と一緒になって、その人物行動を理解することにほかならない。言うまでもなく理解するのは、行動の因果関係であるが、俳優と一緒というからには、俳優の示し方に方向づけられてみることになるだろう。どんな場合でも、純粋に客観的な提示や物語りなぞはあるわけがない。俳優はいくばくか教育者的になる。しかし、教育とは、何もかも知っていて教えるのではなく、教えながら自らも学び、又教わるものも、一方的に決められたことを受け入れるのでなく、教えるものと共に、自らで考えて問題を解いてゆくことだとすれば（こういう理想的教育が成立し難い状況は多いにしても）、この意味の異化的方法は、教育的方法と言い換えることもできるだろう。ブレヒトがそれを狙ったとすれば、演じるものが学ぶための劇として書いたと言われる教育劇が、何ら特殊な種類の劇だということにはならない。

だが、この場合、ちょうど同化的劇が観客と人物の間の距離を、問題の身近さで覆ったように、観客＝俳優と出来事との間の距離が、単に距離として、つまり我々に無縁のものとして受けとられないような処理が必要になる。そこでも、距離を相殺する一種のイリュージョンの成立が可能かどうかは、イリュージョンの意味をどう定めるかによるだろう。ともあれ、ブレヒトの言う出来事をfremdなものにしてみせるやり方も、言葉の意味上は逆説的だが、対象を〝縁遠く〟するのでなく、まさしく身近かにするためのものではなかろうか。我々に見馴れており、普通のことだと思っていることが、その実、決して普通でもなく、不変のものでもないことに気づいて驚く。そして誰でも経験しているように、驚きは、対象を我々自身のものとして受けとらないときには生じない。あるいは、驚いたとき、我々との距離はなくなっている。こういった驚きが、教育に必須のものであることも、これ又、断わるまでもないことだろう。

だから、異化とは距離化のことだが、同時に、その距離が対象を生き生きしたものに感じさせねば我々にとって現実の場で有効に働く効果も生じない。それは、同化の場合も、逆の形で同様だと言い得る。そこで、ブレヒトのVerfremdungseffektについての、門外漢の勝手な註釈を書いてみると、そこには表現対象たる出来事の異常性を示すことと俳優が出来事との間に距離をおく演技をすることの両者が含まれていることになる。人によってこの語の訳語として、〝異常化〟と〝異化〟が出てくるのも、前者の〝出来事の異常化〟に重点をおくか、後者の〝距離化演技〟に重点をおくかによると言えないか。しかし、出来事の異常性を示すことは、何もブレヒト劇の専売特許ではない。又俳優が対象との間に距離をおくのも、ブレヒトが初めて作り出した演技でないことは彼自身認めている。ブレヒトの独創性は、両者を不可分のものと考えたところにある。いや、不可分となってはじめて示され得る類の異常性に注目したと言った方がよい。それが、マルクス主義への開眼によって可能になったこともやはり否定できないのではなかろうか。だが、この表現対象と表現手法の不可分性を認めた上で、敢て、彼の中心課題がどちらにあったかを問うなら、やはり前者、すなわち、観客に出来事の真の性格を伝えることによって、そのあり方を、社会変革の方向に変えさせようというところにあったと言うべきだろう。この意味では、ブレヒトはヨーロッパの正統的なリアリズム芸術の系譜上に位置する。反リアリズムとは、表現対象ではなく、表現形式の方に興味の中心が向けられたもののことである。ブレヒトへの私の興味が、イプセンへの興味と矛盾しない理由はここにある。

＊劇団俳優座（俳優座劇場）
『ジャンヌ』一九八二年五月十五日〜六月一日
演出　千田是也

『あ・えむ・で』第八号　一九八二年

2　この十年間の演劇状況——欧米と日本（一九八五年）

蔵原惟治／小島康男／斎藤偕子／佐藤実枝／谷川道子
利光哲夫／中本信幸／増見利清／毛利三彌／矢島直子

司会（毛利）　一年に一冊ずつ出してきた（ことになっている）我々の研究会の機関誌『あ・えむ・で』がこの号で十号になりますので、その記念というと大げさですが、この十年間つまり一九七〇年代半ば以降の各国の演劇状況について、改めて考えてみてはどうかということで、この座談会を企画したわけです。毎年、暮とか翌年初めとかに、その年の主な演劇現象についてあちこちで云々されることはありますが、十年単位で、しかも欧米諸国と日本を含めて、共通した問題点を論じ合うようなことは、あまりなされないでしょうし、また、我々のような各国演劇の研究者が集まっている研究会じゃないとそれはむずかしいともいえるでしょう。もっとも、欧米といっても、どうしてもいわゆる演劇大国中心になってしまうんですが、一応、英米・独・仏・ソに、北欧を加え、それに日本ということで、まずはじめにそれぞれの報告者の話をおききして、それから全体的な話し合いに入りたいと思います。成り行き上、私が司会ということになりましたが、忌憚のない発言を期待いたします。

それじゃ、今あげた国の順番で報告者に話していただきましょうか。よろしくお願いします。

この十年の英米演劇——安定化

斎藤　この十年間の英米演劇といっても、英国のほうは詳しくは事情を知らないので、少々アメリカ寄りの話になってしまうと思います。しかし、最近十年は特に、両国を代表するニューヨークとロンドンの芝居が、相互依存の傾向に一層拍車をかけてきてるって感じですね。言語が同じだという事情を遥かに越えて、少々個性や顔かたちは違うけれど、互いにツーカーの仲のよい二卵性双生児ってところ。ただ、われわれのほうは、イギリスだとロイヤル・シェイクスピア劇団やナショナル・シアターだとか、ロイヤル・コートといった劇団を中心に全体の動向を考えることが多いのに、ニューヨークとなると、やはりブロードウェイを筆頭にして考えるってことはあるかもしれません。

それにしても、この数年来、ロイヤル・シェイクスピア劇団が年二回ぐらい代表的な舞台をいくつか持って渡米して、ブロードウェイの商業劇場で芝居を打つパターンができています。逆にナショナル・シアターは定期的にアメリカの作品をレパートリィに取り入れている。またロイヤル・コートとニューヨークのオフのパブリック・シアターは、お互いの新作を定期的に交換して両方の都市で初演を分かつようになった。と同時に、このような劇団は、自分たちのレパートリィで評判のよいものは、積極的にそれぞれウェスト・エンドやブロードウェイのロングランの商業劇場に出してますね。ニューヨークのサークル・レパートリィの場合など、ランフォード・ウィルソンのようなブロードウェイでも許容できるポピュラーな要素も持つ一級作家を抱えてて、彼の作品がきっかけとなって、今では劇団名でプロデュースして、自分たちの劇場での公演に引きつづいてブロードウェイの商業劇場で続演させるっていうのが、一年に一作や二作は普通にあるというほど、一定のレールを敷いたのもこの十年内のことです。そうでなくても、いろんな劇団の目ぼしい舞台は、すぐにも商業プロデューサーが手をつけようと目を光らせるようになった。さらに、言うまでもないことですけど、ウェスト・エンドとブロードウェイは、ヒットしたものをほとんど交換し合ってるでしょう。だから、二つの都会を芝居は巡っているわけで、国民の好みの違いからくる演劇の違いもあるにはあるけど、あとは共通してると言えるのですね。

そこでこの十年の傾向を大雑把に考えると、いろんな意味で安定してきたということでしょうか。良かれ悪かれ保守化したということでもあり、また安全性にのって新味の乏しい時代だったとも言える。その前の十年では、雑多ながら新しいものを生む不安定の力が熱っぽく感じられてたわけですけど、その中から生き残ってきた前衛的なグループが、既成の世界からも認められるようになって、補助金などを受けることで組織化して、持続的な活動体制を整えてきていたんですね。一方、本当に長い間低迷気味だった商業演劇のほうでも、それまで無視してきた前衛運動の荷い手たちの仕事を、逆に進んで吸収することで活性化をはかり、それをばねに客の心をつかまえ始めてる。その軌道修正の効果がぽつぽつ見えてきたのが七〇年代半ばです。

ところが、補助に依存した組織を保つためには、補助を打ち切られない最低条件としても、物理面での財政の健全化が要求されるわけです。結論を言うと、批評家から〝だれもが見るべき舞台だ〟とか〝見逃すな〟などと言ってもらえるような舞台づくりをしなきゃならない。勢い内容は良識的な線に傾くし、そのためでなくても安定した状況がしらずしらず創作そのものに影響を与えて、作品も舞台のつくりも、万事着実になってくる。また、それを歓迎する客の輪も拡がって劇団も安定した社会的評価の中で、いわゆる〝いい仕事〟が続けられる。またそれを商業演劇は大いに利用したわけですね。もちろん、ブロードウェイには絶対に引っぱられないというか行かないものもいる。劇作家でもウィルソンと同じオフ・オフ・ブロードウェイ出身で、ウィルソン同様この十年に第一人者としての評価を定めたサム・シェパードがいい例です。現在の劇作家のトップと見なされてるのですけど。もっとも彼の作品もかなり明快になった。だから劇団で初演されたものがオフの商業演劇に買われてロングランをしたりしてますね。そのほかボブ・ウィルソンやフォアマン、モンクなんかは、パフォーマンスに近い特殊な世界ですから、ブロードウェイとはもちろん無縁ですけど。しかしやはり、全体に良かれ悪かれ保守化のムードが安定化に伴って現われるようになったのも事実でないですか。

もう少し具体的に指摘しておきますと、シェパード、ウィルソンのあとを追うようにして出てきたマメットやレイブといった作家も劇団を足場にブロードウェイ進出というかたちで着実な活躍をしてます。これらの作家は元来基調としてリアリズムの傾向が強かったのですけど、これを大ぴらに押し出すようになった。そして素材として家庭劇になってる。つまり社会問題、人種、男女、同性愛、少数者等々の問題も個人の基本的な生活現場の中での問題として再考されるようになった。既成の枠の中で破壊的にならないで何とか解決を見出そうとする傾向は、七〇年代末から八〇年代初頭の劇には多くなりましたね。再演物が多くなったのも、そのリアリスティックな家庭劇という線上での古き良きものの再考ということだったのです。

だからアメリカでは全体に社会劇とか政治劇そのものは流行らなくなった。でもイギリスの場合は少々ニュアンスが違います。むしろ新しいタイプの政治劇、社会劇が出ています。エトガーとかヘヤー、チャーチルほか優れた作家が輩出してますね。ただし、彼らの作品は、その前の時代の前衛的な実験で蓄積されたアイデアやテクニックをフルに活用してる。ブレヒトやアルトー、ジュネなどが見事に融合された社会劇ですね。その意味で着実な安定化とも言えませんか。もう一つ、イギリスでは大きなプロダクションが多くなったのですね。ナショナル・シアターのギリシア劇とかロイヤル・シェイクスピア劇団の『ニコラス・ニクルビィ』のようなものです。これもある意味で、でっかいことをするゆとりができたからで、安定化と言えるかもしれません。ただし、『ニコラス』の場合ですけど、二部に分かれた八時間半のこの舞台がブロードウェイで百ドルの入場料をとって、その高騰化の波に追い打ちをかけたと言われてます。とにかくこの十年、ブロードウェイの芝居は二倍近くに入場料が上がりました。プロはプロなみに見せるがプロにふさわしい値段を取るといった、かなり高揚した気分がみられます。この結果、特に製作費も高く、当たる率も大きいミュージカルは、やはりロングラン向きのものが求められるようになって、あまり良い意味とは言えない保守化大衆化の線につながってる感じですね。この十年の間に二度ロングラン最高記録が更新されました。両方とも同じ劇団から出た『グリーズ』と『コーラスライン』で、これはいい作品ですけど、つまらないものでロングラン中というのも多いです。現在そのあとを追いそうな勢いの『キャッツ』は、英国産で、これも英米交流の図の典型ですね。長くなりましたので、これぐらいにしておきます。

この十年のドイツ演劇――内面化

蔵原　十年というと様々な現象があるわけですが、この十年間の西独演劇界の特徴を乱暴に一言で述べると、「内面化の方向が進んだ」と言うことができると思います。この方向を推進した代表者は、演出家ではペーター・シュタインであり、劇作家ではボート・シュトラウスです。

シュタインは、六七年にエドワード・ボンドの『救われた』でデビュー、六八／六九年には『都会のジャングル』『ヴェトナム討論』『たくらみと恋』などを演出して政治的方向を示していた。しかしその演出は、戯曲の原感情を当時の若者たちの抵抗の心情と重ね合わせて取り出すという点で、社会参加と同時に内面化のきざしも含んでいたわけです。

七〇年に新編成のシャウビューネがブレヒトの『母』で始まって、七一年にはシュタインが、二晩にわたるイプセンの『ペール・ギュント』を演出します。この台本を担当したのがボート・シュトラウスで、二人の共同作業が、七二年の『ホンブルク公子についてのクライストの夢』を経て七四年の『避暑客（ゴーリキーによる）』、七八年の『再会三部作』と『大人も子供も』、八四年の『公園』へと続いて行きます。

以上述べた戯曲のうち『再会三部作』からあとは、シュトラウス自身の作ですが、彼の戯曲は最近になって「状態演劇（Zustandstheater）」などとも言われています。シュトラウスの演劇がなぜ状態演劇と呼ばれるかを最もよく示しているのが、『避暑客』改作台本につけられた前書きであると思われるので、次にその一部を引用します。

「ゴーリキーは『避暑客』をドラマとか劇とか喜劇とか名付けず、〈場面集〉と呼んだ。この呼称に触発されてこの改作が成された。場面集と言っても、戯曲構成術上でのバラバラに連なっている、全体に組み込まれていない断片ではなく、ある制限された場に一団の人々が会し関係する複合像の同義語としての場面集である。即ち継起、筋の展開というよりはむしろ、内的及び外的状態（Zustände）の交錯である。多くの違った種類の、しかも互いに似通った人間を一つの舞台に集まらせ、経歴や境遇や意見や感情をひしめき合わせる、そして特に幾つかの破片だけを言わば通りすがりにサッとつかむ。これは一例である。しかし『避暑客』は唯一の静的な演技の場で拡散しているのではない。一つの女性解放史の動機づけがあって、終りに至る。記述的と行列的という二つの動きが絡み合っている。」

これはそのまま、シュトラウス自身の戯曲のドラマトゥルギーとしても当てはまるものです。

このような方向は古典の演出の場合にも現われてきて、八二年にクラウス・ミヒャエル・グリューバーの演出した『ファウスト』は、その一例です。ここではファウストは、若返って多彩な世界を経回るのではなく、書斎にいる老人のまま様々な想念に出会う。そのためには勿論多くの場面がカットされて、「天国からこの世を通って地獄へ」という壮大な見世物を期待した人々は失望した訳ですが、その代りしみじみとした魂の空間を現出させることに成功したということです。主演の老名優ベルンハルト・ミネッティのファウストは、ベケット『最後のテープ』のクラップ氏のようであり、ペーター・フィッツのメフィストは、グリュントゲンスのカッコいい悪魔ではなく、寒がっている宿無しです。ファウスト自身も最後は、グレートヒエンとのすれ違いのモノローグのあと、杖を突いたさすらい人として舞台の闇に去って行きます。

ところでこのグリューバーは、七七年にベルリンのオリンピック・スタディアムを使って、ヘルダーリンの『ヒューペリオン』を基にした『冬の旅』の大掛りな演出をした人で、この年にはクラウス・パイマン演出の『ファウスト第一部・第二部』の一挙上演、ボッフムの工場でのペーター・ツァデック演出の五時間に及ぶ『ハムレット』上演、シュパンダウの映画スタジオを使って観客を狭い迷路を通して森に導き入れるという、ペーター・シュタイン演出の『お気に召すまま』などがあり、大掛りな上演と劇場以外での上演というのも一つの特徴ある現象となっています。

その他の主な現象を列挙してみますと、先ずツァデックの独特なシェイクスピア演出があります。七四年には『ハムレット』が、七六年には『オセロ』、七七年には『リア』が上演されて、いずれも話題となりました。

次に東独勢の西独進出が盛んになったという現象があります。東ベルリンの演出家コンビ、マンフレート・カルゲとマティアス・ラングホフが、七八年にクライストの『ホンブルク公子』とブレヒトの『ファッツァ』をハンブルクで演出したのを皮切りに、ジュネーブの旧野菜市場で『縛られたプロメーテウス』、八〇年に『マリー・ヴォイツェック』、八一年に『桜の園』等を演出して西側での活躍を続けている。その他ゴッシュ、トラーゲレーン等も西独で演出し、その大胆な演出で話題となっている。また劇作家も、ハイナー・ミュラーの作品が数多く上演され、トーマス・ブラッシュなどは、東独から西独に移住した劇作家です。

その他の劇作家では、多作のトーマス・ベルンハルトの戯曲が西独で極めて多く上演され、老名優ベルンハルト・ミネッティの活躍が目につきますが、この二人はオーストリー人ですね。

最後に付け加えると、演劇以外のジャンルであるモダン・ダンスのピナ・バウシュ舞踊劇団が演劇の分野で評価されたのも特徴ある現象であり、大都市の劇場が隆盛であったこれまでと代って、地方都市劇場が盛んになってきたのも、最近の顕著な現象といえます。

この十年のフランス演劇——ヨーロッパ共同化

利光　ここ十年のフランス演劇ということになりますが、我々が留学で体験した六〇年代後半から七〇年代初めと比較しても明らかに、いくつかの異なった現象があるといえます。まず初めに、演劇現象がパリの劇場で代表されることがかなり少なくなったということです。これには、演劇が国家の補助なくしては立ちゆかなくなり、商業演劇が不振であるということの裏返しですが、一つの現象として、六〇年代はまだ演劇を支えていた名優たちが次々と亡くなったということがある。ピエール・ブラッスール、ピエール・フレネ、ミシェル・シモン、ジャック・シャロン、ジャン・マルシャ、ポール・ムリッスなど、いずれも看板大スターが次々と物故して、パリの劇場が彼らの名前で客を呼べなくなってきたということがある。

次に、劇作家の不振も相変らずで、故サルトルは別格にしても、ちょっと名前の出かかったベルギー生まれのルネ・カリスキーが四〇歳そこそこで死ぬなど、どうも五〇年代不条理作家の後を継ぐ者がいない。グランベールやヴェンゼルなど、「日常性演劇」と呼ばれる人たちは出て来たけれども、どうも小粒で、時代を代表する作家になれるかどうか？　日本で人気があり、確かにぼくも面白いと思って紹介してきた人にギイ・フォワシィがありますが、彼の作品は単行本では一冊も出ていないという驚くべき事実さえある。まあ、ルネ・ド・オバルディアやジャニーヌ・ウォルムス、それにコピなどは後世に残るでしょうけど、フランスを代表するというところまで行っていないのが実状です。

その他、ルイ・カラフェルト、レモ・フォルラニ、ヴィクトール・アイムなど。ブールヴァール系統では、イヴ・ジャミアック、ローレ・ベロン、フランソワーズ・ドラン、マルク・カモレッティなど名前をあげれば、まだまだ客を呼べる作家はいることはいるのですが、全体としては、演出家の名前の方に比重が大きくかかっているのが、ここ十年来の共通現象でしょう。

もう一つ、大きな現象としては、いわばヨーロッパ共同化とでもいえることがありますね。

それは、現象的に云うと、例えば、東欧からの文化人の迎え入れ、トマール・クレイチャとかリュビーモフとか、何らかの形で東側の体制から逸脱した人を迎え入れちゃうという現象があります。それから、これも八三年から、オデオン座がヨーロッパ劇場という名を借りまして、支配人にジョルジュ・ストレーレルを迎え入れた。このレパートリィをみますと、フランス語でやっているのは三分の一しかない。三本に二本は外国劇で外国語でやっている。結構評判がいい。この春はベルイマンがスウェーデン語で『リア王』をやっています。その外にもストレーレルがやるし、ロイヤル・シェイクスピアがくるし、ともかく、ヨーロッパの普遍化ですね。それは例えばストレーレルのやったレッシングの『ミンナ・フォン・バルンヘルム』なんかは、ドイツの割に暗い原作を非常にラテン化した。陽光のもとに喜劇的に、コメディア・デラルテ風にやるといった点にもみられるわけですね。北欧風の芝居が全くイタリア風に手を加えられて演出されている。

それから、最近話題になるのは必ずといってもいいくらい、シェイクスピアなんですね。『ハムレット』なんて、ここ五年間、一年に二回くらいやってるわけで、六〇年代は、フランスでシェイクスピアを翻訳上演することは有益かどうかということが議論されてたんですよ。まだ、パリでシェイクスピアを上演したって仕様がないなんていう人が我々の留学時代にはいたんだけど、今は、パリの芝居からシェイクスピアを除くと、何もない。ロンドンと入れ変ったんじゃないかとさえ思われるところがあります。特に八四年は『ハムレット』を前後四、五回やっているんですね。コメディ・フランセーズでシェイクスピア、シャイヨ劇場のヴィテーズがシェイクスピア、前衛のはずの太陽劇団がシェイクスピアとまさにオン・パレードです。

次にジャンルが広がって、例えば、若手演出家を含めて、殆んどの演出家がオペラに進出している。これは七〇年代以後の非常に顕著な特色です。例のシェローのオペラ演出とか、スカラ座でいろいろ客演出するとか、演出家はまず殆んど全部、ピーター・ブルックなんかも含めて、オペラを手がけている。今レーズンはヴィテーズがオペラ座で『マクベス』をやっている。ヴェルディですね。それからシェローもナンテールでモーツァルト十七歳の時のオペラをやっている。

次なる流行は、旧新両様を含めて、古典の再読解ですね。フランスで古典というと十七世紀のモリエール、ラシーヌ、コルネイユですが、逆に、この頃は、コルネイユの『イリュジオン・コミーク』をイタリア人のストレーレルが、〝コミーク〟をとっちゃって、『イリュジオン（幻想）』というだけでやってたり、それから、古典劇の牙城であるコメディ・フランセーズで、『ベレニス』がドイツ人のグリューバーの演出でやられる。これは旧い人たちからは、ケンケンゴウゴウの批難なんだけれども、わりかた評判はいいですね。

というように、七〇年代はどこも共通に古典の再評価は、自分の国のものは当り前なんだけど、外国人を呼んでさせる。呼んでやりたいのか、自分がやりたいのか、知りませんけど、ここ数年の傾向です。この場合、古典は広く解釈すれば、若手演出家や前衛の人たちが、何故かマリヴォーをやる。これが我々には理解しがたいんだけど、どういうわけか、マリヴォーというと、例えばメシュギッシュとかシェローとかジャック・ラサルとかね。それもマリヴォーの代表的な作品じゃなくて、あまり知られてないものをやる。『争い』なんていう三〇分くらいのものを、延々二時間近くに延ばしてやる。そういう形でやるわけ。

それから、我々には馴染がないんですけど、クローデル、これを前衛劇派が必ずやるということ。メシュギッシュは、クローデル家から訴えられてまで、変な『黄金の頭』というのをやっています。フランス独自の古典のようなものを再読解してやるのが最近の傾向です。

さらにいいますと、なぜかこのごろ英米演劇は、紹介はもちろんあるし、ブロードウェイのものも翻訳上演、かなりやってますけれども、非常に単発的でして、傾向としては、ドイツ演劇に対する志向が強い。ゲーテ、シラー、クライストですね。クライストなんか、ぼくらは『こわれがめ』しか知らないんだけど、『ペンテジレーア』なんかやっている。それからシラー、レンツ、ヴェデキント、クレッツ、ボート・シュトラウスとか、シーズンに話題になるのは必ずドイツ演劇で、さっき云った若い演出家たちは、なぜかドイツ演劇志向が強いんですね。これは、批評家に云わせると、やっと戦争の後遺症がとれて、客観的にドイツ演劇、ことにドイツ・ロマン派のものをやれるようになったという。ビュッヒナーなんかもね。

　あと二つばかり傾向を上げますと、最近の面白い現象ですが、シュールレアリスムで六〇年代には全く形もみえなかったのが、作家ですが、それが拾い上げられて、その中でアルトーと一緒に二〇年代アルフレッド・ジャリ劇場の運動をやったロジェ・ヴィトラックという作家の『ヴィクトール』を国立劇場のオデオン座で三年くらい前にやっている。誰も知らない『愛の神秘』をアヴィニヨン演劇祭でやる。それ以外、アポリネールとか、レーモン・クノーの『文体練習』、これは原作は散文詩でして、見なければ、どうしてこれが芝居になるのか全くわからないものですね。でもなぜか超満員で、ぼくも補助椅子でやっとの思いでみまして、楽しんだんですがね。それからアルトーの一九三五年の有名な失敗作『レ・チェンチ』が、八一年秋に初演以来四十六年ぶりに、オデオン座で上演されて、これはみましたけれども、どうも感心しなかった。非常に上品すぎて、どこが残酷劇だかわからないというものでした。

　それに反して、シェイクスピアと附随して、ムヌシュキンの『リチャード二世』、これは非常にヒットした。なぜかというと、これは東洋趣味が露骨に出てて、メイク・小道具なんんか、まるで黒沢映画みたいなんですね。歌舞伎だか、京劇だかのメイクで、パリでは大ヒットなんです。そういう東洋趣味の傾向ですね。

　それから、フランスはミュージカルというのが全く当たりませんが、どれをやっても駄目で、これは英米演劇と違う。でも、ブールヴァールは強固に続いてますが、徐々にお客は減ってきている。全体はやや漸増だそうですが、ブールヴァールはジリ貧であるということ。これは政府の政策で有名な演出家は殆んど補助金が出ていることとも関係があるでしょうね。ジャック・ラングが文化大臣で、それは非常にいいんですが、フランスの経済状態は非常に悪い。赤字経済なんですが、なぜか内需振興でね。演劇予算はどんどんふやすところがある。ジャック・ラングが文化相になって、一、二倍になったんです。補助金をどう使っていいか困ったという話もある。これが、大体ここ十年のフランスの傾向ですね。

ここ十年の北欧演劇——女性の演劇

毛利　大国ばかりなので、小国も少しと思い、北欧も加えてもらったわけですが、情報も少ないし、ごく概略的にここ十年間に目立ったあり方を二、三あげるだけになると思います。

北欧とは、御存知のように、北欧三国以外に、フィンランド、アイスランドが加わって、一種共同体的つながりをもっているわけですね。一つは、演劇は七五年までの北欧演劇の中心的存在だったのはスウェーデンで、スウェーデンが演劇を主導していって、そこで新しい試みがあると他の国にも広がってゆくというのが一般的な流れだった。ところが、この十年間の傾向をみますと、どうもスウェーデンがそういう主導権を失いつつあるのではないかという気がする。だからといって、どこの国が主導権をとったということではないんですけど、大体、平均したというか、他の国がスウェーデンに対して、それほどコンプレックスをもたなくなったというべきかもしれません。特にこれが著しいのは、印象ですけど、フィンランドじゃないかと思います。フィンランドは御存知のように、ずっとロシア、スウェーデンの属領だったもので、今もってスウェーデン語は国語の一つとして認められている。だから、フィンランドには、スウェーデン語でやる劇場もあるんですが、フィンランド語の演劇がかなり力をもってきた。二つは部族を異にしてますから、交流は出来ないんです。彼らは演劇に非常に力を入れている。作家まではよくわからないんですが、演出家には外の国でも評価されるものが出ています。それよりも何よりも、一番目立つのは、フィンランドの演劇政策ですね。それはお金のかけ方だけじゃなく宣伝です。外国に対するＰＲの仕方が大変進んでいて、ＩＴＩのフィンランド支部は、北欧で一番ＰＲしてますね。民族の誇りは非常に強いと同時に、自信をもってきたといってもいいかもしれない。ですから有名な『カレワラ』なんかを、テレビドラマとして厖大なドラマに仕組んでいます。

同じようなことが多かれ少なかれ、ノルウェーなんかにも云えます。かつては、ノルウェーはずっとスウェーデンの後塵を拝していたんですが、最近はそれほどコンプレックスをもたないようにみえます。ですが、北欧各国は非常に交流しあいますから、どこの国が特別どうということはあまりないといっていいと思います。

それで、北欧の全体的な特徴といいますと、すでに出されたことと重複しますが、一つは六五年から七五年にかけての政治的な演劇が、政治に対する興味そのものはずっと続いている、非常に強く続いているといっていいと思いますが、それが外的な意味の政治問題というよりは、より内的な社会福祉の問題、内面的な社会問題というか、そういう方向に向っている。その最大は女性問題ですね。これが中心的なテーマの一つになっている。ですから、国際婦人年以来、ずっと女性問題を扱った劇が書かれている、と同時に、女性演出家が大いに進出してきた。これは七五年以降の傾向といってもいいでしょうが、単に演出家というだけでなく、多くの劇場の芸術監督ですね、これを女性が占めてきた。大雑把に云うと、三分の一くらいは、あるいは半分近くは女性の監督になっているんじゃないかと思います。

もう一つの特徴というより、話題は、スウェーデンのベルイマンが税金問題からスウェーデンを棄ててミュンヘンに行ったということ、これは少なくとも、スウェーデン演劇にとっては、かなり痛手だったのではないかという気がぼくはするんですが、スウェーデン人はもちろん認めようとはしません。ベルイマン一人くらいいなくても大丈夫というんですが、スウェーデンが北欧での主導権を失ないつつある傾向を示してきたのは、やはりベルイマンが国立ドラマ劇場（ドラマーテン）で一年に一本か二本やっていたのがなくなったことがやはり影響している気がするんですね。少なくともベルイマンの舞台は大きな刺戟を与えてましたから。彼は、大体年に舞台演出一本、映画一本、オペラ一本というペースでやってました。で、今度帰国して、『リア王』をやったわけですね。これは非常に話題になった。

ベルイマンの税金問題というのは、彼が脱税容疑で、稽古場から有無をいわさず連行されたというもので、ベルイマンは怒り心頭に発して、スウェーデンとは縁を切るといってミュンヘンに移ってしまったわけですが、まあ、脱税の事実はなかったということですから、これは和解に十年かかったわけですね。

谷川　本当になかったんですか。

毛利　ええ、まあ、そういうことですが、疑わしいところがあったんでしょうね。映画のことやなんかで。ですが、この事件はどうもある意味で北欧の芸術事情を反映しているといってもいい。つまり、ある国々からは、贅沢な話とみられるということですね。もちろん、ベルイマンはそんなお金持ちというわけじゃありませんが、少なくとも七五年以前は、北欧の社会福祉の問題は、贅沢な悩みと外の国には映ったわけです。それが、七五年以降はかなり外国でも福祉が進んできましたね。日本なんかを考えても、彼らの問題がある程度我々に共通した問題というように受けとられるようにはなってきたんじゃないでしょうか。それでも、世界全体からみれば、やはり贅沢な悩みということになるかもしれないんですが、大変面白いのは、まあ、外国も同じでしょうが、彼らの社会問題は、社会が進めば進むほど出てくる問題なんですね。つまり、社会が改善されればされるほどというか、平等にすればするほど出てくる問題を扱っているんで、これは我々の先行きを暗示するようなものに思われるんですね。だから、あれほど女性が男性と同等の権利をもっている国は外にない。法律的にはないわけです。にもかかわらず、女性問題が一番議論されるのも北欧だろうと思います。

佐藤　どういうことを?

毛利　一言でいえば、女性が差別されているということでね。法律的には、例えば求人広告を出すのに、女求むとか男求むとかいえないんですね。ですが、実際には女だからといわずに別の理由で断われる。つまり、二重道徳だというんですね。表面と実際の違いを彼らは凄く糾弾する。

谷川　そういう問題は内面化されてるわけですか。『ある結婚の風景』とか——。

毛利　そうですね。

それから、不思議なことに売春問題が執拗にとり上げられます。これはずっと続く。これを芝居に仕組むんですね。昨年六月に、オスロで第一回の北欧演劇祭が催されて、北欧五ケ国から各二本づつ新作がもってこられて上演したらしいんですが、その大半が女性の作家のものでね。それの中にも売春問題を扱ってるものがある。十代の女性たちが、お金ほしさにやるんですけど、まあ、結局は男たちに利用されちゃうというんですね。

利光　逆はないですか。男性が女性に売春するのは?

毛利　どうでしょうね(笑)。伝統的にプロテスタントの、ピューリタンの強い国ですからね。あるかもしれませんけど。

佐藤　ホモはないんですか?

毛利　裏ではあるかもしれませんけど、表面ではあまり聞きませんね。ピューリタンの伝統ですかね。

それからポルノグラフィの問題をとり上げたもの、七〇年代後半に出た有名な作品で、『シェ・ヌー』というのがあります。フランス語ですから、フランスの芝居かと思ったら、これは向こうの一種いかがわしいクラブの名前なんですね。ポルノ産業を扱った芝居で、その背後にある資本主義社会を批判する内容です。これを書いたのは、エンクヴィストという作家ですが、彼が次に書いたのは、ストリンドベリの生涯の一部を題材にした作品。これは民芸の宮内さんが日本でもやったようですが、『レスビアンたちの夜』という題名で。女性同性愛の問題、これはストリンドベリの最初の妻、シリのことですね。これは評判になりました。

最近、ここ二、三年ですがね、急に名が出てきたのは、ラーシュ・ノレーンという作家で、今、北欧中で一番やられている。四十歳前後だと思いますが、次々に上演されています。これは、二、三読んでみた限りでは新しい心理劇、どうもストリンドベリの心理劇の系統ではないかという感じをもったら、向こうの人もそうだといってました。『夜は昼の母親』と直訳すればなる芝居は、外国でももうやられています。さっき斎藤さんが云われたような夫婦問題、親子問題ですね。

それから七五年以前から始っていたんですが、演劇政策として一番目立つのは地方演劇の振興です。英語に直すと、レジョナル・テアターですが、それまでは大都市、といってもたかが知れていますが、せいぜい四つか五つの中心的な都市の劇団が地方を回っていた。それに国立の巡業専門の劇団があって、方々まわっていました。でも、それだけでは、どうも中央のものがくるというだけで、地方の村々の彼ら自身の問題がとり上げられないということからも、ここ十年間に、かなり辺鄙なところにまで劇場が立てられ、劇団が作られています。小さな五、六人の劇団らしいですが、それがいくつか合流してやる。

斎藤　公立ですか?

毛利　もちろんです。これでかなり劇場の数が増えました。これは北欧のどの国にもかなり一般的になってきてますね。

まあ、そんなところが北欧のこの十年の一般的な傾向ですが、いずれにしても、他の国同様に、六〇年代から七〇年代にかけての小さなグループがいろんな政治的な演劇運動を行なったというのは、かなりおさまって、かつての前衛的劇団は、今じゃあまり前衛的でもないし、小劇団は今や中劇団になっている。それも大半は公的な補助金を受けてます。スウェーデンなんか、大体、劇場は自分たちの切符その他でまかなうのは全出費の10%くらいですね。一割ちょっと。それ以外は国か地方の公共団体からもらう。

佐藤　公立以外でもそうですか?

毛利　いや、公立です。というのは、地方の方々に出来たという劇場も含めてですね。小さなグループはもちろん、もらうのはそんなに多くないですが、つまり、グループ演劇というのは劇場をもっていないわけです。これは、学校とか図書館とか刑務所とかに行ってやる。

利光　スウェーデン自体の経済はどうですか？

毛利　これは悪いですね。スウェーデン・クローネはガタ落ちです。ここ五年くらいの傾向でね。これが、スウェーデン演劇がそれほどでもなくなった最大理由かもしれません。それに対して、デンマーク、ノルウェーのクローネが強くなってきたから、ノルウェー人なんか好機到来の感をもっているんでしょうが、北海油田のお蔭ですね。これが明暗を分けた。でも、この所、油もかつてほど、甘い汁じゃないみたいですが。

佐藤　デンマークはどうですか？

毛利　デンマークは情報不足なんですよ。ITIもつぶれたみたいになっていて、最近やっと再開された具合ですね。まあ〝北欧のパリ〟とコペンハーゲンはいわれているし、北欧としての特色はやや薄いですね。作家や演出家も有名なのはいない。ただ、俳優が伝統的に中心を占めていて、それも喜劇というか、ドクバタが好きなんですね。イタリアのダリオ・フォなんか、やっと日本でも上演されたようですが、デンマークではなぜか、十何年も前から非常に流行っている。ドタバタ喜劇なんで、皆、ゲラゲラ笑ってみているんですが、ぼくはどうもいただけない気がしていました。洗練されてないんですね。この点はやはり、スウェーデンが群を抜いている。かえって冷たいとか固いとかとはいわれるんですが。もう一つ、これは北欧だけじゃないでしょうが、彼ら演劇人の間で、舞台と映画とテレビが、区別されて意識されることは殆んどないことですね。これは日本なんかとは非常に違った点です。やる方も見る方も区別しない。ベルイマンなんかも、そうじゃないですかね。

谷川　レパートリィにはどんなものがあるんですか？

毛利　やはりイプセン、ストリンドベリ、デンマークではホルベアという古典作家が相変らず続いてますが、ひと頃は、それに続く自国作家がいないといわれていたのが、七五年以後の傾向として上げてもいいかもしれませんが、いわゆる日本でいう創作劇が多くなってきたという気がします。印象ですけどね。その線上に、さっきのノレーンなんていう作家が出てきたわけでしょう。

この十年の新劇——十年一日？

増見　つづいて、日本演劇のこの十年間をどういう風に概括したらいいか、皆さんの方が客観的にごらんになってらっしゃるから、私は適任じゃないと思うんですが……。

一つだけまずデータらしきものを用意しました。日本の演劇状況といってもいわゆる新劇ですね。十年前の七五年に文学座、民芸、俳優座、それに山本安英の会が上演したレパートリィの中で話題になったものをチェックしてみると、文学座では、杉村さんの『欲望という名の電車』、民芸では滝沢さん主演の『セールスマンの死』、俳優座はですね、千田是也演出による、東野英次郎主演の真船豊作『見知らぬ人』、それから山本安英の会は当然山本さんの『夕鶴』、これが七五年なんです。それで、八四年の話題作は何かというと、文学座は杉村さんが飯沢匡の『続二号』をやり、松竹製作による『華岡清州の妻』をやっているんです。それで、民芸は御承知のように、滝沢さんの『セールスマンの死』、俳優座では、特に話題になったのは千田是也演出による真船豊作、小沢栄太郎主演の『遁走譜』。それに山本安英さんの『夕鶴』千回記念公演がありましたね。

このレパートリィをみるだけでも、愕然とするんですが、この十年間、既成新劇は何をやっていたのか、ということになる。これは大雑把な推論で申し訳ないんですが、日本の新劇団の体質が現われているのではないかというくらい、世代交替が上手くいっていない。もっとも文学座ではアトリエ公演における、別役、藤原コンビの成果がこの十年間着実にあったと思うんですがね。余談ですが、杉村さんは来年（一九八六年）又、『欲望——』の上演を計画なさっているそうです（笑）。

こういう既成新劇団の状態に対して、この十年間、いわゆる小劇場運動と呼ばれている劇団の動き、これは皆さんの方がよく御存知でしょうが、戦後の小劇場運動は第三世代へと確実に新しい世代が出ている。つかこうへいが引退したあと、それに代るが如く野田秀樹が出ている。あるいは渡辺えり子というような人。あるいは竹内銃一郎とか鴻上尚史たち。その人たちの動きは、かつての作家と演出家の関係ではなくて、殆ど自分の率いる劇団で自分の作品を演出している。野田秀樹や渡辺えり子は自作自演出に、主演までやってるわけだけどね。だから、かつての新劇団がやっていた芝居のやり方とは、大分変ってきたというのが現状でしょう。

既成新劇団は結局劇作家との関係をうまく持続できなかったことが問題ですね。俳優座では田中千禾夫、安部公房、かつては秋元松代といった作家の作品を上演してきたんですが、次の世代の作家を生み出す仕事が上手く行かなかった。これが劇団活動停滞の一つの理由だろうとも思いますね。

もちろん、最初に申し上げたデータはかなり一方的な見方ですが、特に戦後の第一世代にあたる劇作家である、例えば秋元さんのような作家は蜷川幸雄と組んで、『近松心中』という作品を東宝で生み出している。こういう蜷川幸雄の桜社解散のあと東宝との仕事に顕著に現われているように、演出家や俳優、あるいは作家も含めてですね、新劇と商業演劇の枠が、前には厳然とあったのに、レパートリィ一つとってもだんだん差がなくなってきた。菊田一夫がリードしていた頃の東宝では、シェイクスピアとかチェーホフをやることは考えられなかったのに、今や積極的にそれらをやるようになってきた。

一方、外国人演出家を日本の演劇界に導入してくるという動きもかなり活発になってきましたね。成功した例でいえば、エフロスというソヴィエトの演出家、あるいはピーター・ホールの代りに、ジャイルズ・ブロックというイギリスの演出家を呼んで『アマデウス』をやった。これは話題にはなったけれど、成功かどうかは疑問といっていいのが、四季がよんだアンドレ・シェルバンというアメリカで活躍しているルーマニア人の演出家のチェーホフの『かもめ』。あるいは同じ年にイギリスのマイケル・ボグダノフを呼んで、東宝が『かもめ』や『ロメオとジュリエット』を演出させるという動きがあった。

また小劇場運動の一つですが、出口典雄のひきいるシェイクスピア劇場が、シェイクスピア全作品の上演を成しとげたということがありますね。

それから演劇界の趨勢としては、アメリカのミュージカルを移入して、ロングランのシステムを作り上げた浅利慶太の四季の動きも、大きな刺戟にはなったでしょうね。『キャッツ』が一番いい例でしょうが、東宝もアメリカで当ったミュージカルを盛んに上演している。これは演劇界の流れとしては一番注目されていることの一つでしょう。まあ、新劇のことを述べるのは自分が関係しているので難しいんですが、ますます多様化、細分化してゆくでしょうね。これから新しい劇場がかなりふえてゆくようですからね。だけども、そこで何を上演するかという問題に関しては、それほど見通しは明るくないと思われます。

で、新しい作品の傾向としては、端的に云えることは、喜劇が多くなってるってことでしょうね。これからも益々井上ひさしや野田秀樹に代表されるような動きが、当分は新しい作品の傾向を示すのではないかという気がします。

非常に大雑把ですけれども、以上にしておきます。

司会　どうもありがとうございました。それじゃ、遅れてこられた中本さんに続けてやっていただきますか。それとも、討論の中でソ連の様子を出していただきますか。

中本　どうも遅れて済みません。じゃ討論に入っていただいて、その中で問題になったら話すということでいいんじゃないですか。

演劇現象の隆盛と停滞

司会　それじゃこの十年間について、いろいろ話してもらいましたが、各国の独自性と同時に共通性もある。それぞれの作家、演出家といった個々の事象になれば、皆さん御存知のことが多いと思うので、これからの討論では、いろんな演劇的な問題が各国でどう現われているか、扱われているか、どう考えられているかを話してみたいと思うんです。

今お聞きしていて、私なりに考えた、あるいは知りたいと思った点がいくつかあるんですが、一つはこの十年間を区分したのは、その前の十年間があまりにも激しい時代だったから、それに対して、七五年以後、いや何も七五年と限ることはないんですが、七〇年代後半から八〇年代前半は現代演劇史的には、どういう位置づけがなされるだろうか、ということですね。これは利光さんでしたか、演出家に関しては、六〇年代後半からの演出家がまだずっと続いているといわれましたが、あるいは増見さんも、日本の新劇はこの十年全然変わらなかったといわれたんですが、どの点で変わらない、どの点で変わった、又、変わったとすれば、それはどういう意味合いをもつかということ、そんなことから検討してみたらと思いますが。

そこで思ったのは、我々研究会で十八世紀のヨーロッパ演劇のことを長く論じてきたんですけれど、丁度、十八世紀と同じことがこの十年間にもいえるかどうかということです。つまり演劇的停滞期と歴史的には規定されながらも、現象上は、十八世紀の演劇は大変に盛んだった。多様でもあった。そういうことが、この十年間にもいえるような気がするんですがね。
谷川　演劇の定義如何によりますね。ドイツでは六〇年代はヴァイス、ホーホフート、ハントケ、ヴァルザーといった劇作家の側から演劇の可能性を探る作品が輩出したのに比べて、この十年は演出家や演劇をやる〝人〟の時代というか、演劇現象はとても多様で活発な時代といえますね。
司会　そう。それも各国で異なるかもしれないけれど、どうですか、イギリス、アメリカあたりは？　観客なんか増えてますか。
斎藤　イギリスのことはよく知らないんですが、経済状況がいいことが必ずしも芝居が盛んという問題になるかどうか。質の問題ですけどね。今も云われてたように、商業演劇は、フランス、ドイツじゃあまり問題にならないようだけど、イギリス、アメリカじゃ、商業演劇が全体の演劇を支えている部分は大きいわけでしょう。特にアメリカはね。そうなると、むしろこの十年の商業演劇は数やお金の上では景気がいいわけですし、値段も高くなった。入場料だけじゃなく史上最高の金をかけて『キャッツ』をやるとかね。で、その『キャッツ』もイギリスだけでなく、『コーラスライン』についでロングランしそうですしね、アメリカでも。だけど、ロングランが多くなったということは、当たりそうな芝居を選ぶってことでもあって、結局未知数の作品をどんどん入れて失敗してもいいってことがなくなるから、傾向の幅が狭くなったということなんですね。だから家庭劇が流行る。つまり、元来が家庭劇の伝統がアメリカなんかあるわけだけど、そういうものやると皆喜ぶんですね。
司会　最近、日本でアメリカやイギリスで当ったものを次々にとり入れてやるのは、そういういいものが出てきたからというより、もっと別の問題ですかね。
斎藤　日本でも商業演劇が盛んになったんですね。増見さんはおっしゃらなかったけれど、三越とか西武とかサンシャインとかが、いままでなかった商業演劇的なものを形づくってきましたね。この十年ですね、これだけ定着しましたのは。これが、ロンドン、ニューヨークあたりからあちらの芝居を移入してくるんじゃないですか。そういうものをやると、こちらの観客人口は割合い増えてくるということはある。
司会　フランスなんかは、大変活気があるような印象を受けましたけど、演劇現象として盛んだという感じではないんですか。

利光　どうですかね。盛んという意味を観客が増えたとか、演出家が次々出てきたということで云うなら確かに盛んになりつつあるとみていいんだけど、何か、ここ十年間に二回しか行ってないんだけど、六〇年代のエネルギーは見られないですよね。やる方も見る方もね。六〇年代にはもう少し危機感みたいなものがあってね。これじゃいけないという。これは日本なんかも同じじゃないですか。安保があって、挫折した人が皆、アングラに走ったということがあるけれども、今の若い人は、皆、どこでやるかというと、紀伊國屋だとか本多劇場とかね、すんなり行っちゃう。

増見　七四年にアンダーグラウンドのメッカだった新宿文化が閉鎖されてるんですね。

利光　そう、そう。だからそれなりに面白いんだけど、エネルギーとか、緊張感とかいうのはない。テントも今は許されないから、本多劇場あたりにすっと入っていく。昔だったらあういう既成の劇場には、やる方も見る方も抵抗があったけど、今はないですね。

司会　そういう現象を演劇的にはどう評価しますか。あるいは、演劇界的にと云った方がいいかな。つまり良家の子女が安心してアングラを見に行くというのは、それだけ観客が増えたことですね。

利光　逆に、見に行かないと時代遅れの感じをもったりする。

佐藤　フランスでもアングラはどうか知りませんが、子供づれの御家庭向き観劇は増えてますね。『シラノ』なんてその典型でしょう。マリヴォーの復活もそれがある程度関係あるんじゃないですか。

斎藤　イギリスでは、一番の前衛はロイヤル・シェイクスピア劇団が荷ってる。それも安定した中でやれるものだから危機感が乏しい。アメリカでも最初に述べたように、六〇年代に前衛的な動きをしたグループが補助金をもらうようになって、劇場ももつようになって組織化された。ただし、採算が合わないと補助金が打ち切られるわけですね。採算が合うっていうのは、観客動員の収入分だけは個々のプロダクションの費用に使って、あと基本的な劇団組織の維持は補助に頼るという形なんですね。その会計収支がきちっと出来ないと駄目なんです。かつてリヴィング・シアターがね、借金で国を追われたような、ああいうことが逆にないように組織としてきちんとする。同じ前衛の中でも健全な組織が成り立つ前衛があるわけですね。まあ、前衛じゃないのかもしれないですけどね。この間エレン・スチャートが来たときに、今度来日したサークル・レパートリィ・カンパニーなんかとか、パブリック・シアターとかいうのは、あれはその筋の人にも受け入れやすいことをしてるから補助がちゃんと出ている。彼女がやっているようなものには補助が出ないといってましたね。だから大変だと。

ソ連演劇の体制と反体制

司会　ロシアなんかどうですか。ロシアには反体制的なものが六〇年代にあったのかどうか知りませんけど。西欧ではどこにもありましたね。それが七〇年代後半になると一応体制側に入るか消えるかした。

中本　何を称して反体制といい、体制というかということがあると思うんですね。ロシア・ソ連では、文学にせよ、演劇にせよ、たえずどこかで、今日の体制に対してプロテストするという姿勢があると思うんです。それ抜きに芸術は存在し得ないという伝統がありますからね。これは徹底しているわけです。それでいて、むしろ政治を表面にかかげないところでやる前衛、むしろそっちの方が深いと思うんだけど。もちろん体制べったりの演劇人もいますが、主流とはいいがたい。実は、直接今日の政治を相手どってやっていた前衛がリュビーモフだった。彼が一九六四年に新しい集団を作った。そこでやろうとしたのは、大衆受けするというか、そういう路線だったと思う。それで、政治的プロパガンダを狙うということですね。これは非常に成功したわけですよ。客の中にもそれを歓迎するムードがあった。だから、六〇年代七〇年代は、例えば演劇以外の詩でも、朗読会なんてのがあって、エフトシェンコやヴォズネセンスキーは四万人の大衆を集めることが出来たんです。それも、一人でですよ。それが受けた。又、タガンカ劇場もそういう風なやり方をしたわけです。だからタガンカ劇場の俳優ヴィソツキーは弾き語りの詩人として知られている。あるいは芝居のはねたあとに、いろんなサロンでもってやる弾き語りが、いつのまにか流行ってゆく。そのヴィソツキーがテーマにしていたのは、今日のロシアの中で、ロシアの体制芸術の中ではどうしてもオミットされてゆくような面を歌に託してみるってことですね。これは比較的、つまり西側の我々から見ても、すぐに反体制だとわかるようなものだったと思う。このヴィソツキーはいろんな芝居をやりましたが、その代表的なのが、『ハムレット』

だった。いわゆるジーンズをはいたハムレットで、演出はリュビーモフですね。

司会　あれは何年でしたか？

中本　一九七〇年くらいですか、今正確なのは忘れましたが。それでヴィソツキーが亡くなったとき、お葬式に騎馬巡査が出るほど人が集まったという。本当かどうかわからないけど、三万人の人が劇場をとり囲んだというんですね。これはヴィソツキーだけではないんですね。俳優なり演出家が大衆に愛されているというのは。ただ、ヴィソツキーは一つの典型でしょうね。ロシアの演劇を見てると、彼らがそういう使命感をもってるのがはっきり感じられる。

ヴィソツキーが死んだこと、それからリュビーモフが丁度二十年芝居をやってきて亡命の道を選んだ。これは外からみてると、あたかもソ連の体制側がリュビーモフを国外に追放したかのようにみえるんだけど、ぼくはそうみてないんです。むしろリュビーモフが自分の劇団を棄てたんであって、彼が自ら選んで出ていったという面が多分にみられるんですね。今回ソヴィエトに行って聞くと皆そういうんです。彼は自分の子供を棄てたという。つまり、今でもタガンカ劇場はリュビーモフ演出の芝居をやってるんですよ。ところが、リュビーモフがはじめた頃から七〇年代後半まで、今から十年前迄は、リュビーモフのやる芝居は観客にとどいたと思うんです。ところが今は違ってきちゃった。

司会　どういう点で？　やってることが古いということ？

中本　そう、古いという。それで完全に一つの体制側のものになってきた。感性としてもね。彼としては、もうやることがなくなってきたんだね。これははっきりしてるんです。ぼくは、このところ何回もソヴィエトに行ってますけど、五、六年前頃からタガンカ劇場には魅力を感じなくなってましたね。

増見　ぼくはリュビーモフの六七年の『ガリレオの生涯』をみたんですけど、八一年に『三人姉妹』をみたら演出の違いをはっきり感じましたね。『ガリレイ』の方はすごい、こう一本筋が通ってるんだけど、『三人姉妹』の方は、あの手この手を使ってはいるが、かなり混乱してもいる。エフロスに云わせると、六十歳すぎたアヴァンギャルドは問題だとはっきり否定してましたが。今、お話きいてて、そういうことかなと思ったんだけど。

中本　ロシアが特殊なところであることは確かですね。

六〇年代頃から演劇界が文化界の中で中心的な位置を占めるようになってきたことは事実でね。その度合が年々強くなってきているんですね。例えば四、五年前は詩人、作家同盟が権威をもっていた。今や違うんだな。『チェアトロ』という雑誌がありますが、演劇雑誌が一番力をもっている。この十二月に行ったときもパーティをやってくれて、見てると『チェアトロ』の編集長が宴席の中心にいて一番威張ってる。財政面も彼なんですね（笑）。

司会　読者層も大きい？

中本　そう。何といっても経済的に一番強い。一般の人にきいても、作家より俳優や演出家の方をよく知ってる。

それから、ここ数年の傾向をみますと、殆んどの劇場が稽古場を開放して稽古場公演を始めたわけです。それが大変受けるようになった。これはぼくは歓迎すべき現象だと思うんですよね。

ロシアの伝統はレパートリィ・システムですから、二年から三年、あるいは十年も二十年もレパートリィとして耐え得るものしか一般公開にならなかった。そうするとどうしても前衛的・実験的なものは可能性がなかったわけですね。それから若い人、新人作家を起用することも。それが丁度三、四年前から萌胚として出てきたといっていい。遅ればせながらやってきた小劇場ブームです。

司会　新しい傾向の作品も出てきてるんですか。

中本　今まで劇作が不振だといわれてきたのが、ところが、決していいとはいえないけど、新しい作家がどんどん出てきた。今まで『チェアトロ』という雑誌と『演劇生活』という週刊誌があって、その他文芸雑誌がありましたが、それでは新作品をのせるのに間に合わなくなってきた。それで、『現代のドラマトゥルギー』という雑誌が季刊で出され始めた。他にも劇作品をのせるものが出てます。そこに新人や、今までとり上げられなかった作家がのせられる。それから、今まであまりなかった二人芝居とか一人芝居ですね。小屋の数も多くなったということがある。

でも、それで果して演劇として本当にいいものになったかというと、向こうの人たちもいうんですが、非常に盛んだけど真の意味でいいものが増えたといえるかどうか疑問だと。ぼくも小劇場なんかみてますけど、これまでのロシアの演技のスタイルと、平土間でやるような芝居とはどうも合わないんですね。今のところ模索中という感じでね。ぼくのロシアに期待するのは、そういう平土間でやるような実験的なものじゃないんですね。それよりも、もっとオーソドックスな芝居をきちんとやってほしいし、やらねば駄目だと思う。何もない状態でこそ平土間でやれるんであって、もてるところ、えらいいい条件をもってる彼らは、そのもてる条件の中で何をやるかだと思うんですよ。向こうの人も、全くその通りだといってね。このままで、そういう直接的な個人対個人の芝居ばかりやっていたら、芝居そのものが衰弱してゆくだろうとね。あくまで芝居は虚構の世界であってね。平土間芝居は、よほど強靱な神経がないといけないわけよ。やる方もみる方も。それはロシアじゃ駄目なんです。

ブレヒト、アルトーの影響その後

利光　フランスの場合、戦後、ブレヒトとアルトーという二大潮流があって、それが、どこかで融合して若い世代になっているんですが、ソ連では、この両方とも入っていたんですか。

中本　うん、いや——。

利光　その入り方が、ひそかにというか——ブレヒトだって、大っぴらには駄目でしょう。

中本　いや、そんなことはない。

利光　でも、あまり研究なんか許されないとか——。

中本　いや、それは違う。誤り伝えられているんでね。

利光　でも、西側みたいに、明らかに理論的に対立するものとして入っていないんじゃないですか。

中本　いや、それはね、ブレヒチアンは沢山いますしね。リュビーモフも、自分はブレヒトの弟子だといって仕事を始めていたし、エフロスがそうですね。それから、トフストノーゴフもブレヒトの『アルトゥロ・ウィ』をだいぶん前にやってますね。ずいぶん傾倒者が多い。でも、ソヴィエトの特徴かもしれないけれども、ブレヒトもアルトーも、すでにスタニスラフスキーの仕事の中にあるという。それが彼らの解釈の仕方なんです。小劇場ブームが来る前からも、モスクワ、レニングラード、バルト三国、グルジアなどで、明らかにアルトーの影響を受けていると思える実験劇が、小規模な形で試みられてきていた。その場合、ソ連にはスタニスラフスキー、ワフタンゴフ、メイエルホルド、タイーロフなどという思い切った実験をした先輩たちがいるわけで、その先輩たちの遺産を継承し発展させるという大義名分でアルトー的なもの、あるいは、寺山修司の街頭演劇的なものが受け入れられてきたといえます。

利光　だから、ブレヒトとアルトーがあからさまな二大潮流として対立するものになってないわけでしょう。そうすると、さっき、シュールレアリスムがレパートリィとして復活してきたといったんだけど、ソ連では、シュールレアリスムは、紹介は進んでいても、行動の中にアナーキズムの問題があると全く許されないでしょ。

中本　ええ。

利光　だから、アメリカなんかは、ヴェトナム戦争が導火線になったお蔭で演劇が活性化したという事実が確実にありますね。たとえば、ソ連ではアフガニスタンに進駐したからそれが演劇的原動力になるなんてことは絶対にないでしょう。

中本　うん、表面的にはそうですが、しかし、とくに一部の演劇人に対してはアフガニスタン進駐が強いインパクトになっています。

利光　そこから行くと、フランスなんかより、むしろアメリカの方が早いのかな。アルトーの受容は五〇年代にすでにあるでしょう?

斎藤　五八年にアメリカで初めてアルトーが英訳された。

利光　直接行動の表現なんかはアメリカのオフ・オフの方が早いわけだ。

斎藤　リヴィング・シアターなんかですね。

利光　六〇年代のリヴィング・シアターの公演に刺戟されてアルトーが逆移入の形で、フランスでもう一度再評価されて、急に信奉者が出るんだよね。それで、六〇年代にハプニングというのが流行りましたね。サルトルにいわすと、アルトーの演劇理論の完全な継承はハプニングだという。それが七〇年代になるといつのまにか名称が変って、〈パフォーマンス〉になってきた。ハプニングには明らかに、ダダイズムの流れがあって、既成のものに対して破壊行動をするという前提があったけれども、パフォーマンスになるとそういうのは消えるよね。その枠の中での一つの行動になってきて、挑発性が薄れるんですよ、パフォーマンスになってくると。今のフランス演劇は六〇年代にもっていたアルトーの影響で、オデオン座の舞台を直接占領するとかいう挑発性はない。ハプニングの時代は、アラバールなんかもやって、劇場で騒いだりした。そういうのはどこか薄まって、パフォーマンスに移行してきたから、一応、これは芝居であるという前提をもって、その枠の中で何か新しいことをやろうとするようになる。

司会　それは、中本さんの話にあったように、直接的な表現に対して、何となく胡散臭い感じをもつようになってきたとか、評価しなくなってきたということですか。それとも、枠の中でやる方がより好ましいという批評家の考えなんぞがあるんですか。
利光　というよりも、何を挑発するかという具体的な目的意識がなくなったんじゃないかな。
佐藤　社会党政権になって、よけいそうなんじゃないかしら。
司会　じゃ、やっぱりそういうことに対して批評家は否定的なんですか。舞台成果として。
利光　批評家も物書きですから、エクリチュールを重視するし、すべての舞台をみるわけにはゆかない。日本も同じだけどね。そうすると、何が残るかというと、一方で評判になったものをみる。もう一方、自分の範囲内で偶然みるだけで、文芸批評家のように、遅れてでも読んで自分で判断できるという立場にないから、どういう立脚点に立つかで評価が違うわけだ。国立だけみてる人もいれば、ブールヴァールが本当に好きだという人は、さつきいったジャン・ピエール・ヴァンサンなんか、伝統破壊者にみえる。そういう点では、批評家は最低どういうものがあったかにどうしてもとらわれるわけで、物書きだから、当事者とは意見が違ってくる。やる方は、ともかく一年に一本やればいいんだけど、批評家は年中見てなくちゃならない。
中本　最近のソヴィエトの傾向だとね、一応批評家は観客の代弁者であり、鑑識家とみていいわけだけど、批評のあり方が、このところ変質してきているんだね。これはぼくらにも耳がいたい話なんだけど、ロシアの演劇批評は、それは手厳しい内容のものが必ずあった。作品についても、演出、演技についても。批評家は相当強力な発言権をもっていたんです。それが、ここのところ、文章の五分の三から四までが、ストーリーの紹介になってきたんですよ。それに、大体、当たらずさわらずのことを書く。それは芝居をみなくても、批評を読めば、こういうものかとわかるようになってきた。それで、これは一般の人にはいいかもしれないけれど、実際の演劇人は大変不満なんですね。こんなものはいらない。批評家の云いたいことを強力に云ってくれというんです。ぼくは、だからそのとき云ったんだけど、日本じゃ云いたいことを云ったら、まずボツになってしまうと。
　ソ連の演出家、俳優は、これを困ったことだというけど、同時に仕方がないことだとも云うんですね。それだけ演劇が大衆化したんだからと。昔は小さなコミュニティで、限られた人が見てればよかった。それが今やテレビでもって、芝居の実況が圧倒的に多いんで、全国中がモスクワのやっている芝居、レニングラードで何をやっているかに関心をもっているっていうんですよ。そうなると、批評もモスクワの人だけを相手にするんじゃないわけ。

司会　いわゆる党派的でなくなってきたわけね。

佐藤　パンフの紹介みたいなもの――。

中本　ええ。

谷川　演劇ガイドね（笑）

演劇の大衆化と観客数

利光　いわゆる大衆化は十九世紀以来の命題だからね。だけども、日本なんか大衆化したという反面、逆に通が見た芝居しか問題にしないという現象もありますよね。

司会　たとえば、日本で劇的ルネサンスと呼ぶとき、今こそ演劇が華開いているってことでしょう。しかしそれは、商業演劇が盛んというより、かつての小劇場が大衆化したということね。規模の上では大したことがないにしても。それを劇的ルネサンスと呼ぶのは、明らかに肯定的ないい方でしょう。現象としてはどこの国でも同じようなことがあると思うんだけど。

斎藤　さっき云わなかったけれど、TVで劇場の宣伝をするようになったのは七〇年代後半なんですね、アメリカでは。それによって、全国津々浦々まで、ブロードウェイに行くと何をやっているかがわかるようになった。日本でも、TVコマーシャルにいち早くのった『キャッツ』が成功した。これがいい例だと思うんですが、利賀村の前衛劇でも人が行く、観光会社のツアーとしてね。あるいはTVで宣伝しなくても、有力なスターが出るから見に行くわけね。マス・メディアと演劇の関係が非常に緊密になってきたといえますね。

中本　それにちょっとつけ加えますとね、ソヴィエトでも、日本に比べればテレビ、マス・メディアは遅れて始まったのに、ひょっとすると日本より先を行く気にもさせられるのね。というのは、ああいう国柄ですからね。何か決まると早いんです。向こうでテレビをみてましたら、学校教育の中でのコンピューター、ワープロ組入れの実験が始まってるんですが、予想として二、三年後には、小学生が皆、パソコンを扱えるようになるという。TVやビデオもかなり普及している。日本もそうだけど、ビデオ化が進んでくると、日本じゃ芝居は増々よくなるとぼくはみてるんですよ。

司会 ビデオ化を肯定的にみているということ？

中本 よくなるというのは、商売としてね。今まではテレビにはくぎづけになっていた。ソ連でも一時だったけど、それで劇場に行かなくなっていた。だけど、劇場中継が盛んでね、今はソ連で。そうなると、直接劇場に行って生の舞台に接しなくなる。日本も同じで、ビデオでスイッチ入れるだけでよくなると、逆に生の舞台がよくなってくると思うんですね。本当にいい芝居だと客を呼べるということになる。

司会 経済状況の影響は強いと思うんだけど、日本では、いわゆる高度成長期にはいろんなことがあったにせよ、実は高度成長が止まってから、主婦層が外に出るようになって、カルチャー・センターが流行したり観客が増えたりしてきたわけね。まあ、どれだけ増えたか疑問にしても、それまで行かなかった芝居に良家の子女がわっと行くようになった。これはどういうことですかね。

佐藤 それはやはり、物質文明への信仰がなくなって、教養重視に向かったという——。

増見 古い云い方で、不景気になると芝居は流行るという信仰が商業劇場にはあるようですよ。

利光 高度成長期は逆に働くんで忙しいんだよね（笑）。

司会 それにしてもお金はあるのかな。

増見 ＯＬや主婦を主体とする御婦人層にはね。だから、今や、大劇場の公演は昼の部の方が入りがいいようです。

利光 この間、ＮＬＴが三越でやったとき、十一時半と三時なんだけど、どっちが多いかというと、十一時半の方が圧倒的に多い。

増見 御主人と子供を送り出して、三越で買い物がてらに芝居をみにきて、食事して、夕方までに家に戻って家族の食事の用意をする。

司会 それは、演劇のやる側としては歓迎すべきことですか。質を高める低めるということに関係しますか。

増見 芝居は女子供だけ鑑賞するものになってきたのかもしれないけど、あまり歓迎すべきことではないと云われて久しいですね。でも、明らかに興行者側の狙いは女性層ですよ。レパートリィもそうなってるでしょう。

司会 でも、新劇公演の観客はこのところ年配層がぐんと増えてきましたよね。

増見 割合いとね。まあ、ものによってでしょうね。とくに文学座の杉村さん主演の芝居は、はっきりしてるでしょう。

司会　少なくとも、学生なんかはもうこなくなったとはいえる。

増見　ものによってね。

佐藤　フランスの文化省の八四年に出したレポートをみますとね。青年層の観劇率が非常に落ちたというんです。これは大変憂慮すべき事態であると書いてある。

斎藤　見に行く種類が変ったんですね。学生で実際に演劇やってる人は新劇みない。いわゆる新劇じゃないもの、唐十郎以降のもの、これは新劇と呼ばない。それは見に行くんです。値段が違いますね。二千円ぐらいまでですよ。

増見　『ぴあ』をもって、ファッションなんだね。芝居がね。『ぴあ』も古くて、今度は、テレビコマーシャルのことといわれたけど、チケットぴあね。あれがこれから主流になってくるかもしれないね。コンピューターでやる。

司会　日本の傾向というのは、どうも欧米と違う気がするんだけどね。観客層は増えたとか、バラエティがあるとか、現象的には盛んとか、テレビとかなんとか云うのは、外国と同じなんですよ。でも、何か、日本の状況は違う――。

利光　成人の男子がいないよ（笑）。これは絶対にヨーロッパとの違いだね。

増見　実際に観客は増えてるのかしら。数として。芝居の公演数が多くなったことは事実ですよね。

利光　だから、トータルには増えてるんじゃないですか。これだけ劇団が多くなって。ただある年齢層のときは行っても持続しないからね――。

増見　数年前に、東京の全劇場のキャパシティから割り出して、一ケ月の演劇人口は大体きまっていて、その取り合いだという記事を読んだことがあるけど、大した数じゃないんですよ。

矢島　イギリスでは、私の留学してた一昨年の新聞にあったんですが、観客人口は全人口の二%だろうということだった。これはちょっと少ない気がして、芝居好きの人に聞いてみたら、劇場に行く人の割合はそのくらいじゃないかというんですね。ただ、アマチュア演劇とか学生演劇ですね。そういうのを含めればもっと増えるだろうということでした。

増見　東京じゃおそらく一%にもなってなかったと思う。

司会　それは、芝居に行ったことのある人の割合と、延べ観客数の人口比とでは大いに違ってるでしょう。どっちですか。
佐藤　年に一回以上みた人を数えるやり方でしたね。
司会　それだったら、百人に二人というのはそんなものでしょう。でも、一人が何回も行くから――延べ数で行くと、全人口の三、四割行くんじゃないですか、ヨーロッパじゃ。
利光　フランスの観客者数は、大体日本だとプロ野球の入場者数の割合だという。だから、日本にプロ野球がなかったら、もっと成人男子が劇場行くんじゃないですか（笑）。成年男子の娯楽としてプロ野球に行く。例えば家族づれで見に行くなんてこと考えると、演劇のある役割を日本じゃプロ野球が果していると思うな。長島が何とかというのは向こうじゃ大スターが死んだとかというのに匹敵しますね。
佐藤　家計簿の中じゃ、教育娯楽費になる。
小島　アメリカはどうですか。プロ野球も盛んでしょう。
斎藤　アメリカン・フット・ボールとプロ野球とね。
小島　野球人口と演劇人口とどうかかわるかね。
谷川　西ドイツでも演劇人口はサッカーの連邦リーグの観客数より多いといわれています。約一割。延べ観客数だと思うけど。日本のプロ野球だって一球団の観客動員数は一球団平均百万というから総計千二百万、全人口の一割。ほぼ同じ割合ですね。西ドイツの演劇への補助金は年間十億マルクを超えているのに、〝出資〟の割には演劇人口が少ないという批判もありますけど。
増見　岩渕さんの話で、西ドイツでは、全大学に出ている補助金と演劇に出している補助金の割合は、日本と丁度逆だという――西ドイツの場合だと、日本では大学に出ている補助金にあたる額が演劇に出ているそうですね。
司会　それは、数からいって丁度そうなるでしょう。日本は大学の数の方が劇場より多いけど、向こうは劇場の方が遥かに多いからね（笑）。

内面化の演劇

司会　ところでさっき蔵原さんは、この十年間の傾向として、内面化といわれたんだけど、ドイツでは、大がかりなものもまだあったでしょう。それがもう今は古く感じられるという傾きがありますか。
蔵原　古く感じるというよりは、そういう舞台があまりなくなってきましたね。
司会　ペーター・シュタインなんかはまだやってたのでは。ベルリンの劇場で、新しい劇場もって。

蔵原　やってはいたんですがね。大がかりな人を驚かすものはないんですが、そりゃ、劇場の大きさも違うし、金もかけますからね。だから舞台装置やなんかも派手にやりますね。

谷川　西ドイツではやはりスペクタクル化と内面化の両極化といえる時期が、七〇年代後半から八〇年代にかけてあったといえるんじゃないでしょうか。たとえば、パイマン率いるボッフム市立劇場の『我らが世界』、『我らの小さな街』、『我らが共和国』の一連のオムニバス的レビュー劇、ツァデック演出のファラダの小説に拠ったワイマール共和国末期を扱ったいくつかのレビュー劇、イスラエルの作家ソボルの作品に基づいたツァデック演出の『ゲットー』も、八四年に評判になっている。大がかりというなら、シャウビューネのシュタイン演出の『オレステイア三部作』、シュトウットガルト劇場のビュヒナーの『ダントンの死』と『レオンスとレーナ』、ハイナー・ミュラーの『指令』をあわせて上演した『ある革命への追憶』、戯曲の新作でいえば、ドルストの『メルリーン』の八二年のデュッセルドルフでの初演、いずれも一挙上演は六時間から十時間に及んでいる。それらへの対極というか、反動というような形で、いま蔵原さんがいわれた内面化の傾向が、ここ十年来、じわじわと強くなってきたような気がします。まずはシュトラウスやクレッツ、ベルンハルトの戯曲で、外への爆発から内への爆発への転換というか、個人と社会のつなぎ目の問題を、マクロでなくミクロ、ミクロコスモスとしてとらえ返そうという形でおこってきて、演出家もいま、〝想起の演劇〟とか、〝ことばの演劇への帰還〟と喧伝されるように、イプセンとかチェーホフの近代劇も、ロルカやジュネも、個の内的宇宙というものに視点を据えて演出してきている。問題はそのかえり方でしょうね。〝ことば返り〟といっても舞台のしかけは実に大がかりだし、〝内面化〟といっても個を脱け出る点を個をつきつめることによって探っているようにみえるし。社会性とか政治性とかいわれるものが何なのか、自明でなくなったということにあるんじゃないでしょうか。〝内界の外界の内界〟、そのからくりが問題になっている。

司会　それは先ほどイギリスでも『ニコラス・ニックルビイ』なんかのことが出てましたが、英米ではこれは特殊な例ですか。どうですか？

斎藤　社会的な劇の一つのあらわれだと思いますが、必ずしも、昔の社会劇らしいやり方でやってるわけではないですね。いろんな手を――。

増見　ありとあらゆる演劇的手法を使ってる――。

斎藤　そうです。でも内面化ということでは、アメリカでは同じ主題でも個人的問題に還元しているってことでしょうね。イギリスなんかもそうかもしれない。そのために、わかり易く、とっつき易いということがありますね。『ニコラス・ニックルビイ』も考え方によってはそうで、新政治劇、新社会劇というのに通じると云えます。

司会　たとえば、演出なんかに新しい、奇をてらうような感じは――。

斎藤　全くないですね。物語がはっきりあって、パロディを織りまぜながら、ニコラス・ニックルビィという人間のアドヴェンチャーとライフを見せる。

増見　あるところでは非常にブレヒト的手法も応用してね。役者が常に客席や舞台上に出て、ドラマの進行をみつめているとかね。

中本　ソ連でもね、スターリン批判以後の「雪どけ」の時期に活躍した人気詩人はもうみる影もない。さっきもちょっといいましたが、そういう人気詩人たちのリサイタル、朗読会はいつも大入り満員、むんむんするような熱気に包まれていた。ロシア革命直後の詩人たちの、たとえば、マヤコフスキーの朗読会も、そんな雰囲気だった。タガンカ劇場のレパートリィにも、マヤコフスキーやヴォズネセンスキー、エフトゥシェンコといった六〇年代の人気詩人の作品による構成劇が入っていた。熱狂的に観衆に訴える、観衆の感情に訴え、陶酔させていくものが受けたし、観衆の側にも、それを求めるものがあった。この傾向は、ソ連だけでなくて、世界的なものではなかったでしょうか。かつて、ヴォズネセンスキー、エフトゥシェンコらは、イギリス、フランス、ドイツなど西ヨーロッパ諸国、アメリカで大歓迎された。彼らは、詩人であり、アーチストだった。エフトゥシェンコは、「オレは世界のナンバー・ワン・アーチストだ！」って豪語してましたよ。エフトゥシェンコは、七〇年から八〇年代前半にかけて、映画の主演俳優をつとめたりして、みずから俳優になってアピールしてみたが、もはや六〇年代の栄光はやってこなかった。今日では、時代状況がすっかり変ってしまったのです。観客の好み、要求が変ってしまったのです。今は、おとなしいものが求められている。ロシアじゃ、リリシズムの時代といういい方をする。つまり、人間の内面を深くつきさすようなところを狙う。演劇にもそういうのが出てくるんですよ。

だから、相変らず大仕掛けな装置を使ったり、メイエルホルドばりの手を使ったりするのもありますが、決して主流ではない。それはね、空々しいんだね。本当に空々しい。むこうの劇評家と話しても、何で今ごろあんなことやってるのかてことになる。そんなものより、もっと深い人間の問題があるじゃないかという。

佐藤　今、お話しきいていて思ったんですが、フランスで、テアトル・コティディアンというのがありますね。

利光　ええ。日常演劇――。

佐藤　その内容はどういうものかしら。今のお話といくらかつながりありますか。

利光　それは作家的な現象ですかね、カラフェルトとか。彼は五〇年代に二度も賞をもらっている。だから新しい作家であることは確かですね。結局は不条理劇の時代がすぎて、ちょっとリアリズムが返ってきてたときに、ジャン・ポール・ヴェンゼルなんかが出て、例えば、日常的な毎日の反映みたいなのをするんだけど、なぜか装置は全部写真であるとかね。そういうごく日常性の話題を題材にしていながら、どこかに一つ虚構を入れる。芝居であるという虚構をね。だから、自然主義ではなく、一箇所カラクリなんだけど、題材は非常に日常に近い。広い意味のグランベールもそうで、そういう作家が出てきたのは事実ですね。

谷川　西ドイツの場合、たとえばかつてのアンファン・テリブルだったハントケなんかは、今むしろ内面化、文学返りの代表みたいなものになってますね。十年振りの新作戯曲『村々を超えて』は、他の彼の小説三作と一体で『ゆるやかな帰還』と名づけられる企てであると作者自らうたっている。ことば、文学性への帰還、あるいはそれへの憧憬にもみえる。かつてハントケがあばれたといっても、六〇年代後半のドイツ演劇の爆発の中ででてきた問題を、文学性と社会性と演劇性の関連というか、それを地震計のようにキャッチしていたということじゃないかな。ハントケは一貫して、文学におけることばというか言語を問題にしていたし。ただね、ハントケが六八年頃に劇場演劇を街頭演劇と対置させて、いわゆる政治的演劇を制度としての公立劇場内でやるのは自己矛盾じゃないか、政治と演劇の合致というなら、制度としての演劇をこえるべきじゃないかと挑発した時、問題の根源は突いてたんじゃないかしら。ハントケ自身は運動としての演劇にコミットしていったわけではなくて、逆に七〇年代には演劇をはなれていく。だけど、七五年以降は、フライエ・テアター（自由演劇）と呼ばれるグループが非常に多様な形で出てきたんです。ドイツは常に反応は遅いんですが、この自由演劇の活動が公立劇場の枠をこえた形で出てきている。一九八〇年にはその数四百をこえたといわれます。それは、内容と方法、ベクトルはさまざまだけど、多くは移動劇団の形で、テントや広場、歳の市など可能性のある所で演劇活動を行なう。〝偉大な作品〟の復元的上演というのを否定して、台本は既成の素材をコラージュ、つくりかえることもあるけど、殆どがグループ自らつくって、肉体性や即興性、さまざまな演劇的手段を使った演劇活動を行っています。六八年頃のイデオロギー優先の街頭演劇世代に対して、この自由演劇世代は第三の自立した演劇を志向する世代ともいわれている。それに、日常的な問題に密着した演劇、児童演劇や学校教育の中での演劇、セラピーとしての演劇、原発に反対する反核の演劇の劇とか、ワークショップなど、制度としての公立劇場と違うところでいろんな動きも出てきている。それを既成の演劇概念でとらえられるかどうかは別として、演劇的営為は多様な形で広がっているようです。

斎藤　アメリカでは前衛運動が一方で組織化されたけれど、もう一方で個別化、内面化されたともいえるんですね。ハプニングやパフォーマンスなどの一種の個人芸術もみなアメリカが最初でしょ。アルトーもブレヒトも五〇年代に入ってそちらに影響したし、それを集団化したようなリヴィング・シアターが出て、さらに受けついだのが、チャイキンのオープン・シアター、彼は自分の劇場の外で政治運動はしていたわけですけど、ワークショップには持ち込んでませんね。俳優の内面の表現の問題に取り組んでた。七〇年代に入ってすぐ劇団解散するのも、やはりもっと個の問題としてやってゆくためですね。それは内面のイメージ化なんです。言葉というより、肉体のいろんな感覚で捉えたイメージ。その中で自分を発見してゆく。ですから、パフォーマンスとは、個の再発見なんです。いくらテレビなどニュー・メディアをいっぱい使っても、最後は俳優なんです。いかに自分の身体で、言葉じゃなくてね、表現してゆくか。日本では演出家はいるんですが、俳優としての自己発見はない。パフォーマンスは俳優の存在感に賭けるものなんですよ。

司会　そうすると、さっき出ていたいろんな人種問題なんかは――。

斎藤　例えば、黒人は対白人の問題をもってるけど、黒人の個人の意識の中での黒人としての意識のあり方が追求されるようになって——。

司会　じゃ、社会問題を煮つめてゆくというんじゃなくて——。

谷川　西ドイツの自由演劇も、傾向としてはいろんなものがあるけど、基本的には体験の演劇というか、今斎藤さんがいわれたのと似てますね。芸術の問題を日常世界の問題とどうつないでゆくかというときに、主として言語を使うものと使わないものがあるんでしょうけどね。演じ手と観客の同一化の追求みたいなものも一方にあるし、テーマで結実する場合もある。

司会　六〇年代から七〇年代にかけての、一種の文化運動の一環としての演劇のときは、演劇とは何かということを非常に問おうとした。だから、近代劇に対する批判も、その中で演じる劇の枠組自体を問題にする姿勢であって、それが前衛運動の基になっていた気がする。ところが、その後の動きにも、その姿勢は続いているんですか。ドイツの場合は、既成の劇場の中でそれが問題視されだしたということですか。

谷川　七〇年代は演出家の時代といわれて、既成の上演伝統に対する反抗が続いて、劇場演劇でもさまざまな実験や試みがなされた。並行してハプニングや街頭演劇、舞踏演劇、パフォーマンス、自由演劇と、演劇概念が多様に拡散して、八四年のシュタイン発言に象徴的にみられるように、演劇芸術のもちうる可能性を、逆にプロフェッショナルに追求していこうという方向にかわってきたとはいえるんじゃないでしょうか。演劇とは何かを、アンチとしてではなく、ポジティブに再編成しなければならないところにまできているともいえる。いわゆる内面化も、劇評家リューレがここ何年来かの西ドイツ演劇の主要傾向ととらえている〝芸術への帰還〟とつながっているような気がします。今でも演出家の時代だし、その主要な担い手はやはり六八年世代ですし。

斎藤　パフォーマンスはね、演劇を作ってゆこうという意識はないんです。組織化されていった劇団は、かつての前衛手法を使って演劇活動をやっているけど、パフォーマンスは個人活動なんです。だから、人にいわせるとこれがヒューマニズムの終りだという。つまり非常に小さい狭いところに入っちゃったことによって、前衛というものが演劇としては終っちゃうという。ヒューマニズムとは人間関係で、それが演劇を成り立たせてるわけだからとね。そういう関係をみないで、自分の中に入っていくパフォーマンスをやってる人たちは、演劇をしようという意識はない、個人の発見だけなんです。

司会　そうすると、ここ十年間は、演劇が大衆化したという傾向と、個人の中に入りこんでゆくという、両極に分かれてきたとみられるわけですか。しかし、これだけパフォーマンスが口にされるというのは、パフォーマンスが一般化していること、大衆化していることにもなる。

斎藤　個人の問題をどうするかという関心の点で、この両極には共通したものがあるのね。パフォーマンスなんかの方は、ニュー・メディアも使いながら感覚に訴えるから、ストーリーを理解しようとかを強要しないでしょう。だから逆にとりつき易い。肌で感じられるし、日常身近なメディアを何でも使いますからね。音楽なんかも一番ですね。しかし演劇的には外れてる。もう一方の演劇活動の方は、社会的広がりをもつ政治劇とか問題劇にならないで、問題が個人の生き方として捉えられる。それがリアリズムの家庭劇として現われるんです。これ又わかり易い。確かにその前の時代に既成のものをいろんな意味で破壊してきたけど、これだけじゃ駄目だという反省があるわけです。この種の個人生活の再発見ということの中にはね。で、それが家庭という基本的人間関係で見直される。黒人問題も大きな社会の中でいくら騒いでもよくならない。自分の身近かで、何か黒人としてのアイデンティティを求めなくちゃならない。そっちの方へ戻ってゆくから、政治問題劇、社会問題劇は成り立たない。政治批判や社会批判はありますよ。しかし問題意識としては、それを個人の問題としてとらえる。

政治劇の可能性

司会　日本の新劇の中で考えると、かつては社会派作家がいましたね。それが何となくふるわなくなっている。しかも、社会派的な作品をあまり書かなくなっている。それはやる側が求めてないんですか。

増見　両方の理由でしょうね。現実をとらえ切れないまま流されてしまっているのと、観客の要求がないこと、これも大きいでしょう。

斎藤　イギリスでは、ポリティカル・プレイが流行るのは、全く違う感覚で作り始めたからなんですね。

増見　読んでないけど、デビッド・エドガーですか、『メイ・デイズ』、視点はいいですね。数十年にわたるメイ・デイをとり上げてますね。テーマだけ読んだけど。

斎藤　社会問題、政治問題をがっちりととらえてる。それでいて個人的な美意識のようなものもないがしろにしていないというのかしら。それを表現するのにもベートーヴェンにのせたり、いわゆるリアリズムと違うわけです。それこそ、ブレヒトとアルトーが一緒になってるという――。

司会　イギリスやドイツは政治意識が強いんだけど、フランスはどうですか。

利光　政治劇ですか。それは、さっきもいわれたように、社会主義政権だから、下手にやると、自分たちの足元を崩す――。

司会　すると、かつての反体制派の演劇人は皆、今や体制側に入っているということ？

利光　何らかの意味で体制側だね。

佐藤　実際そうですね。

司会　彼らは社会的矛盾を感じなくなっちゃったんですか（笑）。

利光　だからコルテスなんて人は、今でも書いてます。白人と黒人の対立をね。でも、普遍性をもたないのね。だから、今でも有効性もつのは、シェローが云ってるように例えばジュネの芝居とかね。そういうものの方がかえって今の政治劇になり得るというのがシェローの立場です。

斎藤　ジュネとブレヒトが混ってるなんてことになる――。

利光　そうそう。

佐藤　神話的なものと科学的なものがつながってる。

利光　新しい作家の書くものが政治劇にならないで、ジュネのものが今政治劇になり得るというのが、フランスの状況ですね。

司会　ロシアはどうですか。その点じゃ、共産主義国ですから、もっと体制側のはずでしょう。

中本　彼らには規制、検閲があるんですけど、それにもかかわらず、我々が考える以上に自由があるんですね。西側の人は皆誤解してると連中はいいます。まるで、ロシアには自由がないようにいうけど、こうやってみなで互いに悪口もいってるし、体制批判もやってるじゃないかというわけ。確かにそうだろうと思うし、特に演劇の場がそういう働きをもってますね。

司会　しかし、フランスではミッテラン政権が出来ると、反体制的だった人は自分たちの政権だからそれを守ろうとして反体制じゃなくなっちゃうという、そういうような感じは、ロシアじゃないんですか。

中本　ないない。
利光　半永久政権だから（笑）。ひっくり返る心配はない（笑）。
佐藤　でもフランスは文化政策に関しては、ジスカールディスタン時代から、かなり左翼的なところがあるから、その辺が、ちょっと他の国とは違いますね。
中本　ソ連の本当の意味の前衛のとらえ方をみていると、もっと深い人間の問題にきていると思うんですよ。それは何かというと、生き方ですね。人間、何のために生きるのかという哲学的な問題だと思う。つまり神の問題だとか信仰の問題ね――。
利光　そういうことはドラマのテーマになり得るの、ソ連なんかで、神の問題とか。
中本　なってるわけよ、それは。
司会　新しくそういうものが書かれているわけ？
中本　書かれている。今までもあったんだけどね。ロシアというのは、伝統的に生き方を問うから。徹底して。だからこそ、ドストエフスキーの脚色ものが流行っていたりするわけですよ。
利光　ぼくらの理解だと、ドストエフスキーをというより、ドストエフスキーを借りてと思ってたけど、それは間違ってる？
中本　例えば、ドストエフスキーの『おかしな女』という小説がありますけど、それを脚色してやるとか、『地下生活者の手記』をそのままドラマにしてやる。それに類似したような現代劇が書かれる。人間の生き方が絶えず頭にあるんだな。これはね、ソ連の今の表向きの体制とぶつかってゆくわけだ、イデオロギーでは。
利光　ああ、そう。
中本　ぼくらが考える以上にロシア人てのは、哲学的なのよね。そこをみてなくて、単に政治的、前衛的という尺度ではかっても駄目だと思う。リュビーモフがかつてやってた仕事は、そこがちょっと卑俗なんだよ。卑俗唯物論的な政治劇だった。今は、もっと進んできてるわけでね。エフロスは、そういうものをずっとやってきている。ところがこの間は、彼の『どん底』をみてね。これはエフロスも危いところにきた。駄目だと思ったんですけど、それは、エフロスはずっと内面化の問題を狙ってきてたんです。だから一般の流行的な感性を逆なでしていた。それこそが前衛だとぼくは思うんだけど、ところが、今、一つの劇場をまかされるようになってね。どうしても失敗は出来なくなったのね。だから『どん底』やっても、彼はやりたいことを一応はやったけれども、どうして、こんなにあのどん底の歌を聞かせるのか、と思うわけね。普通でも一番だけなのに、彼は二番も三番もやるのね（笑）。それで、見せ場をこってりとみせる。まあ、全体としての意図はわかるわけだけど、彼はどん底を一つのマンション、団地の一角にしてしまったわけで、つまり、どん底とは何も地下だけじゃない、我々の生活がどん底なんだということなんだね。しかもテキストはいじらないでやる。その解釈は仲々面白いんですよ。あるいは窓からのぞくのも、のぞくという団地族の習性ね。それもテキストに書かれてるわけで、そういう点は抜群なんだけど、こんどは情感が全くないんですよ。ぐっとせまってくるものが全然ない。計算通りなんだけど、ぼくはどうも買えなかった。いろんな手は使うけど、ゴーリキーが描いた深い人間の生き方は、ぼけて、何をいおうとしたのかわからなくなっちゃった。エフロス自身もそれは気づいてることだろうと思うけどね。彼自身がソ連の中で、人気でも、キャパシティでも、芸術座につぐ大きな劇場をもたされたわけでしょ。これはもう失敗出来ない。駄目になってきたということなんです。

一方、テーマのとらえ方でいうと、トフストノーゴフという演出家、これは仲々頭がいいと思ったのは、『あらゆる賢人にもぬかりがある』という芝居ですが、古い芝居です。そこで成程と思わされたのはね、これもこってりとやるんですが、これは老人問題で、人は誰でも人を愛する、好きになるものだという。老人でも同じで、六十や七十のヨイヨイになってからも色気違いな人間の面白さ、そこを出してるんですよ。ぼくは凄いなと思ったんだけど、彼らは福祉が進んでいるでしょ、痛烈な問題なんです。社会保障があるから、いわゆる、六十歳、七十歳の老人性痴呆症が多いんですよ。驚くほどなんだ、これは。

佐藤　保障のせいですか。

中本　そう。

司会　我々も、もうすぐだから（笑）。

中本　そうなんですよ（笑）。

増見　オストロフスキーの芝居ですか、今おっしゃったのは？

中本　そうです。そうすると、今、ゴルバチョフに政権交替したけれども、ソ連の政権とは正に、そうだったじゃない。そういう図式が、トフストノーゴフの芝居には、社会的図式が読みとれると同時に、もっと身近かなところでの人間としていかに生きるかの問題になってるわけね。ホモセクシュアルの問題も出てくるし、老人の性の問題を、一つの古典を使って出してきてる。

古典劇の新演出

司会　演出家が古典を新しく解釈するのは昔からのことだけど、日本じゃ、外国の古典を新しくやり出すのは、やっぱり七〇年代からじゃないですか。シェイクスピアをこれだけやるようになったのも。あの激動の時代には、こんなになかったでしょう。増見さんが年中行事のように正月にシェイクスピアをやり出したのはいつからですか。

増見　七〇年代、七一年からですね。

司会　七〇年代に入ってからですね。そういう演出家が古典をやるときの支えになるというか、日本ではなんだったんでしょう。さっきフランスではアルトーとブレヒトといわれましたけど、七〇年代後半からブレヒトの時代になったようなこと——。

利光　いや、ブレヒトの最初の移入は、五五年ですか、ベルリーナ・アンサンブルが来たときですから。それで一たんは入ってきて、ブランションが出て、そのあと、アルトーが入って、六〇年代後半ですね。六八年前後がアルトーの全盛期だったわけで、もう一つ若い世代が、そのあとに又、ブレヒトにきた。だから、アルトーが先というのではなくて、まずブレヒトが入って、それが定着しない前にアルトーがわっと入ってきたわけね。

中本　それとね、ソ連の場合も、古典がここ十年ばかり次々とやられるんですが、どういうわけかチェーホフが又よくやられる。今年はチェーホフ生誕百二十五年だけど。モスクワ芸術座は今度『ワーニャ伯父さん』をやったわけですけど、すぐそばにあるエルモーロワ劇場でも『ワーニャ伯父さん』をやるんですね。それから、マールイ劇場で又『桜の園』でしょ。ということは、ソヴィエトの場合、スタニスラフスキ、ネミロヴィッヂ＝ダンチェンロと同じ空気を吸った連中は死んでしまったあと、そういうチェーホフ、ゴーリキーすら、もうモスクワ芸術座の独占物ではないんだということがはっきり示されてきた。

司会　いつごろからですか。

中本　丁度、七五、六年頃からですよ。それははっきりいえることなんです。それから、古典劇をやるとき、七、八年前だと、皆、何か奇をてらうような、いろんな演出をやったわけ。ところが今はそうじゃないんだな。それでいて、みているとと、チェーホフでも、今の時代そのままだと思わせるし、オストロフスキーも、よくやられるけど、現代そのものにみえる。

利光　その場合、ソ連じゃ、チェーホフというと、我々のいう古典劇に相当するんですか。むしろ現代劇じゃないの。

中本　彼らの意識としては、やはり古典劇――。

利光　フランスだと、古典の読み直しというとモリエールとかラシーヌだけど、ソ連のチェーホフは、ちょっと違うんじゃないですか。

中本　古典というのは、こういう理解の仕方がある。彼らには、つまり、現代のものでも、古典になっているものと、そうじゃないものがある。

毛利　北欧でも、イプセンやストリンドベリは、彼らクラシックとは呼ばないけれどもぼくらのいう古典ですね、やはり。何回も何回もやり直して新しくやる。

増見　ソヴィエトじゃ、例えば革命前、革命後というような分け方はするんですか。

中本　そういう分け方はあまりしないですね。ロシア文学の古典、クラシックという云い方はしますね。チェーホフを。ソヴィエト期になっても、クラシックになっている人となっていない人がいる。

司会　日本と同じように、それは、いい作品という意味でですね。

中本　そう。

増見　規範だね。

利光　アメリカでね、『欲望という名の電車』は古典だっていうかしら（笑）。絶対いわないでしょう。そういう国柄の相違はあるんじゃないかな。

佐藤　学校教育の中で教えるものが古典ね。

増見　オニールは古典でしょ。

利光　どうかな、名作くらいの表現はあっても（笑）。

新しい演出スタイル

司会　ところで、演劇不振というのは、いい作家、いい作品が出ないということで云われて、不振の時代は、演出家中心のようにみなされますね。現代演劇は二十世紀になってからずっと演出家中心といわれつづけてきたんですが、さっきからの話でも、かなり新しい演出家がここ十年に出てきたということで、それは七〇年前後のときの新しい演出家、あの頃もずい分出てきたと思うけど、それとは違ったタイプとみていいんですか。ずっと続けている人もいるにしても。フランスなんかはどうですか。

利光　まず地方で独自のものをやるというのは、明らかに六〇年代とは違いますね。

司会　新しいスタイルをもってるわけ？

利光　ええ。いろいろもってる。たとえば、ラヴォーダンなんかは、フランスの古典が嫌いなんですね。だから、自国の古いものを全然やらないという珍しい演出家でね。コラージュは好きですがね。だから、あるスタイルを自分たちで定着させている。六〇年代は、やっぱり、そんなに演出家をみるよりは、まだ作家をみる方が強かったと思うね。

司会　東ドイツはどうですか。小島さん、ずっとブレヒトだったのか——今もそうですか。

小島　いや、さっき蔵原さんがおっしゃったように、ハイナー・ミュラーとかね。ブレヒト中心というより、むしろアルトー的な要素もある程度出てきた——。

蔵原　逆に、ブレヒトからハイナー・ミュラーに変ったといえる。ハイナー・ミュラーは、どっちかというとベケット的な要素でしょう。

利光　ハイナー・ミュラーは作家でしょ。演出もするの？

谷川　演出もしてますよ。だけど今じゃ、西ドイツのボッフム市立劇場の座付作家という観がある。ミュラーの作品はドラマとシアターの交点を狙っている気がします。不条理劇とか残酷劇とかいわれる要素も意識的に使ってね。東ドイツでも西ドイツでも〝ブレヒトの先〟が問題なのでしょうね。

蔵原　東ドイツの演出家だと、さっきのカルゲ、ラングホフとか、ボッシュ、トラーゲレーンね。

司会　彼らの演出はもはやブレヒト的ではないんですか。そうですね。ちょっと変っているというか——。

蔵原　ブレヒトの要素も入っているでしょうけどね。

小島　そりゃ、ブレヒトの要素はもう抜けないですよね。

蔵原　だけれども、非常に現代化してやるというかね。

司会　抜けないというのは、オフィシャルに抜いちゃまずいということか、それとも彼ら自身、それをよしとしているということか——。

小島　まずいということはないでしょう。別に。

蔵原　西独でやったりもするわけだから、抜いてわるいことはないでしょう。だけど、それで育ったんでしょうね。それは抜けないわけだ。

司会　六〇年代終りからのアルトーかブレヒトかという、そんな単純に図式化出来るものじゃないかもしれないけれど、でも、この対立は、いわば感覚的なもの重視か理性を重んじるかという――。

利光　それが七〇年代になると融合されてきて、いろいろ混合してくる。七〇年代後半から――。

司会　それが全く新しいジンテーゼになったと云えますか。

利光　全く新しいとは云えないね。

谷川　そうね。西ドイツでも東ドイツでもアプローチは違っても、それが模索されているとはいえるのかな。

司会　少なくとも、総合、ジンテーゼといえるか、ということ。そうだったら、これは肯定的にみられてしかるべき傾向のはずでしょう。

中本　もちろん、アルトーやブレヒトの流れはあるとしてもね。この十年間をみてますとね。その前から舞台の装置、空間をどう使うかということで、装置家がずっと出てきてましたね。ソ連でも、装置家は正面に出てきてた。例えば日本にもきたレヴェンターリという装置家、彼はエフロス演出の『桜の園』をやるかと思うと、今度は、ブローチェクという演出家の全然違う『桜の園』の装置も担当するわけですよ。エフレーモフの『ワーニャ伯父さん』もレヴェンターリなんです。彼はアイディアマンなんでね。装置が非常に面白いわけ。ぼくの考えでは、装置がずっと出てきたのは十年くらい前で、今出てきてるのが音楽ね。音楽が正面に出て来てる気がする。オペラの時代といわれますけど、演出家がオペラづいちゃってる。リュビーモフもオペラづいちゃって。トフストノーゴフも、オペラ・ファルスなんていって、オペラやる。その中で演劇言語についての解釈ですがね。いままでとは違った言語、まあ、メイエルホルドなんかも、俳優の機械的な演技をやらせてみたりという外面的なものでしたよね。それが、今は、世の中の流れがそうだけど、聴覚的なものに行く。音楽抜きには芝居を上手く作れなくなっちゃったという感じなんですね。

谷川　それは、意味が込められてる――？

中本　そうでしょうが、芝居独自の音の問題としてね。ときには、ドラマの俳優にオペラをやらせてしまうとか。手法として「ああ」とか「ううん」とかいってるだけで、おかしいんだな。

利光　それはむしろシュールレアリスムに逆のぼるんじゃないですか。

中本　ソ連では、ザウーミというい方があって、丁度、今世紀の初頭ですよね。ロシア・フォルマリズムに行く流れがあって、意味を越えたところの何かというんで、音楽とマッチしちゃってね。今回も一緒に行った人がいってましたけど、これはロシア語だから音楽性もってるんで、日本語じゃそうはいかんてね。ノンセンスかもしれないけど。

利光　そのオペラの流行は、七〇年代の後半で、丁度、記号論の流行と見合うんじゃないかと思う。つまり、音楽だと楽譜で一つの共通したものが表わされてて、しかもそれが総合すると感情とか、出せるわけでしょ。普通の言語だと、そうは普遍的にはいかないわけで。だから、記号論がきっかけとしてあると思う。

谷川　ソ連は、演劇記号論の研究は盛んなんでしょう。

利光　ソヴィエトが始まりだから――。

中本　彼らも流行に沿って、五、六年前から、記号論はもう去ったとみているのね（笑）。

利光　ブームは、ヨーロッパでも去ってるかもしれないけど――。

中本　それだけに溶け込んでいるといってもいい。

谷川　実際に現場の問題と関係させて論じられていたわけですね。

中本　そうそう。もう今は中に入っちゃってる。

佐藤　記号論に代って、今は何が出てきてるんですか。

中本　演出家スター論ですかね（笑）。

演出家スター論

利光　日本なんかもやっと、蜷川演出とか商業劇場でも名前が出るようになったけど――。

増見　商業演劇で演出家の名前が出るようになったけど、それも大がい新劇の演出家ですね。これは、俳優に対するジェスチャーというところが大いにある。興行者側のね。

利光　それは有効なんですか、むしろマイナスの場合も――。

増見　エフロスの場合は成功したと思う。

利光　あれは東演という一つの劇団が招いてやったんで――。

増見　去年の『桜の園』のクリフォード・ウィリアムズ、あれはそれほど成功してない。帝劇で『桜の園』やる限界はあるけど。

司会　俳優に対するジェスチャーとは、どういうことですか。

増見　佐久間良子をリードできるのは、というようなニュアンスです。

司会　外国人じゃないと出来ないということか（笑）。

増見　それと、お客に対する宣伝にもなるだろうという計算はあるでしょう。外国人演出家の名前は、日本の観客は知らないわけだけれど、本場ものという感じを抱かせるんじゃないですか（笑）。

中本　いい悪いは別として、ソ連の演出家はかなりリーダーシップをもってるんですね。

谷川　最近の傾向じゃなくて――。

中本　まあ、今世紀に入ってからですがね。メイエルホルド、ワフタンゴフとか。ただソ連でちょっと違うのは、演出家の役割りね。たとえば、リュビーモフのタガンカ劇場にせよ、演出家は一つの集団の中で、徹底してそのリーダーなんだよね、あらゆることでの。そこで最も大切なことは、作品の読みの深さなんですね。読みの深さのない演出家は駄目なんです。落とされてゆく。

司会　それで、さっき、このところ演出家中心で、みなスタイルが似てきたといわれたんだけど、かつてはアルトーとかブレヒトとかいったような手本になるものがあった。今の、みな似たようなものというときは、誰かが手本になってるということはあるんですか。

中本　あるんです。今のところ一番影響力をもっているのはトフストノーゴフの演出じゃないでしょうか。

司会　それは逆のぼるとブレヒトになる？

中本　そう。ブレヒトであり、スタニスラフスキーということなんですがね。エフレーモフがモスクワ芸術座の主任演出家になったんだけど、大胆に若い演出家を起用してる。それで、演出家も同じプレイヤーなんですね。それがないとソ連じゃ成功しない。

谷川　プレイヤーって？

利光　スターってことね。

中本　そう。みなスター的な容貌でね。

谷川　ああ、そういう意味。まさに興行としての演劇を成立させるわけね（笑）。

利光　日本のアングラだって、そうよ。俳優を掌握するにはね（笑）。大体、いい顔してる。スケールは違うけど（笑）。

中本　稽古みてるとね。一番魅力あるのは演出家だってわけよ（笑）。一番セクシーであり――。

佐藤　成程、どこも似てるな。大事なことね（笑）。

中本　ときに俳優をいじめてみたり、なだめてみたり――。

利光　唐十郎、野田秀樹も、まさにそうだね（笑）。

中本　今ソ連で一番人気のある演出家は、レフ・ドゥージンといって、トフストノーゴフのところにいた若い演出家なんですが、彼のところで最初に『おかしな女』というのを脚色演出させられて、さっそく、エフレーモフがその才能を買ったわけですよ。それで、本舞台で、シチェドリンの『ゴロブリョフ家の人々』をやらせて、これで何とか賞をもらった。そしたら、彼はレニングラードで一つ小屋をもらっちゃって、そこで新しい芝居を始めたんですね。で、世間は秘かに第二のタガンカだといってる。ぼくもみてみたら、仲々いいことやってるんだけど、なによりも、彼がいい男なんですよ。ヒゲはやして（笑）。パーソナリティとして人気がある。皆ゾッコンまいっちゃう。

彼は、トフストノーゴフの『ワーニャ伯父さん』が日本に来たとき、アーニャをやった女優ターニャ・シェスタコーワの亭主なんですが、彼女はボリレョイ・ドラマ劇場をやめて、彼のいるところに移ったんですね。女優にもすごくもてるんですね――（笑）。

司会　そういう話は、あとでお酒でも飲みながらということにして（笑）。時間もすぎたから、最後に一つ、問題として、日本ではあの七〇年前後には、アングラの動きによって、既成の新劇がかなり揺れましたよね。七〇年代半ば以降は新しい傾向の演劇は新劇にとってはどのようにプラスになりましたか。どうですか。全く響いてこないのか、どういう形で血肉化されたんでしょうね、新劇にとっては。

日本の状況――新劇とアングラ第三世代

増見　ぼくの立場では非常に言いにくいんだけども、逆に今ね、あの時のエネルギーがほしいなと思いますよ。だから、大学などでどういう後遺症があり、どういうプラスがあったか知らないけど、同じようなことが云えるんじゃないかな。劇団というものは、常にエネルギーを燃え立たせていかねばならない集団だと思うけど、そのエネルギー源になるモティーフがない、それが最大の問題じゃないですかね。

司会　あの六〇年代終りの活力を吸い上げることは出来なかったということ？

増見　そういうことですね。

利光　というより、六〇年代がむしろ異常だったんじゃないの（笑）。ここ十年に分裂した劇団てありますか。ないでしょう。あれだけ以前には分裂していたのにね。

増見　最後が円かな。

利光　円だって、一九七五年創立だからもう十年たつでしょ。ここ十年、ないですよ。

司会　それは小さな劇団でもそうですか。

利光　抜けてく人はいますよ。状況劇場から誰それが抜けたというね。でも、分裂して二つになったとか解散したことはない。だから小劇場を含めて、かつてのああいう動きはない。

司会　増見さんは、今それを望むといわれたけど、評論家としてはどうですか。そういうものがあった方がいいとお思いですか。

利光　まあ、それはね——どっちともいえないね……（笑）。

中本　ぼくは新劇をみてて、いい作品はあるんだけど、太鼓判を押せるというのがない気がする。この十年間みてて、一作でもいい、劇作でもいい、これこそ海外に紹介したいと思うのは一つもないね。

司会　前にはありました？

中本　前もないな（笑）。

利光　さっき増見さんがいわれた『セールスマンの死』に『欲望——』に『見知らぬ人』に『夕鶴』ね。これはレパートリィのせいもあるけど、ぼくは、主役を勤める杉村さん、滝沢さん、東野さん、山本安英さんのせいだと思うのね。

佐藤　そりゃそうでしょ。

利光　そうすると、新劇だけですよ。昭和を通り越して、大正も通り越して明治が一番頑張っているというのは（笑）。やはり新劇は少しおかしいと思う。海外と比較してみても。政界だってね世代は交替してますものね。

司会　でも、十年前は、彼らすぐいなくなると思ってたのに（笑）。それがまだ十年たっても健在なんだから（笑）。

利光　弱りもしてないんだから、驚くべきことだよ（笑）。

矢島　それはどういうことなんでしょうかね。さっき利光さんは、フランスじゃ名優がいなくなったといわれたでしょ。イギリスでも、それは起こってて、時代を席捲する人はいなくなって、むしろ、中堅どころがそろっちゃったという感じなんですね。日本じゃ、そういう世代変りがなかったんですね。
利光 代り得る人材もなかった――。
増見 丁度、そういう世代が分裂して、個人、個人で、才能を切り売りしてる状況になってしまった。
利光 だって、青年座なんて、世代的には俳優座にとって代っていいんだけど、西田敏行が代り得るとはどうも思えないわけだから、海外に比べると異常だね。日本の他の分野もそうでしょう。文壇だって、第三の世代というのが芸術院会員になってる。ピラミッド型なんだよ。
増見 ぼくたちは、築地世代がいなくならないと変らないといってたわけね。だけど――。
司会 でも、今後いつまでもというわけではないから――。
増見 ですから、そのあとの再編成の問題ですね。
司会 八一年だったかな、AMDで時評座談会をやりましたね。そのとき、ここ十年間、演出家も作家も変らないといっていたんだけど、そのあとですね。どどっと新しい演出家、作家が出てきたのは。だから、ここ三、四年の現象でしょう。
利光 でも、それは、新しくこういうものが出ましたということで、前のにとって代ったわけじゃないでしょう。
司会 そうですね。そうすると、既成の新劇は、今アングラ第三世代といわれたような劇団に対して、かつて六〇年代にアングラに対してもっていたのとは違った見方をしているんですか。
増見 もっと距離がありますね。
司会 全然違うものだという――。
利光 そう、全然無関係だよ。だって、第二世代は既成新劇を意識してますね。佐藤信とか。
増見 つながりがあるしね。
利光 ところが、今の第三世代は、全く違う芝居を違うところで全く関係なくやってる。そういう例は俳優養成として、ヨーロッパでは考えられないですね。
司会 日本の特徴だな、これは。現象的には似てるといったってね。
佐藤 日本は訓練しないでやれるからじゃないですか（笑）。俳優修行しないでやる――。
谷川 やれちゃうんですね。なまじ新劇の訓練するとああいうことはやれなくなるでしょう。
中本 『声なき群唱』という映画ね。ろう唖者と健常者両方のための劇団GMGの記録映画だけど、今の日本の劇団の性格をうまく描いているところがあって、集団作りという点でね。かつての築地小劇場なり前進座がやったことを集団としてやってきてるんだけど、そこで経済問題が起こってきて、劇団を離れてゆく人間が出てきたり。あそこの大原秋年というのは、むしろ既成の演劇をやってるのは、真のヴァイタリティがないっていうんだね。何がなんでも芝居で食ってゆく人間、食わざるを得ない人間を集めようっていうわけ。それでもっていい役者になってゆくんだね。それなりにしごきをやりね。それがフィルムに出てきますよ。舞台成果はともかくとして、あそこでは一定のはっきりした姿勢がある。そういう珍しい例なんですね。

利光　そういう人が必ずしも、一般に知られるようになってこないね。

中本　ぼくは日本の場合非常に絶望的だと思うのは、野田秀樹のとこだろうとどこだろうと、当るとあっという間にスターになる。

谷川　早いですね。

中本　それでじきに使い棄てになる。粗製乱造、それにごまかされている。この間、浅利慶太の話を聞いたら、この分じゃ芝居は駄目だと力説していた。どうして劇作家は二年に一本、三年に一本でいいから、全力をかけて書かないかというんだね。

司会　演出家はいいの？　彼はしょっ中やってる（笑）。

中本　彼は、そのつもりでやるというわけ。一本でも徹底していい芝居を仕込めば、それで儲かるというんだな。劇作家にしたって儲かるはずだと。変な芝居を沢山書くよりも、一本いい芝居を書いた方がいい。

佐藤　若い世代は、つかこうへいも、ばたばた書いたあと、やめちゃいましたよね。どうもしがみつくところがないんじゃないですか。石にかじりついてもじっくりというところが。それは、いい悪いは別として、全然別の気質をもつ世代という感じがする。

小島　それはドイツも同じでしょう。さっき言われたハントケなんかぴたっとやめちゃった。ほとんど小説家ですね。今は。

谷川　ドイツで御承知のように、十八世紀から十九世紀にかけて、ゲーテ、シラー、クライスト、ビュッヒナーといった近代作家が出てきたときは、彼らの作品は当時の舞台にはのせられなかったわけですね。ゲーテも自分のワイマール劇場のレパートリィの一割も満たしていない。ところが、百年、百何十年たって、今演出家たちは、そういう芝居をやりたがっている。ブームですね。クライストの『ヘルマンの戦い』なんて、それまで舞台に殆どのったことのないものまで上演してる。つまり、ドラマを書くことと芝居をやることとを、あまり近づけすぎちゃうと、“文学性”の高い作品が生まれ難いんじゃないかと思うのね。

利光 高いって、作品として質が高いってこと？

谷川 ええ。文学として——。

利光 クライストのそれ、全然知らないけども、それは本当に質が高いんですか（笑）。

小島 難しいんじゃないですか、それに答えるのは（笑）。

利光 つまり、今の演出家たちは、奇をてらってというか、いわゆる名作を排してね。そういう埋れた作品をやりたがる傾向がありますけど、それは必ずしも質的に高いわけじゃ——（笑）。

司会 まあ、戯曲は小説と違って、誰かが上演してくれて優れた舞台にしてくれたら、それは戯曲として優れていたことになるといってもいい。

増見 それにしても近頃の日本の若い人々の芝居のやり方は、ほとんど作ならびに演出ですね。

谷川 戯曲文学の自律性がなくなってきた。

司会 作・演出を兼ねるのは、六〇年代のアングラからですね。

増見 別役は自分でやってなかった——。

司会 ところが、唐十郎なんかは、本にもなるし、若い人が読みますね。

増見 去年、彼の作品を他の人が演出してたてつづけにやりましたね。必ずしも上手くゆかなかったようだけど。『少女仮面』とか——。

司会 ただ、六〇年代アングラのときは、既成劇団が動揺をきたして、それをある程度とり入れましたね。その影響を新劇も受けたと思うんです。ところが、この第三世代についてはそういう魅力は全く感じないですか。

増見 芝居の質が違いすぎますね。

司会 全然魅力ない。

増見 ええ。

司会 そうすると、ああいう所へ行く観客には、いいからあっちへ行ってくれと。自分たちは別だと、こういうことですね。

増見 まるきり違うんじゃないですかね。

利光 アングラの人は、新劇とつながって出てきた人たちでしょう。だから、彼らは、はっきり意識して既成新劇に挑戦して出してきた。二つは全然異質ではなかった。例えば寺山修司は文学座のために戯曲を書いてるし、佐藤信は俳優座養成所の出身だし、清水邦夫だって俳優座の方が先でしょ。『狂人なおもて往生をとぐ』を西木さんがやったのはアート・シアターより半年早い。だから、そのままつづけてれば、蜷川君の現代人劇場じゃなくて、俳優座のレパートリィになってたかもしれない。今ほど決定的に質が違ってたんじゃない。

司会 フランスじゃ、六〇年代の前衛がその後体制側に入ったという話だったけど、日本でも、アングラの人が既成劇界に入っていったりしてますね。この点では、日本独自の点はありますか。

利光 入り方が違うね。フランスでは、商業演劇に行くんじゃない。必ず、そういう人たちは、国の体制に入る。蜷川は反体制だったのが、いきなり東宝へ行くでしょ。もし、唐とか鈴木忠志が文化庁長官になったとするなら同じだけど、フランスと。でも絶対にそんなことはあり得ない。

司会 でも西武には行くわけだ。

利光 だから、商業資本が、そういう才能を引き抜いて、自分らの体制に入れたという方が正確ですね。

司会 それはやはり日本独得ですか。

中本 日本的特徴だと思うけど、たとえば、自民党の中に、いろんな、共産党的な人もいる、極端に云っちゃうと。何でもいる。いわゆる資本家といわれる人の中にも、自分こそ変革の担い手だと思ってる人がいる。つまり境界がはっきり見えないんですね。浅利なんて、いい例でね。自分は右のつもりだといってたり、一方で、親父の関係だといって、大阪に行くと必ず労演に挨拶する。そうすると大阪労演の方も、じゃってわけで四季を推薦するわけ。

佐藤 営業政策でしょう。

中本 そう、マーケットとしてみているんです。その辺がはっきりしなくなってるんじゃないですか。それでもって、何となく一つの体制文化の中に組込まれてしまう。

毛利 だから、新しいといっても旧いといっても、ひとしなみに体制文化の中での動きでしかないことになる。ただ、一般的にいえるかどうか、学生に二、三そういう例があったんだけど、大学に入ってきたときは野田秀樹なんだ、一年生の時は。しかし卒業のときはもう野田秀樹はどうも、といってる（笑）。それで唐十郎に行くのね。六〇年代に戻るんですよ（笑）。

谷川　そのあとは？
毛利　あとは、卒業してからだからわからない（笑）。もしくれば、次に新劇にくるのかな（笑）。
利光　ぼくも一年間、玉川大学の演劇科で教えたときは、最初は唐十郎でね。二年たったら四季と雲になったよ。
毛利　だから、その頃はそうだったんだよ。今はもう一つ下の世代だから（笑）。
利光　我々と入り方が逆なんだよね。仲間で行こうというのは全部テントの芝居でね。そこから入って、芝居とはこういうものと思っていたのが、ちゃんとした劇場行ってちゃんとした席に座ると、そっちの方が高級に思うわけ（笑）。
司会　じゃ、将来は、増見さんのものをはじめとして新劇の舞台にお客が集まるということで（笑）、まとまりませんでしたが、この辺で終りましょう。

（一九八五年三月三十一日）

座談会で言及された舞台（言及順）

＊文学座（西武劇場）
『欲望という名の電車』一九七五年六月十三日〜七月五日
演出　木村光一

＊劇団民芸（西武劇場）
『セールスマンの死』一九七五年九月五日〜二十九日
演出　菅原卓

＊劇団俳優座（俳優座劇場）
『見知らぬ人』一九七五年十一月十一日〜二十四日
作　真船豊
演出　千田是也

＊劇団文学座（三越劇場）
『続二号』一九八四年八月四日〜二十八日
作　飯沢匡
演出　飯沢匡

＊劇団民芸（サンシャイン劇場）
『セールスマンの死』一九八四年十月十六日〜三十一日

作　アーサー・ミラー
演出　菅原卓、滝沢修

＊劇団俳優座（俳優座劇場）
『遁走譜』一九八四年十一月十八日〜十二月二日
作　真船豊
演出　千田是也

＊株式会社東宝（帝国劇場）
『近松心中』一九七九年　二月二日〜三月八日
作　秋元松代
演出　蜷川幸雄

＊サンシャイン劇場（サンシャイン劇場）
『アマデウス』一九八二年　六月八日〜七月十一日
作　ピーター・シェファー
演出　ジャイルス・ブロック

＊劇団四季（日生劇場）
『かもめ』一九八〇年七月六日〜二十七日
演出　アンドレイ・シェルバン

＊劇団四季（キャッツシアター）
『キャッツ』一九八三年十一月十一日以降ロングラン

＊帝国劇場（帝国劇場）
『桜の園』一九八四年十月二日〜三十日
演出　クリフォード・ウィリアムズ

＊パルコ劇場（パルコ劇場）
『少女仮面』一九八二年　七月十八日〜八月一日
作　唐十郎
演出　小林勝也

＊劇団俳優座（俳優座劇場）
『狂人なおもて往生をとぐ』
一九六九年三月九日〜二十八日
作　清水邦夫
演出　西木一夫

『あ・えむ・で』第十号　一九八五年

3　古典作品現代上演の問題——一九八八年の海外劇団来日公演をめぐって（一九八九年）

報告者（五十音順）　安西徹雄（シェイクスピア舞台）
石澤秀二（中国の上海昆劇団）
乾英一郎（スペインのヌリア・エスペル劇団）
蔵原惟治（ドイツのシラー劇場）
斎藤偕子（ピーター・ブルックの舞台）
利光哲夫（フランスのコメディ・フランセーズ）
中本信幸（ソビエトのモスクワ芸術座とレーニングラード・ボリショイ・ドラマ劇場）
司会　毛利三彌（スウェーデンの王立ドラマ劇場）

毛利　この西洋比較演劇研究会は日本演劇学会の分科会の一つで、今年（一九八八年）四月に創設されましたが、西洋各国の演劇の比較をテーマとする研究会です。例会を原則として月に一回開くことになっており、今回は五回目にあたります。それで、今年は非常に海外劇団の来演が多かったので、西洋比較という点からいろんな国の劇団のあり方、舞台の成果について論じようということでこのシンポジウムを企画したわけです。

きっかけとしては、多くの劇団が外国から来たわりには、どこまで我々にとって役立つものがあったのかという検討があまりなされていない、きちんとした評価もされていなかったという思いがありました。ですからここには主催者側あるいは上演者側に関係のある人もおられますが、なるべく主観に流れない批評、批判を行いたいと思っております。

都合上、私が司会ということになりましたので、司会と報告者を使い分けることになりますが、ご了承下さい。

それでは、報告者の方々に、それぞれご専門の劇団、というかご専門の国からやってきた劇団について話していただこうと思います。

全体的テーマは「古典作品現代上演の問題」ということにしてありますが、この「古典」には近代古典も含まれています。そして、我々はほとんど作品内容を知っているわけですから、どういう風にそれを演出して見せるかというところに焦点が絞られると思います。当然、演出家の解釈ということもかかわると思いますが、そのようなところにこの討論の焦点を合わせたらどうかと思います。

進行としては、最初にシェイクスピアの舞台を取り上げ、お互いそれを討論し、それからモリエールとシラーを、フランスとドイツということでお互いに対照的でもありますし、とりあげ、それからピーター・ブルックの『マハーバーラタ』と中国の昆劇を、うまくくっつくかは分かりませんが、昔のお話を現代風にやっているという意味では東西それぞれ違った姿勢が見られるかもしれませんので、論じ、最後にストリンドベリとチェーホフとロルカについて話したらどうかと思うのです。

それでは安西さんから。シェイクスピア舞台の来日公演は多いので短時間では無理かもしれませんが、よろしくお願いいたします。

来日シェイクスピア舞台の背景と成果

安西　今年はシェイクスピアが非常に多かったんですけれども、ちょうど東京グローブ座が開場致しましたので、四月に、イングリッシュ・シェイクスピア・カンパニーという劇団が『薔薇戦争・七部作』をやりました。シェイクスピアの原作では『ヘンリー六世』は三部作になっておりますから、本当は八部作ということになるわけですが、『ヘンリー六世』を二部に圧縮して、『七部作』としてやったわけです。この劇団はイギリスで、確か一昨年の暮れに出来上がった新しい劇団です。演出は、日本でもいくつも仕事をしておりますマイケル・ボグダノフ、俳優の方ではマイケル・ペニントンの二人が中心になって創った劇団で、私はたまたま昨年イギリスにおりました時に、五月でしたか、劇団の事実上の旗揚げ公演ですけれども、ロンドンのオードルビックでやっていたのを観ました。『ヘンリー四世』の一部、二部、それから『ヘンリー五世』、この三作だけを『ザ・ヘンリーズ』という題名で上演しておりました。で、今度は、東京グローブ座でこういう拡大した形で見ることが出来ました。

それから六月、同じくグローブ座でイギリスのナショナル・シアターがピーター・ホールの演出で、シェイクスピアの晩年のいわゆるロマンス劇を三本連続して上演しました。ピーター・ホールは、十五年位前からになると思いますが、ナショナル・シアターの総監督をやっていたんですけれども、今年の多分九月付だと思いますが、その職を退き、ナショナル・シアターを辞めました。で、その最後の演出として、シェイクスピアの最後の時期の作品をやったわけです。ですから『テンペスト』の一番最後のプロスペローのエピローグは、シェイクスピア自身のロンドンの劇壇への最後の別れの言葉であると同時に、ピーター・ホールがナショナル・シアターを去る口上みたいな意味も、あるいは重ね合わさっていたかも知れません。これは確かロンドンで今年の三月か四月か、ちょっとはっきりしませんが、その頃に上演して、それからモスクワへ持って行って、そのついでと言いますか東京に来まして、それからロンドンへ帰って、まだナショナル・シアターでやっているはずです。今年の九月の終わりでしたか、私はたまたまロンドンに行く機会がありまして、その時に『テンペスト』をそのナショナル・シアターで観ました。そういうわけで、これも東京でやったのと、今ロンドンでやっている形とを比較することが出来ます。

それから、次は六月末から七月の始めにかけて、スウエーデン王立ドラマ劇場が『ハムレット』と『令嬢ジュリー』を持ってきましたけれど、『令嬢ジュリー』は毛利先生にお願いするとして、『ハムレット』の方は、これも実は昨年の六月に、ロンドンのナショナル・シアターに持ってきたのです。私は昨年、ロンドンでこの二つの作品も観ることが出来ました。で、今度東京でそれを観たので、結果的にここに挙げた作品は全部、東京とロンドンで、二つの形で観ることが出来たわけです。私にとっては面白い経験でした。

個々の舞台について

安西　さて、それでは個々の作品について一言しますと、最初のイングリッシュ・シェイクスピア・カンパニーは、先ほども申し上げましたが、最初の形は『ヘンリー四世、一部・二部』それから『ヘンリー五世』、つまり、『ヘンリー四世』ではハル王子という形で登場する若者がヘンリー五世という王様になって、アジャンクールで大勝利を治めるというところまで、一人の主人公で貫かれている作品という形で三つを連続上演していたわけです。

一人のナイーブな若者が、たまたま王子という身分に生まれついてしまった。その若者が様々な経験、非常に屈折した経験をしながら、挫折や失望、或いは裏切りを経験しながら、一国の王としての政治的な責任を、権力を握らざるを得ない人間にまで成長していくプロセスが、三つの作品を通じて描かれる。ハルという一人の人物のドラマとして、三つ続けてやることは、単独では分からない様々なつながりが見えてきて、非常に面白いと思いました。昨年、イギリスにいた間に観た作品の中では、抜群に面白かった。旗揚げ公演ということもあって、役者も非常に力が入っており、お客も非常に力を入れて観ていました。

その成功に味をしめて、今回の来日公演では、シェイクスピアの歴史劇の中で比較的扱っている時代がくっついているもの七作ないし八作を、一挙に続けて、エピック・ドラマのように規模を広げてやったのですが、それはぼくは失敗だったと思います。こういう風に続けてやることはあまり意味がない。例えば、リチャード二世のことが『ヘンリー五世』でしきりに回顧されていますし、『ヘンリー四世』になっても、リチャード二世の出来事が回顧されているという意味では確かにつながるのですが、しかし、最初の三本に比べると、そこには明確な一貫性があるわけでは必ずしもない。そして、役者がいろんな役を兼ねて出てくるということもあって、それぞれの作品の密度が薄いという印象が強く、要するに七本やること自体が目当てになっているという印象が強かった。それに、フォルスタッフという非常に重要な役が、ロンドンの時と東京では役者が変わっていました。そんなこともあって、これはそんなに密度の高い舞台ではなかったと思います。

次はナショナル・シアターのピーター・ホールの演出ですが、話によると、モスクワでは舞台装置や衣裳を積んだ貨車が行方不明になり、公演に間に合わなくなるというハプニングがあった。だから、モスクワでの上演は装置なしの裸舞台で、衣裳も普段着で行われた。それが、逆に大変面白かったというエピソードがありました。東京での上演では衣裳は着ていましたが、舞台装置はほぼ裸舞台でした。三本の中で、特に『テンペスト』は非常に優れた舞台だという風に思いました。特に、主役のプロスペローを演じた役者が大変良かったとぼくは思いました。

で、それをこの秋にナショナル・シアターでもう一度観たんです。そしたら、今度は大変大仕掛な装置で、正面奥に、何か空に雲が浮かんでいるような書き割りみたいなものがあり、そこに左右に開くドアがある。そこがプロスペローの洞窟になっているわけです。それが前へ迫り出したり、後ろへ引っ込んだりする。それから、舞台全体は半分、張り出し舞台になっていて、そのまん中に、二間半位の丸い円が切ってあるんです。何か白っぽい絨毯が敷いてあるのかと思いましたら、それは実は砂が入れてあるんです。砂を使うのはそんなに新しいことではないけれど、或いはそれは大地を表していたのかも知れません。一番大仕掛なのは舞台の上に、その砂場とちょうど同じ位の大きさの、真鍮か何か分かりませんが、大きい金属性の輪があり、何重もの同心円になっていまして、つまり天球を表しているわけです。そこに太陽、月、星等が、ちょうどプトレマイオスの天球図を連想させるような形で上からぶら下がっているわけです。で、それを途中で動かしたり、引き上げたりするんです。途中で、仮面劇の場面がありますね。そこで虹がかかるというシーンがあるのですが、これもまた、真鍮性の虹が天球から下へ降りてくるという装置でしたが、私はこれは邪魔だと思った。というのも、非常に役者の演技を阻害し、またあまりにも説明的過ぎる。それに第一、天井から下げられている天球図みたいなものと、舞台面の砂場と、それから奥の洞窟を表すドアみたいなもの、この三つの部分は、それぞれ装置としての発想の仕方が異質で、一つのまとまったイメージを結ばないし、また使い方の意味が全然違う。それにさらに装置が観客の意識を演技から外にそらすような効果をあげていて、心なしか役者の演技も精彩がないように思いました。また、ミランダ役の女優さんも、随分タイプが違っていたように感じました。いずれにしても、イギリスで観た二つの劇は、最初に東京で観た時と非常に印象が違っていた。

それに対して、ベルイマンの『ハムレット』は、ロンドンと東京とでほとんど完璧に同じでした。この点が非常に印象的でしたが、ただイギリスの劇場、イギリスだけでなくヨーロッパの劇場は非常に奥が深いので、一番最後にフォーティンブラスの軍隊が登場するところで、突然、舞台奥の建物の壁だと思わせていたものがバーンと前に向かって倒れるのです。そこで、向こうからもの凄い光が射してきて、ベトナムのアメリカ軍みたいな装備と服装のフォーティンブラスの軍隊が、一挙に正面からこちらへ突撃してくるわけです。これは大変効果的だったのですが、東京グローブ座は奥がそんなにありませんから、横から出てくることになったために、その効果が大いに殺されていたことは残念でした。しかしその他の面では、劇場の機構が許す限り、ほとんど完璧に、細部にわたり実に正確に再現していたように思います。

二つの非常に違った印象を得て思ったのですが、イギリスの芝居はどうもルーズなんじゃないかなぁということを感じた。つまり、ベルイマンがロンドンにこの芝居を持ってきた時に、ナショナル・シアターでインターナショナル・シアター・フェスティヴァルが行われ、その時に西独のペーター・シュタインの劇団なんかも来ていたのですが、そういうのを観て思ったのですが、やっぱりイギリスの芝居というのは、演出家が決定的に弱いという風に思いました。イギリスの芝居は、現代では演出家の時代というような事が云われているけれど、役者に任せている点が非常に大きい。それは、イギリスの芝居の根強い伝統だというような気がします。それはそもそも、例えばラシーヌ劇とシェイクスピア劇の違い、それぞれの国の古典の性質の違いというようなことが原因なのか、あるいは結果なのか分かりませんが。シェイクスピアの芝居は隙間だらけで、どうにでも出入り自由な八方やぶれの芝居ですよね。

それに対して、ラシーヌは非常に密室的な芝居だと言えると思うのです。だから、シェイクスピアの芝居は、どういう風に演出しても、演出ではカバーしきれない所がどうしても出る。結局は役者にかかる面が非常に多くて、イギリスの場合、少なくともシェイクスピアに関して言うと、一九六一年でしたか、ロイヤル・シェイクスピア・カンパニーに新しい大きな組織変えがあり、ピーター・ホールが初めての芸術監督になってから、彼やピーター・ブルック、或いは若い芸術家がかなり思い切った演出で力強い仕事をしました。十年でピーター・ホールがそこを辞めて、しばらく休んだ後で、ナショナル・シアターに行ったんですが、今度、彼はそこも辞めるわけですが、その六〇年代、それから七〇年代の初めくらいまでは、ピーター・ブルックを始めとして、イギリスとしては、演出家がかなりラディカルな仕事をしていたような気がします。

ところが、その熱い時代は去って、イギリス劇壇の退廃化とでも言うべき現象が今起こっているんじゃないか。特にシェイクスピアの上演に関しては演出家が弱体になって、演出家の激しい表現意志というものが強烈に感じられるような舞台が少なくなって、エンターティメントの要素の強い、つまり、演出家がやることは単なる趣向の味つけでしかないような、非常に保守化した状態になっているような気が強くします。結局、ピーター・ホールの芝居もイングリッシュ・シェイクスピア・カンパニーの場合も、役者達の熱意や演技力とかいうものが、出来るだけ邪魔が入らないような形で発揮された時に、面白い、いい結果が出ていたんじゃないかと思います。ピーター・ホールの演出として、この三つの作品が代表的な作品になるかというと、私はそうは言えないんじゃないかという気がいたします。

異論・反論

毛利　なかなか興味深いご意見が散らばっていたと思うのですが、ここにもいろいろと観ていらっしゃる方もおられるようなので、今のご意見についてなり、あるいは何か質問なり、ありませんか。

北川重男（成城大学教授）　だいたい安西さんのご意見に賛成なんですけれども、ただ『薔薇戦争・七部作』は私は東京の舞台しか観ていないのですが、少し印象が違います。私は、あれは必ずしも失敗じゃなくて、もしかして、安西さんは『ヘンリー四世』から『ヘンリー五世』までの三部作のまとまりでご覧になってしまったんで、そういう印象を持たれたのではないかと思います

というのは、私が観たのは一日目に『リチャード二世』だけ、二日目が『ヘンリー四世』から『ヘンリー五世』まで、そして三日目が『ヘンリー六世』から終わりまで。こういう形でまとめて観せてもらったわけです。『リチャード二世』ではペニントンがリチャード二世を演じたわけですが、私の基準から言うと、このペニントンはホモがかった感じの人でリチャード二世の性質と非常にピッタリしていた（笑い）。

これを観なかったらぼくは全部を観なかったんじゃないか。そういう感じで『リチャード二世』はなかなか面白かったと思います。ある程度、ペニントンの個性が良

く出た演出だったんではないかと思います。

そのあとは安西さんがお話になられたように非常にまとまりはよかった。ですが通して観てみますと、リチャード二世はいわゆる弱い王、宿命的に生まれてきた王、王でなければならないという要請で生まれてきた王であり、王としての才能も実際的な力量もない王である。ところがリチャード三世はそれを突き破って行くというような非常に対照的な作品だと思うのですが、その両方を最初と最後に示し、結局『リチャード三世』で、ほとんどの王家の血筋は絶えてしまうかにみえる。つまり、皆殺しになっていく。筋書きがしだいにバラバラな感じになっていくというように私は感じました。そこのところが大変面白かったと思います。

それから、ちょっと批判的なことを言います。衣裳についていて、皆さんに聞いてみますと、衣裳がバラバラなのがいいという人と悪いという人がいました。例えば、戦争の場面で、十九世紀風であるかと思えば、何かヒットラーの軍隊を思わせるところも出てくる。或いはまた急に中世風だったり、色々と変わっていた。あのようなやり方というのは、今、安西さんがお話になられたような趣向に過ぎなくなっているのかどうか良く分かりませんが、非常にいいと言う方はそれが少しもおかしくはなかったという意見だったようでしたけれど、私にはやっぱり何か奇妙な感じが致しました。こういうものはもう少し納得させてくれるような扱い方が出来ないのでしょうか。

それから嫌になったのは、最後の方で写真を撮ったりする場面が出てくるところ。これは英国ではめずらしくもない趣向だし、趣向なら趣向でもう少し新しいやり方でやってくれれば良かったと思いましたね。


安西　反論ではないのですが、言葉が足りなかったので少し補いたいと思います。

実際の作品の中では、おっしゃる通り、リチャード二世自身がホモセクシュアルですから、ペニントンの個性に合っていて、一番説得的だったと思います。それから比較して言えば、『リチャード二世』から『ヘンリー五世』までのシークエンスの方がうまくまとまっていたと思います。それはシェイクスピアの作家としての腕が上達していて、作品的にすぐれていることによるものでしょう。

第三の点は、最近のシェイクスピア上演の退嬰性についてですが、私は今のイギリスのいろんなシェイクスピアの中では、このイングリッシュ・シェイクスピア・カンパニーのものは比較的いい方だと思います。先ほど述べたように、昨年観たときにはびっくりしました。それまで、ロイヤル・シェイクスピアのシェイクスピア等がとてもひどかったので、もうシェイクスピアは絶望的かと思っていましたから。だから、それを観たときには、こういう役者達もいるんだなあと感動したわけです。

先ほど、私が保守的とか退嬰的とかいう風に言いましたのは、主としてロイヤル・シェイクスピアのことです。そこではまさに趣向と、もう一つ、安易なスター・システムがはびこっている。例えば、ユダヤ人で若い人に人気のある役者アントニー・シャーがシャイロックをやっているのですが、まさにそれだけなんです。シャイロックを引き立てるために全ての芝居を作っている。それからもう一つ、非常に大がかりな装置を組むということ。十九世紀の後半に、非常にスペクタクルを多用して、一時期のハリウッド映画のスペクタクル巨篇みたいなやり方でシェイクスピアをやるというのが流行した時期があるのですが、それがまた、世紀末を迎えて復活したのかと思うような、大がかりな装置を組んでやっているわけです。それにスター・システムを加えて、観光客に、要するに物見遊山としての芝居という性格が非常に強くなってきている。その中で、イングリッシュ・シェイクスピア・カンパニーは確かに魅力的ですし、それにピーター・ホールの三部作なんかは、やはり優れたものであったと思います。

俳優の勢い

毛利　ぼくも三日間通いずくめで観て疲労感を覚えましたが、これは今年の第一の収穫ではないかと思っているのです。

安西　七部作の方？

毛利　ええ。七部作の方はやっぱり俳優に勢いがあるというか、いきいきとした動きというのが最後まで貫かれていた。これは勿論演出によるんでしょうが。それに比べると、ぼくが観た『テンペスト』にはあんまり俳優の勢いというものは感じませんでした。ロンドンで大がかりな装置を使ったと言われましたけど、ぼくは東京グローブ座での裸舞台にちかいようなものを観た時にも、ちょっと何かが足りないんじゃないかという気がしたんです。これは本来装置を使うようにやるべきものじゃないかなという気がした。というのは、やはり裸舞台を支えるだけの俳優の力がなかったと思うのですね。あのプロスペローは別として、他の連中が弱いという印象を受けたのです。

北川　私も『テンペスト』にはそういう印象を持ちました。プロスペローは良かったと思うのですが、若い者は全部ダメだったと思いました。何かもう少しやりようがあったんじゃないかというような印象を持ちました。

安西　ただ、『テンペスト』という芝居はだいたいがうまくいかない芝居なんです（笑い）。

ですから、そういう中で、それを哲学劇的に、それが退屈であろうがなかろうが、とにかく観なきゃいけない芝居というふうに創ることも出来るんでしょうけれども。で、そういうので成功した作品、演出もあると思うのですが、今度の場合は、芝居として面白くしてしまったというのに私は驚いています。だから、当然つまらないであろうと思っていたのに面白かったので、驚いたという面はあります。役者が、勿論、全部良かったわけではなく、プロスペローをやったマイケル・ブライアントと、キャリバンをやった役者は良かったと思うのですけどね。ただ、ロンドンで観た時は、彼らはあんまり精彩がなかった。悪党を演じる連中はいつもだいたいがつまらない（笑い）。

斎藤　今、おっしゃったように俳優の力が強くなったということに関連があるかもしれませんけど、やっぱりシェイクスピア・カンパニーの最初の日が、特にリチャード役のペニントンが良かった。で、翌日、そのペニントンがハルをやったのですが、これが全然違っていたのでがっかりしました。しかし、最後まで観ていて、やはりこの劇団は新しいからやる気と勢いがあると感じましたね。

また日本の歌舞伎の一座とシェイクスピアのカンパニーは同じなんだという印象も受けました。座を組んで、そのままどこへでも行けるこの種の劇団というのは主演俳優がいて、彼がいつも主役をやる。だから、いい時はいいけれど、非常にクサイ芝居が出来上がるんじゃないかなあという気がしています。スウェーデンのドラマーテンの公演でもそれと同じことを感じました。最初『令嬢ジュリー』を観た時、「これは素晴らしいジャンだ」と感じ、その翌日『ハムレット』を観た時、後半は演出が面白くて良かったのだけれど、前半中は「このハムレットはいやだ！」と思い続けていたんです。（笑）

このように同じ人が主役を取るということは、日本の地方劇団の座長みたいなものと同じで、これは一つの演劇のあり方なんだと興味は持ちましたが。

毛利　ただ、ベルイマンの場合は、映画も同じなんですけれど、「彼の組」というようにいつも使う俳優がだいたい決まっているんです。あのストールマーレは彼の最近のお気に入りということで一躍有名になっています。今年のオニールの『長い夜への旅路』にも出ることになっています。ですから、自分のお気に入り、気心の知れた役者だから演出が非常にうまく伝わるという点を重視するために、ベルイマンは自然と同じ役者を使うことになってしまうんですね。

斎藤　だから、ある意味で、劇団とか座みたいなものはクサイ存在であって、日本の劇団なんていう風に、むしろ理念とか何だかというようなことをいって、シェイクスピアにかかわらねばならないとか何とかやっている。こういうあり方と随分と違う。私はそれも面白いっていう気がしましたけれど。

石澤　だけど、一座を組むと、当然、座頭役者が出てきて、劇団統率の座頭が主演をやる。勿論、主演俳優と座頭は必ずしも一致しないこともあるけれども、往々にして一致するというのは世の東西を問わない感じがします。特に巡業のことを考えた時にはね。ここに挙がっている芝居は全部観ておりますけれども、やはりそう感じますね。

安西　それはもう、芝居というものの必然的な性質だと思いますね。

時代設定の問題

石澤　今思えば、ピーター・ホールもそうですけど、東京グローブ座という劇場空間を一番活かしたのは、イギリスの劇団じゃなかったかなという風に思いました。それはその後で劇団四季の『オンディーヌ』を観たせいかもしれませんが（笑い）。

古典の現代化を考える場合に、作品、その原作を尊重して、それを通俗的に言うならば現代服を着てやっていくという方法が一つ考えられますね。それからその作品成立年代、例えばシェイクスピア、エリザベス王朝時代の衣裳とか風俗とか、そういう時代限定の中でやるにしても、作品自体の解釈をテキストの読み換え、読み取りということで現代化するという方法もあると思うんですよね。それからもう一つ、中国や日本の古典の場合には伝承されてきている演技というものを基本にしながらやる方法、以上の三つの方法があると思うのです。その場合に、シェイクスピアの七部作もそうなんですが、この間アメリカに行った時に、『ハムレット』で旅一座が歌舞伎俳優に置き換えられていましたし、シカゴで観た『ロミオとジュリエット』では一九三〇年代のイタリア移民という形でロミオとジュリエットが出会い、見初めの場がイタリア語で移民達がワイワイ騒いでいる中で行われているわけです。そういう方法のものがすごく多い気がするんですね。そういう場合に、七部作の時代設定とか、衣装、例えば、リチャード三世がダブルの背広で出てきて、頭がつるつるで、その前も、いわゆる悪役的な役を彼がずっとやっていますよね。つまり、役を兼ねるということと時代設定、風俗も含めての時代設定という点では、はっきりとしたポリシーがあったんでしょうか。

安西　あんまり明確にされていなかったんじゃないかと思います。先ほどお話があったように、色々と取り混ぜて出てきたというのは、つまり、手が無くなっちゃったんじゃないかという気がするのです。七つもやるから、無理だったと思うのですよ。『七部作』が進行していくにつれて、何となく時代がたっているという感じはするわけですけど。

ロンドンで観たものとの比較ですけど、『ヘンリー四世』一部、二部、『ヘンリー五世』はほぼ現代でやっていたんです。だから、こっちへ来た時もだいたいそういう形でやってたと思うのですけど。イギリスだと王室が今でもちゃんとあって、王子様や王女様が結構スキャンダルの種になったりなんかしますから、プリンス・ハルみたいな放蕩王子がいてもおかしくはないんです（笑い）。それで、ロンドンのスラムの変な場所にいりびたっていて、そこにいる奴らがみんなパンクの姿をしているというようなのが、イギリス社会のコンテクストの中では非常にピンとくるんですけど。それが七部へ全部広げていくのには手が詰まったんじゃないか。で、結局、行き当たりばったりにやっているんじゃないかと。途中で、突然中世の騎士の格好がでてきたりしましたけど。

石澤　あれはご愛敬みたいなもの。

中本　先ほど安西さんが言っていた意味で面白いと思った事は演出のことですが、それは演出不在というより、芝居そのものが退行しているんじゃないかっていうことです。これは見逃せない問題だと思います。ジャン・デクスタという人が日本に来て、いろんな芝居を観て言った言葉にぼくはハッとさせられました。それは自分達の国イギリスやヨーロッパには文学としての演劇の伝統は残っているが、演劇としての伝統は残っていないということ。東洋に来て、初めて演劇の伝統が残っているということが分かったという事を言ったんですよ。というのは、シェイクスピア劇にしても、おそらくイギリスはいつも現代としてやり、あまり歴史的な視点だとか演技の伝統を引きずって、それをどうやるかというふうには考えていないんじゃないかと思うのです。ロシアの場合は、逆に、いつもそれを引きずりながら何かやっているという傾向があるんです。ですから、最近、ソ連演劇を観てきて、古くなってきたなと思い始めています。チェーホフ劇の演出のやり方を観て、何か古くさい感じがしました。こういう演出だけが乗り出してやるようなやり方というのは、やはり演劇としても古くなったし、何か違う意味での演出がなければならないと思う。

モリエール劇の演出

毛利　次はモリエールとシラーを両方一緒に考えてみましょう。今出てきました演出という点では必ずしも新奇な演出というわけではない『町人貴族』の一番肝心な点はどこにあるのか。どの点が一番問題になるのか、ということなどから、利光さん、お願いします。

利光　一応、ぼくはフランスの劇団、コメディ・フランセーズを担当したんですけれど、実はその後、パリ・ユシェット座というのが来ておりまして、原宿のラ・フォーレで公演を行っています。これについては非常に問題があるので、後に述べたいと思います。

ご承知のように、コメディ・フランセーズはまあ、世界最古の国立劇団ということで、正確に言えば三百八年前に創立されたわけですけれど、今度の来演が四回目ですから、従って、海外劇団では一番多く来ていることになるのです。一番始めは、一九六二年ですが、その前に、例の安保の年、六〇年にルノー・バロー劇団が大阪フェスティヴァルに招かれている。これは確か、モスクワ芸術座の来日のあくる年だと思いますけれど、我々は裏方で働いていて、非常に感激して観ました。この時もバローがモリエールの『人間嫌い』をやったわけですけれども、これはさておいて、その翌々年の六二年に初めてコメディ・フランセーズが来日しまして、その時に悲劇、喜劇を取り混ぜて四本やったんですが、そのなかのモリエールはロベール・イルシュというのがふんだんに活躍する『スカパンの悪巧み』。これが一部には「あれは浅草のドタバタじゃないか」なんていう批評が載ったんですけれども、我々にはモリエールの真髄というのが非常に良く分かる舞台だった。その二年後になぜかまたコメディ・フランセーズが来て、当時座長だったルイ・セーニェが『ジョルジュ・ダンダン』をやりました。これはモリエールとしては正統的な、いかにもモリエールの芝居らしい喜劇でした。

それから七六年、三回目に来た時、出し物はモリエールの『ドン・ジュアン』と『守銭奴』で、驚いたのはモリエールがすごくシリアスになっているということでした。ことにアントワーヌ・ブルセイエの演出は、一九六八年の直後ですから、これは一体喜劇なんだろうかというような、むしろ哲学的・形而上学的な演出でした。『守銭奴』にしても全然笑えない。非常にあの守銭奴の孤独な影が、当時のブルジョアというものは金しか頼るものはない、人間関係には何ら頼るものがないというような、何か人間の孤独さを強調した、むしろ悲劇的演出に近い。これが六八年を境としてありまして、その次に十二年ぶりに今年の『町人貴族』が来たわけですが、だから二回目は六四年ですから、その間に二十年近い隔たりがある。だから、昔の、我々が学生時代に観た「町人貴族」とどういう風に変わっているのかなあというのが興味の的でした。

演出はかなり工夫がしてあるのですが、少なくとも、役者に頼る演出をしていない。これは、実はジャン・ル・プーランというコメディ・フランセーズの支配人が急逝しまして、その前にもう一人日本に来たジャック・トージャという人が、これが若い演出家と言いましても五十位ですが、いました。その前に支配人になった人が、ジャン・ピエール・ヴァンサンという人で、これは手っ取り早く言えば、六〇年代の日本でいう「全学連」なんですよ。パトリス・シェローというフランスでは最も急進派の、当時我々も舞台を観ましたけれど、白塗りのテントを張って、ちょうど日本では唐十郎がやっていた時に、パリの一角でやっていた、いわゆるアングラ芝居の主役をやっていたのが、ジャン・ピエール・ヴァンサン。彼は完全なブレヒティアン。ブレヒト主義者の彼が何とコメディ・フランセーズの支配人になった。その次にアントワーヌ・ヴィテーズがなって、それでこの後の後任はなんとジェローム・サバリー。六〇年代の時にはあのアラバールなんかと一緒に、非常に過激に、ハプニング運動なんかをやって、舞台で裸になったり、火をつけたりしていた人がシャイヨ国立劇場の新しい支配人です。サバリーのこと、彼の『町人貴族』のことは後で話したいと思います。

この十年間にフランスの国立劇場の演出では非常に変動がある。それは人事的に非常に推移があって、それが演出上にも反映したのではないかと言えます。例えば、今回の主役のジュルダンをやったローラン・ベルダンは、昔、ピエール・ベルダンという名優がいましたが、この人とは何の関係もないのですが、彼は、何と聞いてみたら、五八年にデビューしているのですけれども、六〇年代は、ここにいる佐藤さんとかなんかと一緒に翻訳をして日本に紹介、上演したギィ・フォァシーという作家が、当時の「テアトロ・ドュ・ブルゴーニュ」の文芸部長でして、そこで初めてデビューして、それでギィ・フォァシーの『相よる魂』というのをこの劇場で上演したっていうんですね。従って、今でも、日本でギィ・フォァシーというのは地方劇団のアングラあがりだと思われているのが、何と国立劇場の『町人貴族』の主役に登用されています。

そういうことで『町人貴族』の演出は昔の古い『町人貴族』に見えて、いかにも春風駘蕩として、これぞモリエールというものだったのですが、今回のはかなり色々と、いろんな人の演出を意識している。その意識が裏目に出ているところもあります。ことに八〇年に初演しました、現国立シャイヨ劇場の支配人ジェローム・サバリーの演出のキャバレーショー的『町人貴族』の演出に対して、かなり意識を持っているということは確かだと思います。これはローラン・ベルダンに聞きましたので間違いないと思います。ジャン・リック・ブーテという演出家は、役者としては知っていますけど、演出を一本も観ておりませんので、ここでは紹介できません。それから、モリエールの解釈というものでは、時代によって色々違いますけれど、六八年以後はモリエールを戦闘的革命児として捉えるという解釈もあったわけですが、もう一つの流れとして、このモリエールの、ことにコメディー・バレエみたいなものが入っている劇をトータル・シアターとして考える。このトータル・シアターというのは演劇史的には流れがある。勿論、皆さんよくご承知のことですけど、このモリエールをトータル・シアターと考えるということで、かなり歌とか踊りとかを入れて、昔だったらバレエのシーンはバレエ。バレエの踊り子がただ踊るという単なる挿入であるのが、もっと演劇的にトータル・シアターとして演出されることが多くなった。今度の『町人貴族』もややその系統は引いているのではないかと思います。

『町人貴族』の舞台

利光　この芝居は大きく三つの部分に分かれております。最初の部分は、中年のジョルダン氏がある日、突如としてカルチャーに目覚めるわけです。なぜカルチャーに目覚めるかというと、お金も財産も全部出来た後は貴族の称号だけが欲しい。そうすると、古い貴族が、「それじゃ、お前をお金さえ出せば貴族にしてやるけど、だけど貴族になるには金だけじゃだめなんだぞ。あらゆるカルチャーを身に付けないと貴族にはなれないんだぞ」と言われたのを本気にとりまして、哲学から語学、礼節から武芸までを先生を雇ってこれを習うというのがパート1。これは、初演の時はモリエール自身がやったのですが、モリエールという人は自分の芝居の中で自分の立場を悲劇的に笑わせるという技術に長けていまして、それで貴族や観客をのせてしまうんです。だからみんな貴族は「ああ、馬鹿な奴だ、貴族になりたくて馬鹿なことをやっている」という風に、まずはパート1で笑わせるわけです。

その次に、その結果がどうかというと、自分だけがカルチャーに専心するから、もちろん女房も娘もそんなことにはついていけない。お父さんは一体どうしたのだろうって、当然、家庭不和の只中になるわけですが、自分はもう娘まで貴族に嫁がせるつもりだし、またこともあろうに、女房をさしおいて、自分は伯爵夫人と再婚しようなんて考える。この辺がモラル的にはインチキなんですが、ともかくそういう筋で、お定まりの家庭不和があるる。それで、貴族は当然、この善人のジョルダン氏をだますわけですけど、この時はルイ十四世のお城（ヴェルサイユ）でやったんですから、お客はほとんど貴族なわけですけれども、パート1でジョルダン氏が馬鹿なことをやっているから、貴族を槍玉にあげても、貴族は自分達が槍玉にあげられてることをそれほど強く感じない。例えば、聖職者が『タルチョフ』で槍玉にあげられたようには受け取らず、あははと笑っているわけです。

で、後半になると一家中が一計を案じて、トルコの、まあトルコっていうのは当時の一種のエキゾティズムですけれども、その流行の太守にしてやろうというので、ママムーシュという変な名前をでっち上げまして、当時の貴族のみならずルイ十四世なんかを喜ばすために、海外の東洋を代表するトルコの行列みたいのものが出てくるのがパート3です。

今回の演出では、パート1がすごくシリアスなんです。ジョルダン氏は愚かにカルチャーに目覚めるんじゃなくて、本当に向学心に燃えるんです。それで、その哲学の先生の言うことを熱心に聞く。この先生が実に当たり前のことを言っているにもかかわらず。例えば、母音には五つあって、発音してみろとか、文章は韻文と散文に分かれているが知っているかと言うと、ああ、そんなものは知らないと答える。今、お前のしゃべっているのが散文だと言うと、ああ、そうかいと言う。そういうくだらない事をみんなでやる。ジョルダン氏はまるでポスト・モダニズムみたいな本を、今の文化人は読まなきゃいけないというかのようにやったわけです。だから、パート1の部分が全部シリアスで出来ていますから、我々はこの所で本当は笑うのだと思っても笑えない演出なわけです。つまり、フランス人ならここの所はドタバタで笑うことに決まっているんだけれども、たとえポスト・モダニズムを風刺しているというつもりでも、どこかで笑うのだけれども、日本人にはドタバタ的にここでは笑えない。

それでパート2では、貴族なんかが風刺されているのは、もはや貴族とブルジョアとの対立なんかは存在しないのだから、そこでも日本人は笑えないわけです。

そうすると、最後に笑えるのはトルコの行列なんだけど、なぜかトルコというのが雲散霧消しまして、台詞にはトルコというのは出てきますけど、出てくるのはまるで、舞台が一変して星空に輝く中に、何処で作ったのか判然としないのですが、ＳＦに出てくる怪獣もどきが後ろに現れて、ジョルダン氏は地球儀の上に乗せられて、すっかりいい気分になって、幻想にただただ浸るという演出で、最後は一人とり残されて、自分はトルコの太守になったつもりで、女房も娘も誰でもくれてやると叫んで、たった一人、孤独に終わる。だからむしろ、最後の演出は先ほど言った前回のコメディ・フランセーズの『守銭奴』が、小脇に自分の全財産を抱えて一人だけになって残されるという演出と全く変わらない。そうすると、一体、我々はどこで笑っていいのか。イヤフォンを聞きながら、ここでこの台詞はおかしいはずなんだけど、舞台では真面目に喋っている。ここは笑っちゃいけないんだなあって思うのは当然ですから、笑いが非常に薄くなる。

そういうことで、今回の演出はパート1が非常にシリアスであった。これは意図的である。つまり、今のカルチャーの、日本で言えばポスト・モダンとか何とかをやっているのを、向こうでは風刺しているつもりだけど、日本ではまだそこまでの比喩は分からない。そうするとパート1で笑えないのであるから、パート2でも笑えない。

それから、非常に前半と後半が一変すること。前半はシリアスドラマであり、後半は一大スペクタクルに変貌するわけで、例えば、コルビルという召使いが宙吊りになって現れるわけですけれども、何で宙吊りなのか分からない。あれは猿之助を見て、真似したんじゃないかって言ったら、いや猿之助の方が後からだから、あれは偶然だと言っていました。つまり、全くこけおどしとは言わないまでも、何とか演出で、前半の面白さを後半で取り戻そうとする。そうするとスペクタクル的な面白さでそれを補おうとするんだけど、本来の面白さ、架空のトルコのでっち上げの面白さが全く消えていますから、おそらくフランス人も笑えないいんじゃないかと思う。日本人の我々にとってはなおさら笑えないわけです。従って、いくら主演のローラン・ベルダンが前衛劇の名優であっても、これを笑わすことが出来ない。

一つ象徴的なことはジョルダン氏が貴族になるためにはといって、すごく奇抜な衣装を仕立屋に注文するんです。それでこの衣装が実に奇妙きてれつで、そぐわないので、これは見ただけで笑えるんですけども、これが今回のジョルダン氏の注文した衣装は実に色彩もよくて、これがなんでおかしいのか分からない。ちょっとシックで我々も着てみたいという感じですから。つまり、ビジュアルな面で、視覚的な面でわざわざ笑いを削ぐような形になっている。

これは一体どういうことなのか。それには過去の演出を振り返る必要がある。八〇年にジェローム・サバリーが、伝説的に有名な『町人貴族』、これは今度、シャイヨで再演すると云われていますが、これはもうめちゃくちゃなキャバレーショー的『町人貴族』をやりました。まず冒頭に、ルイ十四世がお小姓を相手に、つまり幕が開くと、ルイ十四世がお小姓のお尻を抱えて、男色行為をしているわけです。そういうことをやっているシーンから始まる。それから、例えば、貴族を招いて宴会をしますと、貴族は伯爵夫人をテーブルの上に押し倒して、その上に乗っかって、セックスを始める。宴会のシーンは、次から次へと召使いが出てきます。イヨネスコのかつての芝居みたいにどんどんと見る間にテーブルが大きくなり、舞台全体が全部食事の場になっちゃうんです。それから、ピストルはぶっぱなすわ、最後の行列はすごいドタバタになるわ、客席から何から追っかけ回して、乱痴気騒ぎになるんです。一種のモリエールを道化的にカリカチュアライズして、不条理性を加味したスラプスティック・コメディーですね。八〇年に非常に大当たりし、評判になった演出でした。これまでに、伝統的なものも一応やり尽くされているし、また、このハチャメチャな『町人貴族』も評判になったものだから、この中間をとって、何とかしなきゃというのが、今度のコメディー・フランセーズの折衷的演出だと思います。たまたま、ぼくは両方観ているので、こういうことが言えるわけですが、ともかく笑う要素をあえて切り落としているところにどういう意図があるのか。好意的に解釈して分からないでもないが、日本のお客さんには非常にその部分は難解であったと思われます。

シラー劇場の状況

毛利　それじゃ、蔵原さん。シラー劇場について。

蔵原　ベルリンの劇場については、シラー劇場の上演をご覧になった方は、上演パンフレットに非常に詳しく書いてあるのでよく分かると思いますが、西独の代表的な演劇雑誌『テアター・ホイテ』と、このシラー劇場を含めたベルリン国立劇場総監督ヘリベルト・ザッセとの関係が現在非常に悪いわけです。というのは、今度二つの場合を観まして、劇評は出ていないかと『テアター・ホイテ』で捜したんですが、どこにも出ていないんです。普通、シラーの芝居をシラー劇場でやるならば、当然劇評が出るはずなんですが。しかも『たくらみと恋』は一月公演ですから、劇評があって当然なはずなんですが。それからホルヴァートの方も九月の初演ですから、これも出ていていいと思うんですが、全く黙殺という形になっています。そこで、それ以外のシラー劇場で上演された芝居の劇評を捜してみますと、これもまた酷評と言っていい位の不評なんですね。例えば、チェーホフの『かもめ』をやっているわけですが、それが千篇一律で真実性が乏しいという批評がされていたり、それからベルンハルト・ミネッティという老俳優が出演するとたいがいお誉めの言葉で紙面が賑わうのが今までの常だったのが、この劇場の舞台ではそれほどでもない。

ところでこのような敵対関係はそもそもザッセがボイ・ゴベルトの代わりにベルリン国立劇場の総監督になった、そのあたりから始まっている。パンフレットにも書いてありますが、この演劇誌にザッセが一九八五年から総監督になるという予告が出たんですが、その時にも大騒ぎになったんです。これはベルリン市の政権交代とも関係がある。例えば、社民党からキリスト教民主同盟へベルリン市の政権が交代しますと、それが影響してくるということもあるんです。もっと著名な大演出家を迎えて欲しいというのは勿論あるわけですけれど、ザッセはルネッサンス劇場の監督をやっておったのですが、ほとんど無名に近かったということもその原因にあったと思うんです。それでザッセがこの総監督の役を引き受けて、八五年から始めたわけですが、その成果が問われたのが『フィエスコの反乱』というシラー作品なんですが、それがまた、メチャクチャに叩かれているわけです（笑い）。

もっとも『テアター・ホイテ』に収録してあるのは酷評ばかりを集めて載せてあるのですが、かなりいろいろな新聞の劇評が悪評になっている。「フィエスコはフィアスコだ」と皮肉られたりしている。フィアスコというのは失敗とか不評とかいう意味です。

そのような状況が背景にあるために、ザッセは非常に苦しい立場なんですよね。それにもかかわらず非常に頑張っていて、日本にまで出張してきているという感じですね。日本の新聞・演劇誌の劇評が外国人にはやさしいことを知っているのでしょうか。

『たくらみと恋』について

蔵原　私の場合は、シラー劇場の『たくらみと恋』で一番印象的だったのは、やはり一番最後のフェルディナントとルイーゼが、この若い二人が無残に打ち捨てられていくという演出（フランク・アーノルド）です。確かこれは元の台本だと、暴君の宰相ヴァルター、フェルディナントの父親ですが、彼が息子に許しを乞う。息子は手を差しだして、彼の手を握って彼を許す。それから父親は罪に服すというシーンがあるはずですが、これはなかったということ。これは現代的な解釈だと言えると思うのです。

その他では、装置、特に装置の色ですね。それと照明が非常に良かったと思うのです。照明の方は色をほとんど使っていないんですが、例えば二つの方向からの光は互いに打ち消されずに、両方が生きているんです。そういう照明のやり方は良かったんじゃないでしょうか。それから、衣装は昔のままとは言えないでしょうが、かなり近い。まあそういう意味では、朝日新聞に書かれた宮下啓三さんの言われるように、奇をてらわずに正攻法の演出をしていたという風に見えました。

次に、ドイツでの古典の演出ということですが、七〇年代には背広でやるというような非常に現代化の傾向が出ているわけです。例えば、現代化の例として、これはたまたま七八年頃のことなんですが、エルンスト・ヴェントという人がこの『たくらみと恋』を演出した。その時のミラーの家の装置というのはボロ布や新聞紙が乱雑に散らばった地面と、壁のかわりに紙を張り巡らしたような装置、それがミラーの家なんです。それからフェルディナントの父のヴァルターの家の空間はホテルにあるような洗面台やプチブル的なドリンクワゴン等のものが置いてあるような、現代的な空間を使って演出をしているんです。このような演出はわりと早くから出てきていました。その中でも古典の現代化という事で考えてみますと、わりあい成功したものとしてはモリエールの『人間嫌い』をエンツェンスベルガーが翻案して、上演したものが挙げられるでしょう。これは、現代的な衣装で、しかも階段の舞台を使っていました。

それが八〇年代になると、ちょっと様子が変わってくるんです。そういうものに対する批判が逆に出てくるんですね。これは同時に演出家が古典をいじくりまわすということに対する反抗と言いますか。つまり大演出家の時代、そういうものに対する反感というものと重なっているわけですが、例えば、七九年の五月九日のツァイトという新聞で、劇評家のベンヤミン・ヘンリックスという人がこういうことを言っているんです。「演出家専横の演劇は終わって、素朴な演劇の時代になったのか、それとも美食的な演劇の危険が迫っているのか」と。こういう見出しをつけて、そういう変化を書いているというようなことがあります。そこでヘンリックスが批判しているのはペーター・ツァデックの演出に対してですが。このように西ドイツでも古典の演出は段々と変わってきています。

毛利　今度のシラー劇場がやったのは美食の方なんです

か、それとも素朴な方ですか。

蔵原　そうですね。結局、反現代化の方向に向かっているんだと思います。それは美食というよりまだ素朴の段階でしょうね。これはこの劇場の日本でのもう一つの演目、ホルヴァートの「信仰・愛・希望」のザッセの演出についても言えることですが、演出の質としては職人的な演出ですね。それも非常に控え目なもので、天才的なアイデアとか、そういうものは出さないようなところがあるんですね。それが結局、『テアター・ホイテ』の酷評につながるわけですが。やっぱり、ベルリンの演劇というものに対しては、ドイツ人は一つの夢を描いているんですよね。昔からオットー・ブラームとか、ラインハルトとかグリュントゲンスとか、そういう光に包まれているわけですから。そういうようなものを求めているところがあるので、そういう感覚からすると今度の演出はいささか地味という感じなんでしょうね。

毛利　確かに職人的というのか、安心して見てられるというのか、破綻がない。コメディ・フランセーズもそれなりにまとめていて、一貫した統一性はないかもしれないけど、場面場面に破綻はないですよね。だけども、かつてのような強烈な作品解釈というようなものがなくなったということが、あるいは演出不在と見えるかもしれないなあと思います。

『マハーバーラタ』の成立背景

毛利　そういう意味では演出家不在とはとても言えない。演出家が作ったといってもいい『マハーバーラタ』の場合はどうですか。

斎藤　この舞台はインターナショナルなものですから、私が出る幕ではないんですが……。ピーター・ブルック来日公演は二度目、少なくとも国際演劇創造センターの芝居は二度目ですので、皆様ご存知のこととして、今度『マハーバーラタ』に関して、少し創作の順序だけご報告しておきます。

台本担当のジャン・クロード・カリエールはピーター・ブルックと十二年も一緒に仕事をしておりまして、良く分かり合った仲です。この九時間半の芝居の初演は一九八五年七月アヴィニョンで行われ、一ヵ月公演で二万五千人が観て、六万人が観られなくて溢れたとこう書いてありますが、その後一年間、パリで上演しています。この舞台の創造には、その前の年、八四年九月からリハーサルに入って、九ヵ月かけたと言っていますけど、その前に脚色に十年かけています。一九七五年のある日、ピーター・ブルックやカリエールたちが一緒に集まって話をしている時に、そこにいたサンスクリット学者のマダガスターニという人がこの神話の話をして、それに彼らは感動した。これが劇化できないかと考えたカリエールは、その一年後に簡単なスケッチを描いて持ってきた。面白いものができそうだと考えた二人は、改めて一年以上かけて、カリエールは仏語で、ピーター・ブルックは英語でこの原作を、『マハーバーラタ』を読んだ。厖大な長篇ですが、叙事詩であるというだけではなくて、今日も生きた宗教書です。そのためにインド人から文句が出たり、いろいろするわけですけれど、とにかく大きな本ですので、一年以上かけて彼らは勉強した。それと並行して、一九七五年にすでにピーター・ブルックは舞台化を目指して、俳優達とワーク・ショップをしている。リハーサルに入る前の台本づくりの段階でも俳優達にいろんな事をやらせていたわけです。

その後、八二年頃から、カリエールは本格的な台本づくりのために三つの原則をたてた。ストーリーを繰り返さない。あまりにも豊か過ぎる場面、そういうものは削る。それから、なるべく短く、非常にはっきりと明確にする。そして全体的にはこの叙事詩の台詞というものを大切にしながら、ストーリーにドラマチックなフォームを与えつつ、詩を重んじる。こうして彼は一九八四年頃までに書き上げる。そして、一九八四年頃から本格的にワーク・ショップが始まった。

その後九ヵ月間、カリエールは毎日ワーク・ショップ、リハーサルに出かけて行って、具体的な稽古にまで加わり、毎日書き直しをし、最後にこの八五年の七月に上演した。こういった大きいものは必ずしもピーター・ブルックが初めてではない。英国のナン演出の『ニコラス・ニクルビィの生涯の冒険』というのも非常に時間がかかった。つまり作るのにやっぱり十ヵ月位俳優達は頑張ってワーク・ショップを続けている。ただやはり、これだけの時間とお金と俳優達を集めるっていうのはちょっと出来ないことです。それ故にこの芝居の大切さを感じます。

それから、初演は仏語版なんですが、英語版でその後新しいキャストと共に六ヵ月の稽古をして、新しいキャストと共に（キャストの半分は同じなんですが、半分は差し替えた）六ヵ月間稽古をした。しかも全員で二週間インドへ行き、インドのいろんな村人達、聖職者、学者達、こういう人達に会って学んだ。おそらくアメリカが初演なんです。日本に来た前の年の八七年の九月からニューヨークのBMAのネクスト・ウェイブ・フェスティヴァルで三ヵ月上演しました。それから日本に来たんだと思います。

日本での上演の問題

斎藤　ただ日本では、同じ舞台でもいろんな意味で違ってくるのですね。もともとこの劇団の前衛的な性格からいってそんなに快適な劇場とか、あるいは高い値段でやる、いわゆるエンタテイメントという種類のものじゃないわけです。日本ではわざわざ向こうでやっているような効果を出すために、セゾン劇場に土を入れて、しかも快適な座席を壊して、変なベンチを使って、その上なおかつ一万円をとってやった。やっぱりそれは本質が違うという気はしました。日本のチケット代金は高すぎる。アメリカでも一〇〇ドル取ったので、このチケット代のことを前衛的な雑誌やなんかは大いに取り上げていました。でも一〇〇ドルというのは日本の一万円とはだいぶ違う。個人個人が文化を享受するには日本というのは金のかかる所だなあと思います。

もう一つは、東洋のものが素材になっているということ、そして西洋の人が中心となってかかわったこと。それでいて、私達は東洋人である。まあアメリカでわりあい評判が悪かった点は、とにかく素晴らしい場面はあるが長い。そして先ほど石澤さんがポリシーという言葉でおっしゃいましたけど、最終的に何を言わんとしているか明確でない。つまりテーマを求め過ぎるんですね。アメリカは特にそれを求める。たまたまこれがアメリカでやられた頃でしたが、渡辺美佐子主演で井上ひさし原作の『化粧』が向こうへいった。その劇評を読んでいたら、まあ面白いかもしれないけど、一体何を言わんとしているのか分からないと書いてある。日本ではそういうことはあまり問わないで、そのもの自体の中で、楽しめる伝統もあるわけです。そういう批判に対して、ピーター・ブルックは「これがドラマだとか、これがエピックだとか、そういうようなとり方にこだわってほしくない。単純にストーリーテリングを楽しんで欲しい。ストーリーテリングという意味で『マハーバーラタ』は素晴らしいストーリーをいっぱい含んだいい作品だ」というような言い方をして、大々的に反論を出したわけなんです。

それに対して、面白かったのは、インド人で向こうに在住している人が書いていることなんですが、『マハーバーラタ』には素晴らしいストーリーがある。いろんな変化に富んだ話がある。偉大な、大きな歴史をずっと書いている。それを見せるのもいいかもしれない。しかし、我々インド人にとっては、これは宗教書である。我々は子供の時からこれの中で育ち、そこから芸能やカタカリダンス等々、いろんな生きた芸能があって、それを楽しんでいる。そういう面から見ると、『マハーバーラタ』を単なる偉大な面白い話だって言うのはナンセンスだと言っていた。そしてこれはやっぱりピーター・ブルックの見た新しいオリエンタリズムみたいなものだと結論づけていた。私達が、日本人として、例えばベジャールが『ザ・歌舞伎』なんていうのをやったり、いろんな日本の芸能の影響を受けているっていうことに対して、西洋人の受け取り方はこうなのかっていうようなものを良きにつけ、悪しきにつけ感じるもの、そういうものを一番、ピーター・ブルックは避けてたんだろうと思いますが、それでもやっぱりそういうものがあるんじゃないか。

でも、私達は東洋人ですけど、日本人にはこれは必ずしも宗教書じゃない。私はこれを見てストーリーをすごく楽しめた。クリシュナなんていうと西洋の解釈では解釈しきれない。カリエールがかなり西洋的なものにしてますけど、でも解釈しきれないこういう世界観や人間観みたいなものはかなり残っていた。つまりインドの『マハーバーラタ』の思想は、永遠に終わることのない世界観というのは、これでもかなり出ていると思うんです。終え方では何となくホロコーストの後で、原爆で人類が滅びるかもしれない、これで終わりになるかもしれないっていう、そういう感じを持たされなくもない。インド人もそういう種類の暗示がなされているんじゃないかとも言っていました。

私達は日本人として、やっぱりある種の東洋的なものは入っています。だから非常に不条理な、こういう英雄達の動き方やなんかというものもかなりストレートに入れたんじゃないか。そういう意味で、この物語は我々に身近なものとして楽しめるんじゃないかと、こういうふうに私は思ったんです。ブルックも日本に来たら日本人の反応は静かだけど、非常に熱心に聞いているようで、よく分かってくれたんじゃないかと思うと言って帰ったとか。或いは、中間的な我々は宗教を超えていていいと思ったんじゃないですか。

毛利　そういう事は確かにありますね。半分、西洋の目で見るっていうところが我々にあるわけですからね。

ブルックの責任と興行側の責任

石澤　今、斎藤さんのおっしゃったことに触発されて一言。実は『マハーバーラタ』を見た時に、非常に天邪鬼な言い方になりますが、ヨーロッパ、西欧の東洋支配、植民地支配の残りが、無意識にしてもあるという感じを受けたというのが率直な感想です。というのは今年もジャバ島とかバリ島とかに行ってみると、やはりあちらのヒンズー教の所では『マハーバーラタ』は上演されているんですよね。それは本当に家の中、庭先がすぐ劇場になる形でやられているわけです。ですから、正に土の臭いと生活というものが溢れているわけです。それをセゾン劇場でわざわざ土を盛り込んでやる。それだったら新宿の花園神社ででもやったほうがいいんじゃないかと思うんですよね。

つまり、そういう素朴さみたいなもの、生活に根ざす思想とか宇宙観みたいなものを人工的に作り変えて、しかも高度な文明の技術を使って、人工的に作り変えて、しかも高い値段で見せるっていうのはどういうことなのかな。芝居自体の問題から離れるけれども、芝居はいつもその時に生きているし、一つの物もライトのあて方で、様々に反映が違ってくるのと同じように、ブルックの『マハーバーラタ』自体は、それ自体を抜きだしてみれば、素晴らしいと思いますけれども、そういうものは現実に生きている所でやるべきであり、言葉も分からない、身振りの約束も分からないという所で、ただボケッーと見ていて味わう感動というものとは異質なものだということを今回の『マハーバーラタ』には強く感じました。

利光　それはちょっと話の立て方が違うんじゃないかな。だって、あれはアヴィニョンでは、野外で、渓流の前でやったわけでしょう、初演は。それをそのまま呼べないっていうのは日本側の責任であり、ピーター・ブルックの責任じゃない。

石澤　いや、彼の責任だと思う。だって、自分が一座を連れて、例えば、豪州では採石場へ行ってやっているんだもの。

利光　いや、だから、それをなぜ日本ではその通りの形で呼べないかっていうのが問題であって、作る側の問題じゃないと思うよ。

石澤　いや、呼べないかじゃなくて、作る方がやっぱり責任を持つべきだよ。特にピーター・ブルックだったら責任を持ってほしい。つまり、国際演劇研究所をこしらえて、各国の演劇人を集めて、新しいインターナショナルな芝居を作っていこうというのが、そもそもあの芝居の発想なのでしょう。

利光　だけど、それは迎え入れる側の問題じゃないの。セゾン劇場が一万円もとって、そういうことをするから問題になるんであって、それは作る側の問題じゃないと思う。

石澤　いや、迎え入れ側の受け入れが悪ければ、作る方の責任だってぼくはあると思う。

毛利　そういう招聘を受け入れるべきじゃないということですね。

利光　それじゃ、来年セゾン劇場で、レニングラードのマールイ劇場がくるでしょう。それも受け入れるべきじゃないんですか。

石澤　いや、それはその芝居が一番生きる空間というもの、その風土というものを大切にしてほしいということでね……。

利光　だから、逆説的に言うなら、ピーター・ブルックは日本の現在の経済条件で、一番可能な劇場でそういうことをやるのを運んだんです。

毛利　そこまで妥協しても見せたいっていうことなのか。あえて妥協すべきじゃなかったのではないかということなんでしょう、石澤さん。

利光　それだったら、来年マールイを、呼ぶんだっておかしいじゃない。引き受けるべきじゃないってことだね。

毛利　日本での興行問題は……。

利光　これは簡単なんですよ。日本の税務署がいけないんですよ。だって日本の法人は赤字になれば税金を納めなくてもいいんだもの。だから、セゾン劇場は赤字になってもこれを呼ぼうとした。そして赤字になりました。だから、そういう税制を改革するのが本当じゃないですか。特に芸術において、それを欧米並みにやっとかないで、来る方が悪いっていうのは、ちょっとどうかと……。

斎藤　『カルメン』の時も座談会がありまして、そういうことを言いましたから、皆な絶句してしまいましたけどね。少なくとも受け手がないと大勢連れて来られない。そうすると西武がやってくれる。それだけでも有り難いけど、西武に、例えばブルックは野外でやりたいって言ったのかもしれない。でも西武は野外でやったら観客は来ないだろうって言ったんじゃないかなって気がしないでもないですね。ですからやはりいろんな意味が……。

石澤　まあ、そういう憶測はいろいろできるけど、ぼくは経済問題じゃないと思う。もし高いということだったら、それこそ空論かもしれないけれども、一万円の入場料が必要なら、二千円にして八千円を補助金という形で出すことも考えられる。だけど、芸術上の問題として、コンクリートの閉鎖的な空間の中であの『マハーバーラタ』をやることと、野外でやることとの質の差を考えてみた方がいい。屋内でやること、また芸術のレベルが高いっていうことで、それこそ文化帝国主義が……。

利光　確かに帝国主義だよ。だって石澤さんはただで観たわけでしょう、招待で。芸術上の問題だったら、何万円もとってセゾン劇場で砂を盛ってやるのをそもそも招待で行くことがおかしい。経済上の問題でこれはしょうがないっていうのならあれですけど。それが分かっていて相手が悪いって言うんじゃどうかしてるよ。

毛利　これは大きな問題ですね。経済と芸術の問題・企業の冠興行なんかも改めて問わなきゃいけないことかもしれない。

利光　先ほど、ユシェット座の話を出しましたが、日本に来たユシェット座は何しろ一時間十分で九千円なんです。こんな馬鹿な話はないと思います。それでタイトルがエリック・サティの『スポーツと気晴らし』とかいうもの。それで、私が二日目に行ったら、定刻十五分前でぼくと日仏学院の学院長夫婦としか入口にいなかった。それでどういうことなのかと主催者に聞いたら、案内を出しているのが全部音楽関係。エリック・サティだから音楽の人に出せばいいと思って、演劇人には全然出していない。だから招待者は受け取っても来ないわけですね。ユシェット座を呼んでおいて出し物がエリック・サティの何とかと書いてあるからといって音楽関係者にしか案内を出さないというような興行をやっていたんではね。幸い、最終的には会場は二百人位になりましたけど。こういうことを、未だにやっているようでは、日本は後進国、海外劇団を呼ぶのも後進国だからと思われてもしかたがない。そういうことが値段が高い方にも言えるのじゃないかってことをちょっと付け加えたい。

毛利　やっぱり、企業が呼ぶようになると、客が来ても来なくても構わないというふうになったり、ほとんど知らない人を呼ぶとかという弊害は出てきていますね。

中本　興行として成功するためには、ファション化し、流行にのせることが必須の条件となる。ファション化されると興行側は大成功だといって喜ぶかもしれない。でもやっぱり一番の問題は若い人達、演劇を志す人達、現場にいる俳優達が向こうの芝居を観るチャンスに恵まれないということですよ。そうしない限り、ぼくは日本の芝居はよくならないと思います。それを何とかしてもらいたい。

穴山清（俳優座制作部）　新劇俳優協会に加入している俳優だけでも約一千二百人、加入していない人を含めると倍以上になる。その彼らのためにも、そして我々のためにも、海外からきた外国の劇団の公演は、例えば半額にするとか、何かそういったことをやってもらいたいと思いますね。

上海昆劇について

毛利　この辺で本題に戻って、次に石澤さん、古典の現代上演ということで、昆劇についてお願いいたします。

石澤　始めにお断りしておきますが、私は中国の演劇の専門家ではありません。ただ、芝居好きで、最初はフランス演劇に重きを置いていましたが、ここ十年位、中国の芝居に興味を持ち、中国に七～八回ほど行って芝居を観ているという人間です。

まず、昆劇ということですが、京劇は北京語だからヨーロッパでは北京オペラという名称が通っていますし、昆劇は南京ローカルオペラという言われ方をしています。従って上海昆劇というのはおそらく上海ローカルオペラというような言い方をされているのではないかと思います。

もともと昆劇というのは、上海から蘇州に向かう途中に昆山という地域がありますが、その地名から由来しているわけです。中国の場合には各地方で、その地方の言葉で劇を上演する。京劇は、北京地域の古典芸能で、川劇は四川省の地方劇という意味合いです。従って、昆劇は、江蘇省の演劇で、現在は南京を中心とする昆劇と北昆と言って、北京地域に根付いた昆劇と上海の昆劇があるわけです。上海の昆劇を代表する劇団がこの上海昆劇団という劇団なんですが、実はこの劇団は中国解放後、一九六一年に成立した劇団ですから、能のように六百年の演技伝統を継承して成立している演劇の形態ではありません。

日本の場合ですと演技伝統を中心に演劇スタイルそのものが現在でも継承されております。けれど、中国の場合はヨーロッパと同じように作品が中心となって作られているようです。しかも、解放後の現在は、女の役は女形でなくして女性が演じる。そういう具合にどんどん演技スタイルも変わってきたように思いますし、劇場の形態も、例えば昆劇の場合、以前一番盛んになっていたと言われる秦の時代の昆劇の劇場と、現在上演されている劇場の形態は全く違います。ですから、極端な言い方をしますと、能を能楽堂から解放して、能の中にあるストーリーを近代劇的に作り直した演劇の形態という風に想像してもいいのではないかと思います。そして、この上海昆劇団は一九六一年、その頃の京劇の名優メイ・ランファンと並び称されているユウ・シンピというおじいちゃん、今、上海昆劇団の名誉団長ですが、その方が指導して上海古典劇学校の昆劇科の卒業生達によって作られた劇団です。従って、昨年、実はこの上海昆劇団がエジンバラ芸術祭に参加し、好評を博したその芝居を東京グローブ座で呼ぼうとした作品は、『マクベス』を昆劇風にアレンジした作品なんですね。つまり、そういう作品も上演している。今度上演した『長生殿』という作品はもともと十七世紀の半ばに作られて、上下二巻、五〇幕で、確か全部上演すると一週間かかるという大作中の大作なんです。その作品をまあ二時間半にまとめた。従って、よく昆劇は中国で現存する古い芸能の形態と言われておりますが、実質は必ずしもそうではない。

中国古典劇の現代性

石澤　昨年玉三郎君と孝夫君が『玄宗皇帝と楊貴妃』という芝居を演舞場でやりましたが、それと『長生殿』は、ストーリー展開は全く同じということは玉三郎君の方の脚本がこの昆劇の『長生殿』をもとにしたのかと思いますけれども、内容的には、玄宗皇帝と楊貴妃の愛の物語をいわば近代劇的にストーリー展開をはかった作品であり、勿論、中国の古典で良く言われるところの白楽天の『長恨歌』、つまり、そういう物語が沢山あるわけです。それから霓裳羽衣の舞。楊貴妃が玄宗に死を賜った後、玄宗が楊貴妃を慕う。で、楊貴妃が霓裳羽衣の舞を舞う。つまり、昆劇の場合は玄宗皇帝の夢という形で扱われております。歌舞伎化された作品では、玄宗皇帝が死んで、その魂が天界に居る楊貴妃のもとへ行き、連れ舞の形式で舞われる。それから能の『楊貴妃』の場合は、中国の古典に一番忠実なんですが、道士、つまり宇宙をかけめぐる道士が、死後の世界の楊貴妃のもとへ行って、玄宗の思いを伝えると楊貴妃が霓裳羽衣の曲を舞う。こういうふうに並べますと、昆劇の『長生殿』は非常に近代の合理的理解の上に成立している。加えて、イデオロギッシュな中国のことですから、愛の問題と玄宗皇帝の取り扱いに相当イデオロギー論争があったらしいのです。そういう点では、一番古いと云われる上海昆劇団の『長生殿』が一番近代写実劇的な展開を持っているということをまず最初にご報告しておきます。

昆劇に限らず、中国で使われている古典劇の素材というものは、日本の古典芸能と非常に近しいものがあるから、内容的には面白いんですが、どういう点で演技なり、表現上でのドラマ性を感じとるかということに関しては興味深い問題があると思います。これは京劇もそうだと思うのですが、文化大革命の時に現代京劇というものがありましたが、その写実的演技手法が現在、古典を上演する時も同じような演技手法が生きています。従って、この前、南京の昆劇が来た時に、名女優と云われていた、年輩女優の演技の味わいは今回の上海昆劇の場合にはなかったように感じました。

漢劇のこと

石澤　もう一つ補足させていただくと、この秋、関西で演劇学会があった時に、漢劇、即ち湖北省の武漢地域の地方劇である漢劇を観る機会がありました。その時、『曾根崎心中』をやったんです。お初徳兵衛の『曾根崎心中』で、関西の向井先生と武漢の漢劇の方との合作だったんです。

それはとても面白かった。どこが面白かったといいますと、お初徳兵衛の道行の、あの場面は剃刀を持って、お互いの身体を帯で結び合って、徳兵衛がお初に、近松の言葉にあるとおり、「喉をえぐって、こうぐるりぐるり」と語る。あの詞章というものはすごくリアルで、一見冷酷な感じを与えます。それが漢劇になりますと、お初と徳兵衛が、今宵が最後だというので、お互い死出の旅路を飾るために結婚衣裳をつけるんですね。中国の結婚衣裳というのはご承知のとおり、真っ赤なんです。そして、その二人を結び付けるリボンがあるわけですが、そのかなり長いリボンをお互いの身体に巻き付ける。そうして殺しが始まる。それを観ていまして、日本の芝居ですと、浄瑠璃にしても歌舞伎にしても、殺しの場面というのは情感といいますか、情緒を尊びますね。これは漢劇に限らず、おそらく京劇でも、中国の古典芸能の場合には、情緒とか、型の情感に訴えるより、リアルに表現することによって情感を高めるという手法が取られている。そういうことが興味深かったのです。

それから道行の文章にあたるところの中国語の台詞を日本語に翻訳したのを見ますと、「夜深々とふけ渡り、颪しくしくと吹きすさぶ。冥土への道急ぎ行く……」とある。それから、「平次の悪党めが」と徳兵衛が喋る。これはもちろん武漢方言による台詞です。で、昆劇の場合には台詞としての朗唱以外、第三者が浄瑠璃の大夫さんのように「語る」という形式はないのですが、この「語る」という形式は川劇、いわゆる四川省の地方劇には残っているんですね。北京や上海よりか重慶とか成都の奥地、またその途中の武漢という、まあ北京、上海、広東を大都市とすれば、中・小都市にまだ古い形の中国での芸能の形が伝承されている。それをいかに演劇的に活用して行くかということが、今、中国の場合に考えられているんじゃないでしょうか。だから、先ほど申し上げた上海昆劇団の『マクベス』なんかも、上海昆劇の手法ではなくて、四川省の川劇のアクロバティックな火を吹く手法とか、第三者がリリカルに唱い上げるとか、そういう手法を入れて、再構成していく。北京、南京と比べると、そういう新しい方法をどんどんと積極的に取り上げているということに、上海昆劇団の特徴があると思います。ひるがえって思うと、日本の歌舞伎は相変わらずゆっくりしているんだなあと思いました。

近代劇の演出

毛利　それでは古典劇も近代に入りまして、最後に新しい演出の仕方について、近代劇の中でもチェーホフとストリンドベリについては皆さん知っていますから、劇場の背景だけにしていただいて、ロルカの『イェルマ』を中心に論じたいと思います。これが演出面の意義というか、それと作品の関わりということでちょっと問題を提示できるのではないかと思いますので、これを最後のテーマということにいたします。では、まずチェーホフの舞台について、中本さん。

チェーホフの舞台

中本　ソビエトからは、三月にモスクワ芸術座が三度目の来日公演をしました。また、十月にはレニングラードのボリショイ・ドラマ劇場がちょうど五年ぶりに、二回目の来日公演を行いました。これらの二つの劇団を中心に、どちらかと言えば、あまり知られていないお家の事情とか、その背景なりをお話してみたいと思っています。

　ご存知のように、モスクワ芸術座が最初に来日したのはちょうど三十年前でした。一九五八年の暮れから、あくる年の一月だったと思います。ここにいらっしゃる方々の大半は深い感銘を受けたのではないかと思いますが、或いは又、深くかかわっていらっしゃった方もいるかと思われます。ぼく自身も、その当時、演劇青年として、海外の来日公演に際しては、色々と公演を観たりしました。また、当時、ソ連大使館の通訳等の仕事をしていたものですから、直接モスクワ芸術座の人々と会う機会もありました。少なくともぼくの体験からしても、また、三月に来日したモスクワ芸術座の主任演出家エフレーモフがインタビューで語っていることからしても、あのモスクワ芸術座の公演は、日本の演劇界、あるいは日本の演劇人にとって、西洋の演劇に触れたという意味では初めてのものであったと思われます。

　その後、二回目の来日があり、今回の来日が第三回目ということになりますが、この来日公演はモスクワ芸術座というか、ソ連の演劇界の今の事情からして、大変、過去と異なる意味を持っていると思うのです。それは芸術座が体質を根本的に変えようとしている、または違う方向を見いだそうとしている集団という風に理解できるからです。一九七〇年に、現在のモスクワ芸術座を率いているエフレーモフが、従来の芸術座に反旗を翻した形で新しい集団を作った。その後、モスクワ芸術座の方が芳しくないので、彼はモスクワ芸術座に迎えられて、革新し始める。この十八年間、彼は七転八倒しながらモスクワ芸術座の生き方を変えようとしてきた。新しい血を導入するということで外部から多くの演出家を呼び、それから若者を呼んできたわけです。

　そういうことが要因となって、昨年、モスクワ芸術座の中で分裂というか、二つに分かれるという事件が起こったわけです。不遇だった故エーフロスに演出のチャンスを提供したり、レニングラードのマールイ・ドラマ劇場の主任演出家レフ・ドージンら新人を発掘したのもエフレーモフです。一方はエフレーモフを中心とし、他方はダローニナという女優さんが中心となるグループに分かれた。これは大変重要な問題であり、また非常に複雑な問題である。まさに近親憎悪みたいな喧嘩にもなりかねない状況だった。その直後に日本にやってきたということだったわけですから、舞台作りの面、キャスティングの面において問題があったと思われるのですが、でも、結果的にはモスクワ芸術座は全部チェーホフの大作戯曲を我々日本人に見せてくれたことになります。そして、今回のは新しいモスクワ芸術座でのチェーホフでしたし、また違う意味で新作だったともいえるものであったと思われます。

もう一つの方はボリショイ・ドラマ劇場。この劇場も二回目でしたが、今回も残念ながら一般大衆に観てもらったとは言えない。前回、五年前にきた時は、少なくとも日本の演劇に携わっている人達、又はその周辺の方々には深い感銘を与えたに違いないと思います。このボリショイ・ドラマ劇場を率いているのはトフストノーゴフという一九一三年生まれの演出家なんです。この劇場はモスクワ芸術座に比べますと、日本ではあまり知られていないんですが、六〇年代から、ソ連は勿論のこと、海外でも評価を得るようになってきている劇団です。ここは劇団の創立そのものは一九一八年と古いですけれども、一九五六年にトフストノーゴフが主任演出家になってから、この劇団は一新されて求心力のある集団になった。トフストノーゴフは独裁者だという懸念を抱かせるくらい、強力な指導力を発揮する演出家です。そして、今までのモスクワ芸術座を中心とするスタニスラフスキー・システムに対して、彼は「いや、これこそがスタニスラフスキー・システムだ」と言い、その精神というものを実践し、芝居でやって見せたわけです。そして、その芸術の仕事に対して、演劇人として初めて、ソ連としては最高の栄誉、いわゆるレーニン賞をもらったわけです。彼はモスクワ芸術座の直系ではない。にもかかわらず、スタニスラフスキー・システムの今日的な解釈者であり、それの実践者であるという意味での評価をソ連国内で受けた。

ですけれどもここで、また一つの問題が出てきています。トフストノーゴフ自身、頭脳と創造力の方ではクリエィティブな方で、ますます盛んなわけですが、年齢的にも、体力的にも限界があり、また病気がちでもあります。それに彼のやり方としては、キャスティングはやたらに変えない主義ですから、主演の俳優にせよ、わき役にせよ、皆共通に歳をとっていくという問題が生じているわけでして、ですから今後三回目があるかどうか。また創造力という点で、この劇団として一番いいものを作りだしてもらえるのか、またそういうものを持って来られるのかという事が問われていくと思うんです。

毛利　今度の芸術座のチェーホフは、ぼくはちっともよくないと思うんですけど、日本にとってこの点は役に立った点だというのがありましたら、一言、お願いします。

中本　しかし、ボリショイ・ドラマ劇場が見せてくれたチェーホフは深い読み取りで見せてくれていましたね。ぼくはその方向付けはいいなあと思う。それから今度、ピーター・ブルックが来ますが、その『桜の園』でも、今はむしろチェーホフの時代なら時代、それを小道具とか何とかに至るまで、きちっと歴史的に決めておいて、またデコレーションとかテキストとかもはっきりさせておいて、きちっとやることによって、むしろ今日性を強く照らし出すというような考え方ですね。これが一番正しい考えだと思います。

スウェーデン王立ドラマ劇場

毛利　それでは、つづけて、来日したスウェーデンの王立ドラマ劇場について一言しましょう。

『テアトロ』に批評を書いた時に、解説の部分をバッサリ切られましたので、その部分をお話したいと思います。ベルイマンはご承知の方もいるかと思いますが、一九七六年から十年間、スウェーデンを離れまして、ミュンヘンのレジデンス・テアターの演出家になりました。スウェーデン政府と喧嘩して国を捨てたわけですが、従って、この『令嬢ジュリー』の舞台は一九八一年にレジデンス・テアターで初演したものです。その時には皆さんもご存知の『ある結婚の風景』という、もともとはテレビドラマですけれど、これが後には映画にもなりましたが、これを舞台用に書き直したものとイプセンの『人形の家』、この三本を「ベルイマン・プロジェクト」という名称で、最初は三本連続で一日でやろうとしたんですが、出来なくて、結局はメインステージで『人形の家』と『令嬢ジュリー』を続けて四時間、道路を隔てた小さなステージで三時間かかる『ある結婚の風景』を上演するという形でやりました。従って、全部観たい人は二晩かかるわけです。ベルイマンはその時、『令嬢ジュリー』を一般に流布されている台本、それは出版の時にあまりに過激なんで、ずいぶん削られたり、書き直されたりしたその台本ではなく、元の原稿に沿った台本で演出しました。観た方はご承知だと思いますが、ジュリーの顔に傷跡がついているのは元の原稿ではそうなっていたからです。或いは、元の原稿にはジュリーとかジャンにいろんなト書きが付いておりまして、ジュリーには「白っぽいブロンドでガッシリした身体つき」のト書きが、ジャンには「黒い髭、黒い口髭」というのがあります。私がレジデンス・テアターでの初演を観た時には、確かにジュリーがでっぷりと言っては言い過ぎですが、ちょっと小太りのお嬢さんで、「どうして伯爵令嬢のジュリーがこんな女の子なんだろう」と思ったわけなんですけども、どうも元のト書きに「ガッシリした身体つき」があったからなんですね。

ベルイマンは八四年の春に初めてスウェーデンに戻り、まだ完全に国に戻ったわけではなかったのですが、王立ドラマ劇場、通称ドラマーテンで『リア王』を演出しました。この『リア王』はかなり有名で、パリにも行きましたし、ご覧になった方もいらっしゃるようですが、他でも上演されております。結局、八五年の秋に正式に政府と和解をして、このドラマーテンへ戻りました。そして、その冬にドイツ版の『令嬢ジュリー』をスウェーデン版に直して、演出したわけです。ミザンセーヌは全く同じと言っていいと思いますが、俳優が違うということで、出来具合は全然違っていたとぼくは思います。

で、八六年春にストリンドベリの『夢の劇』というのを演出しました。これは昔一度、ドラマーテンでもやっております。その後、つまりその年の冬に『ハムレット』を演出したわけです。で、この『ハムレット』は先ほど安西さんが言われたように、方々で上演しているんですが、スウェーデン人に言わせると「あれはベルイマンの名前だけで売れた」ということで、向こうの新聞では賛否半ばとは言うんですが、ぼくが見るところ不評の方が多かったんじゃないかと思います。だいたいぼくが知っている演劇人のほとんどは酷評に近い言い方をしていました。

スペインのロルカの舞台

毛利　それじゃ、最後に乾さん、ロルカの舞台についてお願いします。

乾　この『一九八八年海外劇団来日公演の主な舞台』というリストの中で、一つだけヌリア・エスペル劇団というような名称が出てきて、アレと思われる方がいると思いますけれど、スペインの主としてマドリッドを中心に申し上げますと、演劇というのは基本的に商業演劇です。日本でいうところの、例えば民芸だとかいった劇団組織というものは、大きなものはほとんどありません。小さなグループは全国各地にあります。その中でも、特にこのヌリア・エスペルという人は、今度オリンピックがありますバルセロナ、カタロニア出身なんですが、カタロニア地方にはとりわけこういう劇団組織として活動しているものが多い。

ところでこういう個人の名前になっているということはどういうことかといいますと、要するに主演女優である彼女が主催するという形を取っている訳で、別に劇団という構造で恒常的に活動しているわけではありません。その都度、役者とかスタッフを集めて、劇団という体裁をとって、それぞれの名前で公演するという形態の方法です。俳優が主催する、ないしはその名前のつく劇団というものは今のスペインを考えますと、彼女のこの「ヌリア・エスペル劇団」がおそらく唯一ではないかと思います。ほとんど他にはありません。

スペインというのは変な国でして、ご存知の通り、とりわけ十六〜十七世紀の黄金世紀に非常に演劇が盛んだったんですけれども、自国の古典というものを非常に蔑にしてきた。いろいろ理由はあるんですが、ようやく国立の古典劇団というのができたのが、つい三、四年前です。また、通常の、要するに現代劇中心ですけれども、国立劇団がようやくできたのも、フランコ体制が終わった後になってからです。その辺がスペインの演劇界の特殊な事情です。それを前提といたしまして、このヌリア・エスペルの劇団ですけれども、ご存知の通り、ロルカは一九三六年、スペインの内戦勃発後まもなく暗殺されました。八六年がその死後五十年ということで、その前後ロルカの作品が何本も上演されています。八五年だったと思いますが『ベルナルダ・アルバの家』、私は、ちょうど八六年に一年間スペインにおりましたけど、このヌリア・エスペルの『イェルマ』もちょうどその時、マドリッドで再演をおこなっていました。もともとなぜこれが日本に来たかというと、彼女が最近は演出家として非常に頭角を現しておりまして、イギリスでロルカの芝居を演出し、非常に好評でした。どうも日本サイドでは、彼女を呼んできてスペインの芝居の演出をさせたいということだったようですけれども、「それだったら自分の所のヤツをやりたい」と言うんで、急遽『イェルマ』を持ってきて来日ということになったという経緯があります。

今回の舞台、実は初演が一九七一年、十七年前なんです。今、観てもこの舞台は非常に面白いものであると思います。ましてやこれが十七年前に初演された時に、いかにいろんな衝撃を与えたかっていうのは勿論想像はつくわけですけれど、主演のヌリア・エスペルという女優が、実はスタッフのところにも名前を連ねていまして、演出助手ということになっているんですね。演出のビクトル・ガルシアはもう死んでいますから。それで聞いてみたんです。ビクトル・ガルシアというのは演出家として一体どういうタイプの演出家であったのか。とりわけどういうものを重視する演出家であったか。また二つ目にはこの『イェルマ』に関して、一体何を重視しようとしたのかと。ところが最初の問いをぶつけた段階で、彼女がとんでもないことを言い出しまして、というのはビクトル・ガルシアという演出家は非常に特殊な人間で、なおかつアル中で、最後はそれで亡くなったんですけど、自分の考えていることを役者に伝えられない演出家であったというんですね。それで、どうしていたかというとヌリア・エスペルが間に入って、いわば通訳していた。彼女がビクトル・ガルシアの言わんとするところを解して、それを役者に伝える形で作った作品であると。だから彼女が演出助手として名前が載っかるわけです。そういう話になったものですから、最初に聞きたかったことはまるで聞けなかったんです。

『イェルマ』の演出

乾　今回の舞台は七一年当時から世界中で話題になっていましたから、見たがっていた方がたくさんいらっしゃいました。日本の演劇の役者さんたちでご覧になった方々も大勢いるのですけど、その一部からぼくの所に伝わってきたところでは、せっかく期待して行ったのに非常につまらなかったという声が圧倒的でした。劇評なんかを見ますと、あの装置に関しては非常におほめの言葉があるんだけれども、話題が全部そこに集中していて、それ以外のものは出てこなかったたって感じがするんですね。

これを私流に逆に考えてみた時に、ちょうど三月に渋谷のパルコでやった『イェルマ』の翻訳を民芸の渡辺浩子さんと一緒にやったものですから、余計、生々しい体験だったんですけども、例えば、ヌリア・エスペルに言わせると、ロルカの芝居、とりわけこの『イェルマ』は、悲劇三部作の真ん中で、ちょっと特殊な、非常に難しい芝居なんですが、例えば、こういう表現なり、こういう台詞なり、自分はスペイン人だからそれを音にした時に非常に美しいと感動する。だけど、何を言いたいのかさっぱり分からない。スペイン人のプロの役者がそう言うのを聞いて、日本語に訳さなきゃいけなかった身としては、絶句してしまいました（笑い）。

ロルカ自身はスペインの黄金世紀の芝居を非常に意識していた人で、ある意味で古典的なスペインの芝居づくりを現代に復活させようとした人であるというふうにぼくは思っているんです。特にあの悲劇三部作は。そういう意味では、ロルカが狙っていたことをビクトル・ガルシアとしては非常に見事に摑んでいるのではないか。それが何かと言いますと、一番面白かったのはあの洗濯女達の場面なんですけど、あそこはあの芝居の中で唯一、ヴィヴィッドな面白さのある場面ですけど、歌の使い方なんか、スペインの古典の芝居っていうのは、勿論歌とか踊りとかが芝居に混じっていますが、現代劇でそういうことを目指した作家というのはロルカしかいないんです。それが、あそこの場面ですと、通常歌われる部分と朗唱される部分とに分かれるんですが、普段だったら朗唱されている部分にまで歌を使ってきた。そこがぼくは、一つの典型的なケースなんですけど、作家が本来狙っていたことを非常によく理解した演出だったと思います。

それではそのビクトル・ガルシアの演出家としての特質は一体何だったんだろうかということになる。ヌリア・エスペルとビクトル・ガルシアとのコンビでの仕事が長いこと続きまして、代表的なものが三つあると思いますが、幸いなことに三本とも私は観ています。一つはジュネの『女中たち』。これはジュネが男優がやれと言ったやつを女優がやったんですが、ジュネ本人が見て、非常に気に入ったという話があります。それからもう一つは、日本ではほとんどなじみがありませんけど、スペインのバリェ・インクランという作家の『神の言葉』。これは出来としてはあまりよくなかったのですが、理由は二つあると思います。一つはあまり準備の時間がとれなかったということを後で聞きましたけど、もう一つはもともとあの芝居自体がとんでもない難しい芝居ですから、処理の仕方に困っているということがあると思います。ただその中でもあえて言いますと、高さがバラバラの太い金属の、金色ですけど、パイプをつなげた装置で、それを何台も使って演出をやっていました。これ自体が必ずしも成功したとは思ってはいませんけれども、共通点をあえて拾ってみるとすると、どちらもむしろ視覚的なところでもって、その一番言いたい事柄をどう表すか、ないしは印象づけるかというようなことに、非常に心を砕いた演出家ではないかという気がするんです。

そういう意味で言いますと、『イェルマ』の場合も、ああいう装置です。これもヌリア・エスペルから聞いたことですが、演出プランが完全にできる前にあの装置のプランが出来上がってきた。それを見た途端に演出家がうなったきり一言も発しなかったそうです。この演出自体がビクトル・ガルシアという演出家を世界中に知らしめたものですけれども、裸舞台を使っての演出法の一つの方向を示したものだと思うし、その非常に少ない成功した例であり、いわば一種の古典と言ってもいいかも知れないくらいの位置をおそらく持っているんではないかと思います。

そのことに対しては、皆さんは勿論、敏感に反応されたんだけれども、役者さん達が芝居をつまらないと言ったのには二つの理由があると思います。一つは勿論、十七年前の初演で、この日本公演のために改めてまた一座を組んでいるわけですから、主だった役者は変わっていませんが、初演の時みたいな稽古の段階から練り上げたという情熱はもはや当然ないわけで、それは期待している方が無理だったんだろうと思います。それから、台詞のレベルで言いますと、ここの台詞をなんで一息で流してしまうのだろうとかという疑問、もうこの手のものは山ほどある。ですから逆に言えば、どうもそういうところにはもともと演出家はあんまり気をかけなかったんじゃないか。唯一例外なのは、私の見た三本の中ではジュネの『女中たち』で、これはそうはいかない芝居ですから、そこを徹底してやったんだろうけれども、もしかすると、さっき言った視覚的ということの方に意識が非常にいっている人だったというのは、そういうところにも関係があるんじゃないかという印象を受けています。

毛利　ぼくはむしろそのトランポリンを使った視覚的な装置自体に大変疑問を持ちました。今、言われた視覚的なものは七〇年代の初めは珍しかったかもしれないけれど、はたしてロルカの作品そのものとどこまで緊密につながるものかということについて疑問を持ったのです。ただ今のお話を聞くと、あるいはぼくらがロルカを土着的と言い過ぎているのかなという気もして、もっと抽象的なレベルで対すべき作品かなって気もしてきましたけどね。

乾　ぼくは、日本でロルカというと、常に血のにおいであるとか泥のにおいであるとかというように、月並みにでてくる表現には非常に反感を持つ人間ですから。

毛利　まあ、視覚性を強調する演出家はかなり多いんですけど、ヨーロッパの最近の傾向には、また台詞重視も多くなりつつあるんじゃないでしょうか。

利光　ぼくはビクトリア・ガルシアと話したことがあるんですけども、六〇年代来の友達でしたから。彼は俳優の非人間化ということを非常に強調したんです。だからわざと俳優の肉体に拘束を与えて、例えばこのあいだの『イェルマ』だったらトランポリンで素直に歩けないとか。それから確かジュネの時は高い足駄みたいなのをはかせたんじゃないですか。『女中たち』の時はすごい靴の高い、ものすごい高い、あの花魁が履くようなものじゃなかったですかね。後ろが鉄パイプで。シャイヨ宮の劇場でやったのですが、三人がすごく高いのをつけて出てくるんですよね。

乾　いいえ、それはやってません、ぼくの観ている公演では。

利光　それは何年ですか。

乾　七五年か六年だと思います。

利光　ぼくのは六九年頃ですね。

ですから非常に肉体的に拘束を与えながら、その中で役者を動かす主義の人だったんですが、ロルカをテキストとして選んだだけなのか、それともロルカにそういうものが見いだせるというか、どちらなんでしょうね。

乾　ヌリア・エスペルの話だと、二人とも『イェルマ』をどうしてもやりたいというのがあって、上演したと聞いていますけどね。だから作品が先だったんです。

その他の問題——同時通訳のことなど

毛利　では、先ほど話題にでました同時通訳の問題について。これはぼくも非常に問題だとは思いながらどうしていいかはよく分からないのですが、具体的に同時通訳にかかわった方はいらっしゃいますか。どういうやり方が内容を伝えるには一番いいかというのはまだ本当に分かってないんじゃないでしょうか。

中本　例えば、中国ではどうなっているのか、それから日本から行った劇団の方々のいろいろな体験とか反省とか、それから今回の海外劇団の来日興行についてはどうだったのか。

石澤　中国の場合は、外国の劇団が来る時にはイヤフォンガイドですね。そのイヤフォンガイドを担当するのは、例えば解説的に男一人、女一人という場合、それから、それぞれを吹き替え的にある程度稽古して、五、六人の役者を使ってやる場合がある。また、中国国内では京劇とか昆劇とかの台詞でない部分、つまり詩のように朗唱する部分というのは字幕でやっていますね。というのは言葉を音だけで聞くのは難解だからでしょう。

毛利　他の地方へ行くと分からないということですね。

今まで日本でやったやり方で、ぼくの知っている限りでは、イヤフォン方式だと今おっしゃったように五、六人の俳優を使って、男女使い分けて、アフレコ的にやるのと、それからたった一人か二人で通読的にやるのと、それに内容を簡単に説明するのと、大きく分けると三つで、あと字幕を出すのがあるくらいじゃないですか。だけど、どれも成功と思えたのは一つもないですね。一体どうすればいいのか。

斎藤　それから俳優の問題もあると思うんです。やっぱり言語を聞きたいですね。ロルカの場合も、私はロルカの自作の詩を朗読したのを聞いたことがあるから、それをイメージしていくと、やっぱり俳優に一番がっかりしてしまいました。今、おっしゃった話では、日本へ来る俳優は別口だったということですが、そういう舞台を持ってきてほしくないと思いますね。それは、あらゆる公演の問題で、先ほどのシェイクスピアの場合もそうですけど、俳優が日本に来る時に差し替えられるということでしたら、やはりその辺は呼ぶ側で、何か要求してほしいなあって気がします。

安西　シェイクスピアに関して言うと、それはたまたま日本の場合にそうしたっていうんじゃなくて、つまりイギリスの役者さんは、特にロイヤル・シェイクスピアとかナショナルみたいな大きなところは、二年契約ということがありますけど、だいたいは一本一本の契約だから、特に売れている役者さんを二年も三年も引っ張っておくということは、なかなか難しいと思います。そういう契約を初めからすれば別ですが。だからそれは必ずしも旅に出るから、どさ回りに出るから安い人を使うというか、入れ替えたということではないと思います。

斎藤　最近はそんなふうなことは少ないと思うのですが、アメリカなんかにはよくあることですから。

中本　同時通訳のことに関して、理想を言えば、芝居はイヤフォンも字幕もなしに分からなきゃいけないものであって、またそういうふうに時代が動いているような気がするんです。というのはぼく自身、通訳をやった経験があって、一番通訳で面白いのは、要するに語彙だとかが分からなくても、相手の言うことが分かってしまうことですね。その瞬間に分かって、相手の言おうとすることが間違いなく伝わるということ。だから理想論ですが、本当は演劇の伝達というのはそういう方向に行けばいいなあと思います。

　最近観たイギリスのチェーホフでは、イギリスの人達がむしろロシア人の、あのしち面倒くさい名前をわざわざロシア的に発音してみたりしている。ぼくはそれがいいんじゃないかと思う。それがまさにチェーホフの時代に面白かったわけでして、今日でも面白いはずです。あいまいさをそのままにしておくというのは演劇表現じゃないようにぼくは思いますが、それは言葉が全て分かんなきゃいけないということではない。分からないところはテキストを後で見ればいいわけですから。

毛利　予定した時間をかなりオーバーしても、まだ話がつきませんが、時間の関係で今日はこの辺で終わらせていただきたいと思います。こういう形でのシンポジウムは機会があれば来年も開きたいと思っております。どうも長い時間有り難うございました。

一九八八年十二月十日　成城大学に於いて

このシンポジウムで取り上げた海外劇団の来日公演の主なものは以下のとおり。
（劇場および公演日は東京公演のみ。全て一九八八年）

＊英国ナショナル・シアター（東京グローブ座）
『テンペスト』六月二十日、二十四日
『シンベリン』六月十八日、二十二日
『冬物語』六月十九日、二十三日
演出　サー・ペーター・ホール

＊イングリッシュ・シェイクスピア・カンパニー（東京グローブ座）
『薔薇戦争・七部作』四月八日〜二十八日
演出　マイケル・ボグダノフ

＊中国上海昆劇（国立劇場）
『長生殿』九月六日〜十一日

＊ヌリア・エスペル劇団（銀座セゾン劇場）
『イェルマ』八月四日〜十一日
作　F・G・ロルカ
演出　ビクトル・ガルシア

＊シラー劇場（日生劇場）
『たくらみと恋』十一月二十日〜二十一日
『信仰・愛・希望』十一月二十四日〜二十五日
作　フリードリッヒ・シラー
演出　フランク・アーノルド

＊銀座セゾン劇場開場一周年記念公演（銀座セゾン劇場）
『マハーバーラタ』五月二十九日〜七月二十二日
作　ピーター・ブルック
ジャン＝クロード・カリエール
演出　ピーター・ブルック

＊コメディ・フランセーズ（銀座セゾン劇場）
『町人貴族』八月十六日〜二十五日
作　モリエール
演出　ジャン＝リュック・ブテ

＊パリ・ユシェット座（原宿ラ・フォーレ）
エリック・サティの「スポーツと気晴らし」
十月二十九日〜十一月四日

＊モスクワ芸術座（日生劇場）
『かもめ』三月四日〜十三日
作　チェーホフ
演出　オレグ・エフレーモフ
『伯父ワーニャ』三月十五日〜二十日
作　チェーホフ
演出　オレグ・エフレーモフ
『真珠貝のジナーダ』三月二十三日〜二十八日
作　ミハイル・ローシン
演出　オレグ・エフレーモフ

＊レニングラード・ボリショイ・ドラマ劇場
（東京グローブ座）
『アマデウス』九月三十日、十月一日、二日、六日、七日、九日、十日、十三日、十四日、十七日、十八日、二十日、二十一日
作　P・シェーファー
演出　G・A・トフストゴーノフ
『ワーニャ伯父さん』十月四日、五日、十二日、十五日、十六日、十九日

作　チェーホフ
演出　G・A・トフストゴーノフ
『ある馬の物語』九月二十八日、十月八日、二十二日、二十三日
作　L・トルストイ
演出　G・A・トフストゴーノフ

＊スウェーデン王立劇場（東京グローブ座）
『令嬢ジュリー』六月二十七日〜二十九日
作　ストリンドベリ
演出　イングマール・ベルイマン
『ハムレット』七月二日〜九日
作　シェイクスピア
演出　イングマール・ベルイマン

（編集　毛利三彌／岩原武則）

『西洋比較演劇』別冊　一九八九年

4　「座・新劇」（『風浪』『村岡伊平治伝』『美しきものの伝説』）をめぐって（一九九四年）

藤木宏幸／毛利三彌／斎藤偕子
堀真理子／岩原武則／一ノ瀬和夫

新劇と「俳優座」

藤木　では、初めにぼくが聞いた範囲でこの企画の成立の背景をお話しましょう。俳優座が今年で創立五十周年、俳優座劇場ができて四十周年、そしてほぼ同じ時期に、俳優座の若手や俳優座養成所出身者たちが作った衛星劇団ができて四十周年。そういう劇団、俳優座を母体としたグループが集まって何か祭りを、いわば記念行事をしようじゃないかという話が起こったのが三年ほど前らしいです。その段階では、チェーホフとかシェイクスピアとか、そういうものを合同でやろうかという話が最初あったようですけど、その企画はダメになりました。で、演出者をとにかく決めるという形で、俳優座の増見さん、青年座の石澤さん、東京演劇アンサンブルの広渡さんの三人が選ばれたのか、名のりを上げたのか分かりませんけど、決まった。そこから、戦後の新劇の代表的な創作劇をという形で、演出者が出したレパートリーがこのそれぞれの作品だったという風に聞いています。それに俳優座を含めた各劇団の俳優達をかなり交流させて、バラバラの形で作品に合わせてキャスティングをしていくということが決まったようです。俳優座の流れということで言えば、田中千禾夫をどうしてやらないのか、俳優座の舞台と言えば、安部公房の戯曲はどうなのかとか、青年座などがよくやった椎名麟三はどうなのか。戯曲の選択としていろんな問題が出てきますよね。これは演出者が決まった段階で、演出者の選んだレパートリーということなのではないでしょうか。ただ、日本の近代をどう捉え直していくかという大きな問題意識はあったと思いますね。

毛利　その近代に重ねて、近代演劇としての新劇をどう捉え直すかということもどこかにあったにちがいないでしょう。その新劇の中で俳優座及び俳優座系の劇団の催しであったという点で、今回、良いも悪いも、戦後の新劇の中で占めていた俳優座の位置とか、俳優座の性格とかが問われたというところがあると思う。

藤木　その場合に、例えば俳優座で、加藤剛とか栗原小巻とか売れている役者たちはこの芝居には出てこない。

毛利　そういう意味では、スターの云々というよりは、俳優座が培ってきたような新劇というものがここで試された。それは、文学座や民芸とは違う。具体的に言うと、俳優座は、かつて、六〇年代、七〇年代にいろんな新しい企画を持ってやっていた。今はその時の勢いが無くなっている。スタジオ劇団と言われていた劇団はもはや大劇団になって、それなりにやっているが、今回、俳優座系の新劇というものを見せてくれたとか、ここでそれを主張したとかいう風に見えなかった。そういう意図は元々なかったということなのか。田中千禾夫を取り上げなかったこととも関わるかも知れない。例えば、文学座の場合には、娯楽劇と芸術劇の二元の道です。民芸と言えば、木下順二の『子午線の祭り』を民芸が中心でやったわけですけど、どちらかと言えば生真面目にやっているところがある。それに対して、俳優座は田中千禾夫をやったり、安部公房をやったり、ブレヒトをやったりという、ある種の実験性があったと思う。そういう勢いが感じられないと同時に、それが今の新劇の中ではどう位置づけられるのかなという思いがした。

斎藤　私の考えでは、戦後の新劇を支えてきた大きな流れの中心として文学座、民芸、そして真ん中に俳優座があった。この俳優座は千田是也がいたことが大きい。その千田是也がもっと若い劇団を育てなければならないという事も考えていたし、実験的なことをやろうともしていた。俳優座が割合、重厚なものを作っている中で、千田是也自身は、かなり実験的なものを俳優座養成所出身者中心に出来た若い、いわゆる衛星劇団でやった。その土壌を良きにつけ、悪しきにつけ、一番新劇的と私も感じる。

毛利　ここには若い世代の人たちもいますが、あなた達には俳優座は何か特別な劇団として映っていますか？

堀　俳優座と言いますと、私の場合は栗原小巻のブレヒトとか、ああいうイメージがあって、どちらかというと商業演劇ぽい感じがしています。むしろ、東京演劇アンサンブルとか青年座の方が古いイデオロギーみたいなものを少なくとも演出者のレベルで貫こうとしていると思う。

藤木　最近、俳優座はラボというものを始めて、実験的なものをやるということになりましたけどね。ただ、六〇年代位にかけては、俳優座はいい俳優達がたくさんいたということがあるでしょう。戦前新劇の経験を経て、そこに花を咲かせた俳優達がいっぱいいたわけで、それはそもそも俳優座という名前で、できた時から、最初は千田さんの名前は出てきませんけども、小沢栄太郎、東野栄治郎、東山千栄子、村瀬幸子など、戦前の築地小劇場の流れをくむ俳優達のあるレベルの演技術が開花した時期があったわけですよね。それとその後に俳優座の養成所からでた平幹二郎とか、仲代達矢とか、市原悦子とか、当時としては若手になる人達が入っていくのですが、そういう人達を含めて全体像として、演技陣がかなり充実していたということと、非常に個性的な俳優達がたくさんいたということと、それからやはり田中千禾夫とか安部公房とかがいろいろやったり、一方で月に四回、日曜日毎に日曜劇場をやったり、その前には創作劇研究会というものがあったり、実験的なことをいろいろと進めながら劇団全体が劇場を持ち、そこを根城にして、活発な演劇活動を行なっていたという最盛期があるわけですよ。そこから今を考えたら、ちょっとだらしないと言おうか、ガタガタになっているなという感じは否めない。これは俳優座だけじゃなくて、他の新劇の劇団を含めて、あの時代と現在とのつながりがいかにも薄くなっている。一方で衛星劇団の方はむしろ充実した活動、それぞれが劇場や稽古場を持ちながら自由に活動できるというところはありますよね。

斎藤　その衛星劇団も初期の頃の一番光っている時にやった事は、例えば東京演劇アンサンブルでは千田是也がブレヒトを一生懸命やっていた。それを受けて広渡さんらが作り上げていったのですよね。それから新人会はブレヒト以外にやはり俳優座の田中千禾夫が作・演出をしたり……。

毛利　俳優座系の衛星劇団、スタジオ劇団には全体として一つの雰囲気、あるいは性格があって、文学座系とか民芸系とは違うものを持っている。今、新劇が問われている時に、実はその俳優座系新劇が問われているのではないかという気がするのですけどね。でも、さっき言われたように俳優座が商業演劇だという事になるとぼくの感じと全然ちがうからね。驚いたのだけれども。

藤木　率直に言えば、そうだろうと思います。

毛利　本当にそうですかね。

岩原　今は俳優座自体が商業的にやっていかないと生き残れないという状況になっているからなのでしょう。作品的にも売れる作品をという方向が企画段階で通ってしまう。しかし、一方では千田是也は自分の思う作品をやり、またラボでは実験的なものをやるというように、今の俳優座を見ているとこの三つの柱で劇団を立て直そうとしているように私には見えるのですが。

毛利　それは民芸や文学座と基本的に変わらないということ？　俳優座系というものを特殊なものとは見ないということ？

岩原　感覚としては、私自身の中に俳優座系の意識というものはあります。

毛利　これはぼくの思い込みかも知れないのだけれど、個人的にも俳優座に親近感を持ったのは、新劇というのが西洋演劇の移入から始まって、ヨーロッパ演劇との関わりがどうしてもあるわけだけど、そういうものを一番中心にすえて、いわば演技面でも演出面でも欧米の演劇の系譜上に立ったものとして新劇をみようという基本姿勢が俳優座にはあると思っていた。それは欧米の近代劇・現代劇的なものというより、実験性ですね。そういう意味では千田さん自身もスタニスラフスキーからブレヒトに乗り換え、それがまた、実は両方のアウフヘーベンだということになって、彼自身が変わっていくわけですね。ところが文学座や民芸は基本的に日本の演劇の根から完全に切れないところを善しとするところがある。だから文学座は杉村春子が新派に出るという形で、新派系の作品も文学座はやってしまうわけですね。アトリエでは新しい事をやっていましたけど、でも今言ったような意味で西洋とのつながりを考える人達は、結局文学座から出ていったでしょう。そういう形で、文学座はうまくやっていると思う。たとえ外国劇をやっても、この前のフガードの『マイ・チルドレン！　マイ・アフリカ』は感動的な舞台ですよ。ああいう感動をつくれるのは文学座だと思う。俳優座はつくれない。

一ノ瀬　俳優座は西洋の近代劇の流れとかなり同じところにあるとおっしゃったと思うのですけど、やはり世代が違うというところがあって、ぼくなんかが見始めた時代はそういう時代ではなかったような気がする。俳優座はまずイデオロギーがしっかりしていて、それが演劇的なイデオロギーにうまく変質して、その場合は役者の身体論とか演技論に本来は行ったはずだと思うのです。で、千田さんの本などを読むとそういうものも書かれていると思いますけれども、個人的に言うと、俳優座の俳優の中に、ある時期からそういうものが伝わらなくなってしまった。逆に非常に不器用な身体のイメージしかないような時代というものがあったような気がする。実験性云々ということで言えば、文学座は非常に二面的で、新派にも近づくことが出来ると同時に、アトリエでは少なくとも二、三十年間、海外の新しい作品、あるいは前衛ではないけれどもある意味を持った作品の紹介を役者が自らの演技術の中で舞台の上で肉体化していくという作業は、変な意味でのイデオロギーがなかっただけ、個人的なレベルで自由にやってしまったという気がする。俳優座そのものに対する認識の落差は感じざるをえないですね。

毛利　一ノ瀬さんがおっしゃった事は、ぼくの考えとは矛盾していないのですよ。ぼくが言った俳優座のあり方というのは日本の新劇が持っている基本的な不可能性なんです。日本の演劇が西洋の演劇に近づこうとしてもどうしても同じになることはあり得ないわけですよ。新劇そのものが持っている自己矛盾を俳優座は引き継いでいて、それがある時期、つまり我々がまだ西洋の演劇を本当によく知らない時期、藤木さんが言われた俳優座の全盛期、言い換えると新劇がヨーロッパやアメリカの演劇にかなり疑似的に近づいていて、赤毛でもなく、鼻も付けないという時期、ものすごい落差はあったにもかかわらず、その落差をあまり意識しなくなった時期に優れた俳優が群がっていて、一つの形をつくったわけですよ。ところが次に、実際に西洋の演劇が次々と来日するようになると違いは明らかになった。で、俳優座はこのあとどうやってその溝を埋めるのか、飛び越えるか、あるいは引き返すのかという選択を結局しなかった。出来なかったのかもしれない。ぼくは八〇年代以降の俳優座の、訳が分からなくなった状況は正しく新劇の持っている自己矛盾の露呈だったと思う。それが今にまで続いていると思う。俳優座が向こうのものを出来ないというのは、新劇が出来ないこと、新劇が持っていた困難性であって、文学座は向こうのものを受け入れてもそれは我々の土壌の中に入れている。日本風にというと言いすぎなんだけれども、そういう風に処理できるものを持っているから良いも悪いも感動的になれる。

斎藤　七〇年代後半位からで考えると確かに千田是也はブレヒト中心に、自分がやりたいからやっている中で、俳優の演技や、あるいは俳優を育てるという事は考えなかったですよ。それで他のものが出来なくなって、トルストイをやってもブレヒト調、何やってもブレヒト調でしょう。それに対して七〇年代後半からの文学座がある種の良さを持っているのは、役者が座長だから、つまり自由に何でもさせると同時に、あの演技、彼女が持ってきた日本の中で育ちうるリアリズム演劇の演技の手本を示しているわけでしょう。そういうものをその周辺の人達が学び、それを若い人達に教え、そしてアトリエでは実験性というけれど、外国のリアリズムの演劇をやっている。ブレヒトみたいなもの、演技の質が違ってくるものはもってこない。それでね、彼らはうまい。しかも英米などのリアリズム演劇の中で良いものを持ってくるから。

毛利　それはこっちへ引き寄せてくるからであって、俳優座はあっち側に合わせようとしているんですよ。合わせられっこないことをずっとやってきた、俳優座の新劇は。それが合わせられないんだということが明らかになった時に、でもなおかつ合わせようというのか、それともそれをやめるのかという明確な判断を出来ないでいる。

斎藤　俳優座は養成所を持っていて、俳優座の養成所が日本の基本的な俳優達をほとんど占めているという時代がある。でも桐朋学園が出来て、そこでもおそらく俳優座に一番良い人達を引き抜いていくと思われるのに、劇団に入ってから伸びない。そうではないですか、藤木さん。

藤木　ええ、そうだろうと思います。

斎藤　千田さんは俳優座養成所を作ったところまでは役者教育、演技教育を考えていたでしょうね。

毛利　意識としては明らかにあったでしょうね。

堀　あまりにもイデオロギーの方が前面に出てしまったために、演技論が置いてきぼりにされてしまった感が強くないかなと思うのですが。

斎藤　千田さんはやはり、思考とか、体質とかが西洋的だと思う。それに対して、俳優の体質は日本人的で、そこがうまくかみ合わなかった。それともう一つ、千田是也がやっているようなヨーロッパ系統の演劇が今萎んでしまって、アメリカの心情的なものが中心になっているということも日本全体の傾向の中にある。

一ノ瀬　かなり戦後的なる問題というのが、今までの俳優座の変遷の中によく出てきていると思う。今どこの国の演劇を移入しているかという問題では、戦後英米系が多くなりましたよね。文学座だって、どちらかといえばつくった人達はフランス文学系ですが、でも、大きく当たったものは、『欲望という名の電車』にしろ、アメリカ系。ところが俳優座はずっとヨーロッパ系できている。

毛利　千田さんだけじゃないと思いますけど、新劇の築地の時からそれは外国演劇が手本であり、なんとかヨーロッパ風の演技なり、あるいはドラマというものを理解しようという姿勢が出発点だから、それは、もう今更外国の真似の時代ではないと言っても、彼らの身体の中にあると思う。ぼくなんかもそれがあるから、それが消えないところにむしろ共感を感じるのだけど。文学座でもフランス系の人は出てしまったわけですよ。全部と言ってはいいすぎかもしれないけど。民芸には、元々なかったな。

藤木　民芸の場合は、菅原卓さんがいたこともあるし、文学座の場合で言えば、川口一郎さんがいましたからね。それと戦後のアメリカ軍占領の中でのアメリカ演劇を摂取する系統があったから、ああいうものが入ってくるのですけど。

斎藤　俳優座が選んだ創作劇作家も、田中千禾夫とか、安部公房とか、アメリカ系というより……。

藤木　それは千田さんは偉大なるモダニストなのですよ。やはり日本的なものに凝り固まっていない人ですから。だからそれが可能だったのでしょう。

斎藤　長谷川四郎とか花田清輝などに書かせたのでしょう。

毛利　客観的に見れば、本当に面白かったかどうか疑問だし、大衆性を獲得する舞台じゃなかったと思いますよ。だけど、新劇が本来観客として持っていたインテリ層、知識人層に対するアピール度は強かったと思う。それはモダニズムなのですよね。アバンギャルドではない。文学座とか民芸の場合には、日本の近代劇ということ。だから新派にもなれる。民芸はちょっと分からないけど……。

斎藤　民芸は宇野重吉の存在が大きかった。

藤木　そこへ行くまではやはり岡倉士郎さんや菅原さん、それから演技者として滝沢さん、北林さん、細川さん、清水さん、俳優陣としては充実したグループであったんですね。

毛利　何が根底なんですかね。

藤木　その点はリアリズム演劇への志向じゃないでしょうか。戦前からのプロレタリア演劇、左翼演劇、リアリズム演劇へと発展してきた戦前新劇の流れをもっともオーソドックスに捉えたリアリズム演劇の確立が一番基本にあるのではないか。それは当然イデオロギー的に社会主義社会を目指していくって事が根底にあるわけですけども。そういう現実の反映としての演劇、いわゆる職場演劇の作家達を盛んに登用したり、一方では三好十郎か久保栄とかがいたわけですし、そういう意味で言うとリアリズム演劇というのは本当はあそこで根付くはずだったんだろうと思いますけども、その後の世代をみていくとまったく違いますね。

斎藤　どうして根付かなかったのかな。宇野重吉は後輩を育てることに一生懸命だったような気がするんだけど。彼がいなくなったら何か民芸は俳優が下手で見に行きたくなくなるのね。

藤木　個性的な俳優が育たなかった事があるのかも知れませんね。ぼくは民芸で滝沢さんの後を継ぐ人は鈴木瑞穂だと思っていた。鈴木瑞穂、垂水吾郎、佐野浅夫という人達がみんな出てしまった。おそらくそういう人達が抜けてしまったための大きい落差、穴があいたままだという感じがしますよね。つまり、戦後の民衆芸術劇場から民芸をつくったグループの人達がいなくなった後を世代的に埋めていく優秀な人達が抜けてしまったという事はあると思う。

毛利　それは文学座とか俳優座も抜けたわけだけど、それとは違った方向で……。

藤木　文学座の場合はむしろ枠組みがほとんどない。逆に言えばほとんど勝手なんです。やりたい放題できるみたいな奔放さがあって、それが役者の生き生きとした個性を活かせる土壌はあるんですよね。それは今だにある。その一つの場としてはアトリエが大きな役割を果たしている。若手もどんどん仕事をしていける。ところが俳優座、民芸というのは、次の世代の人達が新しいことをしていくということがないんですよ。それはヒエラルキーのある劇団制というものを本来持っていたから。それは七〇年代後半で各劇団ほとんど崩れてきましたけどね。だからむしろ文学座の方が生き生きとした役者が結果として残るということになった。

斎藤　今日、新劇というとダメという存在の代名詞になってしまっている。そういう代名詞の何かをしょっているのが俳優座であり、民芸であり、そしてそれには期待もできないから、衛星劇団が座・新劇の代表みたいな形で新劇に対する責任感なり、どうしていくかということが問題にされる。今度の企画自体そうでしょう。

座・新劇の舞台

毛利　木下順二『風浪』、秋元松代『村岡伊平治伝』、宮本研『美しきものの伝説』は、明治の初めと真ん中と最後でしょう。それから初演が五〇年代の後半から六〇年代ということですよね。確かに俳優座系で初演されたわけではないのだけれども、そういう意味でのまとまり、歴史のとらえ方が根底にある。ここに田中千禾夫が入ってきたり、安部公房が入ってきたりという事で全くつながりなく並べるよりは、ある意味でこの方が問題性は出てきたと思う。

斎藤　ある系統の作家として、一つの新劇の流れをこの人達はしょっている。

藤木　そうだと思う。この三本が日本の近代をどうとらえ直していくかという意味では、それぞれ代表的な作品をあげて、明治から大正にかけての日本の近代の曲がり角の重要なものをとらえて、うまく三本並んだなという感じがする。それぞれ代表的な作家を選んだという事があるのだけれども、例えば逆に言うと俳優座系という枠組みで言えば、当然、あるいはやむをえなかったと思いますけど、普通だったら木下順二さんの代表作は『オットーと呼ばれる日本人』だとか、『冬の時代』だとかでないのか、秋元さんだったらこの後の作品ですよね。それから、宮本さんの場合は、いろいろなケースがあって取り上げ方がいろいろとあると思いますけど。木下さんのは最初の作品ですし、秋元さんの作品ももちろんオリジナルであるけれど、元になるものがはっきりとしたものがありますから。

毛利　この作品も初期のものですね。

藤木　だからどうしてかなという感じがするんですけどね。ただ一つの作品として見れば、広渡さんの中で燃えている思いがあって、『風浪』をどうしてもやりたいという気持ちもあるでしょうし、増見さんにとっては秋元さんの作品の中で『村岡伊平治伝』をもう一度やり直してみたいという思いがあるだろうし、それぞれの必然性はあったのだと思います。これがそれぞれの作家の代表作ではないわけだから、そこらへんのところは問題点があるだろうという気がしますけど。ただ三本並んでみると日本の近代を見せていくいい作品だったなという気がするんですけど。

毛利　どうですか、若い世代は？

堀　やはり日本の近代、つまり明治時代、大正時代でひたむきに生きた人間達を描いた作品としてはどれも共通するものがあって、面白かったと思う。しかも舞台のセットも一緒、テーマソングも一緒なので、初めは違和感がないかなと思って見ていましたけれど、違和感なくそれぞれ舞台の特徴を活かして使っていたように思えました。

一ノ瀬　ぼくはこの中で意外な発見だったのは、『村岡伊平治伝』ですね。というのは『風浪』は、いかにも木下順二風の戯曲だなということで、やはり良い意味でも悪い意味でも戦後の日本の新劇的なるもののモデルみたいな気がするのですよね。それに対して『村岡伊平治伝』は、むしろストーリーの面白さ、思わぬところに展開していく、思わぬ日本のイメージが壊されつつ、新しい側面をあえて出してくるところがありましたね。演出自体がまとめてうまくいくというよりも少しづつ綻びみたいなものをつくって、スケールの大きさみたいなものはある程度出ていたような気がします。最後の『美しきものの伝説』は、かなり時代性と結びついているので、今の一九九四年という時代にこれをやるという意味自体は、少し苦しいかなとは思いますが、戯曲自体が演劇についての演劇みたいなところがあって、自意識が非常に強くなってる戯曲構造であることは分かる。そういう事で並べてみると新劇の中における台詞、あるいは演ずるという事、それに対する自意識が少しづつ高まってきている。むしろ新劇の問題は、そういう自意識をどこまで突き詰めて行くかであったはずが、どこかで突き詰められなくなって放棄してしまった。そんなことを考えさせられました。

岩原　ぼくは、この芝居を意識的に学生を含めた若い人達と一緒に見ましたが、この中で彼らに一番理解しやすかったのが『村岡伊平治伝』でした。それは多分ストーリーの展開の明確さからくるものでしょう。逆に『風浪』はつまらないと感じたらしい。その理由は、芝居の中に出てくる思想的対立関係が彼らには分かりにくかったことにある。また、『美しきものの伝説』の中で、登場しないことが戯曲上での最大のポイントであるはずの松井須磨子に対して、「松井須磨子ってなあに」と感じてしまう。彼らには松井須磨子のイメージがわいてこないのです。イメージ的にとらえることを日常化している若者には捉えどころのない舞台に感じとられてしまうわけです。座・新劇の捉えている観客の問題、つまり知識人やインテリでないとお客になれないというのでは若い観客にとっては見られない芝居という事になる。その中で、『村岡伊平治伝』だけはストーリー展開やその展開の仕方、村岡の心変わりの理由も分かるし、現代に通じているものもあるから受けとめやすい作品であったが、他の二つの作品に関しては若い人達の目からみると分からない作品、心理的にはフラストレーションの溜る芝居になっていた。もう一つの言葉、民衆、これも舞台には登場しないが作品の中では重要なイメージですが、この民衆という意識も今の若い人達はないですから。

毛利　ぼくは、新劇の抱えている、あるいは近代劇が抱えている一つの問題が浮かび出たという感じがした。それは何かというと、歴史的な問題を扱う時には、今言われた問題は多かれ少なかれ出てきてしまう。歴史劇の場合には、観客の歴史的な知識を全く頼らずに書くというわけにはいかない。ふと考えると、演劇に歴史劇というジャンルがあるように思っていますけど、もしかしてこれはシェイクスピアが始めたのではないかな。シェイクスピア以前に歴史劇はあったのかな。あまり思い浮かばないし、シェイクスピア以後もシェイクスピアのような歴史の変転とか、変化していく様というものを根底において描くような芝居はそうたくさんはない。シェイクスピアの歴史劇は、社会の反映だと思う。王様とか個人の問題があるようだけど、大きな歴史の歯車がテーマだと思う。こういうものはシェイクスピア以外に見あたらない。少なくともそれ以前にはなかったと思う。日本では歴史劇は一つのジャンルとしてあったように思われていますが、特に、木下順二なんかは歴史劇ということを考えていると思うのだけれども、シェイクスピアは王朝史ですよね。社会が変わるのは支配者が交替しないと変わらないわけです。だから、もし変わるという事を問題にしようとすると、どうしても支配者階級が中心になる。ところが最近は民衆とか、庶民とかが歴史を支えているということになって、そういうものを描こうとする。ぼくは、民衆というものは結局変わらない存在だと思う。どの時代も。だから民衆を扱えば、変わらない事がテーマになってしまうわけです。ですから民衆を描いた歴史劇とは、一種の自己矛盾かも知れないと思うのですが。だんだん近代から現代になってくると、庶民を描いた方がいいという事になるから、本来の歴史劇、シェイクスピア的な歴史劇がなくなってきたのだろうと思う。日本の場合、支配者を描いたものはほとんどない。

藤木　坪内逍遥が新史劇という形で書き始めた時点では、やはり支配者でしょうね。

毛利　坪内逍遥はね。だからやっぱり歌舞伎だった。変わるもの、動くもの、動かすものを描く芝居と、動かされるほうを描く芝居がある。民衆とは動かされてはいくかもしれないけど、自分は動かないし、変わらない。ところが今回の三つの作品はどれも支配者を描いているのでも民衆を描いているのでもない。当時のインテリ層が対象ですね。彼らは社会を動かすほうではない。動かされているほうなんだけれど、結局、動かされるという事に対して、自分達はそれをどうとらえるべきなのか、どう対処すべきなのか。それを肯定するか、否定するか。あるいは自分がどう生きていくかという問題に悩む。日本の歴史劇は、動かされるほうに視点を集めるというところがある。村岡伊平治だってそうですね。自分でやっているつもりでも動かされていくほうです。にもかかわらず、本当の意味での民衆ではないですよね。いつも変わらない民衆ではなくて、どちらかというと中間層でしょう。つまりインテリだとか、知識人とか、そういう事にどう対処すべきかを悩むような中間層が、日本の場合の歴史劇と云われるものの対象になっている。

『村岡伊平治伝』は、そういう意味では分かりやすかったかも知れないけれど、浅いと言えば、浅い。秋元松代は、次の『常陸坊海尊』や『かさぶた式部考』になると民衆の方へいった。その民衆と現代との重ねあわせで、ドラマツルギーをつくったことで面白くなった。新しい側面を見せた。木下順二と宮本研はたえず中間層を描いていた。

一ノ瀬　むしろ、それが戦後の新劇なのでしょう。

毛利　そう、それが新劇の典型的な形で、たえず中間なのです。秋元さんは、次には本当に伝説的なところに入っていって、つまり、もう動かされるのじゃない、もう動かないというものに目を据えるわけでしょう。しかしこの『村岡伊平治伝』では、まだ動かされているほうなんですよね。あるいは自分は動かしているつもりなんだけど、動かされている。その時には社会のメカニズムを明確に、客観的にとらえないといけない。それは喜劇であれ、悲劇であれね。彼が南方まで行って、何に裏切られたということになるのか？　何が彼にとって最初の信念とは違ってきたのかは明確ではないと思う。

藤木　明治の国家とか天皇制とかいうものによって自分が動かされてきたことがいったいなんだったんだろうという問いかけが一番最後のところに出てくるのじゃないの。

毛利　最後、伊藤博文に声をかけられなかったから、それでがっかりした？　何に挫折したんでしょう？　舞台もそうだったけど、戯曲として何でということになると、秋元さんにとってみれば、まだ模索中だったと思う。そもそも村岡がいくら能力があっても、一年でどうやって街の顔役になって、女を助け出すお金をどうやって集めたのかということは何も書いてない。普通はこんなこと考えられない。南方に行った途端に大きくなって、女を集めて、会社組織にしても現実にはうまくいくはずはない。

斎藤　それは歴史に乗っている。

毛利　そういうのはあそこにはない。そういうのは問題にしなかったわけでしょう。だけど、それを問題にしない時に、なおかつ説得性を持たせようという時には、やっぱり基本的な歴史のメカニズムを踏まえていないといけないと思う。面白いし、分かるけど、なぜか薄いと感じる。

斎藤　これは歴史を知らなければ分からないのかなあ。例えば『風浪』について何も知らないで見ても、何となく分かる。それは今日の漫画世代の新しい劇作家を、何の話か分からなくても、ある種の理解が出来るという事とあまりかわらないのじゃないかな。だから、古さはもっと違うところにあるのじゃないかな。

岩原　例えば、佐山という人物が歴史の中で右往左往しながら生きて行く。だが、若者は右に行った、左に行ったということが分からないわけですよ。コンビニに行って、ゲームセンターに行ったという動きをしてくれるなら、若者達は分かるけれども。学校党側へ、民権党側へと言われても分からない。そうすると人物の生き方自体が右往左往しているイメージがとらえきれなくなる。

藤木　上演の時にあの装置も三作共通ということで問題になると思うのですけど。この作品はいわば、写実的な舞台、いろんな条件が細部にわたって書き込まれているわけです。そういうものを切り捨てているでしょう。装置も含めて。二時間二〇分、休憩なしで、力技みたいなもので押し通してしまう。細部が切り捨てられるということがずいぶんありますから。だから分かりにくいこともある。それから最初の同居のシーン、お妾さんと奥さんとが一緒に住んでいるような古い家族。それでいながら、蚕軒は新しいものを取り入れようと一生懸命になって、技術さえ取り入れればいい、しかしキリスト教はだめだという立場をとるわけでしょう。この上演では、そういう細かい部分は切り捨てられざるをえないところがかなりあった。だから、そういう意味で言うと、無理があった事は事実だと思う。いろんな意味で理解を妨げている部分があると思う。人間関係も分かりにくいし、実学党、敬神党などの関係も分かりにくい部分が確かにあると思う。『風浪』は一番否定的な評価が多かったのですけど、ぼくには一本筋を通すところが逆に面白かった。演出者の力が出てくるところが面白かったのですが。この作品はもともと六幕。第一幕はその後の著作集、作品集に載せられているのですけど、その切り捨てた第一幕を復活させて上演したわけなんですけど、ぼくは割合、これは筋を通したと思う。確かにストーリーを完結させるための無理がいろいろあったり、舞台上でもどこがどういう場なのかという具体的な設定を無視しても動かざるをえないところがあったりした事は事実ですが、ああいう構成舞台ではやむをえないところがあったと思う。『風浪』はああいう形で上演してしまうと細部の部分は分かりにくいところが出てきますよね。でも写実的な形でやったら四時間半位の芝居になってしまう。『山脈』とこの作品に作者が上演許可をなかなか与えないのは、自然主義的なものが現代の上演には適さないという考えがあるのではないかと思います。

斎藤　出版した時、付記して、初演ではカットした最初の一幕を出してきたという事はよかったと思う。

藤木　あれは確かによかった。

毛利　三つの中では『風浪』は、ぼくも面白かったと思う。ただ分かりにくかったということは事実で、始まってしばらくは、学校党云々はぼくにも知識はないし、よく分からなかった。しかしそのうちに、テーマがどこにあるかというのは分かってきた。あとでこの戯曲を全部読むと、確かに刈り込んではあるが、大きくは切っていない。一本筋は通してはいる。そういう意味ではテキストレジはうまくやったなあと思った。

藤木　それは木下さん自身も認めてはいたようですね。捨てた第一幕を復活させるということ、全体について話を伺ったら、木下さんは肯定的に、こういうやり方でいいという風には言っていました。この作品の初演は、一九五三年、敗戦から八年。それとこの作品が扱っているのは明治維新八年から十年の間の出来事。もちろん書いたのは大戦前、出征する直前に、作者がいつ死ぬか分からない危機を感じて書いた作品ではあるわけですけど。たとえば軍国少年で生きてきたのが、ある日突然ガラッと変わると、教科書にスミを塗って、今まで習ってきたことは全部嘘だったという事になるような、時代が急激に変わった時期に、青年がいかに生きるべきかという問題意識は、発表された時代から上演された時代にかけて、やる側にも見る側にもあった。時代は変わっているけど、自分が何を頼りに生きていっていいのか分からない。文字どおり風浪の中に飲み込まれてしまいそうになりながら、自己をいかに確立していくかというこの問題は、時代をこえて共通していくのではないか。ただ、今の時代の中で、はたしてそれは若者にどういう意味を持つか、若い人達がどう見るかということはあると思う。

堀　この頃の学生は、絶対に答えがなくてはいけないわけですね、受験体制によって。すべて答えは○か×でなきゃいけないわけで、そういう時に○でもなくて、×でもなくて、分かんない、分かんないと言っていく姿勢が分からないのじゃないかなあと思うのですけど。（笑い）

斎藤　それよりも、あの舞台を見ていると、主人公一人にあまり絞らないようにしている。つまり群像として書こうとした。

毛利　それは木下順二の一つのドラマツルギーでね。心情を託す人物はいても、そいつを中心に書くのではない。今、言われたように、分からんというのは今風ではないかも知れないけど、これは木下順二の思想なんでね。これは六〇年代まではアピールするところがあった。しかし、六〇年代の学生紛争の時、進歩的文化人は自分の立場をはっきりさせられなくて批判されたわけでしょう。木下順二は典型だったと思う。一時、ものすごく人気をおとした。だけど、彼は分からんという立場に固執して、結局、最後の『子午線の祭り』で、歴史を動かす方に視点を合わせながらもそれを貫くわけですね。そういう意味では、彼は歴史劇のあり方を、一つのドラマツルギーとしても考えていたと思う。良きにつけ、悪しきにつけ、最初の作品は彼の典型的な姿を現わしていると思う。

一ノ瀬　歴史劇という枠のくくり方なのですが、今回の三作品は、確かに今から見れば日本のある時期の歴史というものが描かれているとは思いますが、歴史劇という言葉で言ってしまうと問題があると思う。この時期の新劇がやろうとしたことはおそらく、個人対社会、個人対歴史。個というのを中心にすえて考えていく方法を取ってきたのがぼくの考える新劇なんですよね。あるいはそれが新劇のドラマツルギーだと思っているわけです。今のような形で歴史劇と言ってしまうと、すべて群像劇になってしまう。そうではなくて、『風浪』は、やはり佐山を中心とした芝居で、『村岡伊平治伝』も言うまでもなく村岡。ただ『美しきものの伝説』だけは、それらとは異った構造を取っている。これは新劇のドラマツルギーの変化としてみると、面白いと思うのですが。

毛利　その変遷は非常に面白い見方だけど、ただ、群像劇というのは、新劇の考えだと歴史劇だと思う。新劇の中ではたえず歴史劇が一つの観念としてあったし、問題にされてきて、木下順二は歴史劇を書きたかったと思う。彼には心情はあるのだけど、心情を書きたかったわけではなくて、歴史を書きたかった。社会の動きを、その中で動く人々を書きたかったと思う。

一ノ瀬　それは歴史劇というより、歴史意識ですよね。イデオロギー的になってくることになると思うのですけど、作者の個人的心情ではなくて、歴史意識がドラマツルギーの中で実現されるかという問題ですよね。

毛利　そう言ってもいいかもしれない。しかし、ぼくが言いたいのは、木下順二は歴史を描こうとする時、民衆劇にしようとするけど、本当の意味での民衆劇ではない。中間層でしかない。それはどうしてかというと、自分の心情がどうしても出てきてしまうから。最後までそうだと思う。

斎藤　それは木下順二の近代的な日本人の個人意識が強く佐山に反映しているわけですよね。個人と国とキリスト教などに対する当時のインテリの意識そのものなのね。むしろ村岡伊平治は底辺の庶民だから、逆に上とくっついて歴史をしょってしまう。木下順二のはいつも中間にいてどちらつかず……。

毛利　木下順二が積極的に評価される時代はあった。それがそうでなくなった時に、彼のドラマツルギーが行き詰まり、彼自身も困ったと思う。だけど、宮本研は時代というものと密接に関係があった。演劇とは何か、演劇はどういう役割を果たし得るかとかというような意識があった。でも、『美しきものの伝説』は、客観的にみてもどう評価すればいいかぼくにはよく分からない。あれはどういうところがいいのかなあ。

藤木　初演と再演があるのですけど、初演の時にすごいショック、鮮烈なイメージはありました。それは時代的な状況があるでしょう。木下さんの『冬の時代』は大逆事件以降の社会主義者たちを描いていた点があるのですけど、こちらの場合はもっと島村抱月とか、小山内薫とか、久保栄にいたるまでの演劇関係の事が出てきて、一種のメタシアター的な、演劇論の演劇というところがあってそれが面白いと思うのですけど。作者が初めて民衆の問題を提起していると思うのですけど、民衆と革命運動を起こしていこうと。演劇もまたそういう方向にそって進みながら、重なり合い、錯綜しあっていく中で、大正期の時代を動かしていく民衆像みたいなものが底にうごめいて、しだいに力を持ち始めてくるような時代層の中で、リーダ達と民衆との乖離、あるいは溝の部分が段々と見えてくるというような芝居だったという感じを持っていたのですが。ルソーの『ダランベールの手紙』の中で、一本の柱を立てて、そこで祭りをするという事自体が演劇であるということ。いろんな議論をしつつ、相対化し、収斂していく力をこの戯曲は持っていると思うのですけどね。

毛利　あそこでは民衆は出てこない。

藤木　そうです。でも民衆をめぐっての論議ではある。

斎藤　学生運動にしろ、安保にしろ、反対運動をした人達は頭悩で考えて、真剣にやったわけですよね。だから大正リベラリスト達も理想を持って、運動のためには運動をするけど、本当の世界は実現できない。その危機感にのってつくっているわけですよね。

毛利　ここで言う民衆は、彼らの頭の中にある民衆でしょう。頭の中の民衆は本当の民衆じゃないわけですよね。その時に本当の民衆は何だという事がないと、彼らと民衆の間に溝が出来たんだということも我々の前にはっきりと出てこない。

藤木　『阿Q外傳』やその後の作品になってくると、その問題は宮本研の中でもっと明らかになってくると思う。

毛利　そういう意味では『村岡伊平治伝』に似ているところがある。インテリ層が持っている民衆の観念性というものが批判の対象になっている時に、本当の民衆はこうなんだという事も示していない。だから、その批判性が明確さや鋭さとして出てこない。ぼくらもインテリで民衆は観念でしかないからね。ところがあの時代はどっちでもそうだったから、それでお互いに共鳴しあってしまって、すんでしまったところがあると思う。

一ノ瀬　とにかく革命幻想みたいなものを対象化して描いているわけですよね。ですから、ここに出てくる人物達は、社会主義の歴史の中で、非常に神話化された人物たちですね。この芝居はその神話化されたものを一度剝してしまう。神話を剝して、人間として見せてしまう部分がとってもある。

藤木　新劇史上の人も同様にね。

一ノ瀬　そうですね。で、それを見ている観客は革命神話が剝ぎ取られてしまった現実を見るという点で、まさに観客自体が民衆だと作者が書いている。観客席で神話化された部分のベールが剝がれる瞬間を共有する。逆に共有することによって、最後の鎮魂歌がはじめて成立するということになる。六八年という時代よりも、七一年の文学座の再演が話題になりましたよね。一度、全てが倒れた後の挽歌みたいな感じで出てきた方がこの作品はアピール度が強かったのでしょうね。

斎藤　私も再演を見たのですが、時代にあっていたと感じた。

毛利　その時代はそうであっても、今はどうなの？　今は力がないという事なの？

一ノ瀬　今回に限っては、三作品の中ではインパクトが少なかったように思います。

毛利　舞台としてではなくて、戯曲として？

一ノ瀬　戯曲としては、メタシアター的なものですから、構造が面白いという言い方は出来ますけど……。

藤木　最後のレクイエムが本当はね、幻想が破れた後に初めてそういう人達の姿が浮かび上がっていって、もう一回見る側に、革命とは何か、社会主義とは何かとか、民衆演劇とは何かというのを問い返していく部分が最後に出てくるのだと思う。今回の舞台で言うと、その部分が一番弱かったのではないか。それ以前にくる部分がかなり喜劇的な部分で批評的な舞台作りをしていましたよね。石澤さんの演出で言えば、そういう部分と言うのはかなり戯画化したような部分を含めて出しているところが、最後に行って破綻してしまったのではないかなという感じはぼくはするのですが。

斎藤　女性がかなり描かれていたような気がするのですが。

堀　この種の芝居は難しいなと思うのです。平塚らいてうにしろ何にしろ、人間を描いたというけど、女性解放＝性解放だったと言わんばかりのおちゃらけた書き方をしているので、共感を持って見られなかった。でも、女性ばかりではなくて、小山内薫は新劇にとって重要な人であったはずなのに、新興宗教に狂って頭がおかしくなったとか、あるいは島村抱月は大衆路線をいったといいながら、大衆のためにいろんな事をやったはずなのに、経営者として見捨てられたように死んでしまったようなイメージで描いてしまう事自体に反発を感じましたので、あまり良い気持ちでは見られなかったですね。でも、良い気持ちで見られないようにというのは、作者の意図ですよね。それはそれで分かるのですが……。

毛利　これはドラマツルギー自体が当時、ブレヒト的な新しさはあったのかもしれないと思うのですが、一ノ瀬さんがいみじくも言ったように、作者の自意識的なところがあって、これはやはり木下順二につながると思う。そういう意味では小山内薫も島村抱月も他の連中も伝説的な人物を剝ぎとるというにはちょっと薄すぎる気がする。小山内薫は何だったんだ、島村抱月は何だったんだということを問題にはしていないと思う。それは一種のドラマツルギーの策略でもって、劇画化したけど、そのことで本当に突き詰めるという事を避けたという気がする。だけど、当時は本当に突き詰めるという事は出来ないという痛みがあった時代だから、それをそれほど感じなかったかも知れないのだけれども。客観的にドラマとして見れば、何が問題なんですかという事が出てしまう。革命が結局は挫折したという事の本当の原因はどこにあったかを探りたかった芝居なのか、それともそもそも革命というのは幻想でしかないということなのか、あるいは民衆との乖離ということなのか、結局は、インテリはインテリでしかないということなのか、あるいは最後、予感がありながら自殺みたいにして行ってしまうという大杉栄の虐殺に対する告発があるのか、最後に鎮魂するけど、何を鎮魂するのかというところなどが、今思うと、作者自身が突き詰めようとしても突き詰められないという限界があったように思う。

斎藤　彼自身が歴史の一部を心情的にしょっているから、強く書けない。だから外国のものになると客観的になれるという事はあったかもしれない。『美しきものの伝説』というタイトルだって、かなり心情的で、心をよせているのね。

一ノ瀬　よせてはいるけど、もっと神話的なところを剝ぎとるということを狙っていた。これが世代が一つ、二つ若くなると、つかこうへいの『飛竜伝』につながっていくものだと思う。ただし、宮本研の時代は、鎮魂歌を書くことで、託して行くという姿勢があると思う。ポールの周りに集まってくるのが民衆でなければ、革命は不可能だというところまでいくのではないでしょうか。いわゆるスターの革命の時代から、民衆の革命の時代へという流れはある。

毛利　だけど、その民衆は自分達には分からないんだというところがあるのかしら。

斎藤　木下順二と宮本研は少し世代が違うでしょう。木下順二はある種の上流階級、東大を出て、昭和の初めのリベラリストの動きをしている。ところが、六〇年代に学生に加担した心情を持った作家達というのはある程度庶民なの。

毛利　民衆というのは、学生も民衆だし、我々も民衆だけど……。

斎藤　民衆自体があいまいになってきているのではないか。今や民衆なんてあいまいだから。

毛利　革命伝説四部作、つまり革命劇のつもりなのか、革命劇とは何だろうか。上層階級しか変わることがないのではないか。レボリューションとは、上の方がぐるぐる回っているだけであって、下は回らない。民衆を描いた革命劇は、一種の自己矛盾じゃないかと思った。

斎藤　六〇年代は、革命の時代と云われる幻想はあった。それに加担していると学生達は思っていたし、学生自体が増えた時代で、庶民に大学生が多くなった。だから、ある種の思い込みがあった。

毛利　確かに、進学率が五〇％になれば、民衆ですよ。でも、宮本研には、本当の民衆じゃないというか、あるいはとらえ切れていない、その中に入っていないというような自意識があったとも言えるのかなとも思った。

藤木　それはそうだと思う。

堀　今回上演する時、何でカラオケにしたんでしょう。お祭りとちがって、カラオケはもっと個人個人のもの、密室のものというイメージがありますよね。

一ノ瀬　それが今じゃないですか。かってのようなお祭りがありえないから。そのことがこの作品がどこを狙っているのか分からなくなってしまっていることにつながると思う。その中で、むしろ印象的だったのは、伊藤野枝の存在でした。子供はどんどん産むし、何事にもへこたれない。最後は、大杉と一緒に死にますけど。特にエリートでもなさそうだし、生命力抜群。生命力の固まりの女性像のような書き方がされているという気がしたのですが。

斎藤　民衆的な何かを女性に託してやったのかもしれない。つまり、男は議論ばかりしているけど、女性の方は生活を……。

一ノ瀬　神近市子とか、平塚らいてうは、かなり戯画的に描かれても、野枝は戯画的には描かれていない。何が起ころうが、子供を四人も、五人もつれて、平気でやっていくわけですよね。宮本研が意識していたかどうか分かりませんが、そういう書き方を今回の上演の中ではかなり中心に据えていたと思う。

毛利　最後は大杉栄でさえ、予感とか、迷信みたいなものに動かされる。彼女だけは全然関係なくいくわけだから、そんなことになるわけですね。

斎藤　今の人にはよけい受けないのだ、四人も五人も子供を産む女性なんて。（笑い）

新劇と演技

毛利　今の話からいくと、三作品とも主人公はある程度、はっきりしていますね。しかし、主人公を演じた若い人達の演技の質が違うという気がした。ああいう演じ方はうまいへたではなくて、新劇の古い世代はああいう演技はしないのではないか。雰囲気が全然違っていた。あれは合わないという風にぼくは思ってしまう、それぞれの人物に。佐山も、村岡も、野枝も。どうですか？

斎藤　私は東京演劇アンサンブルは好きだけど、あそこの役者は、本当にしようがないと思う。その悪さがあるのではないかと思うの。

毛利　若い世代は俳優座的な演技というものを分からなくなってしまっている。かといって別なものがあるわけでもないし、小劇場風の影響もあるのか。かといってもちろんそっちにいっているわけでもない。古い世代の人達はちゃんと教えない。それは自分達が良いとは思えないから、自信がないから教えないのかもしれないし。常識的に考えても、本人達は、ああいう演技が成り立つとは思わないと思う。佐山と村岡と野枝とは。

一ノ瀬　今回、座・新劇を名乗っているからには、新劇の伝統の見直しと同時に若手の俳優が新しく出てこなければいけないと思う。ですから当然、主役をあえて若手に持っていったのでしょう。今回の場合は、手放しという訳ではありませんが、かっての俳優座系の若手の人達のちぢこまって、発散できない演技に比べれば、それなりに違和感はなく見られた。

毛利　上手、下手ではないのですよ。新劇風の演技はいいのじゃないのだけど、この芝居そのものは新劇風の演技を予想して書かれている。特に、『風浪』の場合には、そうだと思うのだけど、佐山を演じた俳優自体は下手ではないかもしれないけど、いわば今の若者が佐山を演じていますという感じなのね。それで、佐山という人物、明治の時代の人物、作品の中の人物の雰囲気、その中から人物をつくっていくという演技、つまり人物の中に自分が入っていくというのとは、ちょっと違う形のもの。批判されている俳優座的演技も間違った技巧かもしれないけど、一つの技巧としてつくりあげていったものですね、新劇は。役に入るとはどういうことなのかと。この三人を含めた若い人達は、そういう新劇的な、伝統的な手法を持っていないのではないかと思った。そうすると、つかの作品ならばいいが、これらの作品には合わないという気がした。例えば、年取った女優陣は、新劇なんだよね。良かれ悪しかれ、人物のつもりになっているけど、若い連中は、現代の若者として出てくるわけ。そういう気が非常にした。どうですかね。

岩原　それは彼らがそういう教えで育ってきているのではないですか。人物の役柄に入って、全てを役柄の支配のもとに演ずるというのではなく、自分がやるんだという意識で演技をつくっているという事が、今の若手の俳優にはいえるのではないでしょうか。

毛利　それはやっぱり新劇の伝統とは違うのではないかなあ。

藤木　俳優座系の演技のスタイルはありますか？　方法論みたいなものは。少なくとも俳優座養成所は千田さんの近代俳優術がテキストになったのは事実ですよね。いかに役の人物に自分が入り込んでいくかという方法、そのための方法論だと思うのですけれど。台詞にしても、身体の動きにしても、近代俳優術の中に説かれている方法論だと思う。だけど、若い人達は、基本的な肉体訓練、発声訓練という形では同じようにやっているけど、役作りの時にそういう方法論を使っていないのではないでしょうか。

毛利　でも、古い世代はそれを使っているわけですよね。

藤木　そうですね。さっき、スタニスラフスキーの話が出てきましたけど、『風浪』の初演なんかは、まさに細かい設定の中で人物がいかに生きるかということを、ピースで続けていくことをしたのですけど、今はそういう形での稽古の方法もないし、俳優術そのものが意識的な方法論を持たないのではないですか。特に若い人の場合には、どういう風に役の人物を演じるかということの方法論がもうないのではないですか。俳優座に限らず、一般的にそうじゃないのですか。欧米の場合の役の演技の作り方、基本的な役作りの方法論がなくて、かってにはらばらにやっていて、全く統一もないし、作っていく技術がないという指摘が生じてくることにつながるのではないかなあ。この十年、二十年の間、そうじゃないですか。出てくれば、若者でしかないというのはそういう意味だと思うのですが。てらそま君の代までは少なくともそういう作り方はあったという気はするのだけど。そうでもないのかなあ。

毛利　舞台を見て、三人の若い主人公たちの演技は、肯定されますか、否定されますか、上手、下手は別として。あれは質がちがうという事、今回の合同公演そのものの目的として、世代をごっちゃにしてやって、違った演技が出てくるのを狙ったとは思えない。どういう基本的な姿勢を持っていたのかが分からなかった。

堀　見た後、広渡さんにああいう芝居を今の若者達に演技をつけさせるのは難しくなかったですかと質問をすると、今回は合同公演ですから一ケ月しか稽古時間がないし、またそれぞれの劇団ごとに違う演技論を持っていて、その人達に彼の持っている素人芝居に近い路線で演じさせるのには苦労したという答えが返ってきました。今回の芝居は非常にリアリスティックな芝居ですから、リアリズムとこの芝居で演技者はどうあるべきかという事を紙に書いて役者達に渡しておいたそうです。でもそれを実際にやらせるには、時間的にも無理だったし、今までの演技を捨てさせることは難しかったようです。例えば、テレビによく出ている俳優は武士の格好というと、必ず、座った時に裾を払い、刀を置く、というようなことをしてしまう。百姓だった人が武士になったわけで、そういう型通りの演技はおかしいのだ。どういう風にその人が育っていって、そういう状況になったかという事を理解させたかったが、実際にはうまくいかなかったそうです。若い人の演技の質のちがいまではよく分かりませんが、ただ、このように合同でやった場合には、それぞれに持っていたバックグラウンドが違えば、それなりに難しくなるのではないでしょうか。

斎藤　毛利さんは文体に対して、役者がその文体を表現していないと考えているわけ。

毛利　文体もさることながら、人物自体、意味合いが表現されていないということ。例えば、佐山という人物では、俳優自身が出てきてしまうから、佐山の持っている本当の内容は伝わってこない。分からんという事が分かるだけであってね。他の者もみんなそうだった。俳優たちの普段の面白さでやっているから、彼だけではすまないようなところになるともうだめだということになる。野枝も元気いっぱいというのは分かるけど、元気いっぱいの野枝でしかなくてね……。

斎藤　演技は今問題ですよね。俳優の身体性とか、演技とか。

毛利　昔のように役に入り込むというのは、むしろ否定的に見られているところがあるわけでしょう。事実、みんな本当に下手なことしか出来なかったわけだし、今も誰も上手くは出来ない。そうなるとそっちの方がいいという事は必ずしも言えないような中で、段々、逆方向になり、逆方向の方がいいということになる。今まで新劇がそれに合う演技を見つけられなかったのは事実なんだけど、それは方向が悪かったということなのか。

斎藤　新劇自体がそういうところで崩壊していった？

毛利　ぼくは、それは非常に思った。今回の演技の不調和が、新劇そのものが崩壊しているということを明らかに見せているのではないかかな。

一ノ瀬　新劇は戯曲の文学性をいかに観客に伝えていくかという中で培われてきたものだと思う。それが、否定されてきた時に、役者自身の身体性を規制する形で文学性を優先させていたという反省も当然あると思う。これは今小劇場系がしていることですが、今回の上演では、新劇の俳優が文学性を伝えるよりも、役を自分の身体を通して生きて見せるということをした。その時に作者の意図したことが伝わらないことがあるかも知れないが演劇が持っている特徴として、そういうことも可能性としてはあるわけですよね。ですから、今回の企画が成功するかしないかは、良い若手の役者が元気よく出てくるか、出てこないかが、一つの基準だと思ったのですね。その点で言えば、なるべく若手を主役にすえる意図はあったと思うし、この点だけは評価しておいていいのではないか。

毛利　うまく言ってくれたのだけど、もし、そうだとすると、新劇が本来持っていた方法を否定する形で、今回の舞台は成功したということになるの？

一ノ瀬　皮肉な結果といえば、そういうことだと思う。

毛利　ぼくが、新劇が崩壊したということを見せてしまったというのはそういうことなんだよ。新しいものは、世の中では新劇と言わなくてもいいということになっているのでしょう。

斎藤　座・新劇というからには、新劇という言葉にこだわっている。

毛利　そしたら、新劇の伝統をどう評価するかという問題があると思う。今、言った文学性というものから、俳優の肉体性の方へ比重をかけてしまうという方向を肯定的にみる時には、過去の新劇の伝統はなくてもいいということになる。少なくとも新劇という言葉はなくてもいいということになってしまう。

斎藤　ところが新劇という言葉に拘って、新劇の旗を降ろさないという人もいるのね。

一ノ瀬　その時には新劇的なるものとは何か。新劇というよりも、新劇的なるものという風に言った方がいいと思いますが、演技論から始まって、アンサンブル、戯曲の問題とか、新劇という言葉の中には、いろいろな事が含まれていますね。その中で、座・新劇と名付けて三人の作家を集めてきたということは、文学性ということに関しては捨てていないと思う。ただ、文学性というものをどう表現するかという時に、身体を前面に出したから文学がなくていいのかというところでは、座・新劇という企画は動いていない。その事は三十年前に唐や寺山がやってしまったことですから、今さらやることはない。それをやるとするならば、今まで培ったイデオロギーを含めた文学性を新しい器の中でどう表現できるか。そこのところの勝負だと思う。だから、今回のがすぐに新劇が死んだという結論にはつながらない。

毛利　三人の若手の演技は、そういう方向ではないわけでしょう。

一ノ瀬　だけど、その中で文学的なるもの、あるいは新劇的なるものが伝わらないかというと、必ずしもそうじゃないと思う。

毛利　ぼくは、彼らの演技だったらそれは伝わらなかったと思う。

斎藤　なぜ？

毛利　彼らは役を表現するのではなくて、自分を出してしまうから。確かに休憩なしでいくには、その方が面白いですよ。

一ノ瀬　文学性は、やはり役そのものの中にあるものだけではないですよね。だから、言葉そのものの伝え方としてはいくつかの方法論があるわけで、今回のやり方で、言葉が伝わってこなかったのかというと必ずしもそうじゃないような気がする。

毛利　聞こえるのは、実際は音声、声なんだけれども、その言葉は人物の言葉か、俳優の言葉かということになると思う。俳優の言葉でも伝わることもあれば、伝わらないこともある。だけど、文学性という時は、俳優は人物の言葉を伝えようとすることだと思う。

斎藤　人物の受けとめ方が違うのか。

毛利　ぼくは、やはり、質が違うと思う。上手い、下手ではないということ。

斎藤　一ノ瀬さんは変わったそういうものを認めて、戯曲の世界も違ってきたと考えるわけよね。そのへんがはたしてどうか。

一ノ瀬　その時にやはり、戯曲をどの位置で捉えているかということが問題だと思う。

毛利　それと、俳優が自分の言葉を伝えて、それが即戯曲の人物の言葉になるような戯曲と、そうではなくて戯曲の人物の言葉を伝えようとしなければ、戯曲が成立しないような戯曲もあると思う。今の小劇場風なのは、俳優が自分の言葉を出せば、即戯曲の言葉になるような戯曲の作り方だと言えるかもしれない。つかこうへいなんかはそうだよね。それで戯曲を評価するかしないかは、また別の観点かもしれないと思うのだけど。『飛竜伝』なんかを見ると、何でこんな芝居が書けるのかと驚いてしまう。

斎藤　例えば、最近、リアルで、小津風をねらっていると云われている平田オリザの戯曲と台詞の出し方などはどうでしょう。私は聞こえなきゃ分からないからいらいらしてくるのだけど。（笑い）

毛利　あれなんかは典型でしょう。俳優が自分の言葉を言えば、即戯曲の言葉になるという。

岩原　平田オリザの稽古を見ていると、役者が気負って大きな声を出そうとすると、押さえろ、押さえろというダメが出る。日常の言葉で、つまり自分の言葉でという意識があるのではないですか。

斎藤　一部の人にしか聞こえないように話している気がする。

岩原　それは、話している時には話している相手にしか聞こえなくてもいいという意識があるのでは。

藤木　あれはリアリズムでも何でもないでしょう。百年前に「アントワーヌの背中」といわれたのだから、それを今さらひっくり返して、先祖返りしてもしようがない。演劇史を知らないだけだ。

持っているから。意表をついている。最終的にはあそこにいくのかなあ、自分の声でとなると。

一ノ瀬　そういう事とは違うと思う。というのは、もしそこのところまで行ってしまえば、ドラマ自体は必要なくなってくるというところまで行くのではないか。座・新劇でやった演出は、もっとドラマを意識している。今回それがすべてうまくいったとは言えませんが、少なくとも俳優座という劇団で見ていた演劇の作り方とは、違ったものが出ている。そこが突破口になるかは別にしても、古い戯曲を新しい入れ物でという方向性が少しは見えたのではないか。

毛利　それは、肯定的に言うわけね。

一ノ瀬　ええ、肯定的に。

斎藤　毛利さんの考える演技とは、これまでの役者は役に近づく。こちらだと、役を自分の中に引っ張ってくる。こういうことかしら。

一ノ瀬　戯曲をどの程度、自分のものとして見るかという事なのですね。毛利さんのおっしゃる基本は、戯曲が絶対的なものとして中心にあると思う。そこからそれがどういう風に実現されるかということだと思うのです。

毛利　あれはアゴラ劇場で最初に見ると驚く。方法論は

ぼくは、戯曲の位置は、もう少し不安定なものとして見ています。

毛利　絶対的というのではない。戯曲は言葉でしかないわけですから、実際は舞台上で立体化しなければいけないわけですから。ただ、戯曲の中にも人物としての言葉を伝えなければ、戯曲が成立しないような、あるいはそういう形で初めて意味合いやニュアンスが出てくるような戯曲と、それから俳優が自分の言葉で言えば、戯曲の世界が成り立つような世界がある。その時に戯曲の世界はおそらく、細かなニュアンス、深みという事はあまり問題にしない、別の所で勝負する戯曲だろうと思う。だけど、少なくともヨーロッパから始まった新劇というのは、戯曲の持っている人物のしゃべる言葉の中にある意味合いというものを出来るだけ深く、豊富にという形で作り上げて、それをどう観客に伝えるかという事を信条とするドラマというものを目指してきた。それはもちろん成功、不成功はあるのだけれども、そういう方向性というものはあって、少なくとも、今回の三つの作品はその方向性の上に立った作品だと思う。そうすると、そういうものを演じるには、そういう方向性に則った演技を目指さなければいけない。今までの新劇の俳優達は目指

したのだけど、うまくは出来なかった。出来なかったから、それは今、捨てさられているのだけれど、その時に、新しく出てきた演技に当てはめて、この戯曲が生きてくるかというと、それは疑問に思う。

斎藤　毛利さんの頭にある新劇は、イプセンとか近代劇とかが中心になっている。近代劇の中でなされたシェイクスピアなどを想定している。

毛利　必ずしもそうではなくて、築地の場合には、次の時代の反リアリズムを入れたわけだし、古典劇もやったでしょうけども……。

斎藤　だけどシェイクスピア劇も役を掘り下げるという形でやった。シェイクスピアの時代の俳優は、役を掘り下げるという事とは別の意図でやったかも知れない。

毛利　昔はね。しかし、ヨーロッパの演劇の伝統は、人物を表現する方にいったと思う。そういうものがシェイクスピアの時代がどうだったかは分からないけど、少なくとも十八世紀以来、演技について意識を持ち始めた時からはそうだったし、シェイクスピアだってハムレットが言うように、ピーチク、パーチクやるなと言っているわけだから。自然に向けた鏡だと言っているわけだから。

斎藤　自然の鏡という意識は近代とは違っている。毛利さんが言うことは新劇の終わりと言うのか、新劇が新しい時代に対応する新しい演技を模索することによって、戯曲を復活させなければならないという事かどうか。

毛利　例えば、こういう戯曲を若者達の演技で統一した方がよりこの作品の新しい意味合いとか、我々が気づかなかった何かが出てくるとか、解釈が成立つとかという姿勢があればいい。その点、今回の企画の中で、本当の意欲というものは感じられなかった。演出がどこまでやりたくてやったのかということが分からなかった。

藤木　新劇の系譜と言えば、リアリズム演技を極めようとしたのは、ぶどうの会とか民芸、下村正夫の新演劇研究所とか、八田元夫の演出研究所とか、今の流れでいうと、東演とか、青年劇場という流れですよね。そういうところにはリアリズム演劇を究めていこうとする一つの流れはあったと思う。俳優座ももちろん俳優座の演技スタイルというものがあったし、文学座は俳優個人の個性をいかに舞台の上で活かすかという方向だろうと思います。個人個人は全部、それなりに、いかにその役に成りきるかという苦心はしていると思います。ただ、役に成りきって、そこで役を表現するかという方向は、七〇年代から八〇年代にかけて、いわゆる新劇は崩れていったのではないでしょうか。そういう意味での表現方法というものがルーズになってしまった。そういうところにこだわらずに、むしろ自己の肉体表現という方向に重点をおいていくという傾向は確かにありました。

毛利 役に成りきるのは、スタニスラフスキー的にものを言っているだけではない。ブレヒトだってそうなんで、千田さんはヨーロッパの伝統の上に則っていた。ところが、唐十郎以来、俳優を出すのだというのが出てきた時、新劇は一度自信をなくしましたよね。それが今まで続いているわけですけど。あの時、自信をなくした連中は、どうしていいのか分からなかったのだけど、その次に出てきた世代は、最初からこっちにきているわけだ。小劇場はそれで始まってしまったわけですよ。だから、反対している意識もない。

藤木 この三つを上演しているグループの中では、戯曲を前提として人物をいかに表現するかという点では、みんな共通な基盤を持っているのではないか。だけど、毛利さんは若い人はそうじゃないんだと言いたいのでしょう。でも、そういう方向に行こうとするがなかなか表現できない部分もあると思う。若いから技術もないし、どう表現していいか分からない。ただ、広渡さんは演技の作り方はちょっと違うと思う。かなり批評的な作り方をしていると思う。二回目に見た『風浪』で強く感じた事ですが、台詞がきちっと伝わらない。それは違う流れを優先させるから、台詞が通らない部分が若い俳優にはみられた。年輩の俳優は、きちんと言えるのですが。若い人の中には、やろうと思っても技術的に表現できない部分はかなりあると思う。

斎藤 流れだけ追っていて、小劇場の方に逃げてしまう。それなのか。肉体訓練とか台詞の発声訓練が出来ていないためか。質の問題か。

毛利 小劇場の方がまだきちっと言うよ。彼らは早口だって分かるように言うよ。

斎藤 ある小劇場は、基本訓練はかなり厳しいでしょう。

藤木 民芸の場合はリアリズムの演劇という方向性がはっきりとあった。俳優座の場合には、今まで戦前の新劇が到達できなかった演技のオーソドキシーを確立して行くんだということは共通する基本理念だった。ある時期まではそういう事が進んでいたと思う。それがどうして崩れてくるのか。やはりこの二十年位でしょうね、崩れていくのは。オーソドキシーという言い方は、難しいけど、少なくとも最低そういう演技表現がきちんとできる事。台詞も通るし、身体行動も戯曲に則ってちゃんとできる。それはやっぱり、俳優座は一番基本に置いていたはずなんですけどね。

毛利　聞こえるという事だけですまないような基本的な演技のあり方を含めたオーソドキシーである芝居が面白くなくなってしまった。

藤木　それは戯曲の質ということとも関わりがありますよね。

毛利　そこのところで、それを面白くするには俳優の演技をもう一つ本当の所へ進めなくてはならないのだけど、それが分からなかった。それは千田さんは自分では分かっていても教えられなかったか、教えなかったか。後継者は出てこない。

斎藤　例えば、ベニサン・ピットの方が近代劇のイプセンをやりますよね。ああいうものはどうなんですか。戯曲の世界を掘り下げようとしているのですか。

毛利　ぼくの考えでは、あれは台詞劇というものの持つ表現としての第一歩だと思う。台詞が、少なくとも小声でやっても聞こえる。全体が一つのリズムを持っている。全体の世界がどういうものだという事は伝わってくる。そこから始まって、今度は一つ一つの台詞を掘り下げていくわけでしょう。でも、あれは台詞は掘り下げていない。ニュアンスなどは飛ばしている。だけど、あそこまで新劇が行ったのは非常にまれだったから。やっと第一歩まで行ったと感じている。

斎藤　ベニサン・ピットと座・新劇とは質が違う。

毛利　彼らは掘り下げてはなくても、あくまでそっち側に入ろうとしているのは事実です。台詞が持っている流れを出そうとした事は事実です。日本の演出家だったら俳優が抵抗するような事も言ったかもしれない。速く言えとか、半分囁けとかというリズムは出してしまうわけですよ。それは戯曲が持っている一つのリズムなんですよ。だけど、一つ一つの言葉にこだわると俳優座みたいに全体は通らなくなるとか、俳優は自分の感情を込めることだけになってしまうとかいうことで。ベニサン・ピットの『ヘッダ・ガーブラー』が第一歩だと思うのは、演出家は戯曲の持っているリズムがどこでどう成り立つのか、ここは間をおくのかおかないのか。ここは流すのかという読み方は出来ていたから。

斎藤　それが新劇と質が違う。それは演出家のせい？

毛利　それは分からない。今回の企画で演出家はそういうことを分かっているか、分かっていないか、あるいはそういうものでないものを作ろうとしたか、あるいはそっちへ統一しようとしたか。演出家が一つの意図を持っていたというほどの準備も、意欲も見えなかった。これだけのことをやるなら、もっと周到にやってもいいのじゃないかという気がした。そういう意味ではもったいない話だと思った。

一ノ瀬　新劇の問題で、今日は役者の身体論で進みましたけど、実は、演出家という問題が残っているような感じがしますね。

斎藤　そろそろ時間ですので、結論的に何か。

毛利　ぼくは、この三つはすごく良い企画で、これだけの意欲があったら、もっと周到に三人の演出家が時間をかけてやればよかったのになあという気がした。三本並べるのは面白かったし、明治の三つの取り上げ方はどこまで史実なのかなあ。例えば、村岡がオッペッケペを歌うでしょう。

藤木　あれは、ちょっと早いでしょう。

毛利　ああいうところはわざとやったのか、ズサンなのか。

藤木　増見さんは知っていてやっているし、宮本研さんの場合でも、事実ではないことがたくさんあるし、フィクションにしているわけですから。それはそれでいいのだろうと思います。

毛利　三つの統一装置はちょっと問題だなあ。どうしてあんな装置にしたのかなあ。

藤木　ぼくは、ああいう枠組みを作ってしまって、あそこでやるということでは、はたして、リアリズムの戯曲である『風浪』みたいなものは、合わないという問題は出てくるのだけど、今度みたいな演出の形でやれば、可能なんだし、あまり抵抗感はなかったんだけど。装置は評判悪いですね。しかし、全体としては面白かったと思う。ぼくは、そんなに否定的ではない、肯定的なんです。ただ、こういう形、衛星劇団が横に広がってやるというのは初めてなんですよね。おそらく、いろんな劇団が縦に活動しているから、横につながるということはないわけで、年輩の俳優達もそうだと思う。昔、合同公演でやった時ももう遠い昔ですし、年一回、読売ホールでやった新劇の合同も劇団単位でほとんどやるようになってしまいましたから、本当の意味の横に広がるという形ではなかった。しかも若い連中を含めてそれをやったという事は、やる側にとってプラスだったと思う。ただ、今はみんないろんな芝居に出ますから、個々の役者では、商業劇場を含めて、昔に比べて付き合いは広くなっていると思う。俳優座系の劇団がこういう交流をしていくのは、非常にプラスだったと思いますけど、これから何とかうまく活かせる形で続くといいと思う。レパートリーの面でも、演出の面でも、もう少し積み重ねていくのは良いのじゃないかなという感じがします。

堀　二度とやられないかもしれないような作品も入っているわけで、そういう意味では非常に日本の演劇史に残る上演だったと思う。演出家は勝手に作品を選んだのでしょうけれど、どこか線をつなぐ意識があって、おそらくあのセットを作ったのでしょうし、音楽も一緒にしたんでしょう。そういう意味ではうまく利用できなかった部分はあるかもしれないけれど、三つ上演した意義はあると思う。こういう企画はもっともっとやっていって、お互いに切磋琢磨していくうちに、先ほどの演技論もだんだんに出来てくるかもしれない。

一ノ瀬　問題は観客層。ぼくが見た時は、なつかしの上演会といった年齢層の観客が多かった。やる方はかなり、若手を使っていたわけですけど、やはり、劇場を埋める観客を開拓しないといけないという思いが三度劇場に足を運んで、三度ともしました。

岩原　それはぼくも同じように感じた。今、俳優座設立五十周年ですが、あと二十年たつと、この人達は劇場には足を運べなくなると、こういう芝居はこれで終わりかなという意識はすごく持ちました。特に今の若い観客達がこういう芝居を理解し、演劇的な快感を味わうにはちょっと問題があった。そういう意味では、企画的には問題はないのですが、新しい観客の獲得に向けて、何か新しい試みをしてくれたかなという点に関しては何もなかったと思う。五十周年という意味は、五十年の歴史という意味で終わってしまった感じがする。つまり、五十年のキャリアの上にたって、次はどんなスリリングなことを、新しいお客に見せてくれるかなという期待をして見に行ったのですけど、その点に関しては、肩透かしをくった気がしました。

斎藤　新しい演劇をつくることは別だと思う。座・新劇で、客はこういう古いものを見に来て感動したらいいと思う。自分達と違う世界があるということを見るのもいいと思う。持回りでも良いと思うし、いろんな劇団や俳優達が一緒になって切磋琢磨して、良い舞台をつくってほしい。

一九九四年八月十八日　成城大学に於いて

＊「座・新劇」上演委員会（俳優座劇場）
『風浪』一九九四年六月九日～十八日
　　　　七月十二日～十七日
作　木下順二
演出　広渡常敏
『村岡伊平次伝』一九九四年六月二十日～二十九日
作　秋元松代
演出　増見利清
『美しきものの伝説』一九九四年　七月一日～十日
作　宮本研
演出　石澤秀二

『西洋比較演劇』会報十三号　一九九四年秋

第三部　あ・えむ・で実験劇

1　AMD座談劇（一九七二年）

AMDは過去三年間の毎夏、アクト飯倉スタジオで小さな演劇実験の試みを行なってきた。列挙すると次のようなものである。

一九七二年七月　座談劇
七三年七月　大久保寛二作『幕間狂言』
　　　　　　ストリンドベリ作『強者』
七四年九月　リルケ作森鷗外訳『家常茶飯』

第一回の座談劇については、後に述べ、その台本を収録する。第二回の試みの実験性は、大久保作の一人芝居台本を作者の大久保と越部暹の二人が続けて演じたこと、及びストリンドベリ作の、登場人物は女性二人だが一方が話すのみで他方は終始沈黙という一種のモノドラマを、話す役は毛利三彌が女役として、沈黙の役は斎藤偕子がそのまま女として演じたこと（演出は蔵原惟治）にある。

第三回の試みの実験性は、一つには鷗外訳の明治大正調の台詞をそのまま使う点、もう一つは、利光哲夫、蔵原惟治、斎藤偕子のいわば素人俳優と、俳優座の石橋智子、来路史圃の玄人俳優が共演した（演出は宮城弇子）点に求められる。

しかし実験としては第一回が最もユニークであると思われるので、そのことについて以下に述べておく。

この座談劇は次のような手続きで出来上がった。七月中旬の一日、大久保寛二、蔵原惟治、越部暹、斎藤偕子、毛利三彌（アイウエオ順）の五名が集り、その年に俳優座が上演したマロヴィッツ作『ハムレット・ナウ』の舞台批評を口火として自由な演劇論議を約三時間行ない、それの録音テープをおこして編集し、約一時間の座談会記録を作った。発言者名はたまたまそのときに着席していた順にABCDEとし、これを台本として、各々が役を受けもって台詞を憶え、七月例会に他の会員の前で座談会を再現したのである。このとき受けもった役は、ABCDEの環を一人ずつずらす、すなわち、ABCDEがそれぞれBCDEAの発言を自分の発言として〝演じる〟としたわけである。最初の会合から例会までが一週間、台本編集は五人全員で行ない、稽古は正味三日間であった。必ずしも全員ですらすらと〝座談〟してみせたわけではなかったが、なんの予備知識も与えずに行なったため、〝観客〟は、芝居か本物かいささか決めかねたところがあったらしい。

この試みのもともとの発想は、近年流行の肉体演劇に対比されるべき言語演劇というものは可能か、あるいは演劇本質の研究に有効かというところにあった。この〝言語〟とは、〝不条理劇〟で示されるような〝意味〟の解体された音声に近いものではなく、普通の意味表現としての言葉の意である。こういう言語劇として我々は座談劇を思いついた。一例はプラトンの対話篇である。もちろん、対話篇はそのまま〝演じられた〟通りの記録ではなかろうが、それはプラトンが彼の理想とした〝悲劇〟として書いたものだと想像する学者もいるのである。しかしプラトンのものは読めばわかるように〝座談劇〟には適わしくない。ソクラテス中心の問答に近いからである。我々は自ら座談会をやって、それを台本にすることにした。

言語劇を試みたいもう一つの理由は、新劇一般の舞台で発せられる言葉の多くが殆ど意味をもたないものであることへの疑問であった。『ハムレット・ナウ』がまな板にのったのもそのためである。結果は次のようなものだった。

第一に座談会の録音を聞きかえすと（読みかえすと、ではなく）、自分がいかに自分の言葉を理解していないかがわかる。他人との間に、そのときは通じ合ったと思った意味伝達が実際には通じていなかったことも歴然とする。だがこのことは〝劇〟の範疇に属することではないだろう。だが役を変えて、他人の発言を自分の発言として発言する段になると、もともとの発言のあいまいさ、伝達不能さを理解しなければ、それが自分の発言にならないことがわかってくる。そして自分の発言が無意味に近いことを理解するとは、実際は本来あるべき意味を理解していなければできないことである。言い直せば、各々が他人の言葉を自分のものにするためには、座談会のときの各々の関係と、その本質を理解しなければならないということである。従って、一つの言葉を発するにも、全体の発言を知っての上のものでなければならず、それは当然、座談会全体を理解した上のものでなければならない。そうでないときには、演技が明らかに見えすいて、発言が彼自身のものであるように聞えないのである。自分のものであるとは、その演技が自然だということに他ならない。

　この自然らしさは、もとの人の発言の仕方にそっくりかどうかとは必ずしも結びつかない。しかし全く無関係でもない。発言内容は発言の仕方と無関係ではないからである。むしろ、自然になれば、もとの人に似るということでもある。このことはあたりまえのことであり、予想されていたことでもあった。もしAが、ソクラテスの発言内容を完全に理解してその言葉を発するなら、そのAはソクラテスを演じているのではなく、まさに彼はソクラテスその人のはずである。なぜなら、ソクラテスとは、そういう話を理解していて話す人のことであり、それ以外にソクラテスはいないからである。人物を演じるとは実はそういうことだろう。聞くものはAがソクラテスの内容を完全に理解して話しているのであればその人を実際のソクラテスとする以外ない。彼が理解しているかどうかの判断が、彼がソクラテスその人に自然になっているかどうかの判断となる。

　しかし、発言内容を理解するとは、その発言者として理解するのか、それを〝演じている〟自分として理解するのかという問題がでる。ソクラテスの内容を理解するとはソクラテスの理解だけでなく、それへの批判も含む自分の理解もあるだろう。後者は前者を前提とするだろうが、後者なしの前者の理解も可能かどうか。答えるまでもなく、そういうことはありえないし、確かになかった。ある発言の理解とはもとの発言者の不理解の理解であり、座談会全体の理解である以上そうである。そうなら、もとの発言者を演じるとは、演じている自分になっていることであって、その自然らしさは、自分の自然らしさになる。つまり役の自然も自分の自然も同一である。演者は自分をみせているに他ならない。再び、そうであるなら、役の理解とは自己の理解であり、自分が不理解なら自然にはならない。そして自分の自然とは、日常の立居振舞いのことだから、日常行動の不自然なもの――即ち日常の自分に理解力の欠けているものは、自然になればなるほど不自然になるという逆説が成立する。台本中批判されている俳優Yの演技とはまさしくそういうものだったからだが、それは我々の試みでも身をもって経験したことであった。
ここから俳優の訓練とは、日常行動についての訓練だということがでてくる。行動が外的なものと同時に内的精神的なものも含むのは断わるまでもない。しかし、こういう訓練についての実験は我々の試みの範囲を越えていた。我々は言語劇のつもりだったが、純粋に言語だけの劇はあり得ないものであり、言葉はすなわち肉体なのであることも明らかであった。

（文責　毛利三彌）

座談劇台本
――俳優座上演『ハムレット・ナウ』をめぐって

A　さっきナウじゃないって言ってたのはどういう意味？

B　あれは、『ハムレット・ナウ』にしては古いと思ったんです。あれじゃ、ハムレット・イエスタディだって言ったんです。

A　確かに、なんで「ナウ」とつけたか全然はっきりしないな。

B　第一にね、あゝいう感覚的なとらえ方、あれは、現代の関心からみれば、決して新しくないし、あの心理分析的なのはね、あれは、センチメンタルすぎる、つまりあの心理分析では、十九世紀とまでは言わないにしても、オールド・リベラリスト的な人間性を信じるといったような、オプティミスティックな考え方はね。

A　ぼくは、マロヴィッツの作品自体が時代遅れとは思ってないんです。『ハムレット』ってのはこれまで大体状況の劇としてとらえられる場合が多かったわけでね。それをイメージみたいなものだけで捉えてコラージュした。ピーター・ブルックと一緒にやったときは、何ですか、残酷劇のシーズンのうちの一つとしてやったんでしょう。まあ、イメージによるコラージュということでは新しい感じがするんです。

D　だけど、やり方がイエスタディ的だったというわけ？

A　相変らずの状況劇としての捉え方でね、イメージを鮮烈に出そうとする演出なり演技が殆んどなされていなかったと思うんですよ。

E　うん。一月のときと役者たちのね、演出を含めてだけど、役者たちの作品に対する姿勢が同じということね。つまり、文学的解釈で解釈しちゃうんだな。いつも同じように、その作品の中へ入りこもうとする。だから鮮烈なイメージにならないんだよ。今度の場合ね、山本圭なら山本圭が、全然違った意識をもってよかったと思う。例えば、飛躍した例だけど、山本圭がね、演出の増見さんを、楽日が終ったらぶんなぐってやるとかね。で、その意識を持ちつづけるために、それを書いた紙を貼ったエモン掛けを衣裳の中へ入れて稽古する。エモン掛けが気になるから、稽古の間中、その意識が持続するなんてね。そんな風にしたら、マロヴィッツの鮮烈なイメージというやつの新しさが視覚的にされたんじゃないのかな。

B　ぼくはね、俳優の生理というものはね、生きていることとかかわっていて、同じ俳優がナウのものとイエスタディの両方出来るなんてことはあり得ないと思うんですよ。山本圭はね、いつも演じよう演じようとしている。それがつまり、生理的に判断して古いわけね、イエスタディ。

D　うん、一月のも今度のもどっちも面白くなかったな。何も今度違った意識ならいいってもんじゃないよ。山本圭に代表されるあの演技はね、いつだって駄目なんだよ。最初にヒョコヒョコ動いた、それでもう、これは駄目と思ったね。つまりね、俗っぽく言うと、あのう、スカしているんだね。

E　スカしてる？　どういうの？　わからない。

D　つまりね―そのう―スカしてる。

B　え、、恰好いいのよ。

D　そうそう。

A　じゃあ、今度の舞台で、誰がよかった？

D　強いて挙げれば、井口恭子。山本圭的でなかったから一番よかった。

E　井口恭子の場合は、一つのイメージになってたね、確かに。しかしそれは、また俳優座的演技に染まっていないというにすぎないんであって、演技とは区別すべきじゃないの。面白いけど、いいとは云えない。大体、俳優座の舞台はみんな、他の一、二の劇団のような新鮮さを感じさせないんでね。一人の観客としては、それに耐えられなくなってきてるわけなんだ。

C　同感だなあ。今度もね、もしナウと云いたいんなら、マロヴィッツじゃなくてね、俳優座自身でもって、新しいものを作ればよかったんでね。何故俳優座自身のコラージュならコラージュをしなかったかね。そう思いますね。ぼくは、一観客としては、あの舞台のことは何も憶えていないけどね。

E　ひどいけなし方だな。（笑）

B　でもね、俳優の意識だけじゃなくてね、我々観客の演技に対する意識も堕落しているからね。彼ら、恐くないんだよ、我々が、ちっとも恐くないんだよ、誰か一人でも恐い観客がいたら、全然違うだろうね。

E　こんなものナウじゃないって言って、石をぶつけることも出来たわけよ。シェイクスピアの頃ならそうでしょう。

A　だから、俳優座の人たちは、ぬけぬけと「ナウ」なんて称してね。ナウのつもりになっている。それで、一月のときと全く同じ、ヤン・コット的な、強いられた状況の劇としてね。あれじゃ、『ハムレット』を、あ、も出来ます、こうも出来ます、とやってみせたというだけだよ。それで引き出しへしまっておく。もう一歩進めなければ、つまり強いられた状況の中にある感情を摑むためのコラージュなのだから、そこまで行かないといけない。

C　『ハムレット』自体はね、シェイクスピアを読むと、王がハムレットを殺そうとするまでと、そのあととではえらい違いがあるんでね。前半は独白などが示しているように、どっちにするかということで、シチュエーションと感情が迫ってくると、互いに関係し合ってあそこまでくる。ところがイギリスに行ったあとでは、ハムレットは何もしなくなるでしょう。最後の場面でカチャカチャやるだけで、お芝居として放りっぱなしで済んでいる。積み重ねてくるものが途切れて、なにもなくなっているわけですね。そこでね、精神的なものからぐっと別の次元にくるんではないか。そこで『ハムレット』を解釈している人が、どこに焦点を当てているかということが知りたいので、こんどの上演では心理的な重圧というのが問題なんだろうと思うけど、この点がはっきり出たかどうか疑問だと思っているんです。

E　マロヴィッツの場合は、古いか新しいかということはそれ自身よく分らないんですがね。つまり……行動というものを批判の中止、判断の停止といえるとすれば、それができないでウロウロ最後まで来たことが強調されているような気がしてならないんですね。そういう人間ってのは、そういう人たちは今日でもいるんじゃないでしょうかね。そういう見方からみれば、マロヴィッツ自体をイエスタディといい切れますか?

C　そういう人というのは一般の人ですか?　そういうことであれば、なおかつ劇的であるかどうかということが問題で、それが劇的であるといえれば、「ナウ」といえるんじゃないですか。

B　たしかにマロヴィッツってのは、やりようによっては面白くなりうると思いますけど、私がイエスタディというのは、あのやっている舞台の意識がイエスタディという気がするんですけど。そう考えると、前のハムレットはずいぶん勇ましそうにしているけど、その裏腹にはすごく女々しいものがあるわけでしょう。これをこんどは勇ましくしなかっただけですよね。だから本質的には、感情的には同じものだというわけです。……『ハムレット』は、私の場合はシェイクスピアの『ハムレット』をそのままやってね、ある意味でね、ものすごく今日的だと思うんですよ、今度のはとらえ方が、つまり人間の内面というものを、昔流のね、英雄とかね、その逆の道化ね、泣いた道化みたいものとして捉える、その捉え方がね、それがね、今度のは私には気にくわない。もう少しドライに人間というものに対する捉え方で……。

D　……でもどういうことですか、それは？　人間をドライに捉えるということは？　『ハムレット』なら『ハムレット』をそのまま上演しても「ナウ」になるというような捉え方は？

B　とくにね、あの、今言われたように、ハムレットって、わりあい心理的な重圧の中で、ずっとイギリスへ行く迄動いていてあとがつまらなくなったというい方なんですけどね、あれはやっぱりコンテキストがあって、つまりハムレットが宿命のままふるまったということですね。で、ああいくのがハムレットの宿命だったんです。だから最後の仕上げをしているんだと思います。だからね、やっぱりそういういろんな種類の状況やなんかが、ハムレットの場合、強いられた状況でね、その中で動くとしてもね、そこでなんかこう内面的にクタクタクタクタとね、自分の中で返しているよりも、そういうものをものすごく鋭く感じ乍ら、やっぱり行動とか内面に対してすごくドライに対している、そういう人間というものね、つまりある状況に置かれた人間が、置かれたということに対して、やっぱりもっとドライに接していくということにね、なると思います。

C　だから、あの決闘する前のお墓の場面ですね、五幕ですか？　五幕の最初から、ハムレットが、さっきおっしゃったように、もう状況におかれているわけですね。もうクヨクヨしないという一つの人間に変っているわね。そう云ってもいいんじゃない？　もうそれまでのハムレットと違うわけですね。

E　短い時間だけね。

C　はい。もう違っているという……それで決闘する場面においては、もうつまり殺すとか殺さないということを、ほとんど度外視しているでしょう。と、ぼくは思っているね。そうすると今おっしゃったように、非常に政治的に行動して一つの権力を持とうとする人間の……。

E　態度。

C　と、取るね。そうすると母の――うん――父の仇であり母を犯されたという、そういう仇ではなくて、今度は政治的な対立物としてですね。王冠を盗まれたという台詞を云ってますよね。その、クローディアスですか、叔父をね、やっつけようというところへギュウーと、そういう政治的な人間に解釈し直すことができるでしょう。フォーティンブラスが出てきますね。そこんところの政治的な処理ですね。ブレヒトみたいに、或いは、一月の、あの、フォーティンブラスが侵略軍だという、そういう規定もあるけどね。むしろハムレットが政治的な人間として対処してくる。という風にあすこを考え直すこともできる、と思うけどね。

D　いやね、（笑）　五幕のハムレットがそれまでと違うというのは確かにそうだけど、ぼくが五幕で注目したいのは、やっぱり、ハムレットの独白が一つもないということ、それから、亡霊の話とか復讐の話が全然ないことですね。そういうことで、復讐ということが無意味になってしまったんだというのは本当ですね。でもね、この結論、つまり復讐の無意味さは、過去の亡霊の束縛からの解放に由来するものじゃないですか。大体、シェイクスピアの時代の芝居は、個人的な感情の表現じゃないですよ。

A　ハムレットの感情というのはね、いわば状況の感情でね。出発点は、母や父に対する、個人的な感情であってもね、それがふくれて行くわけですよ。そいで、それが世界苦というか、世界全体の底にある感情に一致してくる過程で、彼のアクションがはじまるんですよ。だから、今『ハムレット』をやるとき、ただの状況劇としてやるんなら挑発力がないと思うんで、むしろ状態劇として、その奥の感情を掴んだものでないとね、その力がないような気がする。そうでないと、ナウと云えないんでね。

D　シェイクスピアが『ハムレット』を書いたときは、まさしく、『ハムレット・ナウ』だったんでね。

A　えゝ、種本があってね、キッドのあれが……。

C　そうするとね、シェイクスピアの現実においても、

『ウル・ハムレット』のようなのがあるとするとね、やはり、『ハムレット』の劇的な像があるはずですよね。それはシェイクスピアが一つの表現を得て作った、それをハムレットの原像と名付けるならば、それを我々の中にとり入れていいんじゃないか。架空でもいいわけですね。そういう像が見つけられるとね、その時、ハムレットが我々のハムレットになるだろう。だから、いろいろな試みは出来るだろうけどもね、やっぱり、劇というかな、劇的なものということをもう少し問題にしなければならないんで……。

B　つまり、ハムレット神話というか『ハムレット』の持っている一つの劇的な原像というもの……。

C　そうですね。

E　ぼくはね、劇的というものを感じるときにはね、劇行為にですよね。だから問題としては、それが首尾一貫して行われる場合もあるし、行われなくなってくる場合もある。行われなくなってきた場合に、どう行われないのか、つまり行われない種々のむずかしい困難があるにも拘わらず行おうとする。そしてやろうとしてそれが不完全燃焼になってオープンな形でドラマが終ってしまう、ということもありうるでしょう。その不完全行為者の意識みたいものの中に、ぼくはドラマを感じますけどね。だから『ハムレット』にしてもその見方で、読むときは読みますね。ちがいますか？

D　劇行為をドイツ語でハンドルングという時には、劇的行為という意味と、筋という意味があるんではないんですか？

E　ぼくの云うのは筋そのものではない。

A　軌跡、行動の軌跡。

D　筋の意味もあるわけですね。で、英語のアクションと云うと？

E　劇行為ということですね。

B　二つは違う。

D　違う。ところが、又、ファーガソンに云わせればアクションにも二つあるわけでしょう。つまり、普通の意味の行動と、劇全体を貫いている一つの行動。その意味で云うと、さっきの劇行為ということはね、それは、どちらかというと、二つのうちの後者の方、ファーガソンも引いていたけど、スタニスラフスキーの貫通行動のようなもの、そういうものとして考えているんですか？

E　そうです。それが、こっちへくると、現代に近づくと、例えば、オイディプースという人間のハンドルングというようなことが云えなくなってくる、種々の困難な状況みたいものがあると云える。しかしそれがもっとこっちへ来ちゃうと、それすらもない。つまり登場人物の一人一人がやるんじゃなくて、そのう、出てくる人間が、作品によっては、全員が一つハンドルングになっちゃう、ということがある。だから今、ハンドルングとはどういう意味なのかと聞かれて、ちょっと答えに窮したんですけど、その結果出てくることは、例えば、言葉と意識の間にあるものも、やっぱり、ハンドルングを起こさせる要素として浮かび上ってくる。つまり、アンビバレントなものが出てくるんだと思うんだけどね。それを見ることによって、アンビバレントじゃない人間に戻ろうとする動きがね。それがあるとすれば、その部分から生れたドラマが、われわれ観客に与える要素として、新しさもあれば、普遍的なものであり、本質的なものであると思いたいですね。

D　もう少し具体的に、作品に即して説明すると判り易いんだけどね。

E　もっと云いますとね、或る人が、ドラマとは言葉の欠除による緊張だと云っている。死んだ三島由紀夫は川端康成の、『山の音』という作品を挙げて、それは小説だけれども、書いてある行間に物すごい緊張があると云っている。そういうのは、やっぱりドラマチックという要素でしょう。

B　それはやっぱり違うんだなあ、例えば、ソポクレースにしろ、あの頃の詩人はみんな神話とか英雄物語とかをもとに作品を書いているでしょ。神話というのは、あらゆる人間の行動の原型を映し出しているというんですよ。ただのお伽噺じゃなくて、私はやっぱり劇というのは、そういう物語のアクションを映していると思うんですけどね。

E　と、どういう意味なんですか。

B　その、アリストテレスのいっている意味の行動です。

E　AからBへ移る、Aの心理からBの心理もしくは行動に移る。

B　あの、実際に平たく云ったら、人間がそのまま生きているとか、息をしている感じとか心理だけでなく何か行動するでしょう。そういうことです。

E　それがハンドルングでしょ。

D　でもね、行動という時にね、ふつうだったら目に見えて具体的なものを行動というわけですよね。だから劇の場合の行動というのは、舞台の上で役者が動くことが行動でしょ。
B　そうですよね。
D　で、それはどうなんですか？
B　それのまあ本質的なものとして……。
D　貫通行動みたいなもの？
B　しかしあのね、劇の上で最近やられているのはね、多分ね、あの、カンバセイションはやっているけど、ダイアローグはやっていない。そういう意味でのアクションですよね。行動というのは……つまりあるものが、或る場所に移ってくという。で、それに伴って人間が具体的に……。
E　じゃ、それではそういう主題にはアクションがないというんですか？
C　ちょっと具体的な例を出しますとね、シェイクスピアの『ハムレット』の原像をあの時代として考えてみると、復讐することは一つの劇的な行為でしょ。つまり単純に、あの時代にはですよ。それを芝居で見る、再現するということは一つの立派な劇ですよ。劇的な事実ですよ。で、最終的に復讐するというのが目的ですけど、それだけだったらいきなり終りがあって始めがある。まんなかがあるということは、その間に何かあるわけでしょう。その復讐に至る、復讐が始まるところから復讐が仕遂げられるという、その間にどういう風な行動があるかということですね。それを表現するのが劇であって、だから、その劇的なものをハムレットの行動として捉えたらいいんじゃないですか。だから、ギリシア神話の中にも、こないだのアガメムノンもあるけど、復讐ということがはっきり出ているんですね。その行為を真似する、再現する、あるいはそれを知らせる、そのことで劇的な効果があるんで、だからつまりですね、やることによって劇が成り立っているわけです。
B　ただね、さっき川端康成の話が出たから云ったんです。あれはじっとしていてもああいう感動は出せるでしょ。あれは詩ですよ。
D　死？　死ぬこと？
E　いや詩だよ、だから劇詩、抒情詩、叙事詩とある、そのバランスなんじゃないですか。どの面が強ければ小説になり、どの面が強ければ戯曲になるということじゃないですか。
B　ちがうんだ、やっぱり。たとえば、ある美しいものを見てアアといっても抒情詩になるわけ。それとわれわれの生きていることが関わってこなくちゃ、劇にならない。
A　それじゃこういう場合はどうですか。美しい花を見てアッというのと、それを折りに行くのと、この違いは?
B　やっぱり折るということによって何かが伴ってくるということね。
E　それじゃぼくはさっき言葉をまちがえたわけかな。ドラマチックということと、ドラマという言葉は違ってくることになる。ドラマチックなものを含む相手のいる劇ということ?
A　相手がいなくてもどうですか?
C　ぼくは単純に、ドラマチックというか、劇的なことがあって、それを台本にしたのがドラマじゃないですか。
B　何かが伴っているということは、或る認識が与えられるということです。又、花の話を出しますとね、アアと云ってね、それを折ったって、折ったことが何にも状況を変えたという認識にならなきゃ、駄目なのね。折ったことによって、前に戻らない何かにならなければ。変わったという認識をしたことが劇になるっていうこと。
D　一つ、付け加えれば、始めがあって終りがあって、真ん中のところで何かあるというのは、それは俳優が舞台でやるってことでしょ。俳優がそこでやってることが芝居なんであって……アクションというのはね、俳優がそこで行動する、その行為であって、ぼくはむしろ花を折るというんであれば、それは行為ではなくてね、アクションでなくて、プロットだと思うんだ。認識でなくてはいけないというのは、プロットになっていなければいけないということなんだ。動いただけじゃいけない、それに意味がつけ加えられなくっちゃいけない。
A　ぼくはね、つまり、花に対する働きかけの問題だと思う。
D　うん、その働きかけるときの花が何であり、その人がどういう人か、折った花をどうするか、それが出てこなくちゃ。だから〝あー〟と思ったら折るという機械的な動きというだけじゃ劇的じゃないんじゃないでしょうか。
A　プロットと云うと、何か〝話〟が出てくるでしょう。そういう意味でなければいいと思う。つまり関係が出てくるということ。
D　そうそう。
A　関係が、ああ美しいというときの関係とは違う。明らかに折ったときはね。だからそれは、プロットになるかどうかは、またそのさきの問題じゃないかしら。
B　それはやっぱり、アクションだと思うね。プロットは、そこに段どりをつけるってこと。だから始めがあって終りがあるということでプロットが……。
D　関係なんだけど、関係さえ作ればいいかというと、そうじゃないでしょう。劇的というものじゃないでしょう。やっぱり、世界観というものを持ったね、単なるつながりじゃなくて、始めがあり終りがあるものじゃなくちゃならないという……それをぼくはプロットと言うんですがね。アリストテレスはプロットを劇の要素の第一にもってきた点がいいんだ。それはアクションの模倣だと言った。
E　あのね、間違ってないんだよね。あのね、何か今、関係という言葉が出てきたから話し易くなったけどね、ドラマチックという要素はあるんです。それは恐らくぼくの言ったことと、あまり離れていないはずだと思うんですがね。それをどう生かすかの問題でしょう。そこにプロットが出てくるんじゃないか。
B　わたしはやっぱり、ドラマチックな別のものということ、ドラマチックなら小説の中にも詩の中にもあるでしょう……。
D　じゃ、神話は？　神話もそのままドラマとは言えないでしょう。
B　そう。だけど、劇の行動の原像みたいのものは神話にある。それをドラマとは言わないけど。もちろん神話はギリシアだけじゃない。
D　さっきの川端康成のようなものも——。
E　ぼくは断じて、それはドラマの原型だと言うんであって……問題は作り方なんじゃないですか。作り方の操作でスタティックにもなったりする、それが芝居ですよ。
D　でもね、ギリシアの場合は、言葉の欠除による緊張というようなものはないんじゃない。ホメロスをギリシア劇は精神的基盤にしていると学者はいうけど、ホメロスは全部さらけ出していますよね。欠除の緊張じゃない。アウェルバッハが『ミメーシス』第一章でホメロスと旧約聖書を比較してますが、ホメロスは緊張が出るかと思うところで、長々とそのことの説明をやる。例えばオディセウスの足の傷のことね。しかし旧約は何も語られずに何も説明されない。欠除の緊張ですよね。近代的な眼にはそのほうがより劇的に思えるけど、ギリシア劇はホメロスのほうを受けついでいるんじゃないですか。全部並べて見せるという感受性ですね。コロスが長々と説明する、まあ説明とは適当な言葉じゃないけど。旧約は違うんですよ。

E　そう違うなあ。

D　シェイクスピアもそうじゃないかしら。中世宗教劇の伝統線上にあってね。

A　しかし、小説と劇との違いということになれば、それは、劇は、空間と時間がすごく限られているということなんだよ。小説はそうじゃない。その形式の違いが大きく左右するね。

C　確かに、劇的なものは、小説にも何にでもある。劇的なものの堕落かもしれないけどね。劇はそれを演ずるということ。文字通り演劇とは演ずることなんだね。

D　そこでね、その演ずることが劇の本質なんだけど、だけど、だから俳優が中心で戯曲はいらないということにはならないんだな。むしろ、演技が大事だからこそ、戯曲、プロットもまた、本質になるということなんですがね。

C　同感！

A　劇作家の側から言うとね、二つのことを同時にやっているんだ。つまり、状況を作り出しながら、しかも状況を探索している。いろんな人物を使って、探索の仕方は変ってもいい。しかし、自分の作り出したい状況が出なければ困るということになる。

B　劇作家は生理的に演出と俳優を兼ねようとするんじゃないですか。

D　そう、そうでないときは劇の衰退なんだ。ギリシア劇もソポクレース後半からそろそろだし、シェイクスピアとラシーヌの違いもそこね。

A　シェイクスピアは状況を作り出している。しかしラシーヌは探索しかしてない。つまり状況の創造がなくなるんですね。状況というのは、舞台上に作られるもので、状況を作ることと、探索することは同時なんですよ。エリオットは『ハムレット』の場合、シェイクスピアが状況を探索していって探索しきれなかったと言うわけだろうけど――。

B　それは、エリオットが『ハムレット』を探索していって探索しきれなくなったということでしょう。（笑）

C　ぼくがはじめに、第五幕でがらっと変っているって言ったのは、ぼくがそこで探索し切れなかったからなんだね、多分……（笑い）。

『あ・えむ・で』第一号　一九七五年

2　ＡＭＤ実験劇（一九七六年）

この年の実験劇は九月二十一日（日）三時からアクト飯倉センダスタジオで行なった。後に掲げる台本をみればわかるように、エロスについてのいろんな弁述を引いてきて、それらをそれぞれの御本人が話すという形式になっている。枠組にはプラトンの『饗宴』を借りた。

ＡＭＤ実験劇は一九七二年夏に『座談劇』をやり、七五年にブレヒトの『亡命者の対話』を舞台化したが、今回のものはそれらと同じ線上の実験劇である。つまり演劇における科白の問題を追求するものであって、それも科白のしゃべり方とか言葉の問題というより、科白と演者の関係、あるいは科白内容と科白と演者の三者の関係を探ろうとするものである。演者のしゃべり方の、通常の意味での巧拙は考慮外としてよいという予想の下に、われわれ会のメンバーが、いずれも数日からせいぜい一週間の稽古で上演できる形を選んできた。今回は台本作成にやや手間どったが、稽古期間は正味一週間足らずだった。しかし出演者の多さと、照明、音響、スライド等の使用のため、ＡＭＤとしてはこれまでにない大がかりな上演であったといえる。装置はなく、客は舞台と同平面上の床に座蒲団をしいて坐る。七、八十名の観客が入っていたであろうか。

この劇形式――七二年の〝座談劇〟の呼称に倣うなら、〝演説劇〟と名づけてもよいだろう――の意図は、演説的に一方的に話す長科白、しかもその内容を観客に理解させるだけでなくその意見に対する批判もさせるような科白が劇的なものになりうるか、なりうるとすればいかにしてか、ということを知ろうとしたところにある。ちょうどこの正月（一九七七年）に俳優座が上演した『ジュリアス・シーザー』は、演説科白を含み、それが雄弁術の典型的なものであることで世に知られている作品だが、この作品とて演説は大して長いものではないし、内容を観客に理解させようというものではない。もっとも長科白自体はギリシア劇に常套的なものだし、古い劇では珍しくない。しかしそれらの大部分はある事件の報告であって、ある問題あるいは意見を観客に理解させるために述べるものは、喜劇のパラバシスを除けば、非常に少ないだろう。理解だけでなく批判もさせるものとなると、もっと例は減るに違いない。その稀な例の一つにプラトンの対話篇がある。プラトンは第一回の座談劇のときからわれわれの脳裏にあった。さきに、今回プラトンの『饗宴』を枠組に使ったと記したが、プラトン原作と冠したのは決して戯言としてではなかったのである。現代の『饗宴』とはこういうものになるのではなかろうか、という思いがわれわれにはあった。

しかしなぜ座談劇から演説劇に進んだのか。それは最近、ひところのような〝肉体演劇〟の掛け声は弱まりながらも劇の言葉があまりに断片的になってきて、その上、いや当然の結果として、劇の意見発表あるいは観客との間の議論（実際に観客が口を出さないにせよ）を旨とする性格が稀薄になっていると思われたからである。肉体演劇以上に感情没入（誘入）の傾向が強まっている。しかし劇の本来的性格としては、身体表現の一方に意見発表的要素は間違いなくある。一方の極の実験はすでに方々で行なわれている。われわれは他の極の実験を試みたかった。

プラトンの『饗宴』は〝エロスについて〟の副題をもつ。われわれがそれを〝ポルノ〟にまで広げたのはエロスを社会的政治的平面に引き出して論じるときには必然的にポルノグラフィ論になるからである。周知の如くプラトンの『饗宴』は〝愛〟の形而上学である。われわれはわれわれの社会の〝愛〟に降りてきて、そこに菊の紋章を見い出す。しかし天皇問題は、この実験劇ではあまりに不十分にしか扱われていない。別の機会を期している。

ところで、この演説劇を上演してみると、観客の〝演説〟の受けとり方に重要な作用を及ぼしたのはそれを話す（話した）実在人物の名前であった。アリストパネースを除けば、各々の演説はそれの作者たる人物名を明らかにした途端、観客にとって新しい意味を帯びてくるのである。名前は演説の前に口にする場合も済んでからあかす場合もあるが、これはあのフロムの言葉である、これはあの松田道雄のいっていることである、ということがその内容の理解を新しくし、そしてそれを批判の対象にさせる。それは、所謂実名モデル劇の面白さとは異なる。その人物個人に対する好奇心を満足させるものではないからである。あるいは諷刺とも違う。われわれは彼らの言動をあげつらっているのではない。彼らのいうことの内容は、より広い視野におかれたならどういう位置づけがなされるかを理解するのである。従って、引用される人物は観客周知でかつ社会的に影響度があると認められているものであればあるほど、効果は大きい。

しかし、この、より広い視野というのは、各演説の選択と配列によってもまた暗示されるものだろう。われわれの態度は、特定のエロス観表明を旨としたのではなく(この点ではさきに述べた今日の演劇界偏向批判が我身にもふりかけられるのだが)、〝演説劇〟実験と各エロス観――フロイトの生理科学的エロス観、フロムの倫理的エロス観、マルクーゼの政治的ユートピア的エロス観、ポルノに落ちても、リブの即物的ポルノ論、松田道雄の道学者的性談、宮本顕治の政治屋的ポルノ批判、大島渚のアウトサイダー風ポルノ批判批判、いいだもものうっちゃり的天皇ポルノ論等々――の批判にあったので、ほかに井上ひさしの引用その他の寸劇を交え、音響スライド等により、この客観的視野を作り出そうとした。実在人物名の効果も当然この配列その他の面上で生まれる効果である。しかし、台本を読めばわかるように、配列というのも紙上のそれではなく、実際に演じたときのそれ、つまり劇としての配列である。だとすれば、実在人物というのも現実のマルクーゼとか宮本顕治とかのことだけでなく、この劇の中で作り上げられているそれらの人物ということでもあろう。それなら、普通のドラマも同じことだといわれるかもしれない。ドラマはドラマ内で人物を成立させる。必ずしも虚構とはかぎらない。実在人物を扱ったもの、歴史ものもある。

しかしもう一度裏返すなら、われわれは現実のマルクーゼや宮本顕治を実際に知っているものは少ない。われわれにとっての彼らは、現実においても結局は彼らの言ったことの引用的断片から成立している像にすぎない。この演説劇は、その現実在の彼らを引き出しているのである。その現実在もまた、ここで視野におさめられる(はずである)。宮本顕治がかつて牢獄で妻百合子との間に感動的な手紙をかわしたことも、知る人はこのポルノ批判の中に込める。知らない人には単に〝白い〟共産党の領袖にすぎないかもしれない。いずれにせよ、彼の演説はドラマ内の一虚構人物の言葉としていわれるときとは全く異なる意味合いを帯びてしまう。劇はすべて自己完結的でなければならないというわけではないのである。だが、こういう人物を演じることにはいかなる問題があるか。われわれは一連の実験劇で演技の巧拙は考慮の外においたといった。しかし七五年の『亡命者の対話』でも今回の試みでも、素人であることはむしろ利点であったと思われる。稽古もしない方がよいかどうかはわからないが、少なくとも科白を憶えきれずに草稿をみながらの演説になったにもかかわらず、玄人俳優の俳優らしい演技ではわれわれの意図が達成されなかっただろうということは納得できた。一部、リブたちの座談会のみは、女優の卵のような学生の応援を頼んだが、彼女たちの〝上手さ〟はこの試みの中では異質となり、リブ連の猥談から猥雑さが消えたきらいがあったのも、彼女たちの俳優らしさに原因があったように思われる。

会のメンバーが受けもったことは、各々の演説がそれなりに理解されてしゃべられるために、その演者と実在人物との対比が可能となって、それが観客の客観的判断をも可能にさせることになった。たしかに観客の大部分は知人友人であったから、一種学芸会的興味も滲入してはいたが、しかし、この演者の理解は、俳優が通常、科白内容を理解して話すというその理解とは少し異なるものである。俳優にもそれは不可能ではないだろうが、彼らの場合、客も彼らも俳優としての演技ということにどうしても気をむけさせられる。それは俳優だからというう先入観からではなくて、彼らは通常そういうことに気をむけさせるような演じ方をする、あるいはそれしかできないからだと思われる。一言でいえば、その演技は虚構の人物を作り上げようとする演技である。（なるほど最近はそういう〝新劇的〟演技を否定して自己をさらすようなやり方をする俳優、劇の種類もみられる。だがそれらは自分を見せるだけで、何かをいおうとするものではないことが多い。だから、虚構ではないつもりでいてその実、歌手の手振りのような、空疎な、従って画一的な演技になっている。）この種の演技がこの演説劇に合わないことは、先の記述から了解できるだろう。会のメンバーの中でも、所謂〝地〟でやったものがいちはん面白いのであった。しかし、演技とは、つきつめたところでは〝地〟の演技になることが目標なのではあるまいか。地になるために、演戯ではない自分自身を訓練しなければならないのである。われわれの実験劇のような言葉中心の演劇では少なくともそうであることを、第一回目の座談劇以来ずっとわれわれは知らされつづけている。

（毛利三彌）

【ＡＭＤ上演台本】
饗宴　またはエロス、ポルノ、菊の御紋章について
——二部構成

プラトン原作　ＡＭＤ構成

第一部

客は座蒲団に坐っている。開始時間になってきたので、ＡＭＤメンバーは互いに「もう大体集ったかな」「あと来そうな人は誰かいる?」「こんなものじゃないの」「じゃ始めようか」「あのう、立っておられる方も、どうぞお坐り下さい」「まだこっちに座蒲団がありますから」等々。同時に客の前にビールとジュースを置いてまわる。

司会　皆さんよくおいで下さいました。今日は別に堅苦しい集まりじゃありませんから、自由に楽しんでいただきたいと思います。飲みものもちっとは用意しましたので遠慮なさらず……といっても、どうぞどうぞというほどはないんですが、まあ、集まりなんてものは、それぞれが楽しくしようと思えば楽しくもなるということでしょうから。

しかし、だからといって、何もしなくて、そら楽しく楽しく、ウシウシといったところで楽しい集まりになるわけでもないでしょう。今日の集まりは、そのう……いや、さっきから集まり集まりといっているんですが、「そんなつもりできたんじゃねえや」とお思いの方もいらっしゃるかもしれません。そりゃあ、たしかに、何だか芝居めいたことをやるから見にきてくれといったのは事実ですが、それは、その、方便といいますか、つまり——。

（突然すべての明かりが消え、真暗らの中で、舞台背後の壁いっぱいに、ポルノ・スライドが映る）

ちょっとちょっと、どうしたの！　早すぎるよ！　なに間違ってるんだ！　どうもごめんなさい。さっさと明かるくしてよ！

（明かりつく）

いや、どうも馴れないものですから。本当に困ってしまいます。ところで、今日は、いつ誰が口を出しても構わないんです、手さえ出さなければ。ＡＭＤはいつも足ばっかり出しているんですけど。とはいうものの、いったいさっきから何を目論んでいるんだとお思いでしょう

から、まずは気持をほぐすために余興でもやってもらいましょうか。ひとつ落語なんぞでお笑いいただいてはどうでしょう。お笑いとくれば、当然かの有名なアリさんに、というわけで、アリはアリでも、「へい、イノキ、カモン！」のアリじゃなくて、ギリシァからはるばるやってこられた、アリスト帝パネース師匠。師匠、お願いしますよ。ただし、テーマはこれですからね。

（司会は〝エロスについて〟の立札を立てる。出囃子が入って客席の後ろから、着物姿のアリストパネースが客の間を通って上座につき坐る）

アリストパネース　相変りませず、アリスト帝パネースでございます。一席お笑いをつとめさせていただきます。そのう、なんですな、AMDなんて、大学の先生方がいっぱいいらしても、どなたも無芸な方ばかり、だそうでしてな、わざわざあたしのところに頼みにまいられまして、ついてはエロスということでひとつ噺をしてくれないか、とこういうことでして。あたしどもの噺なんてのは、八軒長屋の八っつぁん、熊さんのことでございますから、エロスなんて、ごたいそうな話じゃ話になりません。

「おい、熊公、おめえ、エロスて知ってるかい？」

「エロスて、知らねえな。ズロースなら知ってるけど」なんてことにしかなりません。ええ、なんですって？　エロスというのは、実はエロのことなんだって？　なんだ、そんならそうと初めから……エロ、結構ですな。あたしも中学の頃はエロ本ばっかり読んでおりまして、……いや失礼いたしました、見ておりまして。あの頃、こういう歌が流行っておりました。〽ツーツーレロレロ、ツーレーロ、ツーレーラレツレラレシャン、なんのことだかさっぱりわかりゃしません。ところがさるお偉い先生が申されるには、これはギリシア語である。ギリシア語では、最初のRは発音しない。それを知らずに、レロレロといっておるが、正しい発音はエロエロである。これなら、わかりますな、〽ツーツーエロエロ、ツーエーロ。エロってえのは、あれのことでござんすからその、ツーツーとエロエロ、……まあ、こんな話なら、いくらでもできるんでございますが、本題に入りませんとな。

先立って、あたくしは縁側でアガトン君と将棋をやっておりますと、前の通りで、キキイッーと音がしまして、「しかれたしかれた！」という声が聞えてまいりました。すると、隣の御隠居が、すかさず、「しかれたのは男か女か！」と叫びまして、「女なら見に出ようか、」

なんてわけじゃございませんでしょうが、しかしなんですな、我々は、噺家とかお客とか、先生とか生徒とかいっておりますが、やはり人間はまず、男か女かでしてな。こりゃ、もって生まれたものでどうしようもないものでございます。噺家やめて、先生になるってえのは出来ない相談じゃ……いや、先生やめて噺家になるってえのは出来ない相談じゃありませんが、「男やるの疲れたから女になろうか。あれ、いい女だな、じゃまた男に」なんてわけにゃあ、まいりません。ところが、これが近頃じゃ、性転換とか申しまして、男が女に変わるんだそうで、と申しますのも、我々人間てえのは、もともとは今みたいじゃなかったんだそうでしてな。今みたいに、男と女だけがいたんじゃなくて、大昔には、もう一つ別の性があったんだと申します。それはつまり、男と女がいっしょになった形のものでして、男女《おとこおんな》、アンドロギュヌスといったんだそうですな。こういう、男と女と、男女の三つの性をもつ人間は、まんまるの玉の形をしておりましてな。「立てばボールで坐ればまんじゅ、歩く姿はゴム風船」なんてね。どちらから見てもまんまるでして、そこに手が四本、脚が四本、丸い首の上に頭がくっついていて、その両側に瓜二つの顔がそれぞれ外側をむいてついているというわけでして。耳も四つ、隠し所も二つあり、一事が万事、そういう具合に出来ていたんだそうですな。こういう人間が道を行きますときには、今みたいに立って歩くこともしたんでござんしょうが、急ぐときには、その、車輪がくるくるまわりますわな。あれみたいに、八本の手足を使って、くるくるくるくるころげ進んだっていいますな。ですから、人工芝なんぞですと、ポンととび出して、「イテギュラ！」

こういう三つの性の人間は、実は、それぞれが、太陽と地球と月の子供でしてな、男は太陽から、女は地球から、……するってえと〝元始、女は太陽であった〟というのは（眉に唾をつける）……そして男女は月から生まれたんだそうで、こういう人間はみな親に似て力が強く、また考えることも大きかったんですな。遂には神々に向って反抗を企てまして、進軍ラッパを吹きならし、天を攻め落とせってんで、さあ、神さんたちも大あわて、親玉のゼウスさんがみんなを高天原に非常召集されまして、どうしたもんじゃろかと相談されたんですな。「昔、巨人族を全滅させたように、今度も皆殺しにせよ。」というタカ派議員ももちろんいたんでしょうが、「しかし、人間共を殺しては、やつらから入るお賽銭のあがりもなくなる」というのもいて、たしかに、それじゃ元も子もなくなる。殺すわけにゃいかないがさりとて放っとくわけにもいかない。そこで、やっと、ゼウスさんが一案をこうじられたんだそうで、こうおっしゃった。「チン、チンは、人間共を生かしておきながら、同時に無法行為をやめさせる手段を考えました。すなわち、やつらをみな、真っ二つに断ち切ることです。そうすれば、やつらは力が半減するでしょう。しかも数は多くなりますから、賽銭のあがりも多くなるというものです。人間共は今後、二本の脚でまっつぐに立って歩くことしか出来なくなります。それでもまだ、我らに対して神妙なる態度をとらないときは、さらに二つに切ってやればよい。そうすれば一本脚で跳ねとぶことしか出来なくなるでしょう」とまあ、こうおっしゃったんだそうで。

　そこで、人間共を、片っぱしから、真っ二つに切っていったんですな。それで、みんなおわんみたいな形になった。それからゼウスさんは、アポロンの神さんにお命じになって、顔と半分になった首とを、切り口の方へ向きを変えさせたんで。そうすりゃ人間共も自分の切り口を見ておとなしくなるだろうってこういうわけなんですな。しかし、その他はちゃんと治してやれってんで、アポロンの神さんは、切ったまわりの皮を引っぱって、ま、その、きんちゃくみてえに、腹の真ん中で一つ口を作って、ぎゅうっと結ばれた。これが今日、あたくし共のへそと呼んでいるものですな。

「へー、ソー！」

　ところで、その、まんまるだった人間共がみな真っ二つに断ち切られたんでござんすから、それぞれの半分はどれもこれも、自分のもう半分の方に憧れましてな。たえず一緒になろう一緒になろうとしたんですな。一緒になって抱き合い、からみ合い、体を一つにしようってんで「もう離れないわ。」決して離れようとしないんでございますから、飢のためにどんどん死んでいったんだそうで。ですから抱き合っては、「死ぬ死ぬ」とまあ。なかには、片われの方が先に死ぬってえと、他の半分はまた別の相手を求めてからみ合う、こうなると、もう相手がもともと男だったものの半分やら、女だったものの半分やら、おかまいなしになっちまいましてな。そうやって人間共は、どんどん滅んでいったんですな。これにはさすがのゼウスさんも憐れをもよおされましてな。なんとか人間族の滅亡を救ってやろうと、彼らの隠し所を、それまでは外側についていたのを、前の方にお移しになられたんですな。それで人間共は、これまでずっと、蝉のように大地の中に種を下ろして産み出していたのが、それからは、隠し所が前にきたもんでございますから、それを通して、お互いの中に産み出す、男による女の中の生産と、こういうことになったんですな。ですから、半分ずつがお互い抱き合えば、もう死んじまうってことはなくなって、そこに新しい人間が生み出され、前途は洋々、「行く行く」ってなことに。これがもし、男と男のからみ合いであっても、そこにはえもいわれぬ満足感が生まれまして、落ち着きを得て仕事にはげむってことになったんですな。

まあ、エロスというのは、こういう人間の本性といってもいいものなんでして、くっつき合うのは、もともとの人間の形にむかおうとする完成を目ざす欲望なんですな。ですから、丸くなろう、完全な姿に戻ろうとするこのエロスの欲求は、あたくし共の中にひそむ、いちばん崇高なる尊っとぶべき力でして、これは自由に発揮させなくちゃならんもんですな。無理矢理抑えつけちゃいけませんせん。あたくしども今の人間は、いわば割り符みたいなもんでございますから、昔に男女だったものは、異性を求めますが、昔に男だったり、女だったものの半分は、それぞれ同性を求めますわな。これもちっとも恥かしいことではありませんでしてな、やっぱり、自らの完成を目ざし、完全になろう完全になろうという欲望なんでございますから、あたくしどもは、こういう完全追求、完成志向、その、完全をめざして一体になろうとする――。「おいおい、完全完全って、いつまでやってんだね。さっさとオチをつけて引っ込みねえな」へえ、エロの話は、初めからオチております。

司会 どうも御苦労さまでした。大変面白かった。いや内緒の話、今日の語り口はちと堅かったですね。あれじゃ落語じゃなくて、講談ですよ。コウダンですから間どりが悪るうございます。ところで、この人間の起源についての神話は有名だけど、ねえ、熊さん、これは結局、エロス讃美のフリーセックス肯定につながるわけですかね。

（A）（客席の中から）いや、そうじゃなくてね、エロスを完全性の追求として考えているわけだから、相手は誰でもいいんじゃないでしょう。むしろかつての分身を求めるという意味じゃ、一夫一婦制の正当化になるんじゃない？

（B）（同じく）しかしね、一体になるっていうのは、単に性的満足のためだけじゃなくて、一体となることで新しい生命が生まれてくるという生産的合一が肝腎な点なんだから、フリーセックス肯定では全然ないし、単に一夫一婦制是非の婚姻問題でもなくてね、より形而上的な愛の問題になるんじゃないの？

（C）（同じく）そういうけどさ、さっきの話の中じゃ、一体となり完全を求めるのは男と女の間だけじゃないんだよ。同性同士だっていいんだから、合一が生産的な行為とはかぎらないよ。

（B）（同じく）いや、だからこそ、形而上的な問題なんだよ。どうせ、アリストパネースの言うのは、師匠のプラトンの思想に行くんだからさ。だったら、男同士の愛がもっともすぐれたものになる。

（D）（同じく）でもね。あの話は、もっと具体的で、現実的な側面をもっているよ。比喩的ではあってもね。つまり、フロイトの言うリビドーの考え方がすでに包含されていると思うな。だってさ、人間はもともと完全な形だったものが分裂させられて、それが元の形に戻りたいという欲求にかられるわけだろう。これは母親から分離した人間が、母への執着を根源的欲望としてもっていることと同じじゃないか。

（A）（同じく）いや、リビドー説はなにも母親への本能的欲求のことじゃないよ。

（D）（同じく）そりゃそうだけど、しかし、それもまた——。

司会　ちょっと待ってよ。もしその議論を始めるんだったら、御本人に話してもらうのがいちばん早いんじゃない？　せっかくここにきてもらっているんだから。じゃ、フロイトさん、リビドーについて、ちょっとお話しお願いしますよ。どうぞ前に出て。

フロイト　（前の演壇に出てきて）では、御指名にあずかりましたので。我々がリビドーと申しますときは、これを、性的興奮の領域における過程と転換とを測定するのに役立つ力という風に定義して使っております。この力は量的に変化しますが、また質的なものでもありまして、人間の精神活動一般を貫ぬいているエネルギーとは区別しております。なぜかと申しますと、生体の性的過程は特別な化学規制によって、栄養過程から区別されるという仮説をもっているからであります。（これは私の死後、ホルモンの発見によって確証されました。）倒錯と精神神経症の分析から、この性的興奮はいわゆる陰部からだけでなく、身体全体から与えられることがわかりましたので、我々はリビドーの量という概念を作って、その心的なあらわれを自我リビドーと名づけております。すると、この自我リビドーの生産とか、増加・減少とか、分布・移動によって外にあらわれた性心理的現象を説明することも出来ることになるでしょう。

しかしながら、この自我リビドーも、性的対象にむかわなければ、つまり対象リビドーとなって心理的に使われないかぎり、分析し研究することが出来ないわけであります。我々はリビドーがある対象に移ったり、それによってリビドーが部分的にか一時的にか失なわれるとき、性的満足がえられるわけで、我々の個人的な性活動は、リビドーの支配を受けていることがわかります。

ところで、このリビドーは常に必ず男性的な性質をもつものであります。なぜなら、思春期になって初めて男性と女性の特徴は形をとってくるわけで、幼児期に性の相違が小さいのは、性感帯の自己性愛的活動は男女両性に共通したものだからであります。つまり、自己性愛的な性のあらわれと自慰的な性のあらわれを考えに入れますと、女の児の性は全く男性的な特徴をもっているという命題を立てることが出来るでしょう。いや、我々が〝男性的と女性的〟という概念にもっと確定的な内容を与えることができるならば、リビドーが男性に現われようと女性に現われようと、またその対象が男性であろうと女性であろうと、リビドーはいつも、男性的性質をもつと主張できるわけであります。

（フロイトが話し終わると、入れ代わりにフロムが客席内で立って）

フロム　翻訳がわるいから、わかり憎いでしょうが、フロイトの言うことは、簡単に言うと、こういうことですね。つまり、性的本能というものは、体の中で化学的に作られた緊張によるものであって、これが我々に苦痛を与えて解放されることを求める。解放されると性的満足がある。だから、性的欲望とは、この苦しい緊張をとり除こうとする欲求に他ならない、とこういうわけです。

（司会が演壇へうながすのでその方へ歩きながら）

しかしこの考え方でいくと、性的欲望は一種の渇望なんですから、それを満足させることは、渇望を水によって消し去るように、その性的緊張を消せばいいんですから、理想的な性的満足はオナニズムだということになってしまうでしょう。

客席から声　「そうだよ、オナニズムが最高のエロティシズムなんだよ。なぜなら、それは対象の不在を契機とする純粋に観念の世界、想像力の世界だからなんだよ」
司会 「ちょっと、話の途中に茶々を入れるのはやめて下さいよ。」
声 （立って）「茶々じゃないよ。議論してんじゃないか。言いたいことは遠慮するなっていっただろう」
司会 「いったい、あなたは誰ですか？」
声 （前に出て客席に振り返り）「俺はNOSAKAだ」
司会 「MASAKA!! ほんとにあんた野坂さん？でもここはペンペンクラブじゃないんですよ」
N 「ペンペンだろうと、アーエムだろうと、みんな同んなじじゃないか。石川達三みたいなこというな！」
司会 「あの人は、タツゾウ、タツゾウといってもタタナイ人ですがね。しかし、他人の話の邪魔をしちゃいけませんよ」
別の声 「野坂はん、うじゃうじゃいわんと、あんた歌が上手いんやから、ひとつ歌ってえな」
N 「ああ、ほな、歌おか」（Nの歌。歌い終ると、客席の大合唱へ大きいわァ、大物よォ！）
フロム （下腹をおさえて）性をすぐにそういう体積の問題にしたがるから困るのです。

（元の調子に戻って）で、フロイトが無視していますのは、非常に逆説的なんですが、性の心理、つまり生物学的局面としての男性と女性の極性なんですね。だからこの極性を、結合によって橋渡ししようとする欲望については フロイトは何もみようとしないのです。この奇妙な誤りは、恐らくフロイトの極端な家父長主義によるものだろうと思います。彼は、その家父長主義的思考のために、性を本質的に男性であると仮定することになり、その結果、女性に特有の性愛を無視してしまったのです。さきほどの話でも、フロイトは、リビドーというものを、原則として〝男性的性格〟をもつものと規定していました。

しかし、女性の性愛は女性特有のものでしょう。決して〝男性的な性質のもの〟ではありません。両性間の性的牽引が、緊張解除の欲求に動機づけられるということは、部分的にのみあてはまることでして、その主たる動機はあくまで、異性の極と合一しようとする欲求なのです。従って、精神分析もこれからの発展の中で、その洞察を、より実存的次元へ移すことによって、フロイトの概念を修正し深めることが必要だろうと思います。
司会 成程、成程。それであなた御自身は、愛、つまり

〈エロス〉について、どういうお考えですか？

フロム 〈愛〉とは、対人間的合一の成就であると定義します。しかし問題は、どういう類の合一であるかという点でしょう。すなわち、愛を実存の問題への成熟した解答とするか、または、共棲的な、シンバイオティックな未成熟の形とするかです。私は前者のみを愛と呼びたいと思います。

成熟した愛とは、本来の全体性と個性をもったままの状態で合一するものです。つまり、愛において二人は一つとなり、しかも二つにとどまるという矛盾したことが起こるのです。そして愛は活動であって、人間の力の実践なのです。愛が活動性であるということは、〈それに参加する〉ものであるということで、〈落ち込む〉ものではないということです。もっと一般的な言い方をしますと、愛とは与えることであって、受けることではないということです。与えるといっても、奪われるのではありません。与える行為の中で私の生が表現されるために、受けるよりも一層楽しいのです。

この原理のもっとも基本的な例が、性の領域に見い出されるといえるでしょう。男性の性的能力の最高点は与える行為にあります。男性は女性に彼自身を、彼の性器を与えます。オルガスムの瞬間に彼は精液を彼女に与えます。性的能力があるならば与えざるをえないのです。女性にとっても、経過はやや複雑ですが、本質的に異なりません。彼女もやはり彼女自身を与えるのです。彼女は彼女の女性としての中心的なものへむかう門を開くのです。受ける行為において与えるのです。

しかしながら、与えるということのうちで、もっとも重要な領域は、人間的な領域にあるといえるでしょう。ここでは人は、自分のもつもっとも貴重なもの、すなわち自分の生命を与えるのです。これは必ずしも自己の生命を他のために犠牲にすることを意味しません。そうではなく、自分の中に生きているものを与えるということです。自己の喜び、興味、理解、知識、ユーモア、悲しみ等々、自分の中に生きているすべてのものの表現とあらわれとを相手に与えるのです。与える行為において何ものかが新たに生まれ、そしてその中に包まれる二人は、彼らの間に生まれた新しい生命に対して感謝するのです。

特に愛に関していえば、愛することは愛を作り出す力であり、無能力であることは愛を作り出す能力のないことを意味します。この考えは、マルクスによって美しく表現されました。マルクスはこういっています。「人間を人間として考え、人間的世界としての世界への自分の関係をよくよく考えよ。そうすれば、あなたは愛を愛とのみ、信用を信用とのみ交換できるというようになる。もしもあなたが美術を鑑賞したいと思えば、美術的に訓練された人とならなければならない。もしもあなたが他人に影響を与えようと思うならば、他の人を真に激励し助ける力をもつ人とならなければならない。あなたが愛を呼びさまさないような愛し方をするなら、すなわち、あなたの愛が愛を生じないような愛であるとするならば、あるいは、愛する人としての生命の表現において、あなた自身が愛される人となれないならば、もしそうならばあなたの愛は無能な愛であり、不幸なことである」と。

司会　これはこれは、フロイト批判の精神分析学者かと思いましたら、男女の実存的合一を説いて最後はマルクスでしめくくる。大変お見事な論旨でした。お名前をお聞かせいただけますか?

フロム　（席に戻りながら）別に私の独創的な見解はなにもないのです。名のるほどのことはありませんよ。

司会　いやいや、御謙遜を。

マルクーゼ　（客席から）そいつは、エーリッヒ・フロムだよ。そういうフロイト修正主義にだまくらかされちゃいかんな。一見左翼づらして、マルクスを引き合いに出すなんて、とんでもないことだよ。

司会　なるほど、あの人がフロムなら、あなたはさしづめ、マルクーゼですね。反論あって然るべきでしょう。さあ、どうぞ、やって下さい。

マルクーゼ　（席を立ち、前に出ながら）こんな所でしゃべったってしょうがないんだがね。どうせわかりゃしないし。

（前に立つ。教壇の教師風に）フロイトはだね、社会というものは歴史的にいろんな形をとるが、その背後には、どの形にも共通する基本的な非人間性があり、また、人間による人間の支配を本能構造にしてしまって永遠につづけさせるような抑圧的コントロール作用が働いているとみていた。だから彼は人間の歴史は抑圧の歴史であるといったんだよ。ところがフロムその他の修正主義者たちはだな、〈個人がひめている力を最高に発展させて、その個人の人格性を実現させる〉というようなことを、精神分析の治療目標としてかかげるわけだ。しかしそんなものは達成されっこないんだよ。それは、精神分析のテクニックの問題じゃなくて、現在の安定した文明自体、その構造自体が、そんなものを否定するからなんだ。

フロムの言っていることは、結局言い古された理想主義倫理の価値を殊更に復活させているにすぎないんでね、あたかも、そういう倫理の体制同調的で抑圧的な性格については、誰れもなにも言ってないかの如くにだな、人格の生産的実現とか、他人に対する配慮とか、責任とか尊敬とか愛とか幸福なんてことについて語る。しかし事実はだな、こういう社会での「人格」の実現は二重の抑圧を土台にしなければありえない。一つはリビドーの満足を観念的なものにし、幸福や自由というものを内面の問題にしてしまう抑圧だ。もう一つは、そういう幸福や自由をこの世に支配的な不幸や不自由と折り合いのつくものにして、生産性とか愛とかという社会的有用性に抵触しないものとして認めるという抑圧だよ。これを図式するとこうなる。(黒板に大きな紙を貼る。)

修正主義の哲学はね、体制的であるくせに批判的にみえるし、道徳家ぶっているくせに政治的にみえるがね、その本心は、彼らのスタイルにあらわれてしまっているよ。さっき、みんなも聞いたようにだな、彼らの口調はまるで説教とかソーシャル・ワーカーのスタイルだよ。調子が高くて、しかも明晰。善意と寛容に溢れ、超越的諸価値を日常的事実に変えちまうんだ。

司会 成程。すると、あなたは、そのフロイト再評価から、どういうエロス観を導き出してくるんですか?

マルクーゼ なんださっきもいったじゃないか。聞いていなかったのかね。フロイトによればだな、文明の歴史は抑圧の歴史なんだよ。それは、人間存在の一部分の抑圧だけじゃなくて、本能構造それ自体までに及ぶ抑圧だ。しかも、その抑圧的制約こそが進歩の前提だってわけなんだよ。だって、人間の本能を自然のままにまかせておけば、すべての統一を破壊することになっちまうからな。コントロールされないエロスの破壊力は、文化が承認しない満足を追い求めるところに生じてくるもので、文明とは、欲求の完全満足という原本的目標を、なんとか上手く禁止しようというときに始まるものなんだ。従ってだね、文明の土台となっている人間関係もまた、性本能のめざすものを禁止することを前提としなくちゃならんてわけだ。

しかしだ、性が、確立された文明の抑圧的組織に支配されないで、しかも高度に文明化した人間関係をつくり作すことはできないか、それが問題になってくる。おれは出来るはずだと思う。それはエロスの真の解放ということだ。そこでは、社会関係においても、個々人の分業が自由に発達する個人の欲求満足に応じて再編成されることになるだろう。それにつれて、肉体の物体化は減少する。一方、リビドー的関係においては、肉体の物体化に対するタブーはゆるめられるだろう。まず、すべての性感帯が復活し、ついで性器以前の多様な性欲が復活して性器の優先が失なわれる。肉体の全部が性的定着の対象となって、快楽の手段になるというわけだ。性器優位に縛られていた性から、人格全体のエロス化への変形だよ。

しかし、だからといってね、こういう本能の解放が色情狂の社会になるってわけじゃない。人間の肉体部分と精神部分が分離対立するのも抑圧の結果なんだから、その対立を克服してしまえば、エロス衝動に対する精神的領域も解放されることになるだろう。エロスとアガペーが結局同一であるかもしれないということ、あるいは、エロスがアガペーではなくて、アガペーがエロスであるということは、二千年来の神学論議のあとでは不思議に聞こえるかもしれんがね。しかし、プラトンも精神的な関係がもつ性的な起源と実質を祝福しているじゃないか。彼がいうには、エロスの充足はだね、肉体的愛に始って、一人の対象から次の対象へと上昇をつづけ、美しい仕事と遊びの愛を経て最後に、美しい知恵の愛に到達するっていうんだな。精神的な「生殖」は肉体的生殖とまったく同様に、エロスの仕事なんだよ。

（次第に全共闘的アジ口調になってくる。それとともに、デモの騒音、怒号が入ってきて、乱闘、大学斗争、デモ、内ゲバ、その他のスライドが後ろに映し出される）

そしてェ、ポリスの正しくてェ、真実の秩序はァ、愛のォ、正しくてェ、真実の秩序とォ、全く同様にィ、エロス的秩序なんだ。エロスのォ、文化を作る力はァ、非抑圧的な昇華であってェ、性欲はァ、その目的からそらされるのでもなければァ、妨げられるのでもなくゥ、むしろォ、その目的に達する過程でェ、より十分な満足を求めつつゥ、他の対象へとそれをのり越えていくのだァ……。

（途中で、ヘルメット姿の学生が二人客席より走り出て、マルクーゼの両脇をかため「異議なし！」騒音は高まり、声も消されがち。客席から「やめろ、やめろ！」「なにをいっとるのか！」などの野次）

司会　「やめ！　やめ！　やめ！　やめて下さい、やめて下さい！」

（この絶叫で真っ暗となり、騒音、スライドも消える。

一瞬おいて、客電つく）

司会　「どうしてこうなっちゃうんだろうな。性の話をしているとすぐ政治になっちゃうんだから。どうもすみません。近頃はほんとにナニの話をしていても最後は政治になっちゃうんですよね。それじゃここらで五分間休憩にしましょうか。飲み物もまだあるようですから、適当にどうぞ。

第二部

舞台中央に椅子が四つ半円に並び、客電が消えると、そこが明るくなり四人の女性が坐っている。座談会の形式でバナナを食べながら――。「季刊『女・エロス』より」の立札。

S　女が性について語ってみようと思うんだけど、いざこうして顔をつき合せて性を語りましょうでは、ちょっとテーマが大きすぎるかもしれないわね。男というものは性について大へん興味をもち、目にしたり口にしたりする機会も多くあるくせに、女が性に興味をもつことを好まないでしょ。職場の同僚の女性や結婚している女性がワイ談に口をさしはさむと、いやな女だって顔をする。その一方で、酒の席やトルコと称する場所では女に自分のイチモツをさわらせたり、なめさせたりして喜んでいる。男の好き勝手に女は貞淑になったり奔放になったり――どっちも無理じいされてるわけね。

ほんとうは女は変幻自在、男の数十倍も好色性を発揮できるし、いざとなれば男の数倍の理性でもって欲望をコントロールできるんです。それを、男の顔色をうかがいながらやるんじゃなくて、自分に忠実に従いながらやっていくことだと思うの。女が性とガップリ四つに組むところから未来の解放された女像もでてくる気がするんだけど。

F　男の人は見たりふれたりするだけで性的に満足できるというのは、イメージ性にすぐれているからだと思っているわね。

S　それは女だって同じでしょう。男よりも女の方が肉体を使わなくて観念だけで満足することがあるはずよ。もしそれを実感していないなら、女はそれすらも解放されていないとしかいいようがない。春画とかブルーフィルムを見る機会をもつ女はまだ少いでしょう。

K　女の人がポルノを見た場合、ハハと笑ってしまうか、顔をあからめて恥かしそうにするかの反応がせいぜいで、楽しんで見るというところにはいかないわね。

S　それは若い女性の場合で、中年女としては、本当にポルノを見てみたいという感情ないかしら？

K　第一、ポルノに写っているのは女が顔では婉然と笑いながら、自分の指で局部をおし広げて、まっ正面からみせているものが殆どでしょう。逆にいえば、女が本当に見たいポルノというのは、男の鋼鉄のような肉体と、勃起した男性自身と、美しい男の表情ということにならないかしら。現状のようなポルノである限り、いくら解禁を叫んでも、それは女の解放とは結びつかないわね。

F　女が性について自由に語れるようになればよいのであって、まず過程として女が自分でポルノを作るということがあってよいと思う。

S　女が性について語れないというのは、不可能ということでなく、「語らない」という自己規制の方が強いのではないかしら。女が性を語ることがタブーという雰囲気は、性教育すらまともにされなかったという現実からきているような気もするのね。いまやっと文部省あたりも性教育にみこしをあげようとしているようだけど、どうかしら。

Y　二十年前の話になるけど、小学校上級になると女の子だけ保健の時間に初潮の話を聞いたのね。大人になることで嬉しいことなんだという風に聞かされたんでね、私は大人になる印として一回きりの現象だと思ったのよ。それが毎月一回、老人になるまで続くと知ったときは、「ああ、絶望！」って感じだったわ。職場の男の人が、メンスの時に使うナプキンを一回に一枚ぐらいしか必要としないと思っていたのが、結婚して初めて、一日に四・五枚、五日間としても二十枚近く必要だということを知ったと言ってたけど、スプーン一杯ほどの血を流してもまっ青になる男が、毎月女の体から流れ出る血液の量を知ったらショックだと思うわね。

K　女性徒だけを集めて、いくら初潮はこうです、妊娠とは、出産とは、と具体的にメカニックに教えても何にもなりはしないのよ。男子生徒にこそ教えるべきなのよね。また子供はこうして生まれます、より、子供をつくらないようにするための避妊の技術こそ、徹底的に教えなければいけないと思うわ。

S　性教育をあまりうけなかった私たちが自分の子供にはどういう性教育をやるべきかしらね。

Y　四歳の娘がね、自分のものに興味があるらしくて裸にしたときなんか坐りこんでまじまじ眺めてるのよね。

ハッとしてしまう所に私の性意識をみるのだけど、案の定、おばあちゃんはあわててタオルなんかで腰を包もうとするの。女親の世代はかくすということで通してきたんですものね。

S　うちの娘も七歳だけど、大いに興味があるらしく鏡なんかもち出して研究してるわ。わたしは自分の体のどの部分についても、女は知っておくほうがいいと思うから知らん顔してるの。ところが一緒に風呂に入ると、ママのを見せてというのよ。それには困ってね、「あなたのものと同じよ、毛が生えてるだけよ」と言っておくんだけどね。

K　わたしなんかも、出来るだけタブーを作らないで娘を大きくしようと思うけど、女の子の方をあんまり解放的に育ててしまうと、世間の男の子にはまだそれほどはっきり性教育されてないのが多いでしょう。するとどうなるんだろうと思うの。成人しても娘はタイミングが合わなくなっちゃうんじゃないかしら。男のチャックを自分から引き下ろす女になりかねないわね、（大笑い）。やはり家庭だけでいっそくとびに性教育することは出来なくなる。

F　いまやっと性教育の必要性が教育者やマスコミの世界で取沙汰されているけど、遅すぎた感があるわね。ただひとつ気になるのは、性教育の過程で男女差別をなくしていく方法でやってもらいたいということね。生理的に男と女の違いを教えるだけで、女は大へんなんだ、月経のときはいたわらないといけないとか、妊娠はとても大事業でなんて教えていると、まかりまちがえば差別教育になってしまうでしょう。

S　心配なのはいま日本で性教育推進の力になっている人の中に女性がみあたらない気がすることね。性についてはやっと儒教の世界から一歩ふみだしたというくらい遅れてるわね、女の側は。

K　だからこうしてわたしたちが赤い気炎を吐くことも必要になってくるわけですよ。（笑）

四人　（一緒に）オホホホ……がんばらなくっちゃ。

（暗転）

（上手演壇にスポットがあたり）

松田　今日は、松田道雄です。最近、性教育ということがやかましく言われるようになりました。子供相手の教育ということになりますと、教育熱心のお母さんがたは無関心ではいられないようです。幼児向けの性教育の本などというものも出ています。

どうしてこういうことが起ってきたか、私はそれを二つの性への目ざめの重なりと考えます。一つは、子供の性へのめざめが、戦前に比べて早くなってきたことです。初潮をみる年令が小学生になったというのがそのいい例でしょう。もう一つは、お母さんたちの性へのめざめです。戦後の教育をうけてお母さんになった人は、男女がどうつき合うべきかについて、戦前のお母さんのような、はっきりした性の道徳を知らないわけです。

日本のお母さんたちにとって一番大事なことは、未婚の男の性行動についての知識をもつことだと思います。中学生に性を教える前に、まず自分を教育せねばなりません。未婚の男についてお母さんたちがまず知らねばならないことは、男の方が女より性的な欲求が強いということです。これは幼児の場合と違って、相手がほしいのです。中学生になると男の子は自慰をはじめます。戦前は、それはいけないことだと教えていました。自慰といわず、自瀆といいました。どうしても我慢しきれない未婚の男は、戦前では女郎買いをしてその要求をみたしました。それは全く男尊女卑の風習の中だからできたことです。明治の時代は道徳的に堅固だったようにいいますが、そこで一夫一婦は女だけが守ったので、男は守る必要がありませんでした。戦前の日本に禁欲思想はなかったのですから、中学で自慰は有害だと教えられると、男は高等学校に入ると、自慰の代りに女郎買いに出かけたのです。女郎買いをするほうが健全で、自慰をするのは不潔だという思想は、今日出海氏の「三木清における人間の研究」というエッセイに典型的に出ています。

今日、中学生に性教育をしようとする場合、大きな問題をかかえることになります。それは、性について全く自由にさせて避妊教育だけをやるか、又はフリーセックスを抑えるように禁欲をすすめるかです。男女同権になって、今までと違った家庭生活の中で、一夫一婦を守り抜こうというのが、今日の大部分の人の考えだと思います。一夫一婦を守ろうとすると、中学生にフリーセックスを認めるのはまずいことになります。どうしても禁欲をすすめねばなりません。ところが、日本では男に性の禁欲を守らせる道徳が今までありませんでした。日本人でそういう禁欲の道徳をもっていたのは、クリスチャンだけでした。

いったい私たちは今日、道徳の名に価する何をもっているでしょう。男と女との平等の義務として、妻から夫に禁欲を要求するのはまちがっていません。でも男の身勝手かもしれませんが、生物としてより強い欲求をもって生まれてきている宿命を無視することはできません。この生物としての不平等を市民的平等とどうして矛盾しないようにするかです。ただいえることは、男女は性的に平等でないことを、女の子にはっきり教えておくことです。その不平等のために、戦前は女郎屋があったことも隠すべきではありません。そして男の子の善意、悪意をこえて、今の女の子は女郎の代理をさせられる危険のあることも知らさねばなりません。そして男の子には、男として生物的にもっている強さを、女の子の弱さと釣り合わせるためには、女の子にたいしていたわりを持たねばならぬことを教えるしかありません。（暗転）

（再び中央が明るくなって四人の座談会続行）

K　今日出席した中じゃあたしが一番若そうだから、若ものの性についてしゃべらしてもらうならね、二十五歳以下の人たちは、だいぶフランクにやっているという気がするのよ。女性だって、結婚までは身をきれいになんて考えはないし、むしろ、結婚前だからこそ、大いに経験しとこうってくらいだね。

S　アメリカ映画の「ジョンとメリー」だったかしら、男と女がゆきずりにベッドを共にして、翌朝互いに名のり合う……。この人を愛してるから寝るんだという呪縛に金しばりになっているのがあたしたちまでの世代だったけど、逆に寝てから愛がめばえることだってあるという――。

F　わたしは今、愛と性を切り離したいと思ってるの。ずいぶん新しいことを実践している女の人でも、「もちろん私は愛のない行為はしません」と必ずいうわね。それを言わないという方が非常に勇気がいると思う。

S　ということは、愛がなくてもセックスしますと表明するわけ？

Y　反対だな。それにはエロスも何もないじゃない。男がやってきたことを女もしてみたいというだけじゃないのかな。男の真似をしてみるんじゃなく女が全身でぶつかることで男を変えたい。そんな女の表現をみつけなくちゃ。男の性というのは自分が満足すればそれでよかった。相手が何を感じているかは二の次だった。だから妻に対しては子を産ますセックスにしかならず、満たされないものを「快楽」用の女に求めてしまう。男自身、女に対等な性を求めたことがない。それは社会形態によるものだと思うわね。

F　わたしのいいたいのはね、男が女に愛情がなくてもセックス出来るというのと同じ次元で言ってんじゃなくてね。愛だ愛だと求めても果してこれが愛であるという、しかとしたものを摑めるのだろうか、愛であると錯覚することもあるし、そんなことといっていたら、一生愛ある男に合うこともない。じゃあ一生セックスはもてないのか——ということ。だから愛という言葉が自分のためのの免罪符なら、そんなもの最初からない方がいいと思うわけ。

S　わたしはどちらの意見にも賛成だな。男に対しては、「男よ、あなたは本当に性の歓びを感じたことがあるのですか、お金を出してマスターベーションをやってもらい、本番をやらしてもらってそれで満足なのですか」と問いかけたい。といってそれ以上のよいセックスがこの世にあるのかと男は言いかねないけど、わたしは男にとっても真のオルガスムスを得る方法はまだあると思う。そして女に対しては、愛だ恋だでなく、とにかく沢山の男と寝てみることをすすめるね。するといちばん愛情を感じていた男とのセックスがちっともよくなくて、別の男との方が上手くいくということもあると思う。そのとき初めて、愛とは、性とは、ということがつかめる気がするのだけど。

F　そうね、同じように、同性愛についても考え直してみる必要があるわね。

（全員うなずき、黙々と食べる。下手演壇にスポットがあたり）

ボーヴォワール　同性愛の女について考えようというときに、これが女性の肉体に本来備わっている生理的条件によって生じるものなのか、あるいはむしろ社会的なものとして心理的傾向の結果なのかということがまず問題になります。

女というものは、モノ（つまり客体）になれと要求されている存在者なんです。ですが、主体としては、女は男の肉体相手というだけでは満足することのできない攻撃的な官能の持主です。そこに女のエロスが、対男性的に克服しなければならない斗争が生じるわけです。ところが世間一般では、女は男の餌食になるかわり、もう一方で子供を抱かせてもらうということで、主権を回復していると見なしているんですね。つまり、それが自然だという考え方。この〝自然主義的〟考え方は、結局社会的な利害関係によって支持されているにすぎません。男女間の愛でも、これ以外女の主体性について解決の方法はいくらでもあると思いますが、女同志の同性愛は、こういう考え方に対して、女性の自主性と受動性を調和させようとする一つの試みなわけです。女にとって〝自然〟というようなことを言い出すなら、すべての女は同性愛的です。それが男性をこばみ、女の肉体を愛することを特徴とするなら、年頃の若い娘は、すべて男性をおそれ、男の肉体に一種の嫌悪を感じ、逆に女のからだが、欲望の対象になる。ただ、大ていの女性にとって、これは一つの過渡的な修業時代で……。

K　ちょっと、ちょっと、長々とやるわね、あんた誰なの？

ボ　シモーヌ・ド・ボーヴォワール

S　いやあ、やめて、やめて、お説教はもう沢山よ。

F　あんたいいこと言うけど、自分はサルトルにやきもちばっかり焼いてたじゃないの。

Y　あたしたちは第二の性じゃないわよ。

（暗転、女性たち椅子をもって去る）

（音楽――渡世人稼業の流行歌。そのうち明るくなり、ヤクザ風の男と色白の男、長椅子を運んで登場。「井上ひさし作『日本人のへそ』より」の立札）

色白　しかしヤクザがホモとはおどろいた話だ。

ヤクザ　やくざは女にホレては男になれんのですわ。

色白　どうして？

ヤクザ　私どもはいつどこで、むしょに入ることになるかわからん。義理ある人のために罪をひっかぶって刑務所に入る準備をいつもしてなくてはならんのです。女に心をひかれていては、とても出来るこっちゃありませんぜ、先生。しかも刑務所には女はいねえが男はいる。わかりますか。

色白　ああ。

ヤクザ　近いうちに日本にも再び徴兵制がしかれるでしょうが、兵隊に行っても性欲の処理には困らね、女に未練を残しておくれをとるようなことは決してない。それどころかあんた、好いた好かれた男と名誉の戦死、晴れて靖国神社にでもまつられるようなことになれば……こんなうれしいことはありませんな。もうひとつ――。

色白　（もううんざりしているが）うん。

ヤクザ　明治の軍隊が強かったのは明治天皇様が美男子だったからです。

色白　珍説だね、そいつは……。

ヤクザ　珍説じゃありませんや、軍隊てとこは――あたしには経験ありますがね――なにの世界でしてね、エヘヘ。あたしどもが先生に恋するように、兵隊はみな天皇に恋してますんで――だからあんた、天皇陛下のおんために死ねるんですわ。あたしだって明治天皇様の写真をみると、背筋がジーンとしびれます。ところが、大正、昭和と次第に男前がおっこってくるんでね、その分だけ、日本軍隊は弱くなっている。こりゃほんとですぜ。今の天皇様がもうちょいとましな顔をしておいでだったら日本はアメリカに敗けやしませんでしたさ。よしんば負けても無条件降伏なんてしなかった。

色白　すると親分は、日本の天皇制を維持するためにいちばん大切なことは、もっと男前の天皇が立たなきゃだめ、という……。

ヤクザ　ヘェ、そういうこって。あたしゃ、いまのナルちゃんに期待してます。あの子は将来、いい男前になりますぜ。このケのある男なら放っときませんよ。そのときこそ、日本が強くなるときです。

色白　（ただ呆れている）

ヤクザ　まったく、日本の国運は、天皇陛下の男振りいかんですな。

（軍艦行進曲《マーチ》。それにあわせ二人長椅子をもって退場。壁に日露戦争以来の種々の兵隊、戦闘場面のスライド。やがて、三島の写真。やがて、三島の写真とともに彼の最後のアジ演説が重なり、怒号とともに高まり消える）

（気分を変える音楽あり、やがて下手演壇にスポット）

宮本　日本共産党の宮本顕治です。私は、言論統制や、文化統制とは身をもって闘ってきたものです。政府権力による検閲には絶対反対です。しかしです、最近のテレビのポルノ番組はいささかひどすぎる。そういう声が高まっていますが、私もこれは今日の性道徳の乱れの一つの原因になっているのではなかろうかと危惧の念を禁じえません。女性の裸を一般家庭の茶の間にどんどんもち込んでしまう。大人だけでなく青少年や子供までがみる。こういう風潮は、どうもなげかわしい。これはなんとか考えないといけない。いうまでもなく、一般の放送の権利を侵害すべきでは断じてありませんが、こういう明らかに社会風俗に悪影響を及ぼすというものは、やはり取り締まることがあってもよいのではなかろうか。こういう取締りは統制でもなんでもなくて、一般の市民の権利を守るための、当然の処置であるというように考えるのです。とにかく、最近のテレビのポルノはひどすぎると思う。

（スポットは反対側演壇に移って）

大島　という、いわゆる日共宮本委員長の「ポルノ批判」発言は、いわば、ゴシップ・レベルの問題である。にもかかわらず、こんな発言がいかにも大問題であるかのように堂々と新聞の紙面を飾ってしまう。これは現在のマス・ジャーナリズムの通弊である。私は深夜テレビのポルノ番組をみない人間である。ポルノ番組に限らず、深夜、テレビをみるなどということはしない人間である。深夜は私は寝ているか、酒を飲んで友人と語っているだろう。深夜テレビをみているなどということは心貧しいことだと私は思っている。しかし、そうした態度を他におしつけようとは思わない。私は深夜テレビをみていることを心貧しいことだと思うが、逆に、そんなに早く寝てしまったり、酒を飲むしか能がないことこそ貧しいと思う人も当然いるだろう。

同じようにポルノ番組をみるよりも、私のように夢中でプロ野球の中継をみている方が、はるかに心貧しい時間のすごし方だと考える人も当然いるにちがいない。要するに好き好きである。テレビの問題は、みる側の立場で考えるならば、要するに好き好きなのである。総じて、文化の問題は、享受する側から言えば、すべて好き好きということにつきるのである。

宮本ポルノ批判には、そのような見る側の立場というものが全く含まれていない。そのことが本能的に気になるからだろう。宮本委員長は、ポルノ番組を見る青少年という問題を提起する。しかし、この詐術にだまされてはいけない。彼はポルノ番組をみる青少年の気持そのものを問題にしているのではない。自分の子どもがポルノ番組をみることを気にしている母親あるいは父親の立場に立っているだけだ。それはもうテレビをみる側ではない。テレビを見せる側、テレビを管理する側である。宮本発言は、青少年を云々することによって、一見テレビを見る側に立っているがごとく見せかけているけれども、実は一〇〇％テレビを見せる側、管理する側の発想に貫かれているのである。

宮本ポルノ批判の本質がそのようなものであるにもかかわらず、その本質を見抜けないでいると、それに対する批判もまた、どちらかといえば見る側の立場をはなれてのポルノ擁護論に傾いてゆく。表現の自由云々というような形のポルノ番組製作擁護論におちいってしまうのである。私はそのことを危険であると考える。宮本発言の問題点はポルノ批判そのものよりも、テレビを見せる者の発想、管理者としての発想、権力者としての発想であるというところにある。これに対して私たちが、ポルノ番組をつくる立場から、その擁護を唱えたのでは、結局、彼と同じ陣営に立つことになってしまう。たとえポルノ番組であろうとも、それを作る立場はすなわちテレビを見せる立場である。これでは宮本委員と根本においで変らないことになってしまう。私たちが宮本発言に対置すべきことはただひとつ、見る側の立場をはっきりと見せる側に向って突きつけるということである。深夜テレビのポルノ番組を見る人間にとっては、その要求はより面白いポルノ番組をみせろということにつきる。あるいは宮本委員長は、今回の発言はそうしたポルノ番組を見る人間のためではなく、ポルノ番組をみない人間、むしろポルノ番組を嫌悪する人間のためにポルノ番組をつぶしてほかの番組を作れという主張であるというかもしれない。しかし、もしそうだとしたらこれはポルノ番組を見る人間にとっての差別であり、抑圧である以外のなにものでもない。たとえ彼らが少数派であっても、少数派であればあるほど手厚くその権利が守られなければならないというのが、現代においてすでに確立した健全な常識である。

政治家や政党が果さなければならないのは、主として私たちの生活の物質的な基盤にかかわる問題である。それも根本的に最小限度であることが望ましい。簡単に言えば、ポルノなどを云々するより先に、なすべきことはいくらでもある筈である。それをさておいてポルノなどを云々するからどうみても滑稽以上にならないのである。にもかかわらず、ポルノ批判を行なったのは、宮本委員長が政権が近づいたと幻想し、そのことによって何がしか統制的な気分になっているからである。宮本委員長は政権をとった暁にはやはり統制的にやらなければうまくいかないのでないかと予感し、今いちばん統制しやすそうな分野に初矢を射てみたのであろう。果して矢は当ったか?

（下手にスポットあたり）

いいだもも　いや、大島渚さん、宮本のことはその通りなんですがね、しかし、総じてポルノは好き好きといって、すべてすむとは限らんのですよ。ひとつだけ、我々日本国民はどうしても関わりをもたされてしまっているポルノがある。それは菊の紋章のついたポルノなんでねぇ。

大島　ああ、いいだももさん。それは、どういうことですか？

いいだ　現在血液信仰の天皇制護持論者が、かれらの側からの天皇制の危機というものを鋭敏に感じておりますが、その直接の動機というものは、現在の天皇裕仁がまさに自然の血液の宿命によっておそらくこの一九七〇年代に自然死を遂げるほかないかもしれない、であるならば、血統原理によって伝えられた天皇という聖なる地位は、「セックス・アピールが欠けている」四十代の中年皇太子明仁による世継ぎを否応なしに迫られる、ということから端的に出てきているわけですね。

これは憲法上どういうことかと申しますと、日本国憲法の第一章は「天皇の地位」ですね。天皇の地位が国民的統合の象徴であるということを何よりもまず規定し、この国民的統合の象徴である天皇の地位がどのようにすれば、万世一系・天壌無窮に継承することができるのか、ということを第一章で規定しています。

それは戦中派の私どもを拘束した大日本帝国憲法の「神聖にして侵すべからず」とされた近代天皇制の天皇の地位とは、もちろん政治的性質、比重を異にします。しかし依然として天皇の地位というものが、国民的統合の象徴としての地位であり、しかもそれが血液信仰による「自然」支配である以上は、何らかの形でその血統をバトン・タッチすることなしにはこの「自然」支配の継続はありえないでしょう。

ここで「自然」支配の必要不可欠な資格である血液の血統としての継承は一体何によって行なわれるかを、バカバカしいことのようですが改めて考えてみる必要があります。佐藤栄作は田中角栄によって代られ、田中角栄は三木武夫によって代られる。それはたとえ打倒されなくても、極端な場合その人物が自然死を遂げるならば、それで内閣の支配者は代っていく。けれど、天皇という支配的地位は、まさに「自然」支配であるがゆえに、その天皇の自然死とともに断絶の危機にさらされる。その危機を乗り越える連綿たる血統の保障は何によって求められるのかと言えば、それは突飛なことを言うようだけれど、天皇のセックスによってなされる以外にはない。

（このあと、壁に連続してスライドが映される。内容は天皇の写真、皇太子の結婚のとき、美智子さんのもの、天皇一家、国会乱闘場面。それぞれ話に合わせて映されるがそれらの中に、ちらっちらっとポルノ・スライ

ドがいくつか挿入される。総じて場面転換は早い）

マルクスに言わせるならば、君主制の最大の立憲行為——今の議会制用語で言えば国事行為ですね——それは、生殖である。日本国憲法の第一章に規定されている天皇の地位に基づく天皇の国事行為の最たるものは、天皇と皇后が性交する。そのことによって万世一系の血統を護持する、子供をつくることなわけで、現にジミーという子供をつくり、そのジミーはまたミッチーと準国事行為を励行して、ナルちゃんという予備血脈をすでに準備しているわけだ。

そうなりますと、よく最近の国会の中で天皇が問題になるたびに、たとえば天皇がヨーロッパへ行く、あるいは自衛隊の長官に何やら政治的なことばを賜わる、あるいはフォード大統領との交換訪問でアメリカへ行く、そういういわゆる天皇の行動が問題になるたびに、国会の中では必ず革新野党が、それは憲法で規定されている天皇の国事行為の範囲に入っていないから反対だと、つまり天皇を政治的に利用してはいけないという立場で批判するわけですが、しかしマルクスが言ったように、君主制がなす最大の憲法行為がセックスであり生殖であるというそういう原理的な立場に立つとするならば、そういう天皇最大の国事行為に対しては、いったいいかなる議会制内閣といかなる野党が、国会活動を通してコントロールすることができるか？ ということを非常にわいせつかつ真面目に問わなければならないのです。

最大の国事行為は生殖・性交・セックスなのだから、それなしには天皇の地位もその継承（再生産）もありえないわけですが、そうした「自然」支配の根本の連続原理になっておる天皇の生殖をコントロールできるような議会制民主主義の統制力というものは、いかなる意味でもありえないと私は思います。

ですから単なる議会制内閣による文民統制では、戦後民主主義であろうと何であろうと、日本国憲法第一章「天皇の地位」は、昔ながらの万世一系の皇統、天壌無窮の皇運と言われたままに、この永遠の宇宙の存在とともに貫徹するわけです。こういう差別の頂点が価値基準として温存されていれば、大衆民主主義的形式を通して差別が内外にわたり幾重にも再生産されるのも、むしろ当然のことでさえあります。

（暗転。天皇のスライド。君が代のメロディ。次第に大きくなり終る。客電つく）

司会　長々とおつき合い、ありがとうございました。まだビールが残っているようなので、よろしかったら、飲んでいらして下さい。

科白は、司会及び客席からの発言以外、すべて他からの引用、あるいはその要約である。引用出典は次の通り。

- プラトン『饗宴またはエロスについて』
- フロイト『性の理論に関する三つの論文』「リビドー説」
- フロム『愛するということ』懸田克躬訳　紀伊國屋書店　一九五九年
- マルクーゼ『エロス的文明』南博訳　紀伊國屋書店　一九五八年
- 雑誌『女・エロス』I.「座談会「性の状況」」社会評論社　一九七三年
- 松田道雄編「性へのめざめ」『性：共同討議』筑摩書房　一九七一年
- シモーヌ・ド・ボーヴォワール『第二の性』生島遼一訳　新潮社　一九五九年
- 井上ひさし『日本人のへそ』
- 宮本顕治〝新聞談話記事〟
- 大島渚「政治がポルノにかかわった瞬間、すでに敗れている」『愛のコリーダ』三一書房　一九七六年
- いいだもも『なぜ天皇制か』三一書房　一九七六年

出演者（発言順）　蔵原惟治・毛利三彌・小島康男・宮下啓三・溝口廸夫・利光哲夫・伊藤洋・斎藤偕子・中本信幸・（客演）文化学院大学学生
演出　蔵原惟治
効果　宮城クメ子
照明　高井浩路
上演　一九七六年九月二六日、於アクト飯倉

『あ・えむ・で』第三号　一九七七年

発言者所属機関（原則として発言当時の所属）

安西徹雄（あんざい・てつお）　上智大学（故人）
石澤秀二（いしざわ・しゅうじ）　青年座演出家
一ノ瀬和夫（いちのせ・かずお）　立教大学
乾英一郎（いぬい・えいいちろう）　早稲田大学（故人）
岩原武則（いわはら・たけのり）　桐朋学園短期大学部（非常勤）
岩淵達治（いわぶち・たつじ）　学習院大学（故人）
岡田恒雄（おかだ・つねお）　早稲田大学大学院
狩野良規（かのう・よしのり）　青山学院大学
北川重男（きたがわ・しげお）　成城大学（故人）
蔵原惟治（くらはら・これはる）　東京慈恵会医科大学
小島康男（こじま・やすお）　立教大学
小菅隼人（こすげ・はやと）　慶応義塾大学
佐藤実枝（さとう・みえ）　早稲田大学

斎藤偕子（さいとう・ともこ）　慶応義塾大学
坂原眞里（さかはら・まり）　一橋大学（非常勤）
島田安行（しまだ・やすゆき）　俳優座演出家
清水豊子（しみず・とよこ）　千葉大学
谷川道子（たにがわ・みちこ）　東京外国語大学
利光哲夫（としみつ・てつお）　『テアトロ』編集長
中本信幸（なかもと・のぶゆき）　神奈川大学
藤木宏幸（ふじき・ひろゆき）　共立女子大学（故人）
堀真理子（ほり・まりこ）　青山学院大学
増見利清（ますみ・としきよ）　俳優座演出家
宮城玖女与（みやぎ・くめよ）　俳優座演出家
毛利三彌（もうり・みつや）　成城大学
矢島直子（やじま・なおこ）　駒澤大学

編集後記

本書は、このたびめでたく傘寿を迎えられた斎藤偕子先生をお祝いして計画されたもので、先生が長年にわたって指導されてきた日本演劇学会分科会西洋比較演劇研究会の会報と、その前身であるグループ〈ＡＭＤ〉の機関誌『あ・えむ・で』に発表されたもののうち、先生の造詣の深さとお人柄が、もっともよく出ている座談会、シンポジウムに焦点を当てて編集したものである。

斎藤先生は、その華奢なお身体と、慎み深いお人柄で、どのような場においても、とても静かに、そしていつも微笑んで、相手が旧知、初対面にかかわらず、その場にいることに、心の平安と親しみを感じさせてくださる存在であることは、よく知られていることと思う。しかし、はじめは静かに、控えめに、ささやくようなお声で、「今日はもう黙っておこうと思ったのだけど」と話し出されたかと思うと、どこからそのようなエネルギーとボリュームが出てくるのかと思うほどの凛とした力強い声で、議論の錯綜した場を軸足に戻すかの如く本質的なご指摘をされる。

本書が計画されてからもう足掛け二年が経とうとしているが、このように遅れた責任は、ひとえに編集の重圧に足踏みし、個人的に重なった種々の理由で後手に甘んじていた平井にある。本書刊行にあたっては多くの方々にお世話になった。急なお願いにもかかわらず、再録を寛大にもご了承くださった発言者の皆様、お忙しい中、私のさまざまな疑問に即座にお返事を下さった方々、計画の初期の段階から厳しくも気長に適切なご助言を下さった毛利先生、以上の皆様に本当に心からの感謝を申し上げたい。そしてなによりも、限られた日程の中、時間的にも、作業的にも不可能に近くなった『あ・えむ・で』のデータ処理に関し、元の印刷物から改めて文字起こしするという手間のかかるご苦労を引き受けてくださり、編集、刊行のご助言をいただいた論創社の森下雄二郎さんには感謝してもしきれない。

振り返ってみると、斎藤先生には、研究会でも、また個人的にも様々な面で本当にお世話になり、それに甘えて普段お礼を申し上げることもなかったのではないかと、今忸怩たる思いしかないが、ここに改めて「ありがとうございました」を申し上げたいと思う。

傘寿という本当におめでたい節目をさらりと迎えられ、こう申し上げるのも失礼ながら、永遠の乙女のような可愛さでますますお元気な斎藤先生は、まさに仲間にそっと差し掛けてくださる大きな傘のような存在で、これからもあとに続く方々の水先案内としてご健勝でお幸せな日々を過ごされるようにとお祈りしてあとがきに代えさせていただきたい。

二〇一七年秋の日に

平井　正子

『あ・えむ・で』は、ある時期の貴重な研究同人誌であったが、あまり知られていないと思われるので、ここに、全十号の目次を挙げておく。合本は、国立国会図書館に収めてある。

『あ・えむ・で』一～十号総目次

【一号（一九七五年）】

・舞台と観客の関係についての二、三の問題／毛利三彌
・状況志向と状態志向という視点からみた政治劇／蔵原惟治
・ノースロップ・フライの批評方法論の示唆するもの
　――シェイクスピアの〝喜劇とロマンス〟の場合／斎藤偕子
・演劇におけるリアリズムの問題／毛利三彌
・十八世紀ドイツ戯曲とブランクヴァース
　――一つの戯曲文体が輸入され模倣されて定着されるに至るまでの過程について／宮下啓三
・AMD実験劇について
・座談劇台本　俳優座上演『ハムレット・ナウ』をめぐって

【二号（一九七六年）】

・劇評について／毛利三彌
・クライストの愛の二相
　――『ペンテジレーア』と『ケートヒェン』／蔵原惟治
・現代劇における「独白」のドラマと「語り」のドラマ
　――テネシィ・ウィリアムズ『あるマドンナの肖像』
　――エドワード・オルビー『あるカフェの唄』／斎藤偕子
・シェイクスピアの文体はどのようにドイツ語化されたか／宮下啓三
・トーマス・ベルンハルトとその慣習の力について／越部暹
〔戯曲〕『慣習の力（喜劇）―三場―』／トーマス・ベルンハルト 作／越部暹 訳
・AMD実験劇〝試み〟の報告

【三号（一九七七年）】

・サイコドラマ（心理療法）と演劇のあいだ／清水豊子
・現代メロドラマ試論
　――アーサー・ミラー『セールスマンの死』を中心に／斎藤偕子
・ハイナー・ミュラーの『ホラティ』について

——訳と作者紹介／越部暹
〈戯曲〉『月』
——芥川龍之介による一幕の状態劇／蔵原惟治
・一九七六年ＡＭＤ実験劇について／毛利三彌
〈ＡＭＤ上演台本〉『饗宴またはエロス、ポルノ、菊の御紋章について』／プラトン原作／ＡＭＤ構成

【四号（一九七八年）】
・東西両ドイツの戯曲をめぐる相互批判について／小島康男
・リアリズム再見／毛利三彌
・アメリカ演劇の地方分散化について／安井武
・狂気と革命と演劇と——序論／斎藤偕子
・合評　俳優座〈六本木小劇場〉イプセン連続公演
——イプセン劇の可能性／ＡＭＤ　メンバー
〈ＡＭＤ上演台本〉『日本むらのことば祭り』／宮城玖女与構成

【五号（一九七九年）】
・『マクベス』雑感／蔵原惟治
・喜劇の幕切れ／小島康男
・新劇と商業演劇／増見利清
・演劇の中心
——劇文学と、舞台と、世界の相関構造について／斎藤偕子
・木下順二『子午線の祀り』をめぐって／毛利三彌
〈戯曲〉風紀紊乱法に基く逮捕後の陳述／アーソル・ファガード 作／蔵原惟治 訳

【六号（一九八〇年）】
・イミタティオ・ブレヒティ／蔵原惟治
・リビング・シアター（初期の歴史）／斎藤偕子
・〝古典〟の現代における上演可能性をめぐる考察／谷川道子
・「意識の演劇」考
——Ｈ・ミラー作『ピロクテテス』の上演にちなんで／越部暹
・十八世紀ヨーロッパ演劇序説／毛利三彌
・座談会　演劇時評／中本信幸・利光哲夫・毛利三彌
〈戯曲〉『憂国の帽子』／大久保寛二

【七号（一九八一年）】
〈座談会〉ハロルド・ピンター
——俳優座公演『バースディ・パーティ』をめぐって／一ノ瀬一夫・島田安行・毛利三彌・清水豊子・宮城玖女与・蔵原惟治・小島康男

〔研究会討論〕十八世紀ヨーロッパ演劇研究（一）
――俳優について／岩渕達治・小島康男・斎藤偕子・島田安行・谷川道子・利光哲夫・中本信幸・細田雄介・宮下啓三・毛利三彌

【八号（一九八二年）】
•昼の芝居、夜の芝居
――十八世紀演劇興行形態論への序／毛利三彌
•ドラマとシアターの間
――あるいはベケットとブレヒトの間／谷川道子
〔座談会〕今日の我々にとってブレヒトは有効か
――俳優座『ジャンヌ』上演をきっかけとして／岩渕達治・岡田恒雄・蔵原惟治・小島康男・斎藤偕子・利光哲夫・毛利三彌
〔付記〕1　ブレヒト雑感／小島康男
2　古典劇と現代劇又は異化と同化／毛利三彌
〔戯曲〕『月・雨・夜明けの海』
――芥川龍之介による状態劇／蔵原惟治

【九号（一九八三年）】
•虚々実々の世界
――ハロルド・ピンターの記憶劇について／清水豊子
•『オセロー』と『オデュッセイア』／蔵原惟治
•十八世紀フランスにおける演劇熱の一形態
その（一）オルレアン公とシャルル・コレ／佐藤実枝
〔戯曲〕バッグ・レディ（袋を持ち歩く女）／ジャン＝クロード・ヴァン＝イタリー作／斎藤偕子　訳
〔翻訳〕クリストファ・マーロウ――第一章
／ジョン・ベイクレス著／毛利三彌訳

【十号（一九八四年）】
•十八世紀フランスにおける演劇熱の一形態その（二）
ヴィレル・コトレ時代――モンテッソン夫人とカルモンテル／佐藤実枝
〔座談会〕この十年間の演劇状況――欧米と日本／蔵原惟治・小島康男・斎藤偕子・佐藤実枝・谷川道子・利光哲夫・中本信幸・増見利清・毛利三彌・矢島直子

〔編者〕
平井正子（ひらい・まさこ）
成城大学大学院博士課程修了。成城大学短期大学部、成城大学社会イノベーション学部教授を経て現在成城大学名誉教授。イギリス文学、エリザベス朝演劇専攻。

演劇を問う、批評を問う——ある演劇研究集団の試み

2017年12月20日　初版第1刷印刷
2017年12月30日　初版第1刷発行

編　者　平井 正子
発行者　森下紀夫
発行所　論創社
〒101-0051 東京都千代田区神田神保町 2-23　北井ビル 2F
tel. 03（3264）5254　fax. 03（3264）5232
web. http://www.ronso.co.jp/
振替口座　00160-1-155266

装幀／宗利淳一
組版／フレックスアート
印刷・製本／中央精版印刷
ISBN978-4-8460-1681-4